高职高专电子商务专业系列规划教材

电子商务概论

（第3版）

喻跃梅◎主编

赵 欣 姜 湄◎副主编

张明明◎主审

電子工業出版社

Publishing House of Electronics Industry

北京 • BEIJING

图书在版编目（CIP）数据

电子商务概论 / 喻跃梅主编. —3 版. —北京：电子工业出版社，2021.1

ISBN 978-7-121-40409-2

Ⅰ. ①电… Ⅱ. ①喻… Ⅲ. ①电子商务－高等学校－教材 Ⅳ. ①F713.36

中国版本图书馆 CIP 数据核字（2021）第 007675 号

责任编辑：刘淑敏　　　　特约编辑：田学清
印　　刷：涿州市般润文化传播有限公司
装　　订：涿州市般润文化传播有限公司
出版发行：电子工业出版社
　　　　　北京市海淀区万寿路 173 信箱　　　　邮编：100036
开　　本：787×1092　1/16　印张：16.5　字数：412 千字
版　　次：2010 年 1 月第 1 版
　　　　　2021 年 1 月第 3 版
印　　次：2024 年 1 月第 5 次印刷
定　　价：55.00 元

凡所购买电子工业出版社图书有缺损问题，请向购买书店调换。若书店售缺，请与本社发行部联系，联系及邮购电话：（010）88254888，88258888。

质量投诉请发邮件至 zlts@phei.com.cn，盗版侵权举报请发邮件至 dbqq@phei.com.cn。

本书咨询联系方式：（010）88254199，sjb@phei.com.cn。

前　言

党的二十大报告指出："教育、科技、人才是全面建设社会主义现代化国家的基础性、战略性支撑。必须坚持科技是第一生产力、人才是第一资源、创新是第一动力，深入实施科教兴国战略、人才强国战略、创新驱动发展战略，开辟发展新领域新赛道，不断塑造发展新动能新优势。"这为推动当下和未来一段时间内我国科教及人才事业的发展、构建人才培养体系指明了基本方向。

在"互联网+"时代大背景下，以互联网为技术支持的电子商务迎来了重要的发展机遇，大数据、云计算等新一代信息技术的发展为互联网成果的传播提供了支持。本书第 3 版是在第 2 版的基础上，吸收了近年来国内外电子商务领域的发展成果，并结合编者多年从事本课程教学改革与创新实践经验提炼而成的。本书在内容的构建上注重新知识、新技术、新方法的应用，并结合职业岗位能力与 1+*X* 职业技能等级证书的相关内容确定本书的知识点、技能点和职业素养要求，以适应高等职业技术学院的教学和实践应用需要，为培养高素质技术技能型人才打下良好基础。

本书全面、系统地介绍了电子商务的基本概念、基本理论和基本方法，在保留全书知识体系的基础上，微调了章节内容，修改了相关的数据和案例，适当增加了电子商务的分类、电子支付、网络营销等方面的新知识，更新了电子商务应用实例，力求使全书更好地反映当今电子商务的应用成果和发展趋势。全书共 8 章，主要内容包括电子商务概述、电子商务的技术基础、电子商务的基本模式、电子商务的支付系统、电子商务物流、电子商务网络营销、电子商务安全与法律、电子商务的典型应用，并且根据每章的具体内容安排了应用实例及上网实习等实训内容。

本书由喻跃梅担任主编，赵欣、姜湄担任副主编。主要编写人员及分工如下：喻跃梅编写第 1～3 章、第 8 章，赵欣编写第 4 章、第 7 章，姜湄编写第 5～6 章，彭瑶参与编写了部分习题与案例。全书由喻跃梅统稿，由张明明审定。

本书结构合理、体系完整、资料新颖、覆盖面广、实用性强，既可作为高等职业院校、高等专科学校、成人高等学校的电子商务、工商管理、市场营销、物流管理等经济、管理类专业学生的教材或教学参考用书，也可作为电子商务从业者、个人网上创业者或相关人员学习电子商务知识、掌握电子商务技能的用书。

在本书修订的过程中，编者查阅了大量的网络案例资源与数据，参考了同行的相关教材，参阅了国内多位专家、学者的电子商务著作，在此对他们表示崇高的敬意和衷心的感谢！但是由于编者的水平有限，加上时间仓促，以及电子商务创新更新速度较快，书中错漏和不妥之处在所难免，恳请专家、同行和读者批评指正！

目　录

第 1 章

电子商务概述

引导案例　电子商务的产生与发展

国家统计局电子商务交易平台调查显示，2019 年全国电子商务交易额为 34.81 万亿元，比上年增长 6.7%。其中商品、服务类电子商务交易额为 33.76 万亿元，比上年增长 6.6%；合约类电子商务交易额为 1.05 万亿元，比上年增长 10.1%。据 Statista 的数据，2018 年全球电子商务用户数量为 2.585 亿人，同比增长 1.2%；普及率为 78.8%，预计到 2023 年将达到 80.4%。电子商务最早产生于 20 世纪 60 年代，发展于 20 世纪 90 年代。其产生和发展的重要条件包括以下几项。第一，计算机的广泛应用。它为电子商务的应用提供了基础。第二，网络的普及和成熟。由于互联网逐渐成为全球通信与交易的媒体，全球上网用户呈现出几何级数增长的趋势，快捷、安全、低成本的特点为电子商务的发展提供了应用条件。第三，信用卡的普及应用。信用卡以其方便、快捷、安全等优点成为人们消费支付的重要手段，并由此形成了完善的全球性信用卡计算机网络支付与结算系统，使"一卡在手、走遍全球"成为可能，同时为电子商务中的网上支付提供了重要手段。第四，安全电子交易协议的制定。1997 年 5 月 31 日，由美国维萨（VISA）和万事达（Mastercard）国际卡组织等联合制定的安全电子交易（Secure Electronic Transaction，SET）协议的出台，为电子商务提供了一个关键的安全环境，得到了大多数厂商的认可和支持。第五，政府的支持与推动。1997 年，欧盟发布了《欧洲电子商务协议》，美国发布了《全球电子商务纲要》，自此以后，电子商务开始受到世界各国政府的重视，许多国家的政府开始尝试"网上采购"，这为电子商务的发展提供了有力的支持。

国际电子商务发展有 5 个阶段。第一阶段：电子邮件阶段。这个阶段可以认为从 20 世纪 70 年代开始，平均的通信量以每年几倍的速度增长。第二阶段：信息发布阶段。从 1995 年起，以 Web 技术为代表的信息发布系统爆炸式地成长起来，成为目前互联网的主要应用。第三阶段：EC（电子商务）阶段。1997 年年底，在加拿大温哥华举行的第五次亚太经合组织非正式首脑会议上，美国总统克林顿提出敦促各国共同促进电子商务发展的议案，引起了全球首脑的关注。IBM、惠普和 SUN 等国际著名的信息技术厂商宣布 1998 年为电子商务年。第四阶段：全程电子商务阶段。随着 SaaS 软件服务模式的出现，软件纷纷进驻互联网平台，延长了电子商务链条，形成了全新的“全程电子商务”概念模式。第五阶段：智慧电子商务阶段。2011年，互联网信息碎片化及云计算技术愈发成熟，主动互联网营销模式出现，电子商务顺势摆脱了传统销售模式生搬进入互联网的现状，以主动、互动、用户关怀等多角度与用户进行深层次的沟通。2018年，联合国工业发展组织与上海社科院联合发布《2018金砖+国家电子商务发展研究报告》，披露了全球电子商务发展的新趋势。第一个趋势是生态化。网上零售的发展带动了生产性服务业的发展，IT外包、第三方支付、网络营销、网店运营、物流、快递、咨询等大量服务融入电子商务，逐渐形成巨大的电子商务生态系统。第二个趋势是全球电子商务投资额度和方向发生变化，全球电子商务逐渐向新兴区域的市场转移。第三个趋势是电子商务更注重和线下门店相结合，运行更精细，更注重买家的购物体验。第四个趋势是电子商务和实体经济的结合越来越紧密。目前，企业密集接入工业互联网平台，工业电子商务和产业电子商务开始兴起，电子商务业务从商品供应链拓展到产业链，带动了相关产业转型升级。

本章学习目标

1. 掌握电子商务的定义；
2. 掌握电子商务的特征与功能；
3. 掌握电子商务的分类；
4. 熟悉电子商务的应用领域。

学习导航

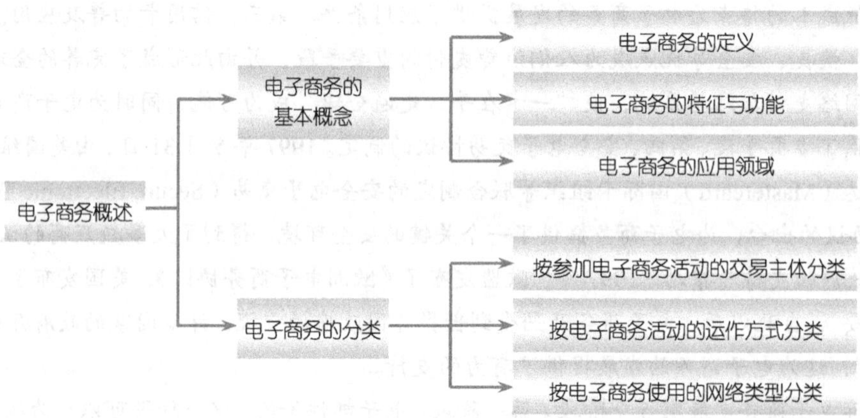

职业指导

电子商务活动是通过公共计算机网络进行商务活动的现代方式。该方式突破了传统商务活动在时间、地域等方面的限制，成为方便、快捷、安全可靠的新兴电子商务活动模式。它不仅给人们带来了商业机会、利润空间，还改变了人们的生活及工作方式。在电子商务时代，需要具有以下能力的专业人才：熟悉网络营销常用方法，具有电子商务全程运营管理的经验；能够制订网站短、中、长期发展计划，并进行良好执行与监督；能够掌握网站及频道的运营、市场推广、广告与增值产品的经营与销售；能够进行网站运营团队的建设和管理，实现网站的战略目标。《2019 年度中国电子商务人才状况调查报告》显示，在电子商务人才应具备的素质中，最重要的 5 项素质：工作执行能力占比 69%；持续学习能力占比 63%；责任心和敬业度占比 46%；积极主动有目标感占比 34%；专业知识和技能占比 29%。

1.1　电子商务的基本概念

互联网投入商业化运营以后，电子商务应运而生，随后就以难以想象的力量推动着经济全球化、贸易自由化和信息现代化的发展。在 21 世纪高科技背景条件下，电子商务是全球经济增长最快的领域之一，是一种极具发展潜力的经济模式。在我们的生活中，从买汽车，到买书、买日用品，生活中所需要的各种用品几乎都可以通过电子商务买到。除了购物，我们还可以上网学习、寻找工作、办理护照、办理银行业务、预订机票等，这些都属于电子商务的范畴。

应用实例　生活中的电子商务

网上购书

在北京 IT 公司从事程序设计工作的小余，近日因系统开发的需要，想购买一本有关 Java 编程的参考书。于是，周六上午他在宿舍用计算机上网，然后登录华初网，通过浏览相关图书并精心比较，选中了一本以 7 折销售的图书，并选择了货到付款的方式。第二天上午，他就收到了快递公司送来的图书，并付了现款。

家庭理财

小王考虑到近期家庭无大额开支，而其在招商银行的一卡通账户存款超过 10 万元，于是，她通过招商银行 App（手机银行）提供的功能，在家将活期存款直接转为定期存款，足不出户便完成了家庭理财。

产品购销

温州商人齐某，6 月 6 日免费在网上发布了求购黄花鱼的消息后，3 天内，就收到了韩国、秘鲁、日本等多家水产商的报价，黄花鱼运到温州的最低价格为 5 元/kg，而当时温州黄花鱼的价格为 15～20 元/kg。通过网上发布消息，不仅供方免费得到了商机，需方也得到了质优价廉的商品。

休闲旅游

2019 年寒假，小张想和几个好朋友一起去黑龙江雪乡旅游，他们通过携程网提供的相关资讯，规划了旅游线路，预订了宾馆与火车票，以及景点门票，核算了自己旅行的费用，开心地完成了自己的定制旅行。

1.1.1 电子商务的定义

虽然有些人可能已经从各种渠道，以各种方式了解过电子商务，但有些人可能还对电子商务抱有神秘感，对电子商务没有一个比较完整、准确的理解。下面让我们具体了解一下电子商务的定义。

1. 国际组织给出的定义

联合国经济合作与发展组织（OECD）对电子商务的定义：电子商务是发生在开放网络上的包含企业之间（Business to Business）、企业和消费者之间（Business to Consumer）的商业交易。

1997 年 11 月，世界各国商业、信息技术、法律等领域的专家和政府部门的代表云集法国巴黎，举行了一次世界电子商务会议。该次会议给电子商务下的定义：电子商务是实现整个贸易活动的电子化。从其涵盖的范围可定义为电子商务是交易各方以电子贸易的方式，而不是通过当面交换或者直接面谈方式进行的任何形式的商业交易活动。从技术方面可定义电子商务是一种多技术应用的集合体，包括获得数据和信息（如共享数据库、电子公告牌等）、交换数据和信息（如电子数据交换、电子邮件等）、自动捕获数据和信息（如 IC 卡、条码等）。

全球信息基础设施委员会（GIIC）在电子商务工作委员会报告草案中对电子商务的定义：电子商务是以电子通信为手段的经济活动，通过这种方式，人们可以对具有经济价值的产品和服务进行宣传、购买和结算。这种交易的方式不受地理位置、资金多少或零售渠道的影响，国有/民营企业、政府组织、各种社会团体、一般公民都能自由地参加广泛的经济活动，其中包括农业、林业、渔业、工业、私营和政府的服务业。电子商务能使产品在世界范围内交易并向消费者提供多种多样的选择。

2. 部分 IT 企业的观点

IBM 公司认为，电子商务是把买方、卖方、厂商和合作伙伴在企业内部网、企业外部网及互联网结合起来的应用，即 EB=IT+Web+Business。电子商务概念包括 3 个部分：企业内部网（Intranet）、企业外部网（Extranet）和电子商务（Electronic Commerce）。其所强调的是在网络环境下的商业化应用，不仅是硬件和软件的结合，也不仅是狭义的电子商务，而是把买方、卖方、厂商及其合作伙伴在企业内部网、企业外部网、互联网结合起来的应用，这 3 个部分是有层次的。

HP 公司认为电子商务、电子业务是不同的概念。它把电子商务定义为通过电子化手段来完成商业贸易活动的一种方式。它把电子业务定义为一种新型的业务开展手段，通过基于互联网的信息结构，使得公司、供应商、合作伙伴和客户之间，利用电子业务共享信息。

3. 中国政府的定义

《中国电子商务蓝皮书》（2001 年度）认为，电子商务指通过互联网完成的商务交易，交易的内容可分为商品交易和服务交易。交易是指货币和商品的易位，要有物流、资金流、信息流的支持。电子商务的概念模型如图 1.1 所示。

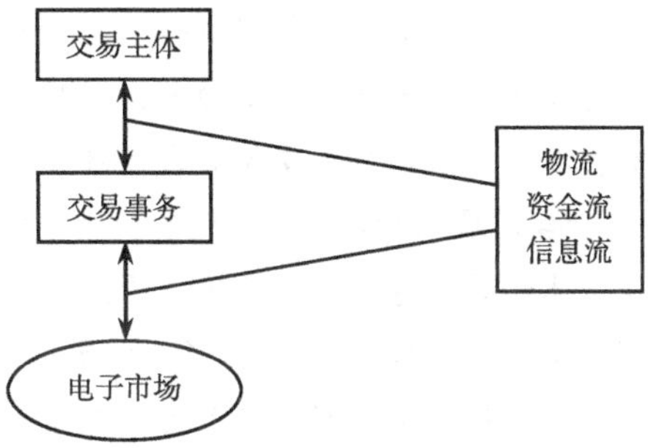

图 1.1 电子商务的概念模型

综合上述定义，可以看出，它们并没有对错之分。由于人们对“电子技术”和“商务活动”的理解不同，因此从不同角度各抒己见，形成了广义上和狭义上的电子商务，在英文中分别称为 EB（Electronic Business）和 EC（Electronic Commerce）。

广义上的电子商务（EB）是指利用各种信息技术（IT），如电话、电报、传真、企业内部网、互联网，以及专用网络环境等从事产品和服务的广告、研发、采购、营销、结算等各种商务活动。在将来，电子商务将不再是企业的单项活动，而将参考企业生产经营的所有环节，是企业发展的必然趋势。

狭义上的电子商务（EC）特指人们依靠现代信息技术，遵循商务活动的惯例和规则，运用企业内部网、企业外部网、互联网，以及专用网络环境从事的以商品交换为中心的各种商务活动。

二者的区别：在电子技术的应用方面，EB 比 EC 包含的范围广；在商务活动的涵盖内容方面，EB 比 EC 包含的内容多，不仅包括商业领域，而且还包括政务、金融、出版、服务、教育、医疗等，不是仅指“网上购物”。

截至目前，人们对电子商务没有一个统一的、权威的、达成共识的定义。总体来讲，电子商务的对象是实现以商品交换为目的的各种商务活动；电子商务的原则是国际贸易标准和商业活动准则；电子商务的实现技术包括网络技术、计算机技术、电子数据交换技术、数据存储分析处理技术等；电子商务的适用范围是企业的一切活动，包括企业内部、企业之间、企业与政府之间等的各种经济活动；发展电子商务的关键是掌握现代信息技术与商务理论及实务的复合型人才；电子商务的基础是具备各种电子工具；电子商务的目的是高效率、高效益、低成本地进行产品生产和服务，提高企业的整体竞争能力。我们应该达成以下共识：电子商务的本质是商务，技术只是电子商务的手段。

热点话题 新零售

在 2016 年 10 月份的阿里云栖大会上，马云第一次提出了“新零售”这个互联网新名词。新零售（New Retailing），即个人、企业以互联网为依托，运用大数据、人工智能等先进技术手段对商品的生产、流通与销售过程进行升级改造，进而重塑业态结构与生态圈，并对线上服务、线下体验及现代物流进行深度融合的零售新模式。新零售可总结为“线上+线下+物流”，其核心是以消费者为中心的会员、支付、库存、服务等方面数据的全面打通。2016 年 11 月 11 日，国务院办公厅印发《国务院办公厅关于推动实体零售创新转型的意见》（国办发〔2016〕78 号），明确了推动我国实体零售创新转型的指导思想和基本原则；同时，在调整商业结构、创新发展方式、促进跨界融合、优化发展环境、强化政策支持等方面做出具体部署。此文件在促进线上线下融合方面强调："建立适应融合发展的标准规范、竞争规则，引导实体零售企业逐步提高信息化水平，将线下物流、服务、体验等优势与线上商流、资金流、信息流融合，拓展智能化、网络化的全渠道布局。"新零售的概念从 2016 年提出至今，许多平台都放慢了扩张的步伐。2020 年新型冠状病毒肺炎疫情（简称新冠疫情）期间，这个行业再度成了大众关注的焦点。盒马鲜生、叮咚买菜、美团买菜、京东到家、每日优鲜等一些主打生鲜产品的新零售平台，在新冠疫情期间的订单量"爆表"，甚至一度出现了运力超载的现象。相较于大部分传统零售商，新冠疫情期间的生鲜新零售平台展现出了强大的活力。目前主流的生鲜新零售运营模式有两种：一种是以盒马鲜生为代表的店仓一体式运营，另一种是以每日优鲜、叮咚买菜为代表的前置仓式运营。简单来说，前者是线上线下一体，既可以为消费者提供到店服务，也可以为消费者提供到家服务；而后者仅限于为消费者提供到家服务。刚需推高了生鲜电子商务月活，但用户留存或将成为难题。

1.1.2 电子商务的特征与功能

1. 电子商务的特征

1）电子商务的基本特征

电子商务是在传统商务的基础上发展起来的。商务是目的，电子信息化是手段。电子商务并不是一种全新的商务活动方式，它具有传统商务活动所具有的基本要素。例如，为消费者提供其所需的商品与服务，提供有竞争力的价格，追求利润等。但是由于互联网的普遍应用，企业所处的环境与开展商务活动的方式也呈现出一些与传统商务活动不同的新特点。

我们可以从以下几个方面来总结电子商务的基本特征。

① 运用现代网络信息技术进行商务管理活动。电子商务的各项活动都是建立在现代网络信息技术基础之上的。现代网络信息技术主要包括计算机技术、数据库技术、网络技术等。现代网络信息技术的最大特点在于其资源共享性、开放性和低运行成本，这使得电子商务相对于传统商务具有更高效率、更低成本、更高效益。

② 电子商务活动的参与者相对于传统商务有很大的变化。从整个经济环境层面来看，电子商务活动的参与者不仅包括传统商务活动的参与者，还包括一些新产生的参与者，如认证机构、接入服务商（IAP）、服务提供商（ISP）、内容提供商（ICP）及应用服务提供商（ASP）等。从具体的商务活动层面来看，电子商务发展的一个关键因素就是需要大量掌握现代网络信息技术、现代商务理论与实务的复合型人才，这类人才便是电子商务活动中的主体参与者。

③ 电子商务既贯穿商品交易的全过程，也贯穿整个社会经济活动的始终。从商品交易的过程来看，电子商务涉及商品需求咨询、商品生产、计划购买、订货、支付与结算、配送运输、售后服务等整个过程；从整个社会经济的资源配给过程来看，电子商务可以大幅度地减少不必要的商品流动、物资流动、人员流动和货币流动，减少商品经济的盲目性，减少有限物质资源、

能源资源的消耗和浪费。电子商务的发展不仅涉及商品交易问题，而且将渗透到社会经济活动的每个角落，给整个社会经济带来革命性的变化。

④ 电子商务范围的全球化。一方面，互联网打破了时空界限，把全球市场连接成一个整体。在网上，企业面临来自全世界竞争对手的竞争，同时面向全世界销售自己的产品，在全世界寻求雇员和合作伙伴。另一方面，企业在上网后，其优势、劣势同时被放大在网络空间，不具备全球意识的企业将无法获得发展。

⑤ 电子商务是直接性的经济活动。互联网缩短了企业与消费者的距离。无须通过中间环节，企业就可以以低成本与消费者沟通，可以直接了解消费者的需求，知道自己的供应商和客户在哪里。消费者也能直接查到在哪里能够买到自己需要的商品。

但是，电子商务并不意味着传统的商务中间渠道（如批发零售业）的消亡，互联网缩短的是企业与消费者间的信息传输距离，并没有缩短实际距离，而且非信息类商品的售后服务（如安装、维修等）都离不开中间渠道的支持。因此，即使在电子商务普及以后，传统的商务中间渠道仍然能找到自己的生存空间，特别是在我国，企业的销售在很大程度上仍然要依赖其批发商、零售商的支持。

⑥ 电子商务是个性化的经济活动。电子商务时代，市场细分发展到了极致。企业可以针对每个消费者进行营销，提供不同的产品和服务。出现这种情况的原因如下：消费者产生了对个性化营销的需求，企业通过互联网可以以低成本收集消费者的个性化需求信息，同时企业可以通过信息系统自动处理这些信息。

这种个性化经济主要体现在以下几个方面。

- 个性化的信息。企业可以根据消费者的需求和爱好有针对性地提供商品信息，消费者可以根据自己的需求有目的地检索信息。
- 个性化的产品。企业以低成本为消费者量身定做产品，传统的生产线也随之调整为更有柔性的生产流程——“柔性制造”。
- 个性化的服务。例如，服务定制、特定股票信息的发送、航空公司对特定客户传送的票价降到一定程度的通知信息。

2）电子商务系统的结构特征

电子商务系统的一般结构包含公共政策、技术标准、基础建设及电子商务应用 4 个方面。电子商务的各类应用是建立在四大基础和两大支柱建设之上的，为了更好地理解电子商务系统结构，本书给出了电子商务一般性应用基础框架结构，如图 1.2 所示。

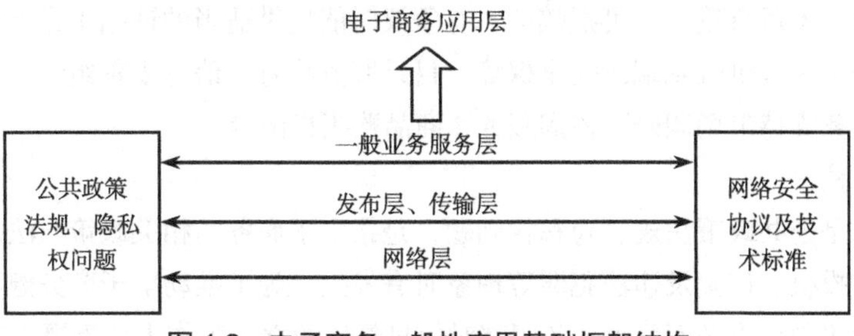

图 1.2　电子商务一般性应用基础框架结构

（1）四大基础。

① 第一个基础是网络基础结构——网络层。网络层如同高速公路，是信息交流的主要通道，是实现电子商务的底层部分，是电子商务的硬件基础设施，包括远程通信网、有线电视网、无线通信网和互联网。其核心是互联网。整个互联网由骨干网、城域网、局域网层层搭建，使得任何一台联网的计算机都能随时同这个世界连为一体。电子商务对网络基础设施建设提出的技术需求：容纳多种网络技术，支持多种协议标准，高度的可靠性、安全性、灵活性、可扩展性和高性价比等。

② 第二个基础是多媒体内容和网络宣传——发布层。有了网络层这个“信息高速公路”，使得通过网络传递信息成为可能。如何传递信息和传递何种信息要根据用户的具体操作而定。HTML（超文本标记语言）能够使多媒体内容组织易于检索和富有表现力。HTML 用于指定浏览器显示和打印文档的方式，用任何一种文本编辑器打开一个 HTML，所能看到的只是成对的尖括号和一些文档中的字符串，而用 Web 浏览器打开它，就能看到它漂亮的外观。其中一种重要的标记类型是超文本链接标记，超文本链接可以指向同一 HTML 文本的其他位置或其他 HTML 文本。

除 HTML 外，SUN 公司推出的 Java 编程语言可更方便地使这些传播适用于各种网络、各种设备、各种操作系统，以及各种界面等。Java 已成为互联网世界中十分受欢迎和有影响的编程语言之一。

还有目前在互联网上流行的信息发布方式——WWW。由超文本链接的 HTML 文件构成的系统称为 WWW，它可以组织全球各地网站上的互相链接的信息页面。

③ 第三个基础是报文和信息交换基础——传输层。信息传播工具有两种交流方式：一种是非格式化的数据交流，如 FAX 和 E-mail，主要是面向人的；另一种是格式化的数据交流，如前面提到的电子数据交换（EDI），它的传递和处理过程可以是自动化的，是面向机器的。

超文本传输协议（HTTP）是互联网上通用的消息传播工具，是信息传输时使用最为广泛的一种通信协议。HTTP 采用客户机/服务器模式，用户的 WWW 浏览器打开一个 HTTP 会话，并向远程服务器发出 WWW 页面请求，作为回答，服务器产生一个 HTTP 应答信息，并把它送回客户机的 WWW 浏览器。如果客户机确定收到的信息是正确的，就断开连接，HTTP 会话就结束了。

④ 第四个基础是贸易服务的基础设施——一般业务服务层。一般业务服务层主要是指为了方便贸易所提供的通用的业务服务，是所有企业、个人进行贸易时都需要的。它主要包括安全、认证、电子支付和目录服务等。为了在互联网的开放性环境下进行商业行为，交易安全性（传递的信息是可靠、不可篡改、不可抵赖的，有争议时能提供适当的证据）是首要的条件，用交易各方的电子证书来提供端到端的安全保障。目录服务将有关信息妥善组织，使之方便地增、删、改，目录服务支持市场调研、咨询服务、商品购买指南等。

（2）两大支柱。

第一个支柱是公共政策法规、隐私权问题，是指电子商务的相关政策与法令。随着网络的加速发展，网络投机、诈骗及违法犯罪等现象时有发生。为了推动电子商务健康、有序发展，创造一个良好的法制环境必不可少。各国都对信息领域的立法工作十分重视。1996 年，联合国国际贸易法委员会制定了《电子商务示范法》，为在世界范围内解决电子商务法律问题和为各成员国制定各自的网络法律提供了法律框架、奠定了基础。欧盟、美国、加拿大、澳大利亚、新加坡等相继推出了与电子商务有关的法律。我国电子商务立法在近几年也呈现出快速发展的趋势。2019 年 1 月 1 日，《中华人民共和国电子商务法》（简称《电子商务法》）颁布实施，电子商务领域真正实现有法可依。电子商务经营者和传统线下经营者的责任及义务被放到了同一水平线。《电子商务法》让电子商务有法可依，其中包括一系列对电子商务行为进行规范的条款，除该法规定的特殊情况外，电子商务经营者应当依法办理市场主体登记，并依法纳税，明确禁止电子商务经营者默认搭售、大数据杀熟、刷单、刷好评、擅自删差评、无故拒退押金、泄露用户隐私、快递无限延期等行为，并对电子商务平台提出了更高的要求。《电子商务法》属于基本法，一些内容是框架性、原则性规定，其中很多地方仍需要进一步细化，而且由于电子商务领域的迅速发展，各方面的问题层出不穷，所以也需要不断出台相关规定进行完善。《电子商务法》对于解决电子商务平台售卖假货、平台审核不严与监管不到位等社会问题具有重要意义。同时，各国的不同体制和国情，同互联网和电子商务的跨国性是有一定冲突的，这就要求加强国际间的合作研究。

第二个支柱是网络安全协议及技术标准。各类协议和标准定义了用户接口、传输协议、信息发布标准、安全协议等技术细节。就整个网络环境来说，网络安全协议及技术标准对保证兼容性和通用性是十分重要的。许多厂商、机构都意识到了网络安全协议及技术标准的重要性，正致力于联合起来开发统一标准。如维萨、万事达等发行商已经同业界合作，制定出保障电子商务安全支付的 SET 协议。

利用四大基础和两大支柱，我们就可以一步步地建设完整的电子商务应用（如电子市场、电子广告、网上娱乐、家庭购物、SCM、信息服务等）。

知识链接　电子商务法

在 2018 年 8 月 31 日下午举行的十三届全国人大常委会第五次会议上，经过四次审议的《电子商务法》获得表决通过。自 2016 年 12 月《电子商务法（草案）》提请十二届全国人大常委会初次审议以来，历时一年半的《电子商务法》正式亮相。现介绍其中部分内容，如下。

1. 卖家侵权，平台承担连带责任

《电子商务法》规定：电子商务平台经营者知道或者应当知道平台内经营者销售的商品或者提供的服务不符合保障人身、财产安全的要求，或者有其他侵害消费者合法权益行为，未采取必要措施的，依法与该平台内经营者承担连带责任。

2. 未尽到安全保障义务，平台承担相应的责任

《电子商务法》规定：对关系消费者生命健康的商品或者服务，电子商务平台经营者对平台内经营者的资质资格未尽到审核义务，或者对消费者未尽到安全保障义务，造成消费者损害的，依法承担相应的责任。

3. 侵权售假未保障安全的，最高罚 200 万元

《电子商务法》规定：电子商务平台经营者违反本法第三十八条规定，对平台内经营者侵害

消费者合法权益行为未采取必要措施，或者对平台内经营者未尽到资质资格审核义务，或者对消费者未尽到安全保障义务的，由市场监督管理部门责令限期改正，可以处五万元以上五十万元以下的罚款；情节严重的，责令停业整顿，并处五十万元以上二百万元以下的罚款。

4. 拒绝套路，搭售不得作为默认选项

《电子商务法》规定：电子商务经营者搭售商品或者服务，应当以显著方式提请消费者注意，不得将搭售商品或者服务作为默认同意的选项。

5. 快递员不征求同意不能直接把快递放到驿站

《电子商务法》规定：快递物流服务提供者在交付商品时，应当提示收货人当面查验；交由他人代收的，应当经收货人同意。

2. 电子商务的功能

1）电子商务的基本功能

从电子商务的角度对商务活动进行分析和分解，人们可以将纷繁复杂的商务活动大致分为三类：信息、管理和交易。所有商务活动都可以归入其中的一类，或者同时归入两类、三类。按照电子商务功能目标的不同，与信息、管理和交易服务相对应，可将电子商务的基本功能概括为“3C”，即内容管理（Content Management）、协同处理（Collaboration）与交易服务（Commerce）三大类。

（1）内容管理。内容管理即管理网上需要发布的各种信息，其内容主要包括3个方面：信息沟通的渠道与信息的发布、信息服务（集成信息资源、信息搜索、信息分类、信息处理）和信息的安全（保密、真实、可靠）。

（2）协同处理。协同处理是指能支持不同组织（如企业和企业之间、供应链和供应链之间、企业和政府机构之间）、不同部门（如企业各个部门之间、政府各个部门之间）、不同群体人员的协同工作，通过通信系统（包括电子邮件和办公系统）、自动处理业务流程系统、管理信息系统、内部网和外部网协同业务活动，减少成本，提供便利，提高工作效率。

（3）交易服务。交易服务即电子方式下的买卖活动，具体包括4个方面的应用：市场与售前服务、销售活动、客户服务、电子货币交付。

电子商务的交易服务过程同普通贸易过程一样，也分为3个阶段：交易前、交易中和交易后。在交易过程中，它涉及3个方面的内容：信息交换、电子数据交换和电子资金转账。

① 交易前。交易前是指交易各方在交易合同签订前的活动，包括在各种商务网络和互联网上发布及寻找交易机会、寻求合适的贸易伙伴等，并可以通过网络交换信息比较价格，了解对方的信誉和条件，以及最后确定交易对象。

② 交易中。交易中是指电子合同签订后的贸易交易过程，涉及银行、税务、海关、商检、物流等方面的电子单证交换，这种交换通常是通过电子数据交换系统实现的。

③ 交易后。在交易双方办完各种手续后，商品交付运输公司起运，在物流过程中，交易双方可以通过电子商务网络跟踪货物的行程。银行则按照合同，依据贸易方提供的单证向另一方支付交易资金，出具相应的银行单证，完成整个交易过程。

电子商务的系统功能分类是既有区别又相互联系的 3 个方面，它们的组合构成了电子商务的基本功能。三者的关系如图 1.3 所示。

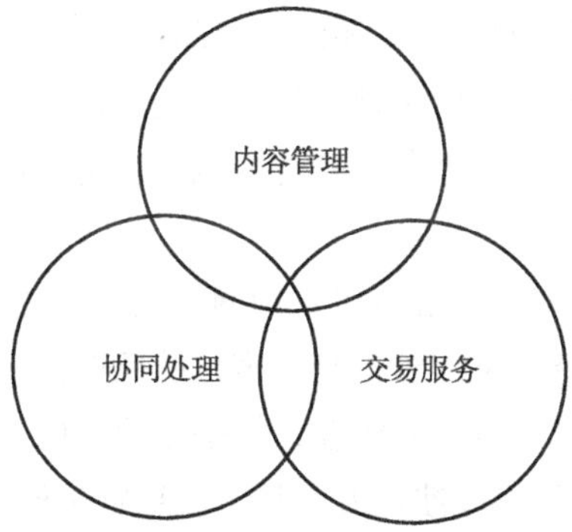

图 1.3 电子商务的“3C”功能

2）电子商务的交易功能

电子商务通过互联网可提供在网上交易和管理的全过程服务，具有对企业和商品的广告宣传、交易的咨询洽谈、客户的网上订购与招标、电子账户与网上支付、销售前后的服务传递、客户的信息征询，以及交易过程的管理等各项功能。

① 广告宣传。电子商务使企业可通过自己的 Web 服务器、Home Page（网络主页）和 E-mail（电子邮件），利用互联网在全球范围做广告宣传，宣传企业形象和发布各种商品、服务信息，客户可借助网上的检索工具（Search）迅速找到其所需要的商品信息。与其他各种广告形式相比，在网上发布广告成本较为低廉，而给客户的信息量最为丰富。

② 咨询洽谈。电子商务使企业可以借助非实时的 E-mail、News Group（新闻组）和 Chat（实时的讨论组）来了解市场和商品信息、洽谈交易事务，如有进一步的需求，还可用网上的 Whiteboard Conference（白板会议）、BBS（电子公告板）来交流即时的信息。在网上的咨询和洽谈能超越人们面对面洽谈的限制，提供多种方便的异地交谈形式。

③ 网上订购与招标。企业在网上开通了网上订购、查询系统，上网的客户便可以进行网上电子采购。当客户填写并确认订购单后，系统会回复确认信息给客户表示订购信息已收悉，并将客户的订单传输给企业的相关业务部门。通过这种方式，一方面，企业可以实时地操作订购、生产、销售业务和电子商务全过程，保证企业可以对销售活动进行紧密的跟踪；另一方面，客户可以在线了解自己在网上的订单的实时进展状况，以及查阅账户报告书，实现网上电子采购。

企业在网上开通招标系统，可以将自己需要外包的业务通过网上招标系统，面向全球进行招标、竞标、发标。

④ 电子账户与网上支付。网上支付是电子商务交易过程中的重要环节，企业在网络银行开设电子账户，客户就可以采用信用卡、电子钱包、电子支票和电子现金等多种电子支付方式进行网上支付。建立电子账户并采用网上支付方式，可以提升企业品牌形象，进一步维护客户关系，提高支付效率，节省交易开销。

网上支付必须有电子金融作为支持，即银行或信用卡公司及保险公司等金融单位要为金融服务提供网上操作的服务，而电子账户管理是其基本的组成部分。信用卡号或银行账号都是电子账户的一种标志，而其可信度需配以必要的技术措施作为保证，如数字证书、数字签名、加密等手段的应用保障了电子账户操作的安全性。

⑤ 服务传递。电子商务通过服务传递系统将商品尽快地传递到已订货并付款的客户手中。对于有形的商品，服务传递系统可以对本地和异地的仓库在网络中进行物流调配，并通过快递业完成商品的传递；而无形的信息产品，如软件、电子读物、信息服务等会被立即从电子仓库中通过网络直接传递给客户。

⑥ 信息征询。企业的电子商务系统可以采用网页上的“选择”“填空”等形式，及时收集客户对商品和销售服务的反馈意见及需求信息，客户的反馈信息能提高网上交易、售后服务的水平，使企业获得改进产品、发现市场的机会，使企业的市场运营形成一个良性的封闭回路。

⑦ 交易管理。电子商务交易管理涉及人、财、物多个方面，涉及企业和企业、企业和客户及企业内部等各方面的管理。因此，交易管理是涉及商务活动全过程的管理，电子商务的发展将会带来一个良好的交易管理的网络环境，以及多种多样的应用服务系统，从而保障电子商务获得更广泛的应用。

应用实例　拼多多——第三方社交电子商务平台

拼多多成立于2015年9月，是一家专注于C2M拼团的第三方社交电子商务平台。用户通过发起和朋友、家人、邻居等的拼团，可以以更低的价格拼团购买优质商品。其中，通过沟通分享形成的社交理念，形成了拼多多独特的新社交电子商务思维。拼多多自2015年9月正式上线以来，仅用5个月的时间单月成交额便突破了1000万元、付费用户就突破了2000万人，仅用10个月的时间用户量就突破了1亿人。2018年7月26日，拼多多正式在美国上市，发行价为19美元，市值达到240亿美元。拼多多的商品采用“分享+拼单”的方式，一方面利用很低的成本获得商品很大的曝光率，另一方面入驻的平台商户可以在短时间内获得较大规模的采购量。拼多多主打低价营销方式，再通过微信等社交平台的“分享+拼单”、朋友之间的拼团，以及折扣等优惠券进行营销。低价营销可以说是拼多多的核心竞争力，另外在社交平台上充分利用商品砍价方式、拆红包方式，使整体的用户量飞速提升。

1.1.3　电子商务的应用领域

随着电子商务技术的发展与应用的普及，电子商务广泛应用于工业、农业、商业、金融、旅游、交通等各行各业。其中，电子商务尤其适用于以下行业或机构。

1. 商品零售

电子商务中的商品零售是指由零售商在网上开设虚拟商店、陈列商品、提供网上支付手段和商品配送手段，客户通过上网浏览虚拟商店、向零售商订货和付款，最后获得商品或服务。适合在网上开展零售业务的行业：图书、电子书刊和音像制品的出版发行部门和经销商；计算机、网络、数据通信软件和硬件的生产商及经销商；经营日用品的网上超市等。

2．国内外贸易

网上贸易是指贸易双方通过互联网完成交易的全部或部分流程。目前，在国际贸易中广泛使用了 EDI。一般企业采购和分销可以通过由企业自己建立的针对供应商和销售商的贸易网站或由第三方建立的网上商品交易中心来实现。

3．金融业

电子商务带动的金融业包括以下几种。

① 金融服务——网上银行服务、网上支付、个人财务管理、会计账务管理。

② 保险业——保险代理服务、保险信息查询、网上报价、网上交易、网上理赔。

③ 投资理财业——网上证券交易、期货交易、委托投资、网上投资。

④ 金融信息服务业——发布与统计信息、咨询、评估与论证管理。

4．旅游服务业

电子商务也适用于旅游服务业，如旅馆、饭店的房间预订，飞机、火车的机（车）票预订及旅行社的旅游线路预订等。

5．政府部门

中国政府上网工程在1998年年底已经全面启动，1999年是我国的“政府上网年”，全国各地政府掀起了上网热。政府上网主要包括以下内容：政府信息服务、政府电子采购、电子政务（如电子税收、电子商检、电子海关和电子政府管理）、电子化政府（政府办公自动化）、政府部门重构（改进工作流程、提高工作效率）、群众联系窗口。

相关链接　互联网基本术语

（1）网站流量。网站流量通常是指网站的访问量，用来描述访问一个网站的用户数量，以及用户所浏览的网页数量等指标。常用的统计指标包括网站的独立用户数量、总用户数量（含重复访问者）、网页浏览数量、每个用户的页面浏览数量、用户在网站的平均停留时间等。

（2）转换率，又称转化率。在互联网领域中，转化率是指用户进行了相应目标行动的访问次数与总访问次数的比率。

（3）跳出率。跳出率是指仅浏览了一个页面就离开的用户占一组页面或一个页面访问次数的百分比。

（4）二跳率。当网站页面展开后，用户在页面上产生的首次点击被称为“二跳”，二跳的次数即“二跳量”，二跳量与浏览量的比值称为页面的二跳率。这是一个衡量外部流量质量的重要指标。

（5）SNS：社会性网络服务（Social Networking Services），专指旨在帮助人们建立社会性网络的互联网应用服务，也指社会现有的、已成熟普及的信息载体，如 SMS 短信服务。SNS 的另一种常用解释为“社交网站”或“社交网”（Social Network Site）。

（6）DAU：日活跃用户数量（Daily Active User）

（7）MAU：月活跃用户量（Month Active User）。

（8）KPI：关键绩效指标法（Key Performance Indicators），是企业绩效考核的方法之一，其特点是考核指标围绕关键成果领域进行选取。

（9）OTT：Over The Top 的缩写，是指通过互联网向用户提供各种应用服务。这种应用和目前运营商所提供的通信业务不同，它仅利用运营商的网络，而服务由运营商之外的第三方提供。目前，典型的 OTT 业务有互联网电视业务、苹果应用商店等。

（10）CPC：每次点击付费（Cost Per Click），这是网络中常见的一种广告形式。

（11）PFP：按业绩付费（Pay-For-Performance）。

（12）KOL：关键意见领袖（Key Opinion Leader），是指在微博上有话语权的人，如我们常说的微博红人。因为这些人在一些行业中可能是专业的，或者非常有经验的，所以他们的话通常能够让他的粉丝信服。

（13）VR：虚拟现实（Virtual Reality），是由美国 VPL 公司创建人拉尼尔在 20 世纪 80 年代初提出的。其具体内涵：综合利用计算机图形系统和各种现实及控制等接口设备，在计算机上生成的、可交互的三维环境中提供沉浸感觉的技术。其中，计算机生成的、可交互的三维环境称为虚拟环境（Virtual Environment，VE），虚拟现实技术实现的载体是虚拟现实仿真平台（Virtual Reality Platform，VRP）。

（14）SOHO：家居办公（Small Office Home Office），大多指那些专门的自由职业者，如自由撰稿人、平面设计师、工艺品设计人员、艺术家、音乐创作人、产品销售员、广告制作人、服装设计师、商务代理人等。

（15）LBS：基于位置的服务，它是通过移动、电信运营商的无线电通信网络（如 GSM 网、CDMA 网）或外部定位方式（如 GPS）获取移动终端用户的位置信息（地理坐标或大地坐标），在地理信息系统（Geographic Information System，GIS）平台的支持下，为用户提供相应服务的一种增值业务。

（16）TMT：数字新媒体，或称 TMT（Technology，Media，Telecom）产业。TMT 是将电信、媒体和科技 3 个英文单词的第一个字母整合在一起，实际是未来电信、媒体科技（互联网）包括信息技术这样一个融合趋势所产生的大的背景，这就是 TMT 产业。

1.2 电子商务的分类

1.2.1 按参加电子商务活动的交易主体分类

1. 企业与消费者（B2C）

B2C 也称企业对个人客户的电子商务，基本等同于网上的电子零售。它是利用计算机网络使消费者直接参与经济活动的高级形式。目前，在互联网上存在各种类型的商业中心，它们提供了从鲜花、图书到计算机、汽车等各种 B2C 业务，如京东、苏宁易购等。

B2C 有以下优势：高效便捷，网上商场可以做到随时订货、随时购物，不受时空限制；技术的不断进步使网上购物变得更方便快捷，随着移动电话和其他手持设备走进在线购物，消费者能更快、更广泛地进入商家的网上店铺。但是，物料配送、货款回收等问题制约着 B2C 的进一步发展。

应用实例　亚马逊网上书店

亚马逊最初是一家通过互联网售卖图书的网上书店，就在几乎谁都没有搞清它的店面在哪里的时候，它迅速超越无数成名已久的百年老店成为世界范围内知名的网上书店，其市值更远远超过了售书业务本身。通过亚马逊的网站，用户在购书时可以享受到很大的便利。例如，要在 100 万种图书中查找一本书，使用传统的方法可能要跑上几个书店，花费很多时间，但在亚马逊的网站中，用户可以通过检索功能，只需点击几下鼠标键，不久就会有人把这本书送到家里了。亚马逊吸引人的另一个方面是提供了很多增值服务，包括提供众多的书籍评论和介绍。而在传统销售方式下，这些增值服务会变得非常昂贵。目前，亚马逊的业务已扩展到音像制品、软件、各类日用消费品等多个领域。

2．企业与企业（B2B）

B2B 是指企业供应商与代理商及其他合作伙伴之间利用电子技术进行的商务往来。其参与主体有采购商、供应商、B2B 电子商务服务平台、网上银行、物流配送中心、认证机构等，主要开展的业务包括在线招标、在线投标、产品目录发布、产品数据库维护、在线洽谈、网上签约、订单处理、支付货款、接收货物、在线业务数据统计等。B2B 分为两种基本类型：一种是非特定企业间的电子商务，在开放的网络中为每笔交易寻找最佳伙伴，并与伙伴进行从订购到结算的全部交易行为；另一种是特定企业间的电子商务，是在过去一直有交易关系或者今后会继续进行交易的企业间，为了相同的经济效益共同进行的设计开发。

目前，电子商务总交易量中 80%是由 B2B 交易实现的。B2B 实现了企业业务的合理化，有效地削减了交易费用，降低了成本，是传统大中型企业进入电子商务的首选方式。B2B 的代表有阿里巴巴 1688 等。

3．消费者与消费者（C2C）

C2C 是指消费者与消费者之间的串货交易或者各种服务活动在网络上的具体实现。C2C 包括网上拍卖、旧货交易、邮票交易、租房换房等。但是，由于某些条件在短期内仍然不成熟，C2C 的发展会走在其他模式之后，不像人们以往传统的购物习惯，个人之间的交易由于信誉制度的缺乏，多年形成的购物习惯将抑制它的发展。但 C2C 的发展很有潜力，未来可期，如淘宝等。

4．企业与政府（B2G）

B2G 是企业与政府之间各种各样的事务在网络上的具体实现，包括政府网上采购、商品检验、管理条例发布、催税纳税等。B2G 有利于加强政府工作透明度，实现廉政建设，同时可以加大企业竞争，降低成本，节约政府开支，提高政府工作效率。此外，政府可以实施对行政事务的管理，如利用电子商务进行网上报关、网上报税、发放进出口许可证、网上申领执照等。B2G 的代表有中国电子口岸等。

5．消费者与政府（C2G）

C2G 是消费者与政府之间开展的电子商务模式。公众可以登录各级政府的网站查询其机构构成、政策条文等信息。国家社会保险公共服务平台可以提供社保查询、待遇资格认证、养老金测算、关系转移、境外免缴等全国性跨地区服务。

6．生产厂家对消费者（M2C）

M2C（Manufacturers to Consumer）是指生产厂家（Manufacturers）直接对消费者（Consumers）提供自己生产的产品或服务的一种商业模式，特点是流通环节减少至一对一，销售成本降低，从而保障了产品品质和售后服务质量。相比传统的渠道模式，M2C 模式具有以下优势。

① 价格更低。M2C 模式下，制造商直接将产品销售给最终消费者，绕开了中间商，从而大幅削减了渠道费用，其价格也更加具备竞争力。例如，盘古中国将自己的商业模式定义为“将产品从生产线直接搬到消费者的客厅”。借助 M2C 模式，盘古中国旗下产品的价格要比竞争对手的同类产品低 30%以上，这是一个巨大的优势。

② 渠道资源整合。M2C 模式下，制造商将分销渠道完全掌握在手中，这样就可以对订单处理、物流、消费者信息、售后服务等环节进行有效整合，建立一套完整、高效的渠道信息系统。通过此系统，制造商可以及时跟踪产品物流的动向，减少不同销售区域间的渠道冲突；同时，制造商也可以建立客户中心，及时处理客户订单，倾听客户声音，建立高效的客户服务和反馈机制。企业整合了渠道资源，将订单处理、物流、售后服务等流程一以贯之，对消费者信息可以做出及时反馈和处理，提高了消费者的满意度。

③ 提供定制化服务。缩短了中间环节之后，制造商可以将营销职能前置，针对消费者需求，提供个性化的产品和服务。

7．线上线下电子商务（O2O）

O2O（Online to Offline），区别于传统的 B2C、B2B、C2C 等电子商务模式。O2O 是把线上的消费者带到现实的商店中去：在线支付线下商品、服务，再到线下享受服务。通过打折（团购，如 GroupOn）、提供信息、服务（预订，如 OpenTable）等方式，把线下商店的消息推送给互联网用户，从而将他们转换为自己的线下客户。这样，线下服务就可以通过线上方式来揽客，消费者可以在线上来筛选服务，成交也可以在线结算，很快形成规模。该模式最重要的特点是推广效果可查，每笔交易可跟踪。O2O 电子商务模式需具备五大要素：独立网上商城、国家级权威行业可信网站认证、在线网络广告营销推广、全面社交媒体与客户在线互动，以及线上线下一体化的会员营销系统。

8．消费者对企业（C2B）

C2B（Customer to Business）是电子商务模式的一种，最先由美国流行起来的消费者对企业模式也许是一个值得关注的尝试。C2B 模式的核心，是通过聚合分散分布但数量庞大的用户形成一个强大的采购集团，以此来改变 B2C 模式中用户一对一出价的弱势地位，使之享受到以大批发商的价格购买单件商品的“福利”。

相关链接　要啥网——C2B 模式

要啥网成立于 2011 年，是智能时代国内领先的以满足用户需求为服务主导，智能、精准匹配需求与供应的 C2B 商务交易平台，属于广州市要啥网信息技术有限公司，广大采购商只需在此平台上注册一个账号，即可免费发布自己的订单需求，就可以由要啥网客服寻找供应商进行报价竞标，采购商可以从众多的竞标商家中选择自己满意的标价进行交易。要啥网力求打造一种轻松、高效、省钱的工作生活方式，“要啥有啥，想啥来啥！”以服务需求者为主导，通过移动互联网、大数据智能精准地将用户需求匹配给对应商家，帮助需求者更轻松、高效地实现供求对接。要啥网带给企业、用户的不只是业务平台，更是一个社区、一个循环生态系统。要啥网具备了两个前提条件：从 C 端来说，聚合消费者的需求；从 B 端来说，用供应链协同的方法，以较低的成本做到定制。要啥网不只是价格与产品的协同平台，更是供应链协同与满足个性化定制的平台。

9．企业对团队（B2T）

B2T（Business to Team），是继 B2B、B2C、C2C 之后的又一种电子商务模式，即一个团队向商家采购。B2T 有“团体采购”（简称团购）的含义，而今，网络的普及让团购成为很多中国人参与的“消费革命”。网购成为一种新的消费方式。所谓网络团购，是指互不认识的消费者，借助互联网的“网聚人的力量”来聚集资金，加大与商家的谈判能力，以求得最优的价格，如东航 B2T 销售平台。

B2T 模式主要包括自发团购模式、商业团购模式和网络营销团购模式这 3 类。

① 自发团购模式是指消费者自发组织起来向厂商进行批量购买的行为。自发团购模式一般比较不规范，它对团购成员应该遵守的规范没有约束力。自发团购模式具有偶然性，也就是说，它一般是由某一消费者即时发起的，完成之后就自动解散，不具有持续性。另外，成员之间、成员与商家之间很难建立起信任关系。自发团购中的发起人是团购成功与否的关键因素。

② 商业团购模式是由自发团购模式衍生而来的。此模式由商业网站提供第三方商业平台，针对某些产品进行团购，通过议价机制来吸引消费者，从而形成一定的数量优势。这种模式比较规范，而且一般都具有持续性。

③ 网络营销团购模式是指厂商通过组织自身产品的团购取得网络团购的主动权，将网络团购纳入自身网络营销体系，从而形成网络营销团购模式。

在现实生活中，商业团购模式在 B2T 模式中占比较大，自发团购模式也占有一定比例，而网络营销团购模式比较少见。然而，网络营销团购模式是生产商和零售商获取网络团购优势的关键，应该引起注意。

前沿话题　社交电商

根据中国互联网协会发布的《2019 中国社交电商行业发展报告》，2019 年我国社交电商市场规模达 20 605.8 亿元，同比增长 63.2%；社交电商消费者人数达 5.12 亿人。目前，社交电商已经成为仅次于自营电商、平台电商的“第三极”。社交电商是电子商务的一种新的衍生模式，它借助社交网站、SNS、微信、微博、社交媒介、网络媒介等传播途径，通过社交互动、用户自生内容等手段来辅助商品的购买和销售行为，并将关注、分享、沟通、讨论、互动等社交化的元素应用于电子商务交易过程。社交电商获取流量的成本较低，相比传统的广告，社交电商依靠社交平台裂变，一次转发的链接也可能产生收益。同时，社交关系链具备稳定性和较高的沟通性，再加上朋友的信任背书，大大降低了社交电商的推广成本。社交电商"信任+经济"实现"人""货""场"交易，按照社交对电子商务产生影响的主要环节，主要可以分为以下4种类型。

（1）拼购型：这一类型以拼多多为代表，主要影响分享传播模式，通过利益激励、鼓励个人分享商品链接推广商品。

（2）分销型：以云集、环球捕手为代表，基于社交场景、分销关系搭建线上零售平台，主要影响销售模式。

（3）内容分享型：以礼物说为代表，采用内容分享、引流导购等方式，主要影响购买决策。

（4）社区团购型：以芙蓉兴盛、你我您、食享会为代表，采用流量裂变、社交团购等方式，主要影响用户需求获取。

1.2.2 按电子商务活动的运作方式分类

1. 直接交易型电子商务

直接交易型电子商务，也称完全电子商务，是指在网上直接对无形的数字化产品和服务进行交易的活动，整个交易过程都在网上完成，所有业务步骤都是数字化的。这是理想的电子商务，企业组织是完全在线的虚拟机构，其交易对象包括歌曲等数字化产品、计算机软件、各种信息服务等。

2. 间接交易型电子商务

间接交易型电子商务，也称不完全电子商务，是指仍然需要利用传统的货物配送渠道（如邮政服务、快递、仓储运输等），在网上直接对有形货物进行电子订货等交易活动。这是一种介于传统商务和完全电子商务之间的商务形态，即并非商务活动中的所有环节都以电子方式或者传统方式进行，而是兼而有之。其交易对象往往是物质的、非数字化的有形商品。

1.2.3 按电子商务使用的网络类型分类

1. 基于EDI的电子商务

电子数据交换（Electronic Data Interchange，EDI）是指按照商业协定，将商业文件标准化和格式化，并通过计算机网络和专用程序，在贸易伙伴的计算机网络系统之间进行数据交换和自动处理。进行交换的数据必须遵循一定的标准、准则，按照固定格式，否则系统之间的数据就不能互相识别。EDI 主要用于企业与企业、企业与政府之间的订单、发票、货运单、报关单及进出口凭证等商业文件传递，具有安全、可靠等特点。我国推行的"金关"工程就是EDI的开发与应用。对常年经营大宗产品出口和批发业务的企业而言，使用基于EDI的电子商务，在订货和付款方面要比使用传统方式节约很多时间与费用。

2．基于企业内部网的电子商务

企业内部网是企业利用互联网技术和协议架构的企业内部网络，用以完成企业内部的管理和业务流程，如信息的发布、反馈、交流和人、财、物的协调等。企业一般采用防火墙、访问权限等措施来保证信息安全。目前，国内外许多大中型企业都采用了这种模式，大大降低了管理成本，拓展了经营空间，使企业在激烈的市场竞争中保持优势地位。

3．基于企业外部网的电子商务

企业外部网是相关企业之间利用互联网技术和协议架构建立的网络，借以实现企业之间信息的交流和互动，进行网上交易。生产企业与上游供应商、下游分销商之间都可以采用这种模式来提高经营效率和效益，以及企业的协同生产能力和水平。

4．基于互联网的电子商务

基于互联网的电子商务是利用互联网进行的网络营销、网上购物等商务活动，是现代国际贸易的新形式。它采用先进的计算机技术、通信技术、多媒体技术、数据库技术，实现了社会资源的高效运转和最大节余，使贸易各方都不受时空的限制，可随时随地进行商务往来。目前，多数电子商务都属于这种模式。

5．基于其他网络的电子商务

ATM 自动存/取款系统、视频会议、视频点播等都属于此类模式。它们是对电子商务活动的有效补充。

小提示

互联网与企业内部网及企业外部网的比较

企业内部网是利用互联网各项技术建立起来的企业内部信息网络。与互联网相同的是，企业内部网的核心也是 Web 服务。企业外部网利用互联网将多个企业内部网连接起来。互联网与企业内部网及企业外部网的关系如图 1.4 所示。它们三者的区别如表 1.1 所示。

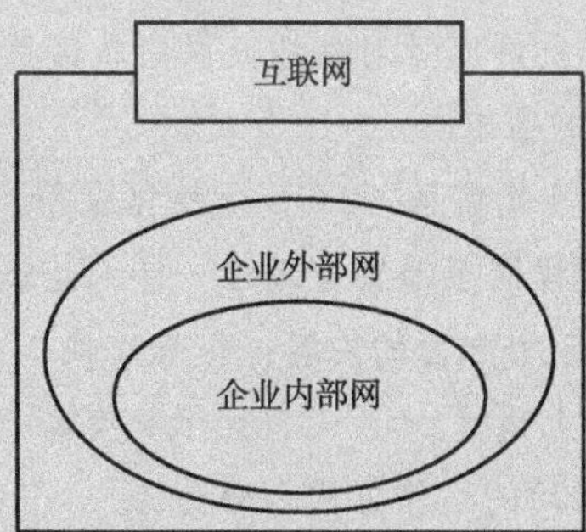

图 1.4　互联网与企业内部网及企业外部网的关系

表1.1 互联网与企业内部网及企业外部网的区别

	互联网	企业内部网	企业外部网
参与人员	一般大众	公司内部员工	公司内部员工、客户、战略联盟厂商
存取模式	自由	授权	授权
可用带宽	少	多	中等
隐私性	低	高	中等
安全性需求	高	较低	较高

具体来讲，三者的区别与联系如下所述。

① 企业外部网是在互联网和企业内部网基础设施上的逻辑覆盖。它主要通过访问控制和路由表逻辑连接两个或多个已经存在的企业内部网，使它们之间可以方便安全地通信。

② 企业外部网可以看作利用互联网将多个企业内部网连接起来的一个大的网络系统。互联网强调网络之间的互联，企业内部网是企业内部之间的互联，企业外部网则是把多个企业内部网互联起来。

自测题

单项选择题

1．电子商务是通过电子化手段来完成（　　）活动的一种方式，把电子业务定义为一种新型的业务开展手段，通过基于互联网的信息结构，使得公司、供应商、合作伙伴和客户之间，利用电子业务共享信息。

A．商业贸易　　B．合作关系　　C．进出口贸易　　D．买卖

2．B2C是指（　　）。

A．企业对企业的电子商务

B．企业对消费者的电子商务

C．企业对政府的电子商务

D．消费者对消费者的电子商务

3．企业可根据客户需求和爱好有针对性地提供商品信息，消费者可根据需求有目的地检索信息，从而达到了对（　　）的需求。

A．个性化产品　　B．个性化信息　　C．个性化服务　　D．个性化消费

4．电子商务的交易服务过程同普通贸易过程一样，也分为3个阶段：交易前、交易中和交易后。在交易过程中，它涉及3个方面的内容：信息交换、电子数据交换和（　　）。

A．电子产品　　B．网上银行　　C．无纸化交易　　D．电子资金转账

5．电子商务按电子商务活动的运作方式划分为（　　）。

A．直接和间接交易型电子商务　　B．第三方交易型电子商务

C．中间型电子商务　　D．混合型电子商务

多项选择题

1. 将电子商务的基本功能概括为“3C”，即（　　）。

A. 内容管理　　B. 协同处理　　C. 交易服务　　D. 消费方便

2. 电子商务按使用的网络类型分类，可以分为（　　）。

A. 基于 EDI 的电子商务　　B. 基于企业内部网的电子商务

C. 基于企业外部网的电子商务　　D. 基于互联网的电子商务

E. 基于其他网络的电子商务

3. 电子商务的应用领域有（　　）。

A. 商品零售　　B. 国内外贸易　　C. 金融业　　D. 政府部门

E. 旅游服务业

4. 电子商务的内容管理（管理网上需要发布的各种信息）主要包括（　　）3 个方面。

A. 信息沟通的渠道与信息的分布　　B. 信息服务

C. 信息的安全　　D. 信息搜索

5. 电子商务的两大支柱是（　　）。

A. 公共政策法规和隐私权问题　　B. 技术标准　　C. 网络安全协议

D. 用户接口、传输协议、信息发布标准、安全协议

判断题

1. 在电子技术的应用方面，EB 比 EC 包含的范围广；在商务活动的涵盖内容方面，EB 比 EC 包含的内容多，不仅包括商业领域，而且包括政务、金融、出版、服务、教育、医疗等，不是仅指“网上购物”。（　　）

2. 电子商务是间接性的经济活动。互联网缩短了企业与消费者之间的距离，无须通过中间环节。（　　）

3. M2C 是指生产厂家直接对消费者提供自己生产的产品或服务的一种商业模式。（　　）

4. 电子商务是把买方、卖方、厂商和合作伙伴在企业内部网、企业外部网和互联网结合起来的应用。（　　）

5. 电子商务通过互联网可提供在网上的交易和管理的全过程的服务，具有对企业和商品的广告宣传、交易的咨询洽谈、客户的网上订购与招标、电子账户与网上支付、销售前后的服务传递、客户的信息征询，以及交易过程的管理等各项功能。（　　）

简答题

1. 电子商务的特征有哪些？

2. 电子商务系统的四大基础是什么？

3. 电子商务的交易功能有哪些？

4. 按电子商务使用的网络类型分类，电子商务可以划分为哪几种？

5. 电子商务的应用领域有哪些？

讨论题

1．结合自己的生活，说出5个以上身边的电子商务案例或者故事，分析电子商务的优势和劣势。

2．电子商务的快速发展给我们的生活带来了哪些变化?

上网实习

1．到你熟悉的典型的B2B、B2C网站观察，并尝试进行在线购买。

2．访问世界著名IT公司的电子商务网站（如IBM、惠普），观察该网站的页面布局，并分析其成功的原因。

3．上网浏览一家国内比较著名的电子商务网站，分析电子商务与移动商务的不同，并写出一篇500字左右的报告。

小组任务

学生每5人分为一组，登录一家电子商务网站，对网站的交易模式、电子商务使用的网络类型、电子商务活动的运作方式进行分析。

要求：

（1）每组选择一家电子商务网站。

（2）浏览该电子商务网站并确认该网站提供的主要产品或服务等，以及交易的主体、交易的类型。

（3）能够根据网站所提供的交易服务分析网站的类型。

（4）撰写该网站的分析报告，报告以书面形式提交，要求字数为2 000字以上。报告内容包括网站提供的产品及服务介绍、网站的交易主体、网站的交易模式、网页的设计，并分析该种类型的电子商务网站在营销方面的利弊。

第 2 章

电子商务的技术基础

引导案例　互联网的产生

互联网的产生可以追溯到 1962 年。当时，美国国防部为了保证美国本土防卫力量和海外防御武装在受到打击以后仍能具有一定的生存和反击能力，决定设计出一种分散的指挥系统。

该指挥系统由一个个分散的指挥点组成，当部分指挥点被摧毁后，其他指挥点仍能正常工作，并且这些指挥点之间能够绕过那些已被摧毁的指挥点而继续保持联系。为了对这一构思进行验证，1969 年，美国国防部国防高级研究计划署资助建立了一个名为 ARPANET（阿帕网）的网络，这个网络把加利福尼亚大学洛杉矶分校、加利福尼亚大学圣芭芭拉分校、斯坦福大学，以及位于盐湖域的犹他州州立大学的计算机主机连接起来，位于各个节点的大型计算机采用分组交换技术，通过专门的接口信息处理机（IMP）和专门的通信线路相互连接。

这个阿帕网就是互联网最早的雏形。

1972 年，来自全世界计算机业和通信业的专家学者在美国华盛顿举行了第一届国际计算机通信会议。该会议决定成立互联网工作组，负责建立一种能保证在不同计算机之间进行通信的标准规范（通信协议）。与此同时，美国国防部也开始研究如何实现各种不同网络之间的互联问题。1974 年，IP（互联网协议）和 TCP（传输控制协议）问世，合称 TCP/IP 协议。这两个协议定义了一种在计算机网络间传送报文（文件或命令）的方法。随后，美国国防部决定向全世界无条件地免费提供 TCP/IP，即向全世界公布解决计算机网络之间通信的核心技术，TCP/IP 协议核心技术的公开促进了互联网的大发展。

到了 1980 年，世界上既有使用 TCP/IP 协议的美国军方的阿帕网，也有很多使用其他通信协议的各种网络。为了将这些网络连接起来，温顿·瑟夫提出一个设想：在每个网络内部使用各自的通信协议，而在和其他网络通信时使用 TCP/IP 协议。这个方案促进了互联网的诞生，并确立了 TCP/IP 协议在网络互联方面不可动摇的地位。

本章学习目标

1. 了解计算机网络的含义、结构；

2. 掌握计算机网络的分类、IP地址与域名；
3. 熟悉互联网的功能及接入技术；
4. 熟悉Web的技术结构与工作原理，了解Web浏览器；
5. 了解网页制作的相关技术。

学习导航

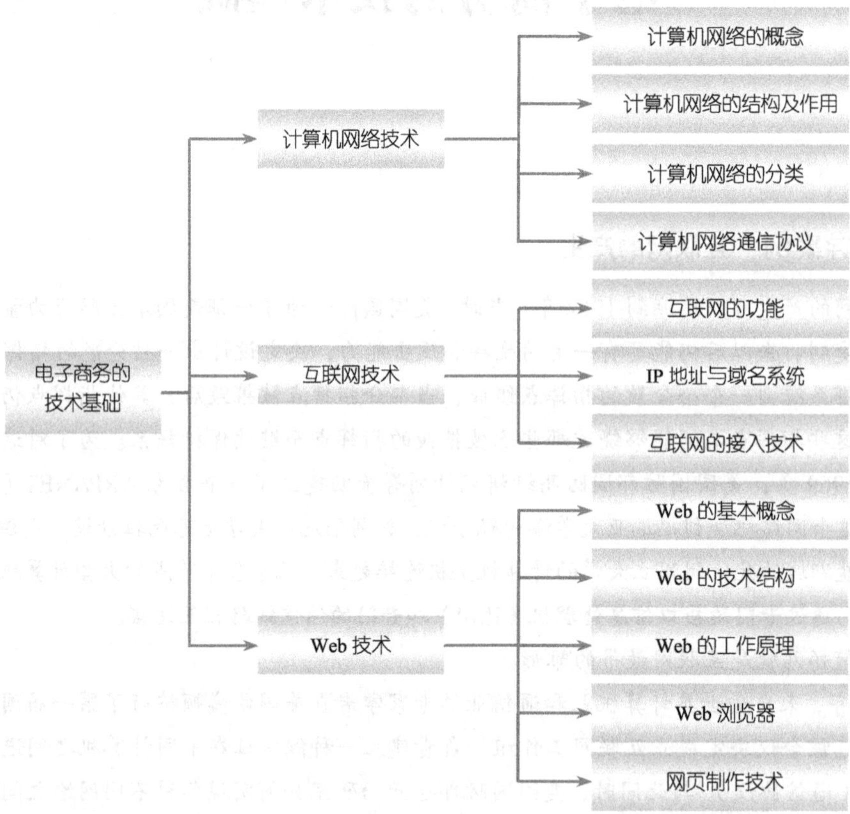

职业指导

2019年2月，国务院印发《国家职业教育改革实施方案》，明确提出从2019年开始，在职业院校、应用型本科高校启动“学历证书+若干职业技能等级证书”制度试点（简称“1+X证书”制度试点）工作。“1”为学历证书，“X”为若干职业技能等级证书。学历证书全面反映学校教育的人才培养质量。职业技能等级证书是毕业生、社会成员职业技能水平的凭证，反映职业活动和个人职业生涯发展所需要的综合能力。“1”是基础，“X”是“1”的补充、强化和拓展，书证相互衔接融通正是“1+X证书”制度的精髓所在。2019年10月12日，教育部第二批“1+X证书”制度试点院校名单公布，电子商务专业主要有“网店运营推广职业技能等级证书”“电子商务数据分析职业技能等级证书”试点。“1+X证书”制度试点院校依托认证服务平台，实现培训认证成果可视化，通过平台提供网络公开查询等社会化服务，便于用人单位识别和学生就业；进一步提升培训认证的社会影响力、证书含金量，实现职业教育的社会化规模发展。

电子商务与飞速发展的信息技术有着密切的联系，计算机及网络技术为电子商务提供了网络层的技术支持：互联网的 WWW 技术为电子商务提供了消息/信息发布层的技术手段；而信息安全技术和电子支付技术为电子商务的应用层提供了可靠、方便的保证。

2.1　计算机网络技术

2.1.1　计算机网络的概念

计算机网络是指将物理位置不同的具有独立功能的多台计算机及其外部设备，通过通信线路连接起来，在网络操作系统、网络管理软件及网络通信协议的管理和协调下，实现资源共享和信息传递的计算机系统。

对计算机网络的定义，可以从以下 3 个方面进行理解。

① 联网的计算机是可以独立运行的，与早期的多终端计算机系统有根本的区别。

② 计算机之间通过通信线路实现信息交换，这里的通信线路既可以是近距离的，也可以是远程的；既可以是电缆、光纤等有线介质，也可以是红外线、无线电、激光等无线介质。

③ 联网的目的是实现资源共享，包括硬件资源、软件资源和信息的共享。

2.1.2　计算机网络的结构及作用

1．计算机网络的结构

计算机网络的结构如图 2.1 所示。一般可将计算机网络分为以下两个部分。

① 资源子网——负责网络数据处理，由主计算机、终端及有关软件组成。

② 通信子网——负责网络通信，由集中器、节点交换机、网络连接器和通信线路等组成。

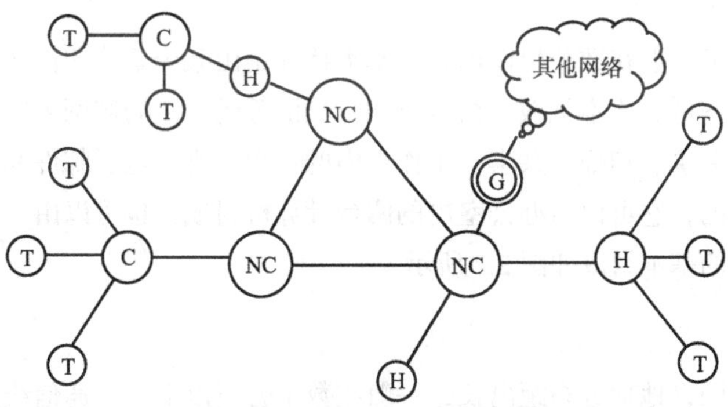

H—主计算机；T—终端；C—集中器；
NC—节点交换机；G—网络连接器。

图 2.1　计算机网络的结构

2．计算机网络各组成部分的作用

① 主计算机（Host）。计算机网络中，主计算机（简称主机）负责数据处理和网络控制，可以由大型机、中型机、小型机和微型机担任，其在网络中的角色可以是服务器或工作站。

服务器是为其他计算机提供硬件（如大容量磁盘、打印机）和软件（程序和数据）资源服务的计算机。根据服务器所提供的服务，服务器可分为文件服务器、通信服务器、数据库服务器等，在互联网服务中，可以有 WWW 服务器、邮件服务器、FTP 服务器等。服务器一般由性能较强的大、中、小型计算机或高档微型计算机担任。

② 终端（Terminal）。终端是网络用户进行网络操作、实现人机对话的工具。与工作站相比，终端没有独立的本地处理能力，必须通过集中器与主机连接才能工作。

③ 集中器（Concentrator）。集中器的作用是将多个终端集中起来，再通过远程通信线路与节点交换机或主机连接，以提高通信效率，降低费用。

④ 节点交换机（Node Computer）。节点交换机又称通信处理机。它负责网络中的信息传输控制。在局域网中也可不专门设置节点交换机，而由主机承担。

⑤ 网络连接器（Gateway）。网络连接器用于连接其他网络，可实现不同网络信息格式、通信协议、寻址方式等的转换。根据其他网络结构的不同，网络连接器可以是中继器、网桥、路由器或网关等。

⑥ 通信线路。图 2.1 中各设备之间的连线表示通信线路，它们可以采用有线通信线路（双绞线、同轴电缆、光导纤维）或无线通信线路（无线电、微波等）。

2.1.3 计算机网络的分类

计算机网络有不同的分类方法，一般根据计算机网络分布区域的大小，将计算机网络分为局域网（Local Area Network，LAN）、广域网（Wide Area Network，WAN），以及城域网（Metropolitan Area Network，MAN）。

1．局域网

局域网的分布距离一般在数公里以内，其基本特征是由某个单位团体所建立与管理。局域网具有速率高、差错率低、成本低廉、组网方便、灵活等优点。局域网可以实现文件管理、应用软件共享、打印机共享、扫描仪共享、工作组内的日程安排、电子邮件和传真通信服务等功能。局域网是封闭型的，它可以由办公室内的两台计算机组成，也可以由一个公司内的上千台计算机组成。局域网的基本组成如图 2.2 所示。

2．广域网

广域网也称远程网，地理分布距离长，一般在数十公里以上。其通信线路一般由通信部门提供。广域网的传输速率较低。互联网是广域网的典型代表。广域网的通信子网主要使用分组交换技术，其子网可以利用公用分组交换网、卫星通信网和无线分组交换网，将分布在不同地区的局域网或计算机系统互联起来，达到资源共享的目的。其子网既可以是局域网，也可以是小型的广域网。

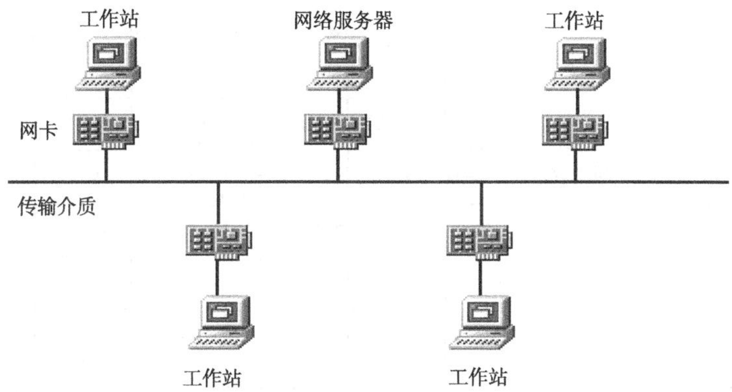

图 2.2　局域网的基本组成

3．城域网

城域网是介于局域网和广域网之间的一种区域性网络，其分布距离一般为几十公里。城域网的速率较广域网要高，能将城域内企业、机关、学校和公共服务部门的局域网连接起来，成为较局域网规模更大的网络，实现区域内的资源共享。它是以 IP 和 ATM 电信技术为基础，以光纤作为传输媒介，集数据、语音、视频服务于一体的高宽带、多功能、多业务接入的多媒体通信网络。

2.1.4　计算机网络通信协议

为了将不同类型、不同操作系统的计算机互联起来形成一个计算机网络，就必须有一个体系结构。计算机网络的体系结构，就是计算机网络各层次及其协议的集合。在计算机网络通信中，两个网络用户要想实现通信，必须采用相同的语言，他们之间信息交流的形式、方式和时间都应遵从某种规则，这些规则的集合称为计算机网络通信协议。

1．计算机网络的分层体系结构

计算机网络系统是一个十分复杂的系统。将一个复杂系统分解为若干个容易处理的子系统，然后分而治之，这种结构化设计方法是工程设计中常用的手段。分层就是系统分解的最好的方法之一。

在一般的分层结构中，n 层是 $n-1$ 层的用户，又是 $n+1$ 层的服务提供者，如图 2.3 所示。

$n+1$ 层虽然只直接使用了 n 层提供的服务，但实际上它通过 n 层还间接地使用了 $n-1$ 层及其以下所有各层的服务。层次结构一般以垂直分层模型来表示，在这个层次结构中，除了在物理媒体上进行的是实通信，其余各对实体间进行的都是虚通信。对等层的虚通信必须遵循该层的协议，n 层的虚通信是通过 n 层和 $n-1$ 层间接口处 $n-1$ 层提供的服务，以及 $n-1$ 层的通信（通常也是虚通信）来实现的。

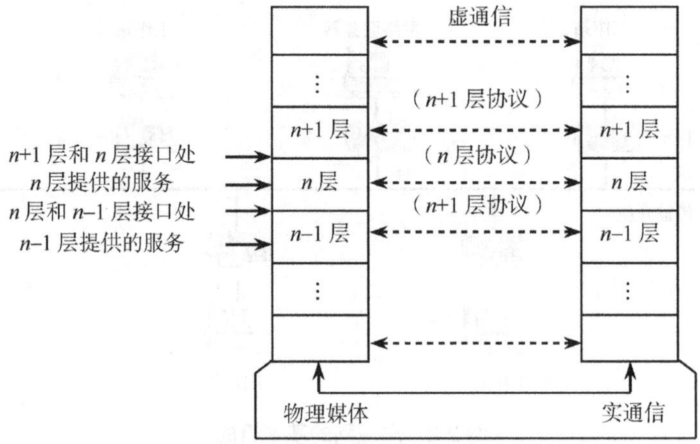

图 2.3 计算机网络的分层结构

层次结构划分的原则是每层的功能应是明确的，并且是相互独立的。当某一层的具体实现方法更新时，只要保持上、下层的接口不变，便不会对邻层产生影响；层间接口必须清晰，跨越接口的信息量应尽可能少；层数应适中，若层数太少，则会造成每层的协议过于复杂，若层数太多，则体系结构过于复杂，使描述和实现各层功能变得困难。

分层结构所具有的特点：以功能作为划分层次的基础，n 层的实体在实现自身定义的功能时，只能使用 $n-1$ 层提供的服务；n 层向 $n+1$ 层提供服务，此服务不仅包含 n 层本身的功能，还包含由下层服务提供的功能；仅在相邻层间有接口，且所提供服务的具体实现细节对上一层完全屏蔽。

分层结构有利于每一层实现一种相对独立的功能，还有利于各层之间的交流、理解和标准化。

2．国际标准化组织（ISO）的 OSI 参考模型

20 世纪 70 年代中期，具有一定体系结构的各类计算机网络有了相当规模的发展。但是，由于各公司生产的计算机网络设备所遵循的网络体系结构不同，各公司生产的计算机之间很难联网通信，不能很好地发挥计算机网络的效益。因此，人们迫切需要制定一个国际范围遵循的网络体系结构标准，以便不同厂家生产的计算机能够联网通信。

1977 年，国际标准化组织技术委员会成立了一个专门研究“开放系统互联”的新委员会，并用 OSI 表示开放系统互联，即世界范围内凡遵循同一 OSI 标准的任何系统都能开放式地进行信息交换。1983 年，该委员会形成并提出了开放系统互联基本参考模型，称为 ISO/OSI 参考模型（体系结构），简称 ISO/OSI。

OSI 将计算机网络的体系结构分成 7 层，并将计算机网络的体系结构规定为各层之间是相互独立的，某层并不需要知道下层是如何实现的，仅需知道该层通过层间接口所提供的服务即可。当任何一层发生变化时，只要接口关系保持不变，在这层以上或以下的各层都不会受影响，某层提供的服务也可以修改，当某层提供的服务不再需要时，便可将该层取消。各层提供的功能和服务都有准确的说明，都可以采用最合适的技术来实现，易于实现和维护，能促进标准化

OSI 层次的体系结构，如表 2.1 所示。

表 2.1　OSI 层次的体系结构

层	名　称	主 要 功 能
7	应用层	负责用户信息的语义表示，并在两个通信用户之间进行语义匹配，即不仅要提供应用进程所需要的信息交换和远地操作，还要作为相互作用的应用进程的用户代理，完成一些语义上有意义的信息交换
6	表示层	解决用户信息的语法表示问题，将要交换的数据从适合某一用户的抽象语法变换为适合 OSI 系统内部使用的传送语法
5	会话层	用户进入网络的接口，用户必须使用一端系统的会话层建立跟另一端系统的一个进程的连接，并对数据传输进行管理，在两个相互通信的应用进程之间建立、组织和协调其交互作用
4	传输层	根据通信子网的特性最佳地利用网络资源，以可靠和经济的方式为两端系统的会话层之间建立起一条传输链接，透明地传送报文，即为上一个会话层提供一个可靠的端到端服务
3	网络层	控制通信子网的工作，决定报文分组如何在通信子网中传送，即选择合适的路由和交换节点，使从上层传来的报文分组能正确无误地按地址找到目的站并交给目的站的传输层，即完成寻址功能
2	数据链路层	负责在两个相邻接点间的线路上无差错地传送以帧为单位的数据，即把一条有可能出差错的实际链路变成对网络层来说是一条不会出差错的链路
1	物理层	为上一个数据链路层提供一个物理连接，以便透明地传送比特信息流

以上 7 层中的第 1 ~ 4 层是低层，是面向通信的；而第 5 ~ 7 层是高层，是面向信息处理的。第 1 ~ 3 层是每台端系统（或主机）跟相邻的端系统（主机）直接相连的，是链接式的；而第 4 ~ 7 层是由多个 IMP 分隔开的源端系统和目的端相连的，是端点对端点的。

3. TCP/IP 协议标准

TCP/IP（Transmission Control Protocol/Internet Protocol，传输控制协议/互联网协议）是网际互联的通信协议，目的是使不同厂家生产的计算机能在各种网络环境下通信。TCP/IP 是当今较为完整且被普遍接受的通信协议簇，其中包含 100 多个通信标准，用来规范各计算机之间通信、网络连接等操作。TCP 协议是传输控制协议，规定一种可靠的数据信息传递服务。IP 协议是支持网际互联的数据报（数据报是通过网络传输的数据的基本单元）协议。通过 IP 协议，网络层向传输层提供的是统一的 IP 分组，传输层不需要考虑互联网在数据链路层、物理层协议与实现技术上的差异，IP 协议主要是告诉数据链路层数据中转的方向。数据链路层只负责将数据传送到特定的目标地址。IP 协议提供网间连接的完善功能，包括 IP 地址格式，IP 地址不因数据链路层的改变而发生改变。一个 IP 包除了包含要传输的数据，还包含源 IP 地址和目标 IP 地址，以及源端口和目标端口。TCP/IP 与低层的数据链路层和物理层无关，这也是 TCP/IP 的重要特点。正因为如此，它能广泛地支持由低两层协议构成的物理网络结构。目前，人们已使用 TCP/IP 连接成洲际网、全国网与跨地区网。TCP/IP 体系结构如图 2.4 所示。

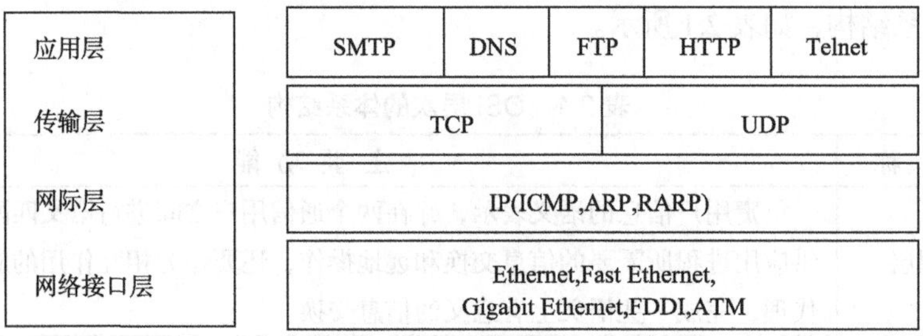

图 2.4 TCP/IP 体系结构

① 网络接口层。此层负责通过网络发送和接收 IP 数据报，允许主机连入网络时使用多种协议，如局域网的 Ethernet、令牌网、分组交换网 X.25、帧中继、AU4 协议等。

② 网际层。此层负责处理互连的路由选择、流控与拥塞问题。常用协议有网络协议（IP）、地址解析协议（ARP）、逆向地址解析协议（RARP）等。IP 协议是无连接的、提供“尽力而为”服务的网络层协议。

③ 传输层。此层的主要功能是在互联网中建立源主机与目的主机的对等实体间用于会话的端与端连接。常用协议有传输控制协议（TCP）、用户数据报协议（UDP）。其中，TCP 是一种可靠的面向连接协议，UDP 是一种不可靠的无连接协议。

④ 应用层。此层是应用程序间沟通的层，常用协议有简单电子邮件传输协议（SMTP）、域名系统（DNS）、文件传输协议（FTP）、超文本传输协议（HTTP）、远程登录协议（Telnet）等。

2.2 互联网技术

互联网是由互相连接的计算机网络所组成的一个大系统，这个系统覆盖全球，是当前信息高速公路的主体。互联网是全球信息基础设施，提供了非常丰富的信息资源和先进的信息交流手段。互联网自诞生以来，获得了飞速发展，新的应用技术不断产生。

2.2.1 互联网的功能

从用户的角度来看，互联网是一系列通过网络来完成通信任务的应用程序。现在用户可以在各网站的主页上浏览各种版本的信息，如电子报刊、电子商情、购物信息、旅游景点介绍、航班时刻表、金融信息、房地产信息、企业信息等。归纳起来，互联网的基本功能有以下几个方面。

1. 信息浏览

信息浏览（World Wide Web，WWW）是建立在互联网基础上的采用超文本传输协议（Hypertext Transfer Protocol，HTTP）表示多媒体信息的环境。它采用超文本或超媒体的信息结构，使用户可以更方便地浏览或组织信息。

媒体是指载荷信息的各种媒介。在信息的传输过程中，载荷信息的媒介是电磁波、光波等；

在信息存储的过程中，载荷信息的媒介是磁盘、光盘等；在信息表示的过程中，载荷信息的媒体既可以是声音、文字，也可以是图像、影像、动画，甚至气味等。在这里，多媒体中的媒体是指表示信息的方式，如文字、图像、声音、动画等。

超文本与超媒体是以非线性链接方式组织数据的方法。在某个文档中的一节特殊文字或特殊的其他媒体，可以链接到其他文档或同一文档的任何位置，这就提供了一种有力的信息组织方式。用户不但可利用这一特点在 WWW 上快速、方便地查阅、浏览其提供的信息，还可从 WWW 上下载所需信息或在 WWW 上建立信息。WWW 使互联网具有信息资源增殖能力。

2. 收发 E-mail

在互联网上，E-mail 系统是使用非常方便和用户群十分庞大的网络通信工具之一。E-mail 已成为备受欢迎的通信方式之一。用户可以通过 E-mail 系统同世界上任何地方的朋友交换电子邮件，只要对方也是互联网的用户，或者是同互联网相连的其他网络上的电子邮件用户。互联网用户的计算机系统账号下设有一个电子邮箱，用来发送邮件或接收所有发来的邮件。目前，E-mail 已经成为网络用户之间快速、简便、可靠且低成本、低价格的现代通信手段，也是互联网上使用广泛、受欢迎的服务项目之一。E-mail 系统由 E-mail 客户软件、E-mail 服务器和通信协议三部分组成。E-mail 服务器主要采用简单邮件传输协议（Simple Mail Transfer Protocol，SMTP）协议来传送电子邮件。

3. Usenet 与 BBS

在互联网上还可以建立各种专题兴趣讨论小组（Usenet）。Usenet 最初被设想用来发布通知和新闻，但是不久便演化为一种讨论组，用户可以寻求兴趣相投的人互相讨论共同关心的问题。它把世界上具有相同兴趣的人们组织起来，彼此交流自己的看法，分享有益的经验。目前，Usenet 已经成为由多个讨论组组成的一个大集合体，包括了全世界 5 000 多种不同类型的讨论组和数以百万计的用户。每个讨论组都围绕着某一特定主题开展讨论。当一个人加入一个小组后，他可以收到其中任何人发出的信息，自然他也可以把信息发送给小组的任何一个成员。如果参加了多个邮件组，则他每天可能收到许多电子邮件，并为处理大量邮件而烦恼。出于这种缘故，有的小组有专门的管理员汇集与筛选邮件，再有选择地分发出去。

目前互联网上有很多 BBS，BBS 使用电子通信手段“张贴”各种公告和消息。它的优势在于能迅速传递给范围更广、距离更远的“读者”，使之成为强有力的信息传播工具。用户可以进行相关主题的讨论、在线交谈、文档存储、各类信息查看，以及使用众多互联网上的网络服务。用户在首次使用 BBS 时，必须先报名参加一个自己感兴趣的 BBS，该过程称为订阅。在互联网中，既有免费的 BBS，也有以盈利为目的的商业 BBS。商业 BBS 的服务比较齐全，可以提供会议电视、线上传真、生活咨询、电子游戏等功能，但需要支付一定费用。

4. 远程登录

远程登录（Telnet）是指通过互联网登录并使用远距离的计算机系统，就像使用本地计算机一样。远端的计算机可以在同一间屋子里或同一校园内，也可以在数千公里之外。

远程登录使用的工具是 Telnet。它在接到远程登录的请求后，就试图把用户所在的计算机同远端计算机连接起来。一旦连通，用户的计算机就会成为远端计算机的终端，可以正式注册（Login）进入系统成为合法用户，可以执行操作命令、提交作业、使用系统资源。在完成操作任务以后，用户可以通过注销（Logout）退出远端计算机系统，同时也退出 Telnet 回到本地系统。在远程登录后，也可以进入远端计算机的特殊服务系统。这样的系统因计算机而异。

5. 文件传输

在科学技术交流中，经常需要传输大量的数据和文献。这也是互联网使用初期的主要用途之一。在科学技术界和教育界，用互联网传输实验与观测数据、科技文献，以及数据处理和科学计算软件，是对外进行科技合作与交流的重要手段之一。

文件传输协议（FTP）是互联网上最早使用的文件传输协议。它同 Telnet 一样，使用户能够登录互联网的一台远程计算机，把其中的文件传送回自己的计算机系统，或者反过来，把本地计算机上的文件传送并装载到远方的计算机系统中。

随着互联网应用的日益广泛，服务项目也大大拓宽，许多新兴服务以其独特的功能、丰富多彩的界面吸引越来越多的用户，较为流行的有网上聊天、网上寻呼及网络会议等。正是互联网的这些基本服务功能，给人们学习、工作、科研、购物、医疗等带来了极大的便利。人们利用这些基本服务功能，在网上开办电子商城、电子书店、电子银行等，进行远程教育、远程医疗、市场调查、财务管理、追账服务等。互联网成为促进社会经济发展的巨大动力。

2.2.2 IP 地址与域名系统

互联网中的地址系统分为两套：IP 地址系统和域名地址系统。这两套地址系统是相互对应的关系。

1. IP 地址

在互联网中，为了定位每台计算机，需要给每台计算机分配或指定一个确定的“地址”，称为互联网的网络地址。

互联网的网络地址是指连入互联网的节点计算机的网络互联地址（IP 地址）。IP 地址是包含 4 个字节、共 32 位的二进制数。它逻辑上分成两个部分：一部分标识主机所属的网络（网络标识），另一部分标识主机本身（主机标识），如图 2.5 所示。

网络标识	主机标识

图 2.5 IP 地址的结构

常见的 IP 地址分为 A、B、C 3 类，与之对应的网络称为 A 类网络、B 类网络、C 类网络。

A 类网络用第一组数字（第一个字节）标识网络本身，后面 3 组数字作为连接网络上主机的地址，并且规定第一个字节的第一位必须为 0。A 类 IP 地址结构如图 2.6 所示。A 类 IP 地址一般分配给国家级网络。

0×××××××	××××××××	××××××××	××××××××
网络标识		主机标识	

图 2.6　A 类 IP 地址结构

B 类网络用第一组和第二组数字表示网络的地址，后面两组数字代表网络上的主机地址，且第一个字节的前两位为 10（见图 2.7）。B 类地址一般分配给大型网络，如跨国公司的大型网络。

10××××××	××××××××	××××××××	××××××××
网络标识		主机标识	

图 2.7　B 类 IP 地址结构

C 类网络用前三组数字表示网络的地址，最后一组数字代表网络上的主机地址，且第一个字节的前三位为 110（见图 2.8）。C 类地址分配给小型网络，如大量的局域网和校园网。

110×××××	××××××××	××××××××	××××××××
网络标识		主机标识	

图 2.8　C 类 IP 地址结构

为了方便，IP 地址一般用圆点隔开的 4 个十进制数表示，如某个 C 类 IP 地址为 192.168.0.81，其中每个十进数都是 0 至 255 间的整数。

与 IP 地址有关的另一个术语为子网掩码，其结构与 IP 地址一样，也由 4 个字节的 32 位二进制数组成，一般也用由圆点隔开的 4 个十进制数表示。在同一个子网中，子网掩码相同，它的作用是帮助用户方便地获得某台计算机所处的网络标识和主机标识。

设 b 为某一子网的子网掩码，a 为该子网的某台计算机的 IP 地址（这里 a、b 分别为 32 位的二进制数）。a 与 b 的关系如下。

① a∧b 为该子网的网络标识。

② a∧为该台计算机的主机标识。

实际上，对 A、B、C 3 类网络来讲，它们最简单的子网掩码分别为 255.0.0.0、255.255.0.0、255.255.255.0。

相关链接　IPv6 协议

IPv6 是 Internet Protocol Version 6 的缩写，其中 Internet Protocol 译为“互联网协议”。IPv6 是互联网工程任务组（Internet Engineering Task Force，IETF）设计的用于替代现行版本 IP 协议（IPv4）的下一代 IP 协议。IPv6 是为解决 IPv4 所存在的一些问题和不足而提出的，同时它还在许多方面提出了改进，如路由方面、自动配置方面。经过一个较长的 IPv4 和 IPv6 共存的时期，IPv6 最终会完全取代 IPv4 在互联网上占据统治地位。对比 IPv4，IPv6 有如下的特点：简化的报头和灵活的扩展；层次化的地址结构；即插即用的联网方式；网络层的认证与加密；服务质量的满足；对移动通信更好的支持。

2. 域名系统

由于IP地址是数字型的，表达方式比较抽象，不容易记忆，因此人们又发明了另一套字符型的地址方案（即域名地址）来代替数字型的IP地址。每个域名地址都与特定的IP地址相对应，这样就允许各站点用户为自己的网络地址选择一个字符型名字来命名，这个字符型名字就是域名。域名也由若干部分组成，每部分至少由两个字母或数字组成，各部分之间用圆点分隔开，最右边的是一级域名，再往左依次是二级域名、三级域名，如图2.9所示。

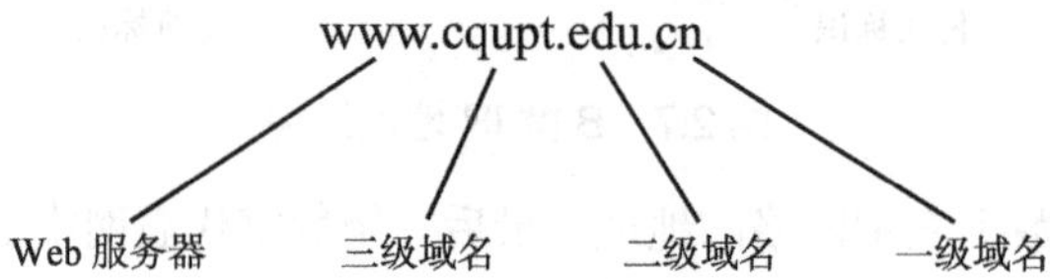

图2.9 域名的组成

一级域名可以分为两类：一类按国家或行政区分类（见表2.2）；另一类按机构类别分类（见表2.3）。

表2.2 一级域名按国家或行政区分类（部分）

域　　名	国家或行政区	域　　名	国家或行政区	域　　名	国家或行政区
.au	澳大利亚	.ca	加拿大	.ch	瑞士
.cn	中国	.de	德国	.fr	法国
.in	印度	.jp	日本	.ru	俄罗斯
.se	瑞典	.sg	新加坡	.uk	英国

表2.3 一级域名按机构类别分类

域　　名	类　　别	域　　名	类　　别
.com	公司企业	.net	网络服务机构
.org	非营利性组织	.edu	教育机构
.gov	政府部门	.mil	军事部门
.int	国际组织	.info	提供信息服务的实体组织

中国的域名管理机构中国互联网络信息中心（China Internet Network Information Center，CNNIC）成立于1997年6月3日，行使国家互联网络信息中心的职责。中国科学院计算机网络信息中心承担CNNIC的运行和管理工作。中国互联网络的二级域名分为“类别域名”和“行政区域名”两类。“类别域名”有6个（见表2.4），“行政区域名”有34个。在CNNIC新的中文域名系统中，为用户提供以“中国”、“公司”和“网络”结尾的纯中文域名注册服务。其中，注册“中国”的用户将自动获得“.cn”的中文域名，如注册“清华大学.中国”，将自动获得“清华大学.cn”的中文域名。

表 2.4　我国按类别分类的二级域名

域　　名	类　　别	域　　名	类　　别
.ac	科研机构	.gov	政府部门
.edu	教育机构	.org	各种非营利性的组织
.com	工、商、金融等企业	.net	互联网络、接入网络的信息中心（NC）和运行中心（NOC）

小提示

URL 地址

URL（Uniform Resource Locator）即统一资源定位器。URL 的目标是用统一的方式来指明某一资源的位置，它是标准的编址机制，用来定位和检索在 WWW 上任何地方的文档。

URL 由以下 3 部分组成。

- 代码标识所使用的传输协议；
- 地址标识服务器名称；
- 在该服务器上定位文件的全路径名。

例如，苏州大学概况网页的 URL 为 "http://www.suda.edu.cn/general_situation/xxjj.jsp"。其中，第一部分为 "http://"，标识所使用的传输协议，即超文本传输协议。它是一个简单的通信协议，专门针对交互式、超媒体的 WWW 环境而设计。而第二部分 "www.suda.edu.cn" 则代表 WWW 服务器。第三部分 "/general_situation/xxjj.jsp" 为标识目录和文件名。

URL 可以定位或识别的文件或服务如下。

- HTTP——文件在 WWW 服务器上；
- File——文件在本地局部系统或匿名 FTP 服务器上；
- FTP——文件在 FTP 服务器上；
- Gopher——文件在 Gopher 服务器上；
- WAIS——文件在 WAIS 服务器上；
- News——一个 Usenet 新闻组；
- Telnet——连接到一个支持 Telnet 远程登录的服务器上。

2.2.3　互联网的接入技术

普通用户接入互联网，常常是指连至互联网服务提供商（Internet Service Provider，ISP）。ISP 有直接与互联网连接的计算机，并且能为用户提供域名解释等各种服务。用户连至 ISP 时，除软件外，必须选择通信线路。要接入互联网，除计算机必须运行 TCP/IP 软件外，还需要解决通信线路的选择问题，这方面的技术发展很快，下面介绍目前常用的技术。

1．以 ADSL 方式上网

ADSL（非对称数字用户线路）是一种利用低速电话线来同时实现传送电话的模拟信号和计算机的高速数据的新型技术。ADSL 采用不对称传输的方法，下行的带宽较宽，上行的带宽较窄，这符合一般用户使用互联网的实际需要。这种方式也需要一对 ADSL 调制解调器，并且在电话交换端要有专用设备将数字信号和模拟语音信号分离出来分别处理。ADSL 一般的传输距离是 3 ~ 5 公里。ADSL 可以与普通电话共存于一条电话线上，可同时接听、拨打电话并进行数据传输，两者互不影响。虽然使用的还是原来的电话线，但 ADSL 传输的数据并不通过电话交换机，所以 ADSL 上网不需要缴付额外的电话费，节省了费用。ADSL 的数据传输是根据线路的情况自动调整的，它以“尽力而为”的方式进行数据传输。

2．电话线拨号上网

这种方式需要一个调制解调器（Modem）。它的作用是将计算机的数字信号调制为模拟信号，以便在低速的电话线上传送。拨号接入方式如图 2.10 所示。

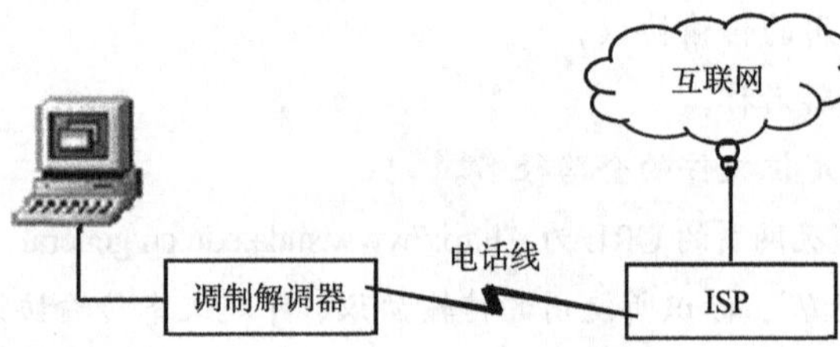

图 2.10　拨号接入方式

3．网络线直连上网

这是在用户和 ISP 网络中心的距离不太远的情况下，用户计算机可以作为网络上一个直接连接的工作站，以 10Mbit/s 甚至更高的速率上网。在这种连接方式中，用户计算机需要有 ISP 指定的 IP 地址。

4．CATV 同轴线上网

CATV（有线电视）同轴线已改造为光纤和同轴电缆混合网（HFC）方式，用户端仍为同轴线。同轴线的带宽很宽，可达 800MHz；用频分方法传送数十个电视节目后，仍有很大的带宽盈余（因为每个电视节目只占 6MHz 带宽），可以用来传送计算机数据。目前已有设备可实现利用一个电视频道（6MHz）以 30Mbit/s 的速率下行数据，而用另外的频道以 2.56Mbit/s 的速率上行数据（占用 2MHz 模拟带宽）。这种方案要求有线电视网改造为可双向传输，因为以前电视广播只有下行，是单向的。研究利用有线电视同轴线实现“三网合一”（电视网、电话网、电脑网合一）的方案，是很具吸引力的。

5．以 ISDN 方式上网

ISDN（综合业务数字网），通过普通电话的本地环路为用户提供数字语音和数据传输服务，也就是说，ISDN 使用与模拟信号电话系统相同类型的双绞铜线，却可以提供端到端的数字通信线路，这是它与电话网的最大不同。ISDN 通过标准接口，将 PC、电话机、传真机等各类不同的终端设备接入 ISDN 网络。ISDN 接口有两类：一类是基群速率接口 PRI，另一类是基本速率接口 BRI（一线通）。用户使用一条电话线就能实现两路数据传输，用户可以一边上网，一边电话聊天；当然也可以两个人同时打电话。如果两个通道都用作数据传输，则可提供速率为 128kbit/s 的数字通信。和 ASDL 上网方式相比，ISDN 成了一种价格贵而速率不高的数字通信方式。

6. 光纤到户的方案

这是一种理想的完全解决问题的方案，因为前面几个方案都是因为计算机网络力量和资本还不够雄厚，不得不考虑利用已有的“三线”（电话线、电视线、电力线）来“附带”传送数字信号。但这些方案都难以解决高速数据传送所需的带宽问题。当条件成熟时，最合适的解决方案其实是光纤到户。它可能在作为数据线的同时，还将取代现在的电话线和电视线。关键的问题是计算机、电话、电视几个不同行业要联手建设，并研究出一般家庭能接受的廉价的光纤网接入设备。可以肯定的是，电话、电视也将走数字化之路，成为 IP 电话、IP 电视，像计算机一样，统一在网上传送数据。

7. 无线网络

这是一种有线接入的延伸技术，使用无线射频（RF）技术越空收发数据，减少使用电线连接，因此无线网络系统既可达到建设计算机网络系统的目的，又可让设备自由安排和搬动。在公共开放的场所或者企业内部，无线网络一般会作为已存在的有线网络的一个补充方式，装有无线网卡的计算机可以通过无线手段方便地接入互联网。

前沿话题　5G

第五代移动通信技术（5th Generation Mobile Networks 或 5th Generation Wireless Systems、5th-Generation，简称 5G）是最新一代蜂窝移动通信技术，是 4G（LTE-A、WiMax）、3G（UMTS、LTE）和 2G（GSM）系统的延伸。5G 的性能目标是提高数据传送速率、减少延迟、节省能源、降低成本、提高系统容量和实现大规模设备连接。

2.3　Web 技术

2.3.1　Web 的基本概念

Web 又称 World Wide Web，即 WWW，译文为“万维网”。它是在互联网上运行的覆盖全球的多媒体信息系统。Web 是从文本系统开始的，其中大多数信息是文本，但由于超链接（HyperLink）在其中起关键的作用，所以一般称 Web 是超文本（Hypertext）信息系统。简单地说，Web 是一种体系结构，用户可以通过 Web 访问互联网所有主机上的超链接文档。我们可以从以下几点来理解 Web。

① Web 是互联网提供的一种服务。由于近几年 Web 发展迅猛，因而有些人认为 Web 就是互联网，而实际上 Web 只是建立在互联网上、采用互联网协议的一种体系结构，通过它可以访问到互联网的每个角落。

② Web 是存储在全世界范围内的互联网服务器中数量巨大的文档的集合。可以这样认为，Web 是全世界最大的电子信息仓库。

③ Web 上大量的信息是由彼此关联的文档组成的，这些文档被称为主页（Home Page）或页面（Page）。Web 是一种超文本、图形、视频、音频等多种媒体信息的集合。

④ Web 的内容保存在 Web 站点，即 Web 服务器中，用户可通过浏览器（Browser）浏览 Web 站点的内容。因此，Web 是一种基于客户机/服务器（Client/Server，C/S）的体系结构。可以这样说，Web 是一种全球性的信息服务系统，互联网通过该系统在计算机之间传送基于超媒体的数据信息。

⑤ Web 以一种简单的方式连接全世界范围内的超媒体信息。用户只需点击鼠标即可浏览内容，浏览器通常是标准的应用程序，而页面与平台无关等。由于它易于使用，基于 Web 开发的各种应用易于实现跨平台，因此开发成本较低，而且某些基于 Web 开发的应用不需要对用户进行培训即可使用。

相关链接　Web 的诞生

1990 年，World Wide Web 诞生于瑞士日内瓦的欧洲粒子物理研究中心（CERN），它的主要创始人员是 Tim Berners-Lee。

由于当时 CERN 的研究人员分布在世界各地不同的国家中，为了及时和方便地查看同行们发表的文章，科学家们通过互联网与世界各地的同行们进行学术交流。而当时互联网的使用方式还很不方便，那时的 E-mail 只能发送文本信息，发送其他类型的文件则必须使用 Internet 的其他服务，如 FTP。为解决这一问题，Tim Berners-Lee 于 1989 年提出了一种新的设想，建议开发一种基于互联网的超文本系统来传输和显示超文本文档，并且要求该系统具有统一的用户界面，用户可以使用该系统来查询各种类型的文件，如文本、图像等；而且还要求该系统具有跨平台的能力，用户可以使用各种不同类型的计算机在互联网上进行信息查询。

根据 Tim Berners-Lee 的设想，研究人员于 1990 年成功地开发了 Web 服务器和 Web 浏览器，并在 CERN 中开始广为使用。虽然当时的浏览器仍然是字符界面，但 Web 的创立已经克服了早期信息传递的限制，因此 1991 年年底，Web 服务一经宣布，便很快引起了人们的广泛重视。1993 年年初，伊利诺依大学分校内的美国国家超级计算机应用中心发布了一个 X-Window 系统下的图形用户界面的 Web 浏览器（Mosaic）。Mosaic 一出现便迅速风靡了全世界，可以这样说，Mosaic 是 Web 发展过程的一个重要转折点。

2.3.2 Web 的技术结构

Web 的技术结构如图 2.11 所示。其中，Web 客户机是指安装了浏览器的客户端，Web 服务器是存放多媒体数据资源和执行 WWW 服务的主机，而中间件可以调用 Web 服务器中的数据库和其他应用程序，常用的中间件有 CGI（通用网关接口）、JDBC（数据库连接）、Web API（应用程序接口）等。

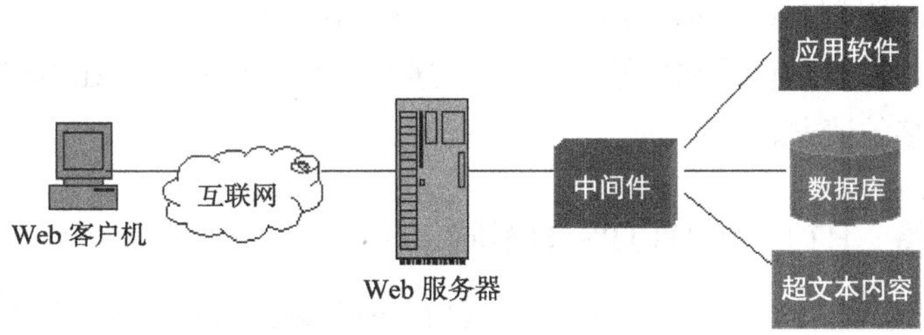

图 2.11　Web 的技术结构

2.3.3　Web 的工作原理

从本质上来讲，Web 是一种基于客户机/服务器的体系结构。人们将数据等大量信息存储在共享的服务器上，而使用价格低廉的个人计算机（客户机）与之相连，以便享用服务器提供的高性能服务。Web 使用 HTTP 在 Web 服务器和浏览器之间传输 Web 文档，而 HTTP 是采用客户机/服务器（C/S）的体系结构，是一个无连接、无状态的协议。所谓无连接是指限制每次连接只处理一个请求，客户机和服务器建立连接之后，由客户机向服务器发送一个请求，作为响应，服务器向客户机传送一个 Web 文档，而当客户机接到来自服务器的应答后即关闭该连接。采用无连接的协议可以充分利用网络资源。无状态是指协议对于事务处理没有记忆能力，这意味着，如果后续的事务处理需要用到前面的信息，则必须重新传输，这样可能导致每次连接传送的数据量增大。然而，在服务器不需要先前信息时，Web 的应答速度可以更快。Web 的工作原理如图 2.12 所示。

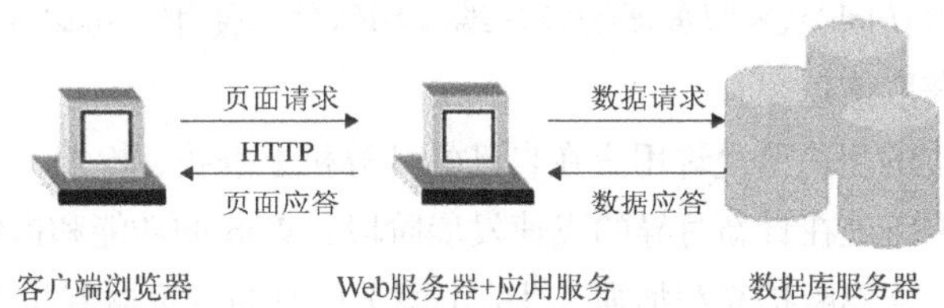

图 2.12　Web 的工作原理

HTTP 是一个采用客户机/服务器结构的协议，在这里客户机是指 Web 浏览器，它是一种用来发送请求和接收应答的软件，而服务器是指 Web 服务器，它提供信息服务和响应请求。一个完整的 HTTP 事务，即一次 HTTP 操作必须有客户机和服务器才能完成。一个完整的 HTTP 事务由以下 4 个阶段组成。

① 客户机与服务器建立 TCP 连接。

② 客户机向服务器发送请求。

③ 如果请求被接受，则服务器响应请求，发送应答，在应答中包含状态码和请求的 HTML 文档。

④ 客户机与服务器关闭连接。当用户在 Web 页面中某个"http://"开头的超链接上单击或

者在 Web 浏览器的地址输入框中输入带有“http://”前缀的 URL，并按下回车键时，HTTP 事务处理的第一个阶段——建立连接阶段就开始了。在建立连接阶段，Web 浏览器通过检查 URL 中的域名或 IP 地址来尝试与 Web 服务器建立连接。除非在 URL 中指定了特殊的端口号，否则 HTTP 会使用 Web 服务器默认的端口号 80 来建立连接，而 Web 服务器在工作期间会一直监听该端口号，等待连接的请求。

相关链接　HTTP 和 HTTPS 的不同

HTTPS 可以理解为 HTTP 的升级，就是在 HTTP 的基础上增加了数据加密。在数据进行传输之前，先对数据进行加密，然后再发送到服务器。这样，就算数据被第三者截获，但是由于数据是加密的，所以个人信息是安全的。这就是 HTTP 和 HTTPS 最大的区别。很多大型互联网网站如百度、淘宝、腾讯，很早就已经把 HTTP 换成 HTTPS 了。

数据加密传输，是 HTTP 和 HTTPS 之间的本质性区别，除此之外，HTTPS 网站和 HTTP 网站还有其他不同。使用 Chrome 浏览器访问一个 HTTP 网站的时候，浏览器会对该 HTTP 网站显示“不安全”的安全警告，提示用户当前所访问的网站可能会存在风险。而使用该浏览器访问一个 HTTPS 网站时，情况却是完全不一样的，浏览器的地址栏会变成绿色，企业名称会展示在地址栏中，地址栏上面还会出现一把“安全锁”的图标。这些都会给用户很大的视觉上的安全体验。除了浏览器视觉上不同，HTTPS 网站和 HTTP 网站还有一个很重要的区别，即对搜索排名的提升。百度和谷歌两大搜索引擎都已经明确表示，HTTPS 网站将会作为搜索排名的一个重要权重指标。也就是说，HTTPS 网站比 HTTP 网站在搜索排名中更有优势。

2.3.4 Web 浏览器

Web 浏览器是一种访问 Web 服务器的客户端应用软件，使用它可以在非常友好的界面下，方便地进入互联网去获取信息。

Web 浏览器最基本的用途是允许用户在自己的计算机上查找、检索、采集、获取 Web 上的各种资源。由于互联网正处在日新月异的飞速发展阶段，Web 的功能和提供的服务不断更新，同时也迫使浏览器的功能不断扩充和加强。目前市面上已有的浏览器有几十种，功能有强有弱，一般来说，浏览器应具有以下几种功能。

① 检索查询功能。浏览器接收下载的 HTML 文档，解释 HTML 所描述的图表、声音、动画、表格，通过 HTTP 协议，可在全球的 Web 服务器上进行信息检索和查询。

② 文件服务功能。能在下载文档时同时查阅该文档，对正在下载的文档感觉不需要时，可以随时中断下载过程，并可对正在查阅的文档进行保存、打印、前后浏览等操作。

③ 热表管理功能。浏览器能够自动记住用户刚刚访问过的 Web 地址称为热表。当用户希望返回到刚刚访问过的某一 Web 地址时，只需从热表中选取即可快速地切换页面。

④ 页面制作功能。有些 Web 浏览器除了具有浏览页面的功能，还自带 HTML 编辑工具，使用户可以自己制作 Web 页面而不需要另外的工具。

⑤ 其他互联网服务。浏览器除了具有查询和浏览的功能，还在不断改进，并将更多的互联

网服务集成到一起，方便用户使用，现有的一些浏览器已集成了 Gopher、FTP、Telnet 及 E-mail 等功能。

浏览器的功能还可以通过适当的配置得以扩充。浏览器对于自己不能处理的一些超媒体信息，会检查配置文件，查看如何处理接收到的信息。配置文件中通常会设定外部查看器或帮助程序的文件名，由浏览器自己调用这些程序来处理它不能处理的信息。如果某类文件没有指定外部查看器或帮助程序，浏览器将会询问用户对此文件的处理办法。

小提示

Web 1.0、Web 2.0、Web3.0

Web 2.0 是 2003 年之后互联网的热门概念之一，不过目前对什么是 Web 2.0 并没有很严格的定义。一般来说，Web 2.0（也称互联网 2.0）是相对 Web 1.0 的新的一类互联网应用的统称。

Web 2.0 以人为核心线索。互联网上提供了更方便用户的工具，鼓励用户提供内容，根据用户在互联网上留下的痕迹，组织浏览的线索，提供相关的服务，为用户创造新的价值，同时也为整个互联网创造新的价值。

Web 3.0 只是由业内人员制造出来的概念词语，最常见的解释是，网站内的信息可以直接和其他网站的相关信息进行交互，能通过第三方信息平台同时对多家网站的信息进行整合使用；用户在互联网上拥有自己的数据，并能在不同网站上使用；完全基于 Web，用浏览器即可实现复杂系统程序才能实现的系统功能；用户数据在审计后，同步于网络数据。

从知识生产的角度看，Web 1.0 的任务是，将以前没有放在互联网上的人类知识，通过商业的力量，放到互联网上去；而 Web 2.0 的任务是，将这些知识通过每个用户的协作工作有机地组织起来，在这个过程中继续将知识深化，并产生新的思想火花。

从内容产生者角度看，Web 1.0 是以商业公司为主体将内容上传互联网上，而 Web 2.0 是以用户为主，以简便随意的方式，通过博客或播客等把新内容上传到互联网上。

从交互性看，Web 1.0 是网站以用户为主的；而 Web 2.0 是以对等网络（Peer to Peer，P2P）为主的。

从技术上看，Web 2.0 采用 JavaScript 发送 XML 和文本包，从而替代了静态的 HTML，使得 Web 2.0 应用越来越客户端化，工作效率越来越高。

Web 2.0 技术主要包括 BLOG（博客/网志）、RSS（聚合内容）、Wiki（百科全书）、Tags（网摘）、SNS（社会网络）、P2P、IM（即时通信）等。

Web 3.0 最重要的不是提供信息，而是提供基于不同需求的过滤器，每一种过滤器都基于一个市场需求，也就是建造一个能针对简单问题给出合理、完全答复的系统。Web 3.0 使得在线应用和网站可以接收到网络上已有的信息，并将新的信息和数据反馈给用户。Web 3.0 在学习时会理解“你”是谁，并试图给“你”一些反馈。

2.3.5 网页制作技术

1. HTML 语言

超文本标记语言（Hyper Text Markup Language，HTML）是 WWW 上的专用语言。用户访问的所有的 Web 文档，以及在 Web 浏览器上看到的每份资料都是基于 HTML 的，它是使用互联网的基础，是 HTTP 的一部分。

HTML 文件是简单的纯文本文件（全 ASCII 文件），在多用途互联网邮件扩展标准（Multipurpose Internet Mail Extensions，MIME）机制中使用.html（或.htm）扩展名。其主要特征是在文本中有 HTML 标记符。HTML 语言的优点：标记简单明了，功能强大；可以定义文件的显示格式、标题、字形、表格、窗口等；可与 WWW 上任一资料进行超链接；使用辅助应用程序；链入图像、视频、声频等多媒体资料。HTML 也有一定的局限：如用户只能选用 Web 资源的字体，排版功能不是很强；忽略空格及自然格式，段落须指明；在不同的硬件环境下显示不同。

动态 HTML（Dynamic HTML，DHTML）是运用 HTML、样式表（Style Sheets）和描述语言赋予网页动态交互的一种技术。动态 HTML 可以动态地改变现有网页内容和与用户的交互界面，而不需要依赖服务器的程序来产生新的网页内容，减轻了网络的负担。某些浏览器在此技术方面不兼容，在使用这种技术时要尽量兼顾不同浏览器的浏览效果。

2. 网页相关技术

1）Java 与 JavaScript 语言

Java 是由 SUN 公司开发的一种与平台无关但适用于各类使用对象的网络编程语言。Java 可用来创建安全的、可移植的、面向对象的、多线程的和交互式的程序。

Java 程序有两种形式：独立运行程序和 Java Applet，在浏览器上运行的就是 Java Applet。Java Applet 经过编译后，变成一种与平台无关的字节代码，可在任何平台上运行。Java 可以做许多事情，如它能在 Web 页上实时显示股票市场信息、能生成有趣的动画等。随着 Java 的进一步应用，它的用途会更加广泛。

JavaScript 是一种新的描述语言，此种语言可以被嵌入 HTML 的文件之中。通过 JavaScript 可以做到不用任何的网络来回传输资料而响应使用者的需求事件（如 Form 的输入），所以当使用者输入一项资料时，可以不用经过传给服务器端（Server）处理再传回来的过程，而直接被客户端（Client）的应用程序所处理。JavaScript 和 Java 类似，但不完全一样，它无须编译，是一种比 Java 简单的描述性语言。

2）Perl 语言

Perl 是一种解释型的语言，特别适合用于扫描文本文件，从中抽取信息，并根据这些信息生成报告。该语言也同样适用于很多系统维护工作。Perl 是一种实用的（易用、高效、完整）语言，而非一种漂亮的（紧凑、优雅、小巧）语言。Perl 表达式的语法和 C 语言十分相似。和大多数 UNIX 工具不同，Perl 不限制数据的大小，只要有足够的存储空间，Perl 可以把整个文件的内容放进一个字符串，Perl 也可以处理二进制文本。Perl 是制作 CGI 最主要的语言，而 CGI 是实现 Web 交互性的重要手段。

3）VBScript 语言

VBScript 是一种脚本语言，具有易学易用的优点。已经了解了 Visual Basic 的人，能很快熟悉 VBScript，设计出功能多样的网页。不过，VBScript 一般用于微软的 IE 浏览器和 IIS 服务器端，其他服务器和浏览器不一定支持 VBScript。

4）CSS 语言

层叠样式表（Cascading Style Sheets，CSS）跟 HTML 一样也是一种标记语言，甚至很多属性都来源于 HTML。利用 CSS 技术，可以有效地对页面的布局、字体、颜色、背景和其他效果实现更加精确的控制。有很多将样式表加入 HTML 文件中的方法，但最简单的方法是使用 HTML 的 STYLE 标记，将样式表放置在文件的 HEAD 部分。

5）Flash

Flash 是 Macromedia 公司出品的一个矢量动画制作软件，用它制作出来的动画称为 Flash 动画。其特点如下：动画具有很强的交互性，甚至可以完全使用 Flash 来制作一个网站；采用“准”流（Stream）式的设计；可以减少文件的数据存储量，适合在网络上使用。

6）DHTML

DHTML 文件中的元素都具有动态的能力，对用户的操作在本地就可做实时处理，从而得到更快的用户响应，使网页的界面更丰富多变，使页面设计者可以随心所欲地表达自己的构思。DHTML 的局限性是仅限于在微软的 IE 浏览器上显示。

7）XML

XML 是可扩展标记语言（Extensible Markup Language）。标记是指计算机所能理解的信息符号，通过此种标记，计算机可以处理包含各种信息的文章等。定义这些标记时，既可以选择国际通用的标记语言，如 HTML，也可以使用像 XML 这样由相关人士自由决定的标记语言，这就是语言的可扩展性。

XML 是从标准通用标记语言（Standard Generalized Markup Language，SGML）中简化修改而来的。SGML 是一种元语言，它能够描述任何结构复杂的信息，是标识数字化资料的常用手段。XML 就是一种数据的描述语言。虽然它是语言，但是通常情况下，它并不具备常见语言的基本功能，即不能被计算机识别并运行，只有依靠另一种语言来解释它，使它达到想要的效果或被计算机接受。XML 是一种抽象的语言，不如传统的程序语言那么具体。

3. 动态网页技术

网页 Script 语言或 DHTML 都是在用户浏览器中解释执行的，虽然用它们可以编写出具有一定动态效果和交互性的网页，但随着 Web 应用范围的扩大与发展，人们对网页提出了更多的要求，这些要求无法在用户浏览器端实现。例如，统计 Web 服务器上网页点击次数的计数器、记录用户信息的留言本、电子商务网站的商品查询和网上交易等，这些任务多半需要与网络数据库连接并需要实现数据库处理，这就需要一种服务器端的后台程序去实现这些功能。常用的网络查询、网上表单的填写与提交等都是网站后台程序运行的具体表现。为了更好地解决网页的互动性和数据显示的动态性问题，网站后台的动态网页编程语言开始迅速发展。

动态网页的基本原理如图 2.13 所示。所谓动态网页，是指用户浏览器向服务器发出请求，

Web 服务器接到请求后，在服务器端调用后台程序进行相应处理，并将处理的结果以 HTML 形式传回用户浏览器显示处理结果的页面。由于浏览器端显示的页面是根据服务器后台程序运行结果“动态”产生的，所以称为动态网页技术，这里的“动态”是针对网页信息内容而言的。Web 服务器要与数据库服务器进行交互，必须通过中间件才能实现，这里的中间件包括动态网页技术。

常用的动态网页技术有 CGI、ASP、PHP、JSP 等。

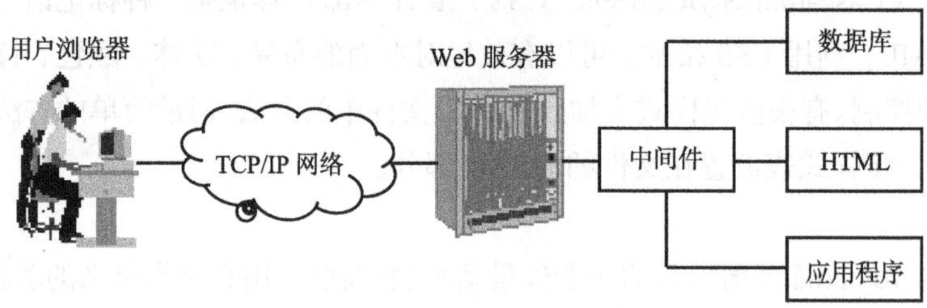

图 2.13　动态网页的基本原理

1）CGI

通用网关接口（Common Gateway Interface，CGI）是一个信息服务器主机对外信息服务的标准接口。CGI 接口是为了提供在进行 HTML 文件编写时，可以结合其他外部的程序语言，让使用者通过浏览器将使用者的数据输入到文件里，然后经服务器主机处理后，再呈现给用户观赏或记录到服务器主机上的数据库中。此外，在 HTML 文件中，CGI 程序需要和表单（Form）相互配合来达到信息相互交流的目的。但是，所有 CGI 程序都必须在服务器上执行，然后把执行结果传送回客户机上。

目前最受欢迎的 CGI 程序编程语言有 Perl、Shell Script、Visual Basic 等，但也可以使用其他程序语言，如 Fortran、TCL、Apple Script 等。

2）ASP

服务器页动态（Active Server Pages，ASP）是一个 Web 服务器端的开发环境，利用它可以产生和运行动态的、交互的、高性能的 Web 服务应用程序。ASP 程序是嵌入了某种脚本语言（如 VBScript 或 JavaScript）程序的 HTML 文件，存放于 Web 服务器，以.asp 为扩展名。当用户浏览器请求调用 ASP 文件时，由 Web 服务器调用 ASP 文件，解释并执行其中的每一条命令，根据程序执行结果“动态”生成一个 HTML 页面并传回用户浏览器显示。

与常见的在客户端实现动态网页的脚本编程技术不同，ASP 中的命令和 Script 语句都是由服务器来解释、执行的，并执行结果动态生成的 HTML 页面，这是不含任何 ASP 程序的 HTML 页面，用户浏览器接收到的就是这种处理过的页面。

3）PHP

在动态网页技术中，CGI 存在编程复杂、数据库功能弱、运行效率低等缺点。而 ASP 具有编程简单、运行速度快、数据库操作功能强大等优点，它一般运行于 Windows NT 的 IIS 环境，对大多数运行于 UNIX 或 Linux 平台的大中型网站也适用。

超文本预处理器（Hypertext Preprocessor，PHP）是一种类似于 ASP 可嵌入 HTML 的新型 CGI 编程语言，它混合了 C、Java、Perl 及 PHP 式的新语法，可以比传统 CGI 更快速地执行动态网页。

4）JSP

在国外，JSP（Java Server Pages）是一种比较流行的技术，尤其是电子商务类的网站采用得较多。JSP的内置脚本语言是基于Java编程语言的，而且所有的JSP页面都被编译成Java Servlet。JSP页面具有Java技术的所有优点，包括健壮的存储管理和安全性。作为Java平台的一部分，JSP拥有Java编程语言“一次编写、各处运行”的特点。

前沿话题 人工智能技术在电子商务中的应用

在电子商务领域，人工智能技术已逐渐发展成助推销量增长和优化电子商务运营的强大工具。目前，人工智能在电子商务领域的应用主要体现在以下几个方面。

1. 智能客服机器人

智能客服机器人涉及机器学习、大数据、自然语言处理、语义分析和理解等多项人工智能技术。智能客服机器人的主要功能是自动回复问题，消费者可以通过文字、图片、语音与机器人进行交流。智能客服机器人可以有效降低人工成本、优化用户体验、提升服务质量、最大限度地挽回夜间流量，以及帮助客服解决重复咨询问题。未来，越来越多的零售业与消费者互动将由人工智能来完成。

2. 推荐引擎

推荐引擎是建立在算法框架基础之上的一套完整的推荐系统。利用人工智能算法可以实现海量数据集的深度学习、分析消费者的行为，并且预测哪些产品可能会吸引消费者，从而为他们推荐商品，这有效降低了消费者的选择成本。

3. 图片搜索

电子商务平台的商品展示与消费者的需求描述之间，是通过搜索环节产生联系的。不过，基于文字的搜索行为有时很难直接引导消费者找到他们想要的商品。通过计算机视觉和深度学习技术，可以让消费者轻松搜索到他们想要寻找的产品。消费者只需将商品图片上传到电子商务平台，人工智能便能理解商品的款式、规格、颜色、品牌及其他的特征，最后为消费者提供同类型商品的销售入口。

4. 库存智能预测

人工智能和深度学习算法可以识别订单周转的关键因素，通过模型计算出这些因素对周转和库存的影响。学习系统可以随着时间的推移不断学习而变得更加智能，这就使库存的预测变得更加准确。

5. 智能分拣

智能机器人分拣不仅灵活、高效，而且适用性强。机器人对场地要求比较低，数量也能根据场地条件进行增减。与人工分拣相比，在相同分拣量的情况下，智能分拣更及时、准确，分拣环节的减少让货物搬运次数相应减少，货物更有安全保障。

6. 趋势预测

一般图片中会隐藏着大量的用户信息，根据用户浏览的图片，利用深度学习算法可以从中分析出最近某品类的流行趋势，如颜色、规格、材质、风格等。

7. 商品定价

通过先进的深度学习算法，人工智能技术可以持续评估市场动态以解决商品定价问题。

目前，电子商务都在积极应用人工智能技术，优化自身电子商务平台，以此来增加行业竞争力。阿里巴巴、京东，以及亚马逊相继推出了智能客服机器人，在物流领域也都推出了各自的产品。在推荐引擎方面，阿里巴巴有可视化人工智能平台“DT PAI”，京东则推出图像信息平台“钟馗系统”和文字识别系统。在人工智能的具体应用上，电子商务企业各有千秋。

自测题

单项选择题

1．将域名按国家或行政区分类，“中国”的域名用（　　）表示。

A．.au　　B．.cn　　C．.in　　D．.se

2．常用的动态网页技术有 CGI、ASP、PHP、（　　）等。

A．JSP　　B．LAN　　C．WWW　　D．HTML

3．在互联网中为了定位每一台计算机，需要给每台计算机分配或指定一个确定的“地址”，其称为（　　）。

A．IP　　B．域名　　C．TCP　　D．FTP

4．TCP/IP 参考模型包含 4 层结构：应用层、传输层、网际层和（　　）。

A．数据链路层　　B．物理层　　C．会话层　　D．网络接口层

5．互联网的接入技术包括电话线拨号上网、以 ADSL 方式上网、以 ISDN 方式上网（　　）。

A．调制解调器　　B．万维网　　C．光纤到户的方案　　D．局域网

多项选择题

1．对计算机网络的定义，以下说法正确的是（　　）。

A．联网的计算机是可以独立运行的，与早期的多终端计算机系统有根本的区别

B．计算机之间通过通信线路实现信息交换，这里的通信线路既可以是近距离的，也可以是远程的；既可以是电缆、光纤等有线介质，也可以是红外线、无线电、激光等无线介质

C．联网的目的是实现资源共享，包括硬件资源、软件资源和信息的共享

D．联网的目的是实现本地通信

2．一般可将计算机网络分为（　　）。

A．资源子网　　B．通信子网　　C．企业内部网　　D．企业外部网

3．计算机网络的组成部分包括（　　）。

A．主计算机（Host）　　B．终端（Terminal）

C．节点交换机（Node Computer）

D．集中器（Concentrator）、网络连接器（Gateway）、网络传输线路

4．计算机网络的分类一般多以计算机网络分布区域的大小，将计算机网络分为（　　）。

A．局域网（Local Area Network，LAN）

B．广域网（Wide Area Network，WAN）

C．城域网（Metropolitan Area Network，MAN）

D．万维网（World Wide Web，WWW）

5．OSI 参考模型的体系结构包括应用层、表示层、会话层，以及（　　）。

A．传输层　　B．网络层　　C．数据链路层　　D．物理层

判断题

1．计算机网络是指将物理位置不同的具有独立功能的多台计算机及其外部设备，通过通信线路连接起来，在网络操作系统、网络管理软件及网络通信协议的管理和协调下，实现资源共享和信息传递的计算机系统。(　　)

2．数据链路层负责在两个相邻接点间的线路上无差错地传送以帧为单位的数据，即把一条有可能出差错的实际链路变成对网络层来说是一条不出差错的链路。(　　)

3．TCP/IP 是网际互联的通信协议，目的是使不同厂家生产的计算机能在各种网络环境下通信。(　　)

4．互联网的功能：信息浏览（WWW），收发 E-mail，Usenet 讨论组与 BBS 信息公告，远程登录（Telnet），文件传输（FTP）。(　　)

5．互联网中的地址方案分为两套：IP 地址系统和域名地址系统。这两套地址系统是相互对应的关系。(　　)

简答题

1．什么是计算机网络？其分类有哪些？

2．OSI 模型各层的名称和功能分别是什么？

3．目前国内常见的个人用户接入互联网的方式有哪几种？你使用过哪几种？

4．IP 地址、域名系统的分类有哪些？

5．你使用过 WWW 吗？你使用的是什么浏览器？你访问过哪些站点？

6．HTML 与 XML 的主要区别在哪里？

讨论题

1．信息技术为现代商务的发展带来了哪些好处？

2．电子商务技术还可以在哪些方面做出改进？

上网实习

1．请到 CNNIC 的网站申请一个中文域名和一个英文域名，注意操作流程。

2．选择一个免费电子邮件服务的站点，申请一个个人的免费信箱。

3．体会互联网的基本功能：用 CuteFTP 连接 FTP 站点完成文件的下载和上传，用 Outlook 收发邮件，以及使用 Telnet 程序连接到一个高校的 BBS 站。

小组任务

学生每五人分成一组，进行互联网知识的普及讲座，介绍如何上网浏览信息，如何保存喜欢的图片或网页，如何收藏好的网站，如何设置网页的浏览方式等，并完成一份 PPT 的讲稿。

要求：

分析思考以下问题。

（1）如何使用 Internet Explorer（IE）浏览网页；

（2）如何保存网页；

（3）怎样合理使用收藏夹；

（4）收藏夹的整理；

（5）在表 2.5 中总结出 IE 的几项基本功能。

表 2.5　IE 的几项基本功能

项　　目	能够实现的基本功能
IE 浏览器	
保存网页	
收藏夹	

第 3 章

电子商务的基本模式

引导案例　中国人自己的神话——阿里巴巴

阿里巴巴是《天方夜谭》里的人物，但是马云及其团队所创立的阿里巴巴国际站却不是天方夜谭，而是全球国际贸易领域内庞大而活跃的网上交易市场和商人社区。良好的定位、稳固的结构、优秀的服务使阿里巴巴成为全球首家拥有超过 800 万家网商的电子商务网站，遍布 220 个国家和地区，每日向全球各地企业及商家提供 310 万条商业供求信息，成为全球商人网络推广的首选网站，被商人们评为“最受欢迎的 B2B 网站”。阿里巴巴覆盖了机械、电子电工、化工、家居、工艺品、服装服饰、建筑、食品、农业、医药、汽车/摩托车、冶金、家电、安全、通信、能源、玩具等 40 多个行业领域。目前，阿里巴巴以每天新增数千名会员的速度迅速发展着。

1999 年 7 月，阿里巴巴中国控股有限公司在中国香港成立。同年 9 月，阿里巴巴（中国）网络技术有限公司在杭州成立。2001 年 6 月，阿里巴巴韩文网站正式开通。2001 年 12 月，阿里巴巴突破注册会员 100 万家，成为全球首家超过百万会员的商务网站，阿里巴巴公司当月冲破收支平衡线，首次实现赢利达几万美元。2002 年 10 月，阿里巴巴正式发布日文网站，全面进军日本市场，此举是阿里巴巴构建全球最大的网上贸易市场的重要行动。2005 年 8 月，阿里巴巴全面并购雅虎中国，雅虎出资 10 亿美元成为阿里巴巴的重要股东。2007 年 11 月 6 日，阿里巴巴在香港联交所挂牌上市。2012 年 6 月 20 日，阿里巴巴网络有限公司在香港联交所退市，市场瞩目的阿里巴巴私有化落幕。2012 年 7 月 23 日，阿里巴巴宣布将调整公司组织架构，从原有的子公司制调整为事业群制，把现有子公司的业务调整为淘宝、一淘、天猫、聚划算、阿里国际业务、阿里小企业业务和阿里云 7 个事业群。2014 年 9 月 19 日，阿里巴巴在纽约证券交易所正式挂牌上市。

2019 年 2 月 19 日，阿里巴巴完成对中国国际金融股份有限公司（简称中金公司）的入股，持有中金公司港股约 2.03 亿股，占其港股的 11.74%和总已发行股份的 4.84%。3 月，阿里巴巴投资 46.6 亿元，入股申通快递控股股东公司。2019 年 7 月，阿里巴巴在 2019 年《财富》世界 500 强中位于 182 位。9 月，阿里巴巴以 20 亿美元收购网易考拉。9 月 10 日，马云卸任阿里巴巴集团董事局主席，将接力棒交给现任 CEO 张勇。11 月 13 日，阿里巴巴在香港进行路演，11

月 15 日接受认购，11 月 20 日定价，11 月 26 日在港敲钟，共发行 5 亿股普通股。11 月 26 日，阿里巴巴在港交所主板正式上市。此外，2019 年 12 月，阿里巴巴中国零售市场移动月活用户突破 8 亿名。2020 年 2 月 13 日晚间，阿里巴巴发布了一份超预期的财报。2020 财年第三财季，阿里巴巴营收为人民币 1 614.56 亿元，同比增长 38%。净利润为人民币 501.32 亿元，与上年同期的人民币 309.64 亿元相比增长了 62%。

本章学习目标

1. 了解 B2B、B2C、C2C、B2G、C2G 等电子商务模式的含义；
2. 掌握 B2B、B2C、C2C 电子商务交易流程；
3. 掌握 B2B、B2C、C2C 电子商务模式的类型；
4. 熟练应用各种电子商务交易模式开展电子商务交易活动。

学习导航

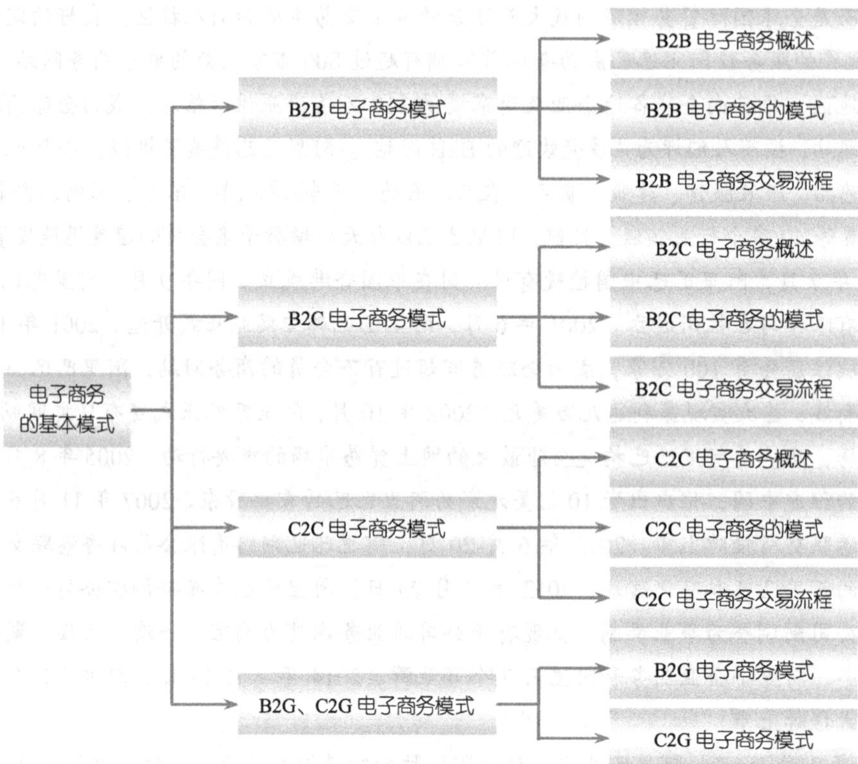

职业指导

2020 年 4 月 2 日，智库网经社电子商务研究中心与国内专业电子商务人才服务商——赢动教育共同发布了《2019 年度中国电子商务人才状况调查报告》。该报告显示，8 成电子商务企业存在人才缺口，近 3 成电子商务企业有大规模招聘计划。根据调研，电子商务企业减少的主要是客服等基础岗位，在新媒体、内容、社群等方面人才需求旺盛。被调查的电子商务企业中，54%的电子商务企业急需新媒体、社群方向人才，50%的电子商务企业急需淘宝、天猫等传统运营人才，32%的电子商务企业急需客服、电销、地推等方向的人才，32%的电子商务企业急需美工、视频动画制作等技术性人才，33%的电子商务企业急需综合性高级人才，16%的电子商务企业急需物流仓储等供应链人才，17%的电子商务企业急需产品策划与研发人才。

3.1　B2B 电子商务模式

B2B（Business to Business）电子商务，即企业对企业的电子商务，企业与企业之间通过互联网进行产品、服务及信息的交换。通俗地说，B2B 模式是指进行电子商务交易的供需双方（商家或企业）使用互联网技术或各种商务网络平台完成商务交易的过程。这些过程包括发布供求信息、订货及确认订货、支付过程及票据的签发、传送和接收、确定配送方案及监控配送过程等。

3.1.1　B2B 电子商务概述

B2B 电子商务包括企业之间利用网络和电子化手段进行询价/报价、拟订/签订合同、订货/接受订货、付款/收款等商务活动的完整过程。该模式可以帮助企业通过 B2B 电子商务系统，将面向上游供应商的采购业务和面向下游代理商的销售业务有机地联系在一起，通过互联网进行网上营销、生产组织管理、技术合作与研发、办公自动化等多方面业务，因此 B2B 模式可以视为 e 时代企业的生存平台，如图 3.1 所示。例如，企业利用计算机网络向它的供应商进行采购，或利用计算机网络进行付款等。企业由此可以降低经营成本，提高客户满意度，进而获取更大的利润。

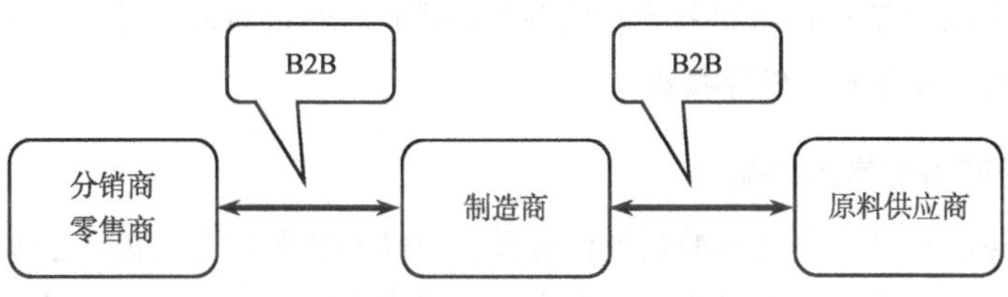

图 3.1　B2B 电子商务示意图

B2B 电子商务模式已经存在多年，如企业通过 EDI 所进行的商务活动。但是，这种基于增值网（Value Added Network，VAN）的 EDI 始终是一种只能满足大型企业发展需要的先进技术手段，它必须遵照统一的标准、租用专线，费用很高，因而中小型企业只能望而兴叹。互联网的出现和发展，在环境、技术、经济上都为电子商务创造了条件，电子商务提供了一种较为廉价的服务环境来满足大量中小型企业对商务活动的需求。

从未来的发展看，基于互联网的 B2B 电子商务，将成为电子商务的重要组成部分。企业之间的交易和企业之间的商业合作，是商业活动的主要方面，而企业目前面临激烈的竞争，需要通过电子商务来改善竞争条件，建立竞争优势。反过来，企业在通过互联网寻求自身发展的同时，也在逐渐改善电子商务的运用环境。

相关链接 电子商务发展的五大主要任务、17项专项行动和六条保障措施

2016年12月，商务部、中央网信办、发展改革委三部门联合发布《电子商务“十三五”发展规划》（简称《规划》）。《规划》遵循中央建设网络强国目标和《国民经济的社会发展第十三个五年规划纲要》总体要求，以适应经济发展新常态、壮大电子商务新动能、围绕全面建成小康社会目标创新电子商务民生事业为主线，对于推进我国电子商务领域政策环境创新，指导电子商务健康有序快速发展、引领电子商务全面服务国民经济和社会发展具有重要意义。

《规划》全面总结了“十二五”期间电子商务发展取得的成果，分析了“十三五”期间电子商务发展面临的机遇和挑战，明确了电子商务发展的指导思想、基本原则和发展目标，提出了电子商务发展的五大主要任务、17项专项行动和六条保障措施。

《规划》以“创新、协调、绿色、开放、共享”的发展理念贯穿全文，树立“发展与规范并举、竞争和协调并行、开放和安全并重”三大原则，形成明确的政策导向，首次赋予电子商务服务经济增长和社会发展的双重目标，确立了2020年电子商务交易额40万亿元、网络零售总额10万亿元和相关从业者5 000万人3个发展指标。

《规划》提出了“十三五”时期建设电子商务发展框架的五大任务，包括加快电子商务提质升级，全方位提升电子商务市场主体竞争层次；推进电子商务与传统产业深度融合，全面带动传统产业转型升级；发展电子商务要素市场，推动电子商务人才、技术、资本、土地等要素资源产业化；完善电子商务民生服务体系，使全体人民在电子商务快速发展中有更多的获得感；优化电子商务治理环境，积极开展制度、模式和管理方式创新。

围绕“十三五”时期我国电子商务发展目标和主要任务，《规划》从电子商务信息基础设施建设、新业态与新市场培育、电子商务要素市场发展和电子商务新秩序建设等4方面共部署了17项专项行动，并提出了加强组织领导、完善顶层设计、推进试点示范、优化资金投入、建立监督机制和增进国际合作6条保障措施。

1. B2B电子商务交易的功能

B2B电子商务活动是一个完整的系统性过程，它需要相关配套功能才能实现真正的完全自动化的电子商务活动，从而最大限度地减少成本，提高交易效率。一个完整的电子商务系统应包括如下四大功能。

1）信息发布与沟通

这项功能主要用于实现交易前的磋商和达成交易意向。这也是大多数企业间电子商务的初步形式，如网上产品目录与展示。由于信息是公开的，不涉及本质的交易，因此安全性和可靠性要求并不高。

2）电子单据的传输

这是电子商务交易的主要功能。为保证交易的合法性，电子单据的传输一般要求做到保密、安全、可靠，而且可以作为法律凭证。目前，我国和许多国家一样，已经立法承认电子单据的法律有效性和数字签名的合法性。

3）网上支付与结算、货物自己送

这属于交易完成阶段的功能。企业一般都开设银行账户，而且具有较好的信用，因此只要银行之间能实现网上清算，企业间电子商务活动的支付就非常容易，但这依赖于网上银行的发展。货物配送是完成交易的另一个关键因素。将货物送到指定的目的地是交易最后的环节。目前有许多借助互联网实现全球快递的公司，如美国的联邦快递公司，借助这些公司可以很好地实现全球配送。例如，美国的戴尔公司将其配送工作交给联邦快递公司，其与客户之间只需要通过网络传输货物运送时间、目的地和所在地信息。

4）网上售后服务

由于产品使用过程中可能出现很多问题，如果不能解决好网上售后服务问题，则可能影响到电子商务活动的正常开展，因为客户可能转为寻求更可靠的传统方式。一般情况下，网上售后服务主要提供技术资料、网上咨询等服务。

2．B2B 电子商务交易的优势

B2B 电子商务通过互联网进行贸易，贸易双方从贸易磋商、签订合同到支付等环节均通过互联网完成，整个交易完全虚拟化。B2B 交易的优势首先体现为交易成本大大降低，具体表现在以下 5 个方面。

① 距离越远，网络上进行信息传递的成本相对于信件、电话、传真的成本而言就越低。此外，缩短时间及减少重复的数据录入也降低了信息成本。

② 买卖双方通过网络进行商务活动，无须中介者参与，减少了交易环节。

③ 卖方可通过互联网进行产品介绍、宣传，节省了在传统方式下做广告、发印刷品等大量费用。

④ 电子商务实行“无纸贸易”，可减少文件处理费用。

⑤ 互联网使贸易双方可以即时沟通供需信息，使无库存生产和无库存销售成为可能，从而使库存成本显著降低。

B2B 电子商务交易减少了交易环节，减少了大量的订单处理，缩短了从发出订单到货物装运的时间，提高了交易效率，使企业取得了竞争优势。

3.1.2　B2B 电子商务的模式

B2B 电子商务模式主要有 3 种：在线商店模式、内联网模式和中介模式。其中，第三种模式的应用最为普遍。

1．在线商店模式

在线商店模式指的是企业在网上开设虚拟商店，以此网址宣传和展示其所经营的产品和服务，进而提供网上交易的便利。这种模式与网上在线零售市场类似，但专业性要强一些。

2．内联网模式

内联网模式指的是企业将内部网有限度地对商业伙伴开放，允许已有的或潜在的商业伙伴

有条件地通过互联网进入自己的内部网，从而最大限度地实现商业信息传输和处理的自动化。企业可以将客户录入的表格放到网上的服务器中，客户可以在线填制这些表格。结果是，商业伙伴和客户自己录入了交易信息，而企业业务人员减少了重复录入。安全问题是内联网模式首先要解决的问题，企业可选的解决方法也有很多。企业允许商业伙伴进入自己的内联网，对公司的业务运作有一定的好处，特别是在一些需要客户录入相关交易信息的场合，内联网模式是比较理想的模式。

应用实例 我国内联网模式的应用实例

联想控股有限公司允许其经销商进入它的内部网络里，查看与其有关的销售信息、广告宣传、费用、反馈问题等。内联网还可以对客户支持提供辅助手段。用友网络科技股份有限公司让客户从用友网页上进入内联网，输入信息就可以自动跟踪和了解财务软件的技术问题，并可以在线提交数据库里没有的技术问题，后台技术操作人员会在一定的时期内给出解决方案，并在数据库里公布。这样，通过内联网，用友的技术热线就可以和用户进行交互性交流，解决用户的技术问题。还有一些公司通过企业的内联网让客户在线更新产品。

企业内部之间可以通过企业内部网的方式处理与交换商贸信息。企业内部网是一种有效的商务工具，可以用来自动处理商务操作及工作流，增加对重要系统和关键数据的存取，共享经验，共同解决客户问题，并保持组织间的联系。一个行之有效的企业内部网可以带来如下好处：增加商务活动处理的敏捷性，对市场状况能更快地做出反应，更好地为客户提供服务。

3. 中介模式

中介模式指的是一家中介机构在网上将销售商或采购商汇集在一起，商业机构的采购代表从中介机构的网址上就可查询销售商或其销售的产品。大多数的中介机构通过向客户提供会员资格来收取费用，也有的中介机构向销售商收取月租费或按每笔交易收费。这种模式可以分为面向中间交易市场的水平 B2B 电子商务模式、面向实体企业的垂直 B2B 电子商务模式，以及 B2B 行业网站经营模式 3 种。

1）面向中间交易市场的水平 B2B 电子商务模式

水平网站可以将买方和卖方集中到一个市场上进行信息交流、广告、拍卖竞标、交易、库存管理等。例如，阿里巴巴、环球资源网等都属水平 B2B 电子商务。之所以用“水平”这一概念，主要是因为这种网站涉及的行业范围广，很多行业都可以在同一个网站上进行贸易活动。

① 水平 B2B 电子商务的利润流。水平网站可以产生很多的利润流。通常情况下，如果水平网站将眼光放在广告上，那么可以有一个很好的盈利机会。另外，水平网站通常会举办网上拍卖会，这时网站可以向成交的卖方收取一定比例的交易费。水平网站还可以靠出售网上店面来盈利。除此之外，水平网站还可以自己开展电子商务，从商务活动中直接盈利。

② 水平 B2B 电子商务的特点。在水平 B2B 电子商务交易过程中，电子交易市场以互联网为基础，利用先进的网络通信技术和计算机软件技术，将商品供应商、采购商和银行紧密地联系在一起，为用户提供商品的市场供求信息，以及商品交易、仓储、物流配送、货款支付结算

等全方位的交易服务。

通过 B2B 电子交易市场进行交易具有以下特点。

第一，电子交易市场为买卖双方提供了一个巨大的市场。例如，中国商品交易中心控制着从中心总部到各省份中心、各市交易分部乃至各县交易所的所有计算机系统，从而构成了覆盖全国范围的“无形商品市场”。这种计算机系统能够存储国内乃至世界范围内几千万个品种的商品资料，以及数千万家公司/企业的信息。在电子交易市场上，每个参与者都能够充分地宣传自己的产品，及时地获取和交易有关的信息，更好地完成交易。

第二，电子交易市场能够有效地解决传统交易中“拿钱不给货”和“拿货不给钱”的尴尬局面。交易合同签订前，电子交易市场会对商品进行检验控制，杜绝不符合质量标准的产品进入交易市场，解决了商品的“假冒伪劣”问题，使买卖双方不会因为质量问题产生纠纷；交易合同签订后，合同被纳入网络系统，电子交易市场起着监督合同执行情况的作用。如果一方出现违约现象，电子交易市场的系统将自动报警，合同的执行就会被中止，最大限度地使买卖双方免受经济损失；如果合同履行顺利，货物到达后，电子交易市场将协助买方对商品进行共同验收，买方对商品检验合格后，在 24 小时内（或双方约定）将由电子交易市场将货款转到卖方指定银行账户。这样，买方方可提货，而卖方不用担心“货款拖欠”。

第三，在结算方式上，电子交易市场通常采用统一集中的结算方式，在指定的网上商业银行开设统一的结算账户，统一管理资金的结算，避免形式多、层次多的资金截留、占用和挪用，降低了资金支付过程中的风险。被指定的网上商业银行大多数是通过公开招标的形式选择的，中标者都是具有良好商业信誉的大商业银行。

小提示

电子交易市场仍需要改进

电子交易市场仍有需要改进的地方。首先，现今合同文本仍然延续使用买卖双方签字交换的方式，要过渡到在法律上得以认同的电子合同仍然需要技术和法律的进一步完善和提高。《中华人民共和国合同法》（简称《合同法》）已将“电子合同”归入合同的“书面形式”，《中华人民共和国电子签名法》（简称《电子签名法》）对规范电子签名行为，确立电子签名的法律效力，维护有关各方的合法权益提供了有效的法律保证。其次，整个交易过程中的资金二次转移所涉及的税收问题仍然需要认真研究。电子交易市场交易系统的技术升级如何能赶上飞速发展的计算机网络技术，是电子交易市场需要认真解决的问题。

2）面向实体企业的垂直 B2B 电子商务模式

垂直 B2B 电子商务可以分为两个方向，即上游和下游。生产商或商业零售商可以与上游的供应商之间形成供货关系。例如，戴尔公司与上游的芯片和主板制造商就是通过这种方式进行合作的。生产商或商业零售商与下游的经销商可以形成销货关系，如思科公司与其分销商之间进行的交易。例如，汽车零件交易网便是一种垂直市场，汽车厂不但能很快地找到有足够货源的零件供应商，供应商也可更迅速地将产品销售出去，甚至库存品也可通过拍卖的方式售出。

之所以称为“垂直”网站，是因为这些网站的专业性很强，它们将自己定位在一个特定的专业领域内，如IT业、化学工业、交通业或钢铁业。

① 垂直网站的利润流。由于垂直网站的专业性强，因此其面对的客户很多都是本行业的，潜在购买力比较强，其广告的效用也会比较大。也正因为如此，垂直网站的广告费较水平网站要高。除了旗帜广告，垂直网站还可以通过产品列表及网上商店门面收费。垂直网站也可以举办一些拍卖会，并向交易成功的卖方收取一定比例的交易费。此外，垂直网站还可以向客户收取信息费，即数据库使用费。

② 垂直网站成功的关键因素。垂直网站成功的最重要的因素是专业技能。一个垂直网站面对的是一个特定的行业、特定的专业领域，因此，网站本身应该对这个领域相当熟悉。典型垂直网站的创始人往往对专业技能非常熟悉，他们通常担任过采购经理、技术部门负责人或者顾问。他们能够洞察全行业的内外需求，能一针见血地指出各家“进场入市”企业的需要，并向它们提供各种灵活有效的解决方案。一旦他们的想法付诸实施，便会吸引很多传统行业里的年轻人加入进来。

垂直网站成功的另一个因素是传统行业的低效率。传统行业的中间环节越多，环节链接效率越低，该行业的垂直网站就越有机会整合其中间环节，因此也就越容易成功。例如，NetBuy是一个电子行业的垂直网站，整合了代表着2 000多个生产厂商的60多个授权经销部，提供33 000多种产品信息。除了用丰富的产品来吸引客户再次光临，NetBuy还提供了一个社区环境，如讨论区和聊天室等，这也吸引了许多回头客。

与综合性的B2B网站相比，垂直网站的特点是专业性强，并通常拥有该行业资源的背景，更容易集中行业资源，吸引行业生态系统内多数成员的参与，同时也容易引起国际采购商和大宗买主的关注。垂直B2B网站因为其涉及面窄，客户数量的扩展受到一定限制。

前沿话题　以智能互信为核心的B2B 4.0时代

随着5G、人工智能、物联网、云服务等新技术的助力与驱动，以智能互信为核心的B2B 4.0时代正在走来。B2B平台最终要打通封闭的产业格局，形成开放、共享的服务生态，产业链企业和所有的服务机构全部加入，共同输入数据，全球贸易将更加自由、顺畅，贸易效率将实现划时代的增长。以区块链技术为底层构建的B2B底层平台，将有效链接实体企业、金融机构、仓储物流平台及其他各类服务机构，实现生产、交易、金融、物流、信用认证、产品追溯等几乎所有环节数据的上链，建立起一个透明、高效、低成本、开放共赢的供应链生态体系。数字通证与区块链的合作将改变企业的融资模式，减少企业贸易摩擦，促进交易平滑至简，激励用户参与平台的生态建设，使交易跨越了国界和行业的限制，促进了全球市场的资产流动。在区块链和数字通证的基础上，物联网彻底将交易中的每一个产品串联起来，实现贸易流程的全面数字化。物联网通过智能感知、识别技术与普适计算等通信感知技术，实现物体与物体之间的连接、交流与协作。各类传感器设备通过定位商品位移信息，可以实现商品状态的实时追踪与全程监控，进行商品转移与交割的确认。通过加工、仓储、物流全过程供应链的协作、可视化，最终实现全面数字化。AI将智能化贯穿到交易的每一个环节。通过人工智能算法分析，可以实现更精准高效的供需撮合、更准确的需求分析与预测、更安全的信用评价体系、更匹配的仓储方案与物流规划。依托大数据和人工智能技术的精准化导向，B2B平台将打造智慧供应链，为贸易双方提供更加专业化、个性化的服务内容，从根本上改变企业的运作方式，助力更多的新型服务模式涌现，从而推动产业的迭代升级，推动产业效率实现质的提升。

3）B2B行业网站经营模式

目前，中国比较成功的B2B网站并非都采用的是在线交易模式，尤其是B2B行业网站，许多都没有提供在线交易，更多的是以交易为目的的网络营销推广和打造品牌知名度。

① 以提供产品供应采购信息服务为主要经营模式的B2B行业网站。这类网站要建立分类齐、产品品种多、产品参数完善、产品介绍详细的产品数据库，尤其要注重产品信息的质量，要有更多最新、最真实、最准确的产品信息，全面提升采购体验，吸引更多采购商和供应商来网站发布、浏览、查找信息。B2B行业网站主要是向中小供应商企业收取会员费、广告费，以及竞价排名费、网络营销基础服务费等。其代表性网站有全球五金网、全球纺织网、中国设备网、中国建材网、维库电子市场网等。

② 以提供加盟代理服务为主要经营模式的B2B行业网站。此类网站大多数是围绕品牌公司、经销商的需求来设计功能和页面的。例如，服装网站要做好动态、图库、流行趋势等行业资讯内容，全面收集服装品牌信息，建立数量大、准确度高的加盟商、代理商数据库。这类网站的盈利模式主要是收取品牌企业的广告费、会员费等，其中广告费会占较大比例。其代表性网站有中国家纺网、医药招商网、食品招商网、糖酒快讯等。

③ 以提供生产代工信息服务为主要经营模式的B2B行业网站。此类B2B行业网站的盈利模式向工厂收费，为工厂寻找更好的订单，可以提供实地看厂拍照，确保收费的主推工厂生产实力信息的真实性、丰富性和准确性。其代表性外贸综合型网站有环球资源网、中国制造网等，代表性内贸行业型网站有我要印、软件项目交易网等。

④ 以提供小额在线批发交易服务为主要经营模式的B2B行业网站。此类网站要非常了解零售商的需求，建立完善的在线诚信体系、完善的支付体系，产品种类丰富、信息详细，目前综合、大行业的网站更易成功。其内贸代表性网站有阿里巴巴1688、衣联网等，外贸代表性网站有敦煌网、全球速卖通等。目前，这个行业的门槛比较高。在内贸领域，阿里巴巴1688具有很大的优势，因为零售商非常分散，推广需要广撒网，而阿里巴巴1688有充足资金支持。

⑤ 以提供大宗商品在线交易服务为主要经营模式的B2B行业网站。这类网站的盈利模式主要是收取交易佣金、提供行业分析报告、举办行业会议等。买卖双方诚信审核、支付的安全性、物流的快捷等，可采用第三方合作伙伴来解决。要进入这类网站首先要选好行业，由于其门槛较高，可以在一些新兴的市场发展。其代表性网站有金银岛网交所、浙江塑料城网上交易市场等。

⑥ 以提供企业竞争性情报服务为主要经营模式的B2B行业网站。这类网站是提供对企业的市场、销售、经营管理决策等有帮助的信息的行业网站。仅从这种模式来讲，这类网站只能算是行业网站，但是这类网站往往也有产品供求栏目，有的还有大宗商品交易平台，一般会列入B2B行业网站。这类网站大部分分布在能源（油气、煤炭）、化工、有色金属、钢铁、农产品

等上游产业，一般由行业内几十家或几百家超大型企业垄断市场。其盈利模式包括会员费、报告销售、咨询、期刊、会议、广告费等。其代表性网站有我的钢铁网、卓创资讯、东方油气网、煤炭网、中农网、中华粮网、上海有色网、第一纺织网等。

⑦ 以商机栏目+技术社区服务为主要经营模式的 B2B 行业网站。技术社区的盈利模式包括招聘求职服务、技术会议服务、培训学校广告、软件广告服务、设备广告等。更重要的是，为了使商机栏目增加用户黏性，运营时要服务好技术新手和技术高手，让高手在社区展示自己和产品，并能获得精神满足，让新手在这里能学知识、向技术高手提问，这样技术社区才能有内在的推动力，获得长远的、持续不断的发展。商机栏目一般包括问答、博客、图库、招聘求职、下载、个人空间、微博、会议等栏目。其代表性网站有中华工控网、中国水泥网、猪易网等。

⑧ 以 B2B 行业网站+《商情期刊》《行业大全》服务为主要经营模式的 B2B 行业网站。《商情期刊》和《行业大全》属于纸媒，无论是读者，还是客户，都与网站有较大的重合，但属于两种不同的媒体，看期刊和书的读者同时也会上网，两种不同的行为和需求都存在。而对于一些工作太忙、很少有时间上网的企业高层管理者、采购商来说，《商情期刊》和《行业大全》正好作为一个补充。盈利模式为封面、前彩页广告，内插页、页眉、页脚、书签、总目录右边等广告位都可以赠送给购买前彩页及封面、封底的客户，提供访谈、软文等推广服务，有助于提高网站的诚信度。其代表性网站有华人螺丝网、化妆品网、中国服装网、中华液晶网等。

⑨ 以 B2B 行业网站+《商情期刊》《行业大全》+展览、会议服务为主要经营模式。一般处于产业链上游的 B2B 企业的网络营销推广的手段有 3 种：网络、展览、书刊。作为一个 B2B 行业网站，当其发展到一定程度时，其业务的增长就会受到很大限制。为了突破这种限制，国内网站常用的方法就是深耕细作，围绕这个行业，利用网站的品牌知名度、用户，提供 B2B 企业需要的所有推广产品和服务。大部分网站在举办展览或会议时，需要同时提供期刊或行业大全。一般这类网站在举办会议的时候，需要与行业高层建立良好关系，包括协会、地方政府、高校、科研院所，可以结合 B2B 行业社区来运营，通过社区吸引行业用户的关注，然后将这些用户集中在一起开会，以解决一些问题。其代表性网站有空调制冷大市场（冷博会）、中国化工网（精细化工展）、中国纱线网、国际内衣网等。

⑩ 以 B2B 行业网站+域名空间+网站建设+搜索引擎优化服务为主要经营模式的 B2B 行业网站。要做好这类网站，团队应具备企业网站建设操作经验、行业网站运营经验、企业站搜索引擎优化排名经验等。一些有企业网站建设背景、企业网络营销推广服务背景的企业选择这种模式建设 B2B 行业网站，盈利模式比较成熟，更易获得成功。

3.1.3 B2B 电子商务交易流程

参加交易的买卖双方在做好交易前的准备之后，通常会根据电子商务标准规定开展电子商务交易活动。图 3.2 所示为 B2B 交易流程。按电子商务标准规定的电子商务交易应遵循的基本程序如下。

① 生产厂家（供应商）在 B2B 网站注册成为会员，发布产品信息。

② 采购商在 B2B 网站注册成为会员，浏览产品信息。

③ 采购商向供应商提出商品报价请求，说明想购买的商品信息；或采购商向供应商提出商品订购单，说明初步确定购买的商品信息。

④ 供应商向采购商提供该商品的报价，说明该商品的报价信息，签订电子合同。

采购商根据应答提出是否对订购单有变更请求，最后确定购买的商品信息。

⑤ 采购商向供应商提出商品运输说明，说明运输工具、交货地点等信息，生成新订单。

⑥ 供应商向物流公司发出发货通知，说明运输公司、发货地点、运输设备、包装等信息。

⑦ 物流公司生成发货单，物流企业受理发货单并送货给采购商。

⑧ 采购商收货并向供应商发出收货通知，报告收货信息。

⑨ 交易双方收发汇款通知，采购商发出汇款通知，供应商报告收款信息。

⑩ 供应商向物流商发送电子发票，采购商收到商品，供应商收到货款并出具电子发票，完成全部交易。

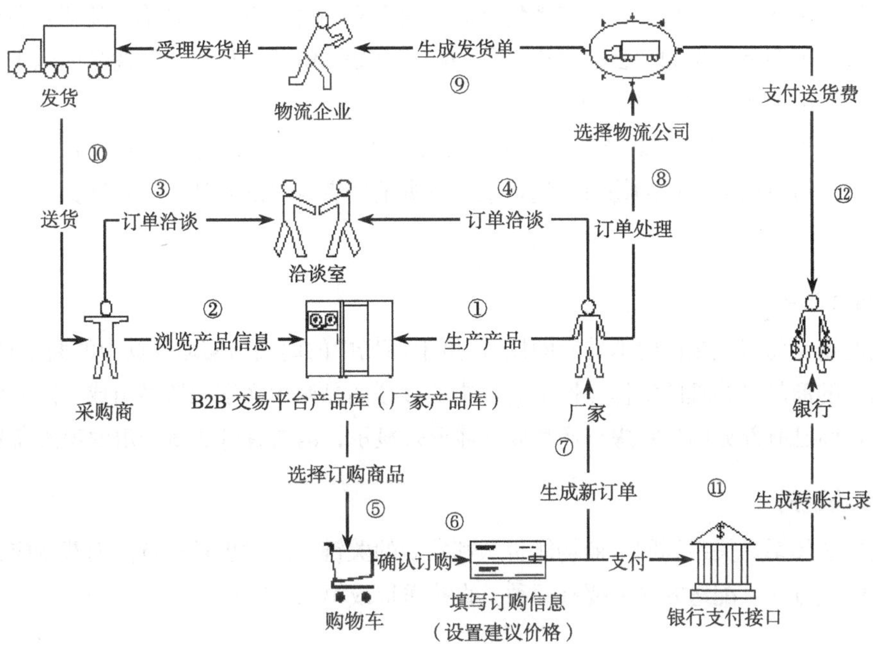

图 3.2　B2B 交易流程

小提示

一般消费者为什么不能在 B2B 上注册

B2B 电子商务是企业与企业之间的电子交易，由于 B2B 之间交易额较大，所以安全性较高，通常不允许普通消费者进入。

3.2 B2C电子商务模式

B2C（Business to Consumer）电子商务，即企业对消费者的电子商务，是企业和消费者利用互联网直接参与经济活动的形式，它不仅包括网上零售，还包括网上市场调查、商品检索、网上服务等活动。

3.2.1 B2C电子商务概述

B2C 模式是人们喜闻乐见的形式。它与 B2B 最大的不同点，就在于它直接面对最终消费者。随着电子商务的推广，家庭购物已经成为现实。只要消费者打开计算机，用手敲一敲键盘就能登录网络商店，查看成千上万的商业目录，从目录中挑选自己想要的商品，然后查看商品的规格和性能。随着多媒体网络的应用，商家还可以把商品的照片甚至三维图形放在网络上，让消费者进入一个虚拟的商店，对商品进行身临其境般的选择。对于选定的商品，消费者可以调出订单进行填写，然后付款。消费者付款后，商家立即就可以收到订单，随即就会送出或寄出消费者选定的商品。例如，目前网络上各种经营书籍、鲜花、计算机等商品的电子商务企业是公众所熟悉的B2C电子商务模式。

B2C 电子商务由 3 个基本部分组成：为消费者提供在线购物场所的网上商场，负责为消费者所购商品进行商品配送的物流配送体系，负责消费者身份的确认、货款结算的银行及认证系统。

1．网上商场

网上商场是商家直接面向消费者的场所。网上商场中的商品与实际商场中的商品有所不同，实际商场中的商品是物理的实体，网上商场中的虚拟商品则由文字和符号组成。随着电子商务的发展，目前已有部分网站将虚拟商品以立体形式显示，消费者可从多个角度观察商品。

2．物流配送

物流配送体系是关系到网上商场能否顺利发展的关键，同时也是难点。消费者应根据实际情况选择配送方式。配送方式主要有两种：直接送货或第三方物流。

3．支付结算

支付方式决定了资金的流动过程。目前，B2C电子商务模式中的主要支付方式有货到付款、汇款和电子支付。其中，货到付款方式是最原始的付款方式；汇款方式是指消费者完成订货后，通过邮政系统或银行系统付款；电子支付是指通过借记卡或信用卡完成的支付。随着电子商务的发展，使用电子支付方式付款，已成为电子商务支付的主流方式。

应用实例 B2C的代表——京东商城

京东商城是中国的综合网络零售商，是中国电子商务领域受消费者欢迎和具有影响力的电子商务网站之一，在线销售家电、数码通信、电脑、家居百货、服装服饰、母婴、图书、食品、在线旅游等 13 大品类、数万个品牌、百万种优质商品。京东在 2012 年的中国自营 B2C 市场占据 49%的份额，之后凭借全供应链继续扩大其在中国电子商务市场的优势。京东已经建立了华北、华东、华南、西南、华中、东北、西北七大物流中心，并在全国超过 360 座城市建立了核心城市配送站。京东以“产品、价格、服务”为核心，致力于为消费者提供质优的商品、优惠的京东商城价格，同时推出“211 限时达”“售后 100 分”“全国上门取件”“先行赔付”等多项专业服务。京东通过不断优化的服务引领网络零售市场，截至 2019 年 12 月 31 日，京东第三方平台共有超过 27 万个签约商家。2019 年，京东集团全年净收入为 5 769 亿元，同比增长 24.9%。其中，全年净服务收入为 662 亿元，同比增长 44.1%。京东商城首页如图 3.3 所示。

图 3.3　京东商城首页

3.2.2　B2C 电子商务的模式

我们可以从不同角度对 B2C 的商务模式进行分类和探析。

1. 根据企业和消费者买卖关系分析

根据企业和消费者买卖关系分析，B2C 电子商务主要分为以下两种模式。

1）卖方企业—买方个人的电子商务

这是商家出售商品和服务给消费者个人的电子商务模式。在这种模式中，商家首先在网站上开设网上商店，公布商品的品种、规格、价格、性能等，或者提供服务种类、价格和方式，由消费者个人选购、下订单、在线或者离线付款，商家负责送货上门。这种网上购物方式，可以使消费者获得更多的商品信息，虽然足不出户却可以货比千家，买到价格较低的商品，节省购物的时间。当然，这种电子商务模式的发展需要高效率和低成本的物流体系的配合。在这种模式中，比较典型的代表有亚马逊等。

2）买方企业—卖方个人的电子商务

这是企业在网上向个人求购商品或服务的一种电子商务模式。这种模式多用于企业在网上招聘人才，如许多企业在深圳人才专场网招聘各类人才。在这种模式中，企业首先在网上发布需求信息，后由个人上网与之洽谈。这种模式在当今人才流动量非常大的社会中极为流行，因为它建立起了企业与个人之间的联系，使得人力资源得以充分利用。

3）综合模式的电子商务

综合模式的电子商务结合了上述两种模式，企业和个人都在网上发布信息，然后企业进行网上面试或者个人上网寻找企业进行洽谈。现在许多人才招聘网站都在采用这种模式。

2．根据交易的客体分析

根据交易的客体分析，可把B2C电子商务分为无形商品和服务的电子商务模式，以及有形商品和服务的电子商务模式。前者可以完全通过网络进行，而后者不能完全通过网络进行，要借助传统手段的配合才能完成。

1）无形商品和服务的电子商务模式

计算机网络本身具有信息传输和信息处理功能，无形商品和服务（如电子信息、计算机软件、数字化视听娱乐产品等）一般可以通过网络直接提供给消费者。这种模式主要包括网上订阅、广告支持和网上赠予等。

（1）网上订阅模式。消费者通过网络订阅企业提供的无形商品和服务，并在网上直接阅览或消费。这种模式主要被一些商业在线企业用来销售报刊、有线电视节目等。网上订阅模式主要包括在线出版、在线服务与在线娱乐等。

① 在线出版（Online Publications）。出版商通过互联网向消费者提供除传统印刷出版物外的电子刊物。在线出版一般不提供互联网的接入服务，只在网上发布电子刊物，消费者通过订阅可下载有关的刊物。这种模式并不是一种理想的信息销售模式。在当今信息大爆炸的时代，普通用户获取信息的渠道很多，从而对即使很廉价的收费信息服务“敬而远之”。因此，有些在线出版商采用免费赠送和收费订阅相结合的双轨制，从而吸引了一定数量的消费者，并保持了一定的营业收入。

② 在线服务（Online Services）。在线服务商通过每月收取固定的费用向消费者提供各种形式的在线信息服务。在线服务一般是针对一定的社会群体提供的，以培养消费者的忠诚度。在线服务商一般都有自己特定的客户群体。例如，美国在线（AOL）的主要客户群体是家庭用户，而微软网络（Microsoft Network）的主要客户群体是Windows的使用者。订阅者每月支付固定的费用，从而享受多种信息服务。

③ 在线娱乐（Online Entertainment）。在线娱乐商通过网站向消费者提供在线游戏，并收取一定的订阅费。这是无形商品和服务在线销售中令人关注的一个领域，也取得了一定的成功。当前，网络游戏已成为“网络会战”的焦点之一，微软、Excite、Infoseek等纷纷在网络游戏方面强势出击。事实上，网络经营者们已将眼光放得更远，通过一些免费或价格低廉的网上娱乐换取消费者的访问率和忠诚度。

相关链接 中国知网

中国知网（知识发现网络平台）面向海内外读者提供中国学术文献、外文文献、学位论文、报纸、会议、年鉴、工具书等各类资源统一检索、统一导航、在线阅读和下载服务，如图 3.4 所示。知网是国家知识基础设施（National Knowledge Infrastructure，NKI）的概念，由世界银行于 1998 年提出。CNKI 工程是以实现全社会知识资源传播共享与增值利用为目标的信息化建设项目，由清华大学、清华同方发起，始建于 1999 年 6 月。在党和国家领导，以及教育部、中宣部、科技部、原新闻出版总署、国家版权局、国家发展改革委的大力支持下，在全国学术界、教育界、出版界、图书情报界等社会各界的密切配合和清华大学的直接领导下，CNKI 工程集团经过多年努力，采用自主开发并具有国际领先水平的数字图书馆技术，建成了世界上全文信息量规模最大的“CNKI 数字图书馆”，并正式启动建设《中国知识资源总库》及 CNKI 网络资源共享平台，通过产业化运作，为全社会知识资源高效共享提供丰富的知识信息资源和有效的知识传播与数字化学习平台。目前，比较好的订阅网站有浏览网、中国期刊网、报童、当当网等。

图 3.4　中国知网

（2）广告支持模式。在线服务商免费向消费者提供在线信息服务，其营业收入完全靠网站上的广告获得。这种模式虽然不直接向消费者收费，但却是目前最成功的电子商务模式之一。雅虎等在线搜索服务网站就是依靠广告收入来维持经营活动的。对上网者来说，信息搜索是其在互联网的信息海洋中寻找所需信息最基本的渠道。因此，企业也最愿意在信息搜索网站上设置广告，点击广告便可直接到达该企业的网站。采用广告支持模式的在线服务商能否成功的关键是其网页能否吸引大量的广告主。

（3）网上赠予模式。这种模式经常被软件公司用来赠送软件产品，以扩大其知名度和市场份额。一些软件公司将测试版软件通过互联网向用户免费发送，用户可以自行下载试用，还可以将意见或建议反馈给软件公司。用户对测试软件试用一段时间后，如果满意，则购买正式版本的软件。采用这种模式，软件公司不仅可以降低成本，还可以扩大测试群体，改善测试效果，提高市场占有率。美国的网景公司在其浏览器最初推广阶段采用的就是这种方法，从而使其浏览器软件迅速占领市场，效果十分明显。

2）有形商品和服务的电子商务模式

有形商品是指传统的实物商品。采用这种模式，有形商品和服务的查询、订购、付款等活动在网上进行，但最终的交付不能通过网络实现，还是需要用传统的方法完成。这种电子商务模式也称在线销售。目前，企业实现在线销售主要有两种方式：一种是在网上开设独立的虚拟商店，另一种是参与并成为网上购物中心的一部分。有形商品和服务的在线销售使企业扩大了销售渠道，增加了市场机会，与传统的店铺销售相比，即使企业的规模很小，网上销售也可将其业务伸展到世界的各个角落。网上商店不需要像一般的实物商店那样保持很多的库存，如果是纯粹的虚拟商店，则可以直接向厂家或批发商订货，省去了商品存储的阶段，从而大大节省了库存成本。

前沿话题 B2B2C

B2B2C（Business to Business to Customer）是一种新的网络通信销售方式。第一个B指广义的卖方（即成品、半成品、材料提供商等）；第二个B指交易平台，即提供卖方与买方的联系平台，同时提供优质的附加服务；C指买方。卖方既可以是公司，也可以是个人，即一种逻辑上的买卖关系中的卖方。平台绝非简单的中介，而是提供高附加值服务的渠道机构，以及拥有客户管理、信息反馈、数据库管理、决策支持等功能的服务平台。买方同样是逻辑上的买卖关系中的买方，可以是内部的，也可以是外部的。B2B2C定义包括了现存的B2C和B2B平台的商业模式，更加综合化，可以提供更优质的服务。B2B2C把“供应商→生产商→经销商→消费者”各个产业链紧密连接在一起。整个供应链是一个从创造增值到价值变现的过程，把从生产、分销到终端零售的资源进行全面整合，不仅大大增强了网商的服务能力，更有利于客户获得增加价值的机会。该平台将帮助商家直接充当卖方角色，把商家直接推到与消费者面对面的前台，让生产商获得更多的利润，使更多的资金投入技术和产品创新上，最终让广大消费者获益。2019年3月，京东集团副总裁、京东零售集团新通路事业部总裁郑宏彦在京东新通路2019无界零售行业峰会上宣布，京东将推出“一体化开放的通路解决方案”及“一体化B端仓配网络”，助力品牌商、渠道商打造更加高效、经济的业务模式。2019年新通路的无界零售战略将迈入实践阶段，新通路力求在供给端实现从供应链向完备的供应网升级，打造更加开放、智能的B2B2C平台。

3.2.3 B2C电子商务交易流程

网上购物与传统购物的流程有很大的区别，网上购物将互联网作为媒介，对消费者来说，网上购物比传统的购物操作简单，但涉及的参与者较多，并且以电子工具作为操作的基础，其流程原理较传统购物复杂一些。参与网上购物活动的除商家及消费者外，一般还会涉及银行、信用卡公司（发卡机构）、电子商务服务器及互联网等角色。网上购物使用的主要工具除了顾客计算机（即终端）、电子钱包、信用卡，还包括电子订货单、加密电子购货账单及电子收据等。图3.5所示为B2C交易流程。

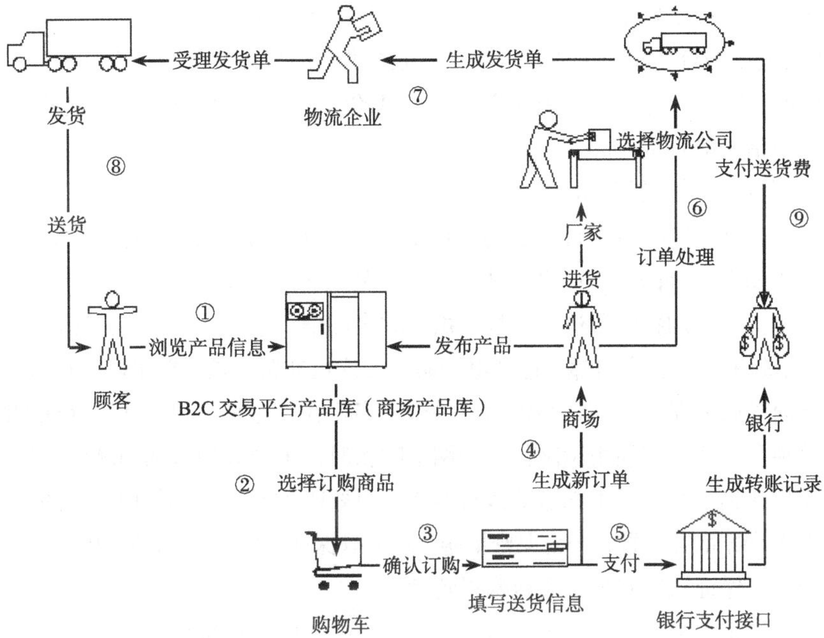

图 3.5　B2C 交易流程

网上购物的具体流程如下。

① 顾客（购物消费者）用计算机通过互联网查询自己想购买的物品。

② 顾客在计算机上输入订货单，包括从哪个销售商店购买什么商品、购买多少，并在订货单上注明送货时间、地点及交给何人等信息。

③ 电子商务服务器与有关商店联系并立即得到应答，告诉顾客所购货物的单价、应付款数、交货等信息，顾客确认订购。

④ 生成新的订单。

⑤ 顾客确认后，选择支付方式进行支付（包括网上支付、汇款、货到付款、银行电汇、支付宝等）。例如，顾客选择信用卡网上支付。电子商务服务器对信用卡号码采用某种保密算法算好并加密后，发送到相应的银行；同时销售商店也收到了经过加密的电子购货账单，销售商将自己的顾客编码加入电子购货账单后，再传送到电子商务服务器中。这里需要注意的是，商店是看不见顾客信用卡上的号码的，销售商店无权也无法处理顾客信用卡中的钱款，因此只能由电子商务服务器处理。

经过电子商务服务器确认这是一位合法顾客后，将电子购货账单同时送到信用卡公司和商业银行，在信用卡公司和商业银行之间要进行应收/付款钱数和财务往来的电子数据交换和结算处理。信用卡公司将处理请求再送到商业银行请求确认并授权。

如果经商业银行确认后拒绝并且不予授权，则说明顾客的这张信用卡上的资金不足，即已经透支。遭到商业银行拒绝后，顾客可以再选择电子钱包的相关项打开电子钱包，取出另一张电子信用卡，重复上述操作。

⑥ 经商业银行证明这张信用卡有效并授权后，销售商店就可以发货了。与此同时，销售商

店会留下整个交易过程中发生往来的财务数据，并且出示一份电子收据发给顾客。

⑦ 销售商选择物流公司，生成发货单，物流企业受理发货单。

⑧ 上述交易成交后，销售商店就按照顾客提供的电子订货单将货物在发送地点发送给顾客在电子订货单中指明的收货人。

⑨ 向物流公司支付送货费用。

对顾客来说，整个购物过程自始至终都是十分安全可靠的。在购物过程中，顾客可以用任何一种浏览器（如 Netscape 或 IE 浏览器）进行浏览。在购物以后，无论是什么时候，一旦需要，顾客即可调出电子购物账单进行查询。由于顾客的信用卡上的信息别人是看不见的，因此私密性很好，用起来十分安全可靠。这种电子购物方式也非常方便，单击电子钱包取出信用卡，即可利用电子商务服务器立即确认销售商店是否真实存在。这是与单独使用互联网购物的最大区别。在只单独利用互联网使用国际信用卡网上购物时，最令人担心的问题就是销售商店是假冒的。顾客如果遇到一个自己不知道的假冒商店，只要购物便会泄露信用卡上的信息，这样很不安全。有了电子商务服务器的安全保密措施，就可以保证顾客去购物的销售商店必定是真的，不会是假冒的，可保证顾客安全可靠地购买到货物。

就上述电子购物而言，在实际进行过程中，即从顾客输入订货单后开始到拿到销售商店出具的电子收据为止的全过程仅需 5 ~ 20s。这种电子购物方式十分省事、省力、省时，购物过程中虽经过信用卡公司和商业银行等多次进行身份确认、银行授权、各种财务数据交换和财务往来等，但所有业务活动都是在极短的时间内完成的。

总之，这种购物过程改变了传统的面对面交易和一手交钱一手交货及面谈等购物方式，是有效的、具有保密性的、非常安全可靠的电子购物过程。利用各种电子商务保密服务系统，顾客就可以在互联网上放心大胆地使用自己的信用卡购买自己所需要的物品。从整个购物过程可以看出，购物的顾客仅输入电子订货单说明自己购买的物品，调出自己的电子钱包和电子信用卡，只要电子信用卡上的钱足够即可完成购物，并得到电子收据，这是一种与传统购物方式不同的现代高新技术购物方式。

应用实例 京东商城的购物流程

（1）打开京东商城首页，在右上方，点击“免费注册”按钮（见图 3.6）。

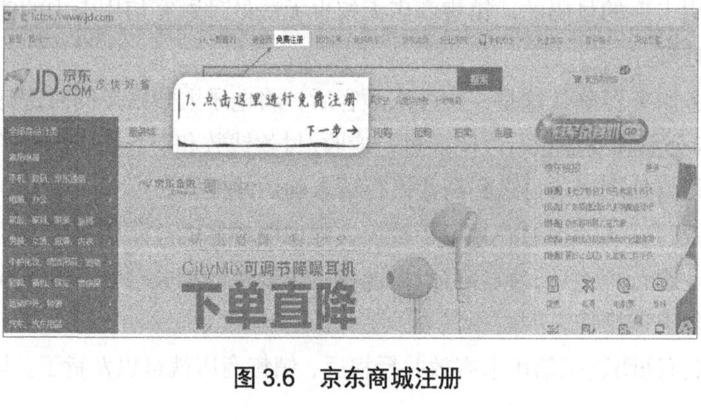

图 3.6 京东商城注册

（2）进入注册页面，填写邮箱、手机等信息完成注册（见图 3.7）。

图 3.7 填写信息

（3）注册成功后，完成账户安全验证，提高账户的安全等级。

（4）浏览想要购买的商品，点击“加入购物车”按钮，商品会自动添加到购物车里（见图 3.8）。

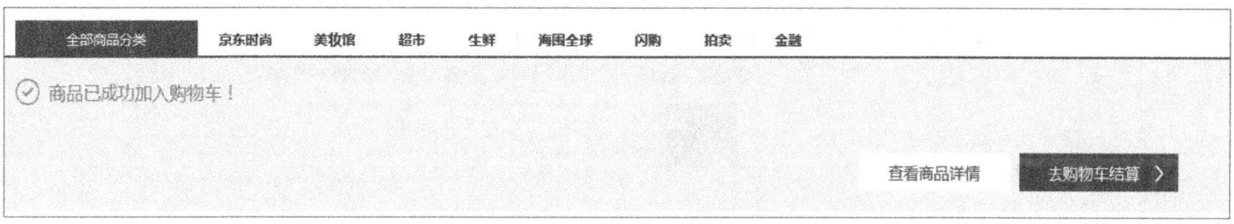

图 3.8 加入购物车

（5）如果需要更改商品数量，则在商品数量框中输入购买数量（见图 3.9）。

图 3.9 加入购物车

（6）选好商品后点击“去结算”按钮（见图3.10）。

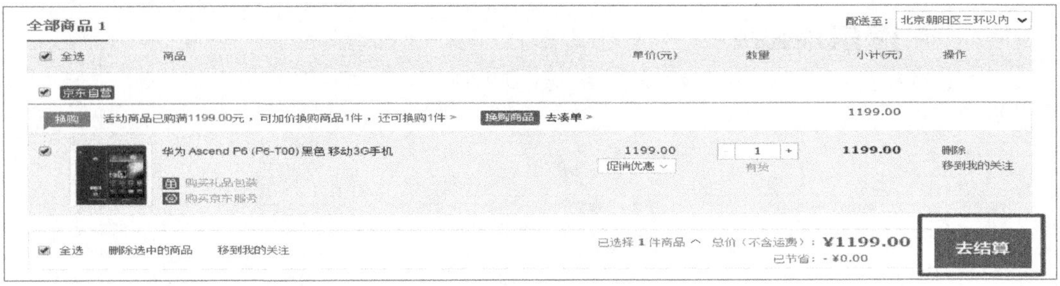

图3.10 结算

（7）详细填写收货人信息、支付方式、发票信息，核对送货清单等信息（见图3.11）。

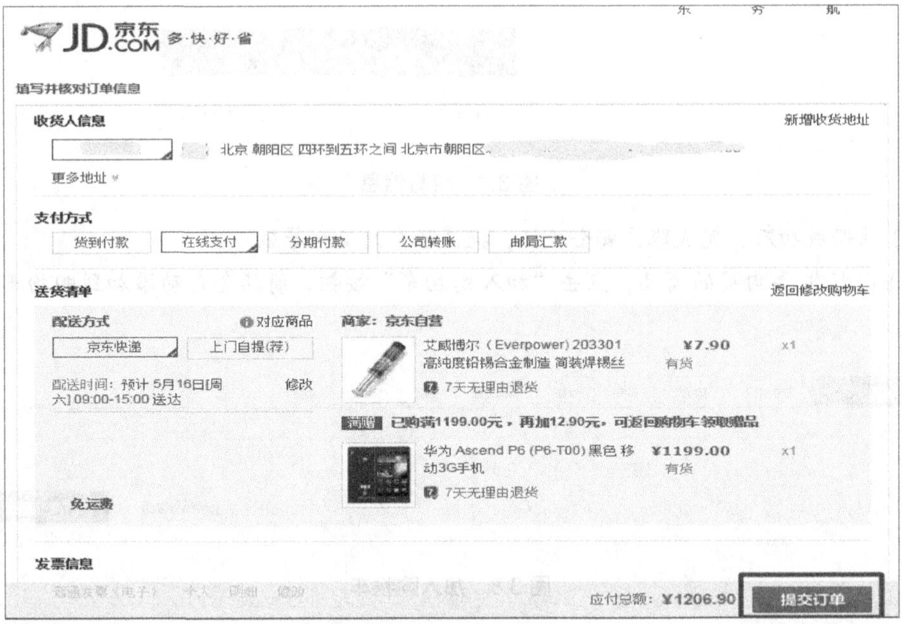

图3.11 填写收货人信息

（8）确认无误后点击“提交订单”按钮，生成新订单并显示订单编号。

（9）查看订单详细信息：可进入“我的京东”→“订单中心”查看。

3.3 C2C电子商务模式

C2C（Consumer to Consumer）电子商务，即消费者对消费者的电子商务。具体来说，就是消费者通过互联网与消费者之间相互进行的个人交易，如网上拍卖等形式。这种模式为消费者提供了便利与实惠，使卖方可以主动提供商品上网拍卖，而买方可以自行选择商品进行竞价。电子商务改变的是整个社会生活，为数众多的消费者当然不能被动地接受改造，于是消费者之间的电子商务模式应运而生。

3.3.1　C2C 电子商务概述

C2C 电子商务具有买卖双方直接互动、交易成本低和快速便捷等特点，其发展会受到互联网用户群体数量、用户购物习惯、物流和资金流，尤其是网络交易的信任度等因素的影响。C2C 电子商务的优势显而易见，主要有以下 4 点。

① 体现的互联网的跨时空、跨地域的特点。C2C 电子商务使数量巨大、地域不同、时间不一的买方和卖方可以通过一个平台找到合适的对象进行交易，这在传统交易中很难做到。

② 运行成本低，无须实体商店，无须仓库，没有任何中间环节，买卖双方直接交易，交易的成本大大降低。

③ 突破了时间的限制，随时随地可以完成交易，大大提高了交易的灵活性和方便性。

④ 利用网络的互动性，买卖双方可以无障碍地充分沟通信息，借助拍卖这种价格机制实现最大限度符合双方各自意愿的交易。同时由于庞大的互联网人群，使交易达成的可能性大大增加。

正是因为 C2C 模式能够为消费者带来便利和实惠，所以 C2C 网站才能够吸引网民的注意力，成为一种火爆的电子商务模式。

相关链接　历史悠久的网上大百货——eBay

eBay 可谓 C2C 模式的鼻祖。eBay 是一个可让全球民众上网买卖物品的线上拍卖及购物网站。人们可以在 ebay 上通过网络出售商品。每天都有数以百万的家具、收藏品、电脑、车辆在 eBay 上被刊登、贩售、卖出。有些物品稀有且珍贵，只要其不违反法律或是在 eBay 的禁止贩售清单之内，即可以在 eBay 刊登贩售。服务及虚拟物品也在可贩售物品的范围之内，eBay 推翻了以往那种规模较小的跳蚤市场，将买家与卖家拉在一起，创造一个永不休息的市场。大型的跨国公司，如 IBM 会利用 eBay 的固定价或竞价拍卖来销售他们的新产品或服务。eBay 首页如图 3.12 所示。

图 3.12　eBay 首页

3.3.2 C2C电子商务的模式

1. 综合性拍卖网站

综合性拍卖网站强调的是拍卖品种类众多且广泛，如车、古董、钱币、邮票、书籍、电影、音乐、家电、计算机软硬件、珠宝、陶瓷、玻璃、运动休闲、电子器材、玩具、衣服配件及房产等，凡是合法物品都可以上网拍卖。综合性拍卖网站通常开放给所有个人，只要是合法、合理的拍卖物，拍卖网站中介商都不会对其加以限制，它可以充分满足人们寻宝的动机与收集物品的嗜好。易趣、淘宝、一拍等都属于此类网站。

2. 专业性拍卖网站

专业性拍卖网站主要经营那些种类较少的特殊商品。在这些特别针对某一种类商品的拍卖网站中，其拍卖物通常价格不菲，需要专家鉴定，或有一群对该物品狂热的社群，因而物以类聚形成线上虚拟社群，不仅在线上拍卖、交易商品，也借此形成讨论区，如钱币、邮票、美酒、古董、艺术品、运动相关用品、二手汽车、乐器及雪茄等专门的拍卖网。

C2C专业性拍卖网站在国外很常见，若经营得当，商品种类通常也会多样化。而国内这样的网站还不多，这可以成为以后国内中小型拍卖网站的经营发展方向。

3. 跳蚤市场

跳蚤市场原来是指在特定时间或场合举行的非正式集会，一般在户外举行，有许多摊贩出售各种各样的物品，大部分都是用过的旧物品，价钱也很便宜。在这里，人们把不需要的物品摆出来卖，甚至回到原始的物物交换阶段，目的不是赚钱，而是物尽其用。

这类跳蚤市场通常会有特定的贸易时间，面向的人群有其地域上的特征。网上跳蚤市场的基本功能和传统跳蚤市场一样，只是利用网络的特性以期吸引更多人的关注，让用户的供求得到满足。而且网上跳蚤市场无须设置固定的贸易地点和时间，只要将供需信息公布在网上，有意向者会主动询问。但是由于跳蚤市场的商品价格往往不高，不适合付费运输，所以更多的是同区域交易，如同城、同校等。这类跳蚤市场往往出现在某些区域性的网站上。

相关链接 旧物交换市场——闲鱼

闲鱼是阿里巴巴旗下闲置交易平台App客户端（iOS版和安卓版）。会员只要使用淘宝或支付宝账户登录，无须经过复杂的开店流程，即可使用包括一键转卖个人淘宝账号中“已买到宝贝”、自主手机拍照上传二手闲置物品，以及在线交易等诸多功能。下载并使用全新概念的“闲鱼”App，个人卖家能获得更大程度的曝光量、更高效的流通路径和更具优势的物流价格等三大优势，让闲置的宝贝以最快的速度奔赴天南海北的新主人手中物尽其用。此外，闲鱼平台后端已无缝接入淘宝信用支付体系，从而最大程度保障交易安全。2016年5月18日，阿里巴巴集团宣布，旗下“闲鱼”和“拍卖”业务将“合并同类项”。阿里巴巴集团CTO张建锋表示，“闲鱼”牵手“拍卖”后，两者将共同探索包括闲鱼拍卖、闲鱼二手交易、闲鱼二手车在内的多种分享经济业务形态。

3.3.3　C2C 电子商务交易流程

在 C2C 电子商务中，参与主体主要包括消费者与服务中介平台。以 C2C 拍卖网站为例，C2C 电子商务交易的流程如下。

1．C2C 后台管理

C2C 后台管理主要是为网站管理者提供网站运营的各种管理功能，包括登录日志管理、会员信息管理、群组设置、拍卖商品目录管理、拍卖商品管理等。

① 登录日志管理。这为管理员提供了查看用户登录网站日志的功能，目的是让管理员更好地监控网站运行情况。

② 会员信息管理。管理者可以查看会员信息，并对会员进行组群设置分配。

③ 群组设置。通过此功能，管理员可对会员进行群组分类，便于管理员对众多的会员进行批量维护。

④ 拍卖商品目录管理。管理员在这里可以对拍卖网站的商品目录进行添加、删除等维护操作。（提示：如果某个商品目录已经启用，则该目录不能删除。）

⑤ 拍卖商品管理。在这里可以对拍卖的商品进行注销等维护操作。

C2C 拍卖网站后台管理如图 3.13 所示。

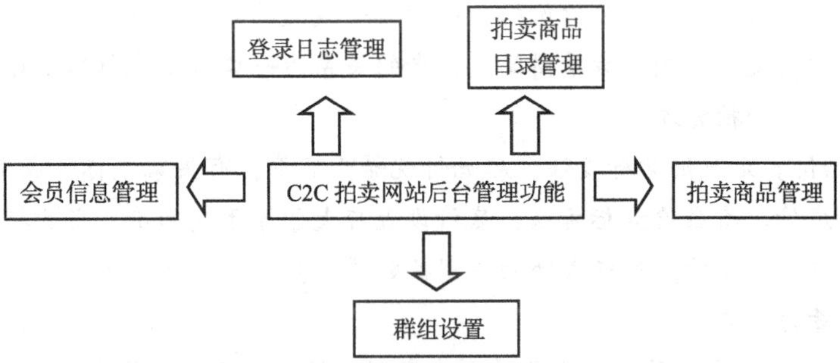

图 3.13　C2C 拍卖网站后台管理功能

2．C2C 前台电子商务交易的流程

C2C 竞拍的前台流程如图 3.14 所示。

① 拍卖方进入拍卖网站，上传拍卖物品，确定起拍价、竞价阶梯、截止日期等信息。

② 系统认证用户的合法性和所填拍卖信息的正确性，如果一切都正确则显示上传成功。

③ 竞拍方选择拍卖物品，进入竞拍页面参与竞拍。

④ 填写竞拍的必需信息（包括出价、是否选择代理、竞拍数量）和可选信息。

⑤ 系统认证用户的合法性和所填竞拍信息的正确性，如果一切都正确则显示竞拍成功。

⑥ 买卖双方成交，买方付款，卖方交货，交易完成。

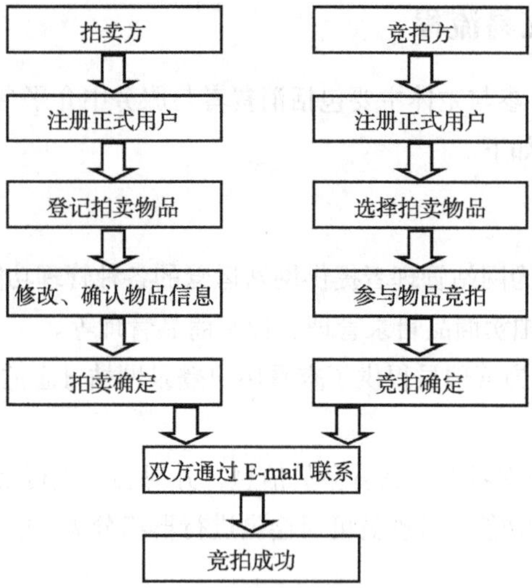

图 3.14 C2C 竞拍的前台流程

相关链接 网上的竞价卖法

在竞价卖法中，经常使用起始价、底价和一口价。起始价是指出售商品最初拍卖时开始的价格。底价是委托人出售商品的最低价格，即能接受成交的心理价位。一口价指只要有人出价达到该价格，立即成交购得相应数量商品。三者的关系为一口价≥底价≥起始价。根据卖法的不同，一般有以下 5 种拍卖方式。

① 只设起始价。无底价竞标卖法，起始价就等于底价，有买家竞标可成交。

② 起始价+底价。有底价竞标卖法，底价设置应大于等于起始价，当竞标结束，有买家出价达到底价，即告竞标成功。竞标成功的买家按购买数量、出价高低依次与卖家网上成交，价高者得到所需数量的商品。

③ 只设一口价。只要有买家的出价达到卖家预设的一口价，即成功购得该商品。如卖家出售数量为 1，则该竞标结束，买家、卖家网上成交。如卖家出售多数量商品，则该竞标仍将继续，直至买家以一口价购完，竞标结束；否则竞标将持续至其在线时间结束。

④ 起始价+底价+一口价。竞标中兼有一口价的卖法，买家可以同时设置以上 3 项，这时须遵守：一口价≥底价>起始价，买家既可以参与竞标，也可立即以一口价购得该商品。

⑤ 起始价+一口价。无底价竞标中兼有一口价的卖法，一口价应大于起始价。竞标成功的买家按购买数量、出价高低依次与卖家网上成交，价高者得到所需数量的商品。

3.4 B2G、C2G 电子商务模式

3.4.1 B2G 电子商务模式

1. B2G 的含义和特点

B2G（Business to Government）电子商务，即企业与政府组织之间通过网络进行的交易活

动。这一模式可以覆盖企业与政府组织间的许多活动，包括税收、商检、行政管理、法规条例的颁布及政府的网上采购活动等。承包商可在网上竞标、发布及传递产品，在电子化的处理中，可以节省费用，并且提高行政效率。

B2G 的特点是快速和信息量大。由于商业活动在网上进行，企业可以随时随地了解政府的动向，还能减少中间环节的时间延误和费用，提高政府办公的公开性和透明度。例如，一个 B2G 站点可以为企业提供查找一级或者多级政府的纳税申请报表；也可以让企业完成报表的填写和税款的缴纳；可以更新企业与政府的合作信息；可以回复企业的特殊问题等。B2G 可以提供采购服务，还可以提供由政府机构设计开发的专业网络应用软件及数据库。

小提示

B2G 的典型例子——网上采购

B2G 比较典型的例子是网上采购，即政府机构在网上进行产品、服务的招标和采购。这种运作模式可以使投标费用降低。这是因为供货商可以直接从网上下载招标书，并以电子数据的形式发回投标书。同时，供货商可以得到更多的甚至是世界范围内的投标机会。由于通过网络进行投标，即使规模较小的公司也能获得投标的机会。

2. B2G 在实施中的 4 个导向

1）用户导向

电子政务的最终目的，一是面向政府决策，二是面向公众或企业服务。而检验一个电子政务项目是否成功的重要标准，主要在于政府服务的对象，即广大外贸工商企业是否接受和欢迎所收到的服务内容。

2）联盟导向

联盟导向是指要向企业用户提供服务，就必须与政府部门联盟。为用户提供直接服务的是政府贸易部门，参与 B2G 的企业只是提供高科技的信息化技术手段。只有政府贸易部门采纳参与 B2G 的企业的解决方案，才能真正体现 B2G 的企业价值，使电子政务有效地为公众或企业服务。

3）零投资导向

一般而言，做电子政务的厂商，总是希望能直接从项目运作中得到可观的回报。许多企业，从经营的角度出发看待政府的招标项目所带来的利润，但是有些参与 B2G 的企业希望多做一些不需要政府投资的电子政务。B2G 企业应从与政府部门建立长久的策略合作伙伴关系出发，帮助政府节省电子政务建设的投资，同时确保电子政务服务的预期效果，通过做好电子政务推广的市场化增值环节，来帮助政府部门把电子政务服务与企业需求对接起来，并通过满足不断升级的政府监管需求和企业服务需求得到价值提升。

4）价值导向

价值导向即做直接创造价值的电子政务。任何投资，无论是政府投资或是公共服务投资，如果不能创造价值或者产生效能，则属于无效投资。IT 企业，即要尽力帮助政府提升决策与服务能力，也需要通过技术手段为电子政务所服务的对象带来直接的经济利益，使企业供应链中的交易成本降低。参与 B2G 的企业更愿意优先选择从事不仅能为政府带来价值，而且能为企业直接带来价值的电子政务项目。

相关链接　易行天下 B2G 系统

2008 年 7 月 1 日，中国领先的电子客票交易平台——易行天下强力推出个性化的易行天下 B2G 系统 VIP 电子客票在线预订系统，首次为易行天下分销商特别定制系统操作环境，便于他们向企业用户提供更专业的“一站式”订票服务，是一次对企业传统差旅管理方式的革命。易行天下是 B2G 分销商与企业客户间的隐形桥梁，易行天下保证代理人的权益，并尽最大可能帮助 B2G 分销商拓展业务。B2G 分销商申请过程简单，只需登录易行天下 B2B 站点即可提交申请，优质 B2G 分销商将免费获取系统，无成本建立属于自己的专业 B2G 订票网站，并根据下线企业用户的购买力，获得高额佣金回馈。

3.4.2 C2G 电子商务模式

C2G（Consumer to Government）电子商务，即消费者与政府之间的电子商务，是指政府对消费者的活动，即政府面向消费者所提供的服务，包括信息服务、各种证件的管理和防伪、公共部门的服务等。

政府与消费者的互动是政府网站建设过程中的主线，政府网站的建设具有以下规律。

1. 内容服务由静态信息公布向动态信息发布、信息查询方向发展

人们访问政府网站逐渐不再满足于看看政府组成、了解一下办事程序，还希望看到时效性强的政府信息，更希望能够自主查询所需信息。这促使政府网站的内容服务向多元化方向发展。在政府网络公布的信息中，动态信息有了大幅度的提升，当信息量比较大时，允许用户从多个角度进行检索。

2. 政府网站建设应提供便民服务

政府网站是政府与公众联系的中介，是政府对外服务的工具，具有很强的对外服务性。很多国家和地区的政府网站都将与百姓生活密切相关的信息和服务功能优先上网并给予积极改进，包括各类证件审批、医疗信息、环保信息、商品质量信息等。例如，在新加坡政府的中心站点上，可以查到新加坡任意一个注册医生和诊所的信息，这为人们寻医问药提供了极大的方便。

3. 网站由独立系统向集成化政务系统发展

政府网站是电子政务建设的一个组成部分，是政务系统内外交接的环节，不应将网站看作一个相对独立的公布信息的工具，而应将它作为政府机关工作的有机组成部分。对于提供网上办公功能的网站，其收集来的用户数据将融入政府部门的整个信息流之中。因此，需要将政府网站与整个政务信息系统相互链接，建设统一的集成化的电子政务系统，这是网站真正实现对外办公的一个前提。例如，英国于 2001 年 1 月启动政府的网关，该网关把公民网站、商业和部门网站与政府的办公室系统等安全地链接在一起，提供实时“无缝”服务。

4. 发展一站式网站

一站式网站能为用户提供统一的界面，人们无须了解政府组织的复杂结构和关系，也不需要知道哪个服务该由哪个部门负责，网站会把用户带到有关单位，用户不必为一件事分别登录多个政府网站。一站式网站与政务内网安全链接和集成，便形成了基于一站式服务框架的电子政务系统，这被誉为“电子政务系统建设的最终目标”。

相关链接　全国一体化政务平台——国家政务服务平台

2019 年 5 月 31 日，国家政务服务平台（含 PC 端、移动端和小程序）正式上线试运行。上线以来，平台陆续接入地方部门 360 多万项政务服务事项和 1 000 多项高频热点办事服务，推出了长三角、京津冀等区域一体化政务服务，以及出入境、留学等跨地区、跨部门、跨层级“一网通办”服务。特别是新冠疫情期间陆续推出的“小微企业和个体工商户服务专栏”、疫情防控、复工复产、就业服务等 15 个服务专题，成为“保企业”“稳就业”的重要服务渠道。

5. 由政府独立运营向多方合作运营转变

网站的建设是一个长期的工作，需要专门人员维护和进一步的开发，以及适时进行软硬件升级。如果这些费用全部都由政府机关负担的话，可能会给其造成较大的压力。因此各政府机关都在不同程度地谋求其他方面的帮助，如将工作外包、建立联盟、与私营公司建立合作等。

应用实例　日本日立公司与美国波士顿合作建设网站

美国波士顿在建设网站期间与日本日立公司签订合同，由日立免费提供价值 20 万美元的硬件设备，网站为日立提供显著的广告位置。由于资金充足，波士顿市政府配置了 6 名全职技术人员维护网站，使得该网站的服务内容、技术水平及用户界面等各方面在全美城市网站中名列前茅。再如美国印第安纳州政府通过合作伙伴方式聘请私营公司，由私营公司提供自动资金，并负责网站的开发、经营和管理开销，允许私营公司通过对使用网站的顾客收取一定的费用。

6. 政府网站建设与技术进步、政府改革、法规标准建设等支撑环境互动

政府网站所能提供的所有信息和服务都基于现有技术成果、政府职能框架、法规标准的支持。技术进步、政府改革、法规标准建设构成政府网站建立和运行的支撑环境。一方面，支撑环境为政府网站提供了生存和发展的土壤，但限制了政府网站功能实现的程度；另一方面，政府网站既受环境的约束，又会对其功能的完善提出新要求。因此两者之间有一个互相促进、彼此推动的互动关系。

自测题

单项选择题

1. B2C 电子商务指的是（　　）。

A. 企业与企业之间的电子商务　　　　B. 企业与政府之间的电子商务

C．企业与消费者之间的电子商务　　D．政府与消费者之间的电子商务

2．B2B 电子商务指的是（　　）。

A．政府与政府之间的电子商务　　B．个人与个人之间的电子商务

C．企业与企业之间的电子商务　　D．网站与网站之间的电子商务

3．C2C 电子商务指的是（　　）。

A．政府与消费者之间的电子商务

B．消费者与消费者之间的电子商务

C．企业与消费者企业之间的电子商务

D．企业与企业之间的电子商务

4．B2G 电子商务指的是（　　）。

A．企业与消费者之间的电子商务　　B．政府与消费者之间的电子商务

C．消费者与政府之间的电子商务　　D．企业与政府之间的电子商务

5．C2G 电子商务指的是（　　）。

A．消费者与消费者之间的电子商务　　B．政府与消费者之间的电子商务

C．消费者与政府之间的电子商务　　D．企业与政府之间的电子商务

多项选择题

1．B2B 电子商务模式主要有（　　）。

A．在线商店模式　B．内联网模式　C．中介模式　D．垂直模式

2．目前 B2C 电子商务中主要的支付方式有（　　）。

A．送货上门付款　B．汇款方式　C．电子支付　D．赊账

3．C2C 电子商务模式主要有（　　）。

A．综合性拍卖网站　　B．专业性拍卖网站

C．一口价网站　　D．跳蚤市场

4．根据交易的客体分析，可把 B2C 电子商务分为（　　）。

A．无形商品和服务的电子商务模式

B．卖方企业—买方个人模式

C．买方企业—卖方个人的电子商务模式

D．有形商品和服务的电子商务模式

E．综合模式的电子商务

5．政府面向消费者所提供的服务包括（　　）。

A．信息服务　B．各种证件的管理

C．防伪　D．公共部门的服务

判断题

1．阿里巴巴、环球资源网属于水平 B2B 电子商务。（　　）

2．在竞价卖法中，起始价、底价和一口价三者的关系为一口价≥起始价>底价。（　　）

3．C2C 电子商务具运行成本低，无须实体商店，无须仓库，没有任何中间环节，买卖双方直接交易。(　　)

4．由于垂直网站的专业性强，因此其面临的客户很多都是本行业的，其广告的效用比水平网站小。(　　)

5．水平 B2B 电子商务网站将买方和卖方集中到一个市场上来进行信息交流、广告、拍卖竞标、交易、库存管理的电子商务方式。(　　)

简答题

1．电子商务有哪几种模式？这几种模式是如何定义的？

2．B2B 电子商务的交易优势是什么？

3．B2B 电子商务的两种交易模式各自是如何获取利润的？

4．试述 B2G、C2C、C2G 电子商务在实际生活中的应用。

5．试述 B2C 电子商务的模式，各举出实际例子并比较不同模式的特点。

讨论题

1．你认为未来哪种电子商务模式在整个电子商务市场中所占的比例最大？为什么？

2．试比较 B2B 电子商务交易流程与 B2C 电子商务交易流程的异同点。

上网实习

1．登录戴尔中国公司的网站，了解戴尔公司是如何成功实施电子商务的，以及该企业采用了哪些成功的措施。

2．请到一家网上书店注册成为会员，并购买一本自己所要的书。

3．访问阿里巴巴 1688，了解 B2B 的业务流程。尝试为一家公司申请成为会员，将公司有关供求信息利用阿里巴巴 1688 进行发布。

小组任务

将全班同学分为 3 组，分别访问淘宝网、瓜子二手车网及其他 C2C 网站，了解这些网站的经营方式、保障消费者的交易安全采用的方法，以及广告策略，然后写出一份分析报告。

要求：

（1）分析 3 个不同的 C2C 网站经营方式。

（2）掌握 3 个网站保障交易安全的方式，分析它们的异同点。如果你进入 3 个网站购买物品会采取哪一种方式保障交易安全？

（3）分析 3 个网站的促销策略。如果你是消费者会去哪个网站购物？网站的促销是否会吸引你去购买？

第4章

电子商务的支付系统

引导案例　网络支付业务稳步增长，境外支付业务快速发展

2020 年 4 月 28 日，CNNIC 发布第 45 次《中国互联网络发展状况统计报告》(简称《报告》)。《报告》显示，截至 2020 年 3 月，我国网络支付用户规模达 7.679 8 亿人（见图 4.1），较 2018 年增长了 1.675 8 亿人，占网民整体的 85.0%；手机网络支付用户规模达 7.650 8 亿人（见图 4.2），较 2018 年底增长 1.816 9 亿人，占手机网民的 85.3%。

图 4.1　2015.12—2020.3 网络支付用户规模及使用率

图 4.2　2015.12—2020.3 手机网络支付用户规模及使用率

2019 年，网络支付覆盖领域日趋广泛，加速向垂直化应用场景渗透，推动数字经济与实体经济融合发展。同时，网络支付正成为境内企业走出国门、境外企业进入国内市场的重要因素。一是网络支付业务走出国门、境外业务快速发展。近年来，随着国民出境旅游需求日益增长，“一带一路”沿线国家数字化发展需求日渐强烈，越来越多的网络支付企业大力拓展跨境业务。例如，2019 年 2 月，支付宝全资收购英国跨境支付公司万里汇（WorldFirst）后，在全球的金融机构合作伙伴数目已超过 250 家；2019 年 5 月，网易支付上线跨境收款平台“收结汇”业务，旨在助力境内卖家实现资金的收款与结汇，支持自有电子商务业务“出海”。二是支付行业逐渐成为扩大金融市场开放的先行者。在国家放开外商投资支付机构准入限制后，2019 年 9 月，中国人民银行批准 PayPal 收购国付宝 70%的股权，标志着首家外资第三方支付机构进入境内市

场。2019 年 11 月，在中国人民银行指导下，VISA、Mastercard 等五大国际卡组织与腾讯开展合作，使境外开立的国际信用卡能够绑定微信支付，目前已支持电子商务购物、旅行预订等国内消费场景。

本章学习目标

1. 了解电子支付的概念；
2. 掌握电子货币的概念及其分类；
3. 掌握电子商务支付系统的构成及其类型；
4. 熟练各种电子支付方式及流程；
5. 掌握网上银行的概念，熟悉网上银行的业务。

学习导航

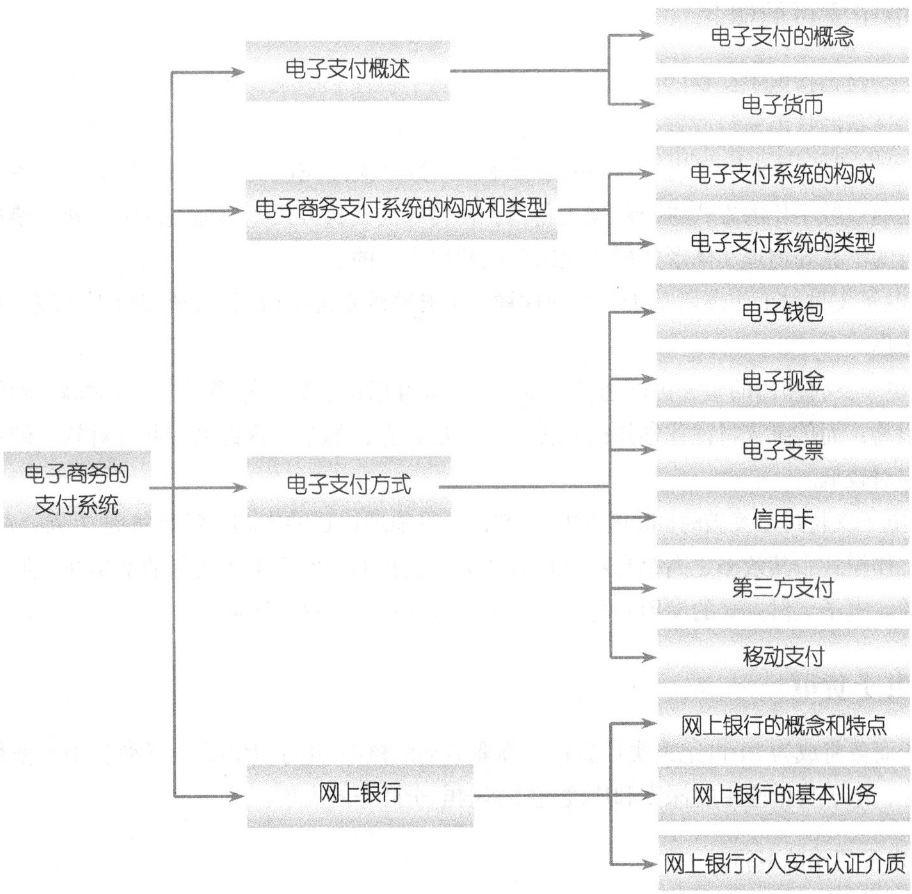

职业指导　电子商务数据分析职业技能等级证书

随着数字经济的快速发展和行业数字化转型程度的不断加深，数据将成为核心生产要素，企业已经意识到数据对于行业发展的重要性。电子商务数据分析是指对电子商务运营过程中计划、组织、实施和监控各环节所产生的各类数据，采用适当的统计方法进行采集、处理，提取有用信息并加以详细研究和概况总结，形成对电子商务运营具有指导意义的结论。电子商务数据分析主要面向电子商务应用企业和电子商务服务企业，电子商务业务分析等岗位，根据业务需求，从事数据采集与处理的方案制订、数据分析、数据监测、对数据进行综合分析，以及数据化运营等工作。电子商务数据分析职业技能等级分为3个等级：初级、中级、高级。

4.1 电子支付概述

随着电子商务的发展，参与电子交易的用户对电子支付的相关服务需求也日益强烈。银行如何提供更加丰富、适合电子商务用户的相关服务是非常重要的。电子支付在一定程度上满足了电子商务用户对支付的需求。

4.1.1 电子支付的概念

电子支付是指电子交易的当事人，包括消费者、商家和金融机构，使用安全电子支付手段通过网络进行的货币支付或资金流转。与传统的支付方式相比，电子支付具有如下特征。

① 电子支付是采用现代通信和网络技术通过数字流来完成支付信息传输的，其各种支付方式都是通过数字化的方式进行款项支付的；而传统的支付方式则是通过现金流转、票据的转让及银行的汇兑等物理实体形式的变化来完成款项支付的。

② 电子支付的工作环境基于互联网这样一个开放的系统平台；而传统支付则在较为封闭的系统中运作。

③ 电子支付使用的是先进的通信技术手段，如互联网、企业外部网，并且对软、硬件设施的要求很高；而传统支付往往使用的是传统的通信媒介，如企业内部网，并且对软、硬件设施的要求相对较低。

④ 电子支付可以突破时间和空间的限制，不受地理位置的影响，满足每周7天、每天24小时的工作模式，其效率之高是传统支付方式无法比拟的。而且电子支付的费用往往低于传统支付，随着电子支付方式的发展和普及，这种低价优势将会更加明显。

4.1.2 电子货币

电子商务将成为21世纪人类信息社会商业活动的核心。电子货币在电子商务中占据举足轻重的地位，电子货币应用的深度和广度直接影响电子商务的发展。

1. 电子货币的发行

1）电子货币的概念

电子货币是以金融电子化网络为基础，以商用电子化机具和各类交易卡为媒介，以电子计算机技术和通信技术为手段，以电子数据（二进制数据）形式存储在银行的计算机系统中，并通过计算机网络系统以电子信息传递形式实现流通和支付功能的货币。

2）电子货币发行的流程

电子货币发行的流程如图 4.3 所示。

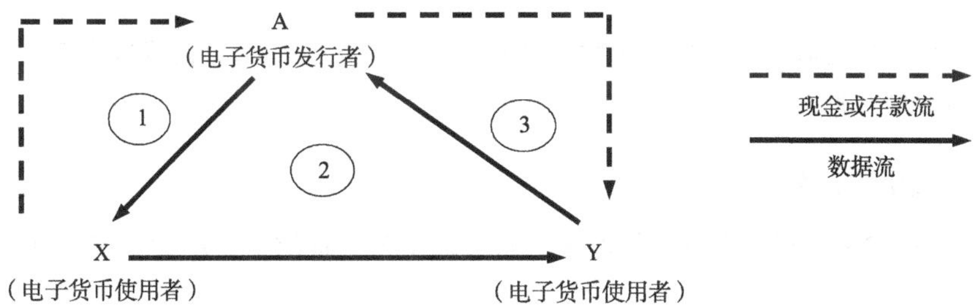

图 4.3　电子货币发行的流程

电子货币发行和运行的流程分为 3 个步骤，即发行、流通和回收。

① 发行。电子货币的使用者 X 向电子货币的发行者 A（银行、信用卡公司等）提供一定金额的现金或存款并请求发行电子货币，A 收到来自 X 的有关信息之后，将相当于一定金额电子货币的数据对 X 授信。

② 流通。电子货币的使用者 X 收到来自 A 的电子货币，为了清偿对电子货币的另一个使用者 Y 的债务，其将相当于一定金额电子货币的数据对 Y 授信。

③ 回收。A 根据 Y 的支付请求，将电子货币兑换成现金支付给 Y，或存入 Y 的存款账户。

电子货币的发行、流通和回收的过程是用电子化的方法进行的。在进行过程中，为了防止对电子货币的伪造、复制、非正当使用等，需运用通信、密码等技术构成高度的安全保密对策。

3）有中介机构的介入发行

在电子货币的发行中还有一种体系，即在发行者与使用者之间有中介机构介入的体系，如图 4.4 所示。

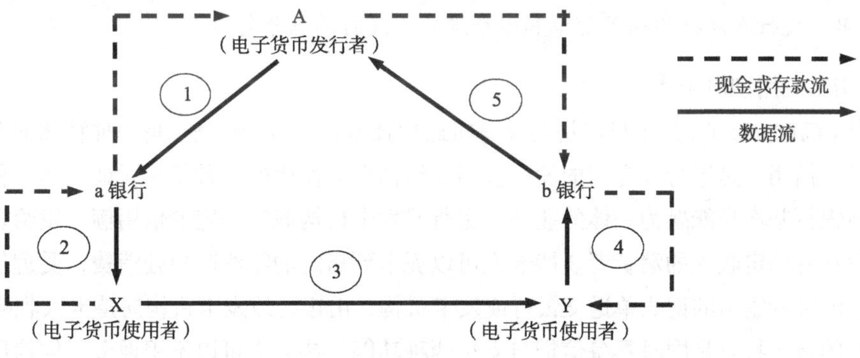

图 4.4　有中介机构介入的电子货币体系

有中介机构介入的电子货币体系的运行包括以下 5 个步骤。

① A 根据 a 银行的请求，用现金或存款交换发行电子货币。

② X 对 a 银行提供现金或存款，请求得到电子货币，a 银行将相当于一定金额电子货币的

数据对X授信。

③ X将由a银行提供的电子货币用于清偿债务，对Y授信。

④ Y的开户银行b根据Y的请求，将电子货币兑换成现金支付给Y，或存入Y的存款账户。

⑤ A根据从Y处收到的b银行的电子货币请求，将电子货币兑换成现金后支付给b银行，或存入b银行的存款账户。

2. 电子货币的分类

按支付方式分类可将电子货币分为4种：储值卡型、信用卡应用型、存款利用型、现金模拟型。

1）储值卡型电子货币

储值卡是指某一行业或公司发行的可代替现金用的IC卡或磁卡。储值卡的特点主要有以下4点。

① 消费者必须用现金购买具有相同价值的储值卡，凭卡消费。

② 不计名、不挂失。

③ 面值较小，一般为20元、50元、100元等。

④ 大多数为IC卡。

小提示

常用的储值卡型电子货币

比较常用的储值卡型电子货币有移动通信公司发行的电话充值卡等，固定电话使用的IC卡、磁卡、IP卡等，超市、百货商店等发行的购物卡，石油公司发行的加油卡等。其基本模式是发行人发行存储一定价值的储值卡，消费者购买储值卡用于支付所购买的货物或服务，出售货物或提供服务的人再从发行人处赎回货币价值。储值卡型电子货币分为单一发行人发行的电子货币和多个发行人发行的电子货币。

2）信用卡应用型电子货币

信用卡（Credit Card）是市场经济与计算机通信技术相结合的产物，是一种特殊的金融商品和金融工具。信用卡是银行或专门的发行公司发给消费者使用的一种信用凭证，是一种把支付与信贷两项银行基本功能融为一体的业务。银行或发卡机构规定一定的信用额，发给资信情况较好的企业和有稳定收入的消费者。持卡人可以凭卡到指定的特约商户处消费，受理信用卡的商户将持卡消费者签出的记账单送交银行或发卡机构，由银行或发卡机构向持卡人收账。

信用卡的最大特点是同时具备信贷与支付两种功能。持卡人可以不用现金，凭信用卡购买商品和享受服务，由于其支付款项是由银行或发卡机构垫付的，银行或发卡机构便与持卡人发生了贷款关系，而信用卡又不同于一般的消费信贷。一般的消费信贷，只涉及银行与客户二者之间的关系，信用卡除银行或发卡机构与客户外，还与受理信用卡的商户发生关系，这是一种三角关系。

根据信用卡的不同性质与功能，可按以下 4 种分类方式将其分为不同类型。

① 按发卡机构的性质区分可分为金融卡和非金融卡。例如，万事达卡、维萨卡、中国银行长城卡等属于金融卡或银行卡；加油卡、地铁卡、电话卡、商业优惠卡等属于非金融卡或非银行卡。

② 按发卡对象区分可分为主卡、附属卡、个人卡、公司卡等。

③ 按持卡人信誉或社会经济地位区分可分为白金卡、金卡、银卡、普通卡等。

④ 按流通范围区分可分为国际卡和地区卡。

信用卡应用型电子货币作为结算工具而引人注目的原因，除了其结算体系本身电子化处理方式容易实现的优点，还因为使用信用卡支付适用于计算机网络空间（虚拟空间）的结算方法而具有独特的优点。

信用卡的基本特点：一是特约商店无须投入即能使用；二是 24 小时内无论何时均可使用；三是能受理信用卡的商店在全世界数量相当多；四是法律和制度方面的问题较少。

在虚拟市场，利用计算机网络的特点进行商业活动的必要条件是必须具备在素不相识的交易对象之间可以使用的、能够即时支付购物款的结算方法。在使用信用卡结算时，如果处于商家和顾客之间的信用卡发行机构能保证对购物款的支付，商家就能放心地即时回应和满足顾客的购物要求。信用卡从诞生之日起，就不涉及实体现金的授受，是为了实现对素不相识或没有信赖关系的商家支付款项而开发的结算方法。这样交易双方既可以素不相识或无信赖关系，又可以非现金支付，目前对于在虚拟空间开展的电子商务，这是最适合不过的结算方法了。由于国际网络的充实，使得信用卡可以不受国境限制用于国际间的支付。有关汇率的换算则由信用卡公司之间的互联网络自动处理。

3）存款利用型电子货币

存款利用型电子货币是一种电子化支付方法，其主要特点是，通过计算机通信网络进行安全地“移动存款支付”以完成结算。其支付结算原理是，客户先在银行开设一个存款账号并存入一定现金，以后客户在进行网上支付时通过特殊的取款与支付结算电子信息指令（或这类型的电子货币），可以利用银行对应存款账号里的钱进行转账等支付结算，表现出支付指令的网上传递。最典型的“存款利用型”电子货币是模拟纸质支票的电子支票。

电子支票（E-check），也称数字支票，是将传统支票的全部内容电子化和数字化，形成标准格式的电子版，借助计算机网络（互联网与金融专网）完成其在客户之间、银行与客户之间，以及银行与银行之间的传递与处理，从而实现银行客户间的资金支付结算。简单地说，电子支票就是传统纸质支票的电子版。它包含和纸质支票一样的信息，如支票号、收款人姓名、签发人账号、支票金额、签发日期、开户银行名称等，具有和纸质支票一样的支付结算功能。电子支票系统传输的是电子资金，不用使用纸面支票，最大限度地利用当前银行系统的电子化与网络化设施的自动化潜力。

4）现金模拟型电子货币

现金模拟型电子货币就是利用信息技术完全模仿当前的纸币，是一种能够进行网上即时支付的电子货币。这种电子货币最能体现货币的一般特征，属于“支付手段的电子化”。电子现金就是典型的现金模拟型电子货币。

电子现金（E-cash），又称数字现金，是一种以电子数据形式流通的货币。它是一种隐性货币，表现为由现金数值转换而来的一系列加密序列数，通过这些序列数来表示现实中各种金额的币值，如100元、50元、20元、10元、1元等。电子现金是由荷兰的大卫·乔姆最先开发出来的，可以看作互联网上的网络货币，适合在互联网上进行小额支付结算，适合个体消费者与个体消费者之间的网上交易。

相关链接　虚拟货币

虚拟货币，顾名思义，它不是现实中的货币，而是一种在互联网上与真正的交易货币不具有同等法律效力的非现实货币。2014年，欧洲银行管理局（EBA）对虚拟货币进行定义："虚拟货币是价值的一种数字表达，其并非由中央银行或公共权威机构发行，也不一定与某一法定货币挂钩，但被自然人或法人接受用于支付手段，可以进行电子化转移、储藏或交易。"常见的虚拟货币有百度公司的百度币、腾讯公司的Q币、盛大公司的点券、新浪推出的微币（用于微游戏、新浪读书等）等。

4.2　电子商务支付系统的构成和类型

电子支付系统是一个有机整体，包含了电子支付的参与对象、系统结构组成、支付类型、支付安全等，是实施安全电子支付的保证。随着电子商务的发展及互联网的普及，金融服务中的支票柜台、保险、投资、企业银行和家庭银行逐步转移到网络上进行，越来越多的电子货币可以在网络交易中使用。电子商务中支付的创新，使人们的交易不再受限于物理现金的携带和使用。在线电子支付在空间地域上的突破，极大地促进了经济的发展。但这也给经济金融管理企业带来了困难，交易各方都希望在交易中受到保护。

4.2.1　电子支付系统的构成

电子支付涉及商业活动中的所有实体，电子支付的实现需要由网络连接的所有实体所组成的一个复杂系统的支持。

电子支付系统的基本构成如图4.5所示。

1．客户

客户是指与商家有交易关系并存在未清偿的债权、债务关系的一方（一般是债务）。客户用自己拥有的支付工具（如信用卡、电子钱包等）来发起支付。

2．商家

商家则是拥有债权的商品交易的另一方。它可以根据客户发起的支付指令向金融体系请求获取货币给付。商家一般会准备优良的服务器来处理这一过程，包括认证及各种支付工具的处理。

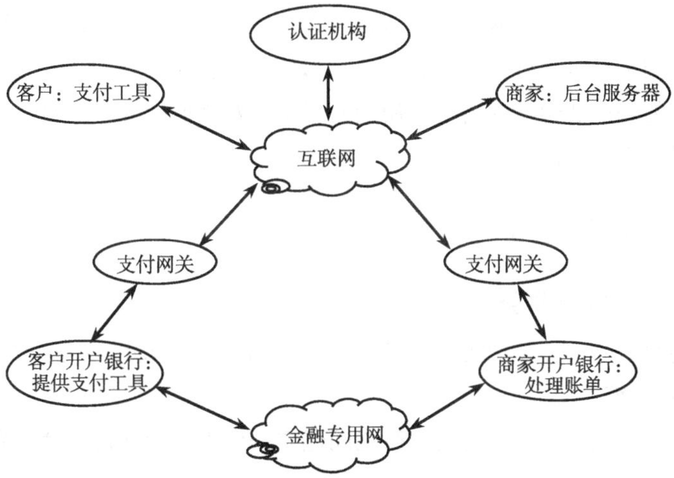

图 4.5　电子支付系统的基本构成

3. 银行

客户开户银行是指客户在其中拥有账户的银行。客户所拥有的支付工具就是由开户银行提供的。客户开户银行在提供支付工具的时候同时提供了一种银行信用，即保证支付工具的兑付。在信用卡支付体系中，客户开户银行又称发卡行。

商家开户银行是指商家在其中拥有账户的银行，其账户是整个支付过程中资金流向的地方。商家将客户的支付指令提交给其开户银行后，就由开户银行进行支付授权的请求及银行间的清算等工作。商家的开户银行是依据商家提供的合法账单（客户的支付指令）来工作的，因此又称收单行。

4. 支付网关

支付网关是公用网和金融专用网之间的接口，支付信息必须通过支付网关才能进入银行支付系统，进而完成支付的授权和获取。支付网关的建设关系到支付结算的安全及银行自身的安全。因为电子商务交易中同时传输了两种信息：交易信息与支付信息。支付网关必须保证这两种信息在传输过程中不被无关的第三者阅读，包括商家不能看到其中的支付信息（如信用卡号、授权密码等）、银行不能看到其中的交易信息（如商品种类、商品总价等）。这就要求支付网关一方面必须由商家以外的银行或其委托的信用卡组织来建设；另一方面，网关不能分析交易信息，对支付信息也只是起保护传输的作用。

5. 金融专用网

金融专用网则是银行内部及银行间进行通信的网络，具有较高的安全性，包括中国现代化支付系统（CNAPS）、银行电子联行系统、商行电子汇兑系统、银行卡授权系统等。我国银行的金融专用网发展迅速，为人们逐步开展电子商务提供了必要的条件。

6. 认证机构

认证机构为参与的各方（包括客户、商家与支付网关）发放数字证书，以确认各方的身份，保证网上支付的安全性。认证机构必须确认参与者的资信状况（如通过在银行的账户状况、与银行交往的历史信用记录等来判断），因此认证也离不开银行的参与。

电子支付系统的构成还包括支付中使用的支付工具及遵循的支付协议。电子支付系统是参与各方同支付工具、支付协议的结合。

4.2.2 电子支付系统的类型

1. 根据在线传输数据的种类划分

根据在线传输数据的种类（加密、分发类型），电子支付系统可以分为 3 类。

1）第三方支付系统

第三方支付是指在电子商务企业与银行之间建立一个中立的支付平台，为网上购物提供资金划拨渠道和服务。

客户和商家的信息（如银行账号、信用卡号）都被信任的第三方托管和维护。在进行一次交易时，网络上只传送订单信息和支付确认、清除信息，而没有任何敏感信息。信用卡信息不在开放的网络上传送。第三方使用 E-mail 来确定客户身份，以防伪造。商家自由度大、无风险且交易成本很低，对小额交易很适用。实际上，没有任何实际的金融交易是通过这样的支付系统在线实施的。在这种系统中，网络上的传送信息甚至可以不加密，因为真正的金融交易是离线实施的。

相关链接　第三方支付牌照

第三方支付牌照，也称支付业务许可证。为规范第三方支付行业的发展秩序，2010 年 6 月，中国人民银行正式对外公布《非金融机构支付服务管理办法》，对国内第三方支付行业实施正式的监管。根据相关规定，非金融机构提供支付服务需要按规定取得支付业务许可证，成为支付机构，而 2011 年 9 月 1 日是第三方支付机构获得许可证的最后期限，逾期未取得许可证的企业将不得继续从事支付业务。2019 年 9 月 30 日，中国人民银行批准国付宝股权变更申请，全球第三方支付商业模式首创者、美国 PayPal 通过旗下美银宝信息技术（上海）有限公司收购国付宝 70%的股权，成为国付宝实际控制人并进入中国支付服务市场。这是《中国人民银行公告〔2018〕第 7 号》（简称《公告》）发布外商投资支付机构有关事宜后，第一家进入我国境内市场的外资支付机构。

2）传统银行转账结算的扩充

客户使用信用卡在商场购物是传统银行转账结算的扩充。如果客户使用信用卡从商家购买产品，商场可以通过金融专线向银行传输信用卡的信息，并且相应地校对用户和商家的账号，完成客户购物的电子支付。

3）各种数字现金、电子货币的支付系统

数字现金、电子货币的支付系统传送的是真正的价值和金钱本身。在交易中如果数字现金、电子货币信息被窃，不仅会造成信息丢失，往往也可能造成财产丢失。一旦信用卡丢失，及时向银行挂失即可。

2. 根据支付时间的不同划分

根据支付时间的不同，电子支付可以分为 3 类。

1）预支付系统

预支付是指在消费之前，消费者已经把一定数量的货币付给了开户行。这些货币被用于消费者以后的支付行为。

预支付系统是银行和在线商店首选的解决方案，因为这种方式要求用户预先支付，所以银行不再需要为这些资金支付利息，而且可以在购买产品的瞬间将资金传送给在线商店以防出现数字欺骗。预支付系统的工作方式像在现实商店里一样，消费者进入商店使用现金购买商品，然后获得所需商品。预支付系统可通过电子钱包和电子现金系统来实现支付成功。

2）即时支付系统

即时支付系统是指在交易发生的同时，资金也被从银行买方的账户转入卖方的账户。

即时支付系统实现起来是比较复杂的，因为该系统为了立即支付，必须直接访问银行的内部数据库，所以即时支付系统需要执行比其他系统更严格的安全措施。基于互联网的即时支付系统是在线支付的基本模式。即时付款支付系统在支付的同时也会登录付款人的账户。ATM 卡就属于这种情况，此外，移动电话支付也属于即时支付系统。

3）后支付系统

后支付系统就是允许用户在购买商品之后再支付。无论是在现实生活中还是在电子世界中，信用卡都是一种普遍的后支付系统。后支付可通过信用卡、电子账单及电子支票或货到付款来实现。

3. 根据支付工具的类型来划分

根据所使用的支付工具的不同，电子支付可以分为信用卡网上支付、电子现金支付、电子支票支付、智能卡支付、电子钱包支付等。

4.3 电子支付方式

4.3.1 电子钱包

电子钱包（Electronic Wallet，E-wallet）是一个可以由持卡人用来进行安全电子交易和储存交易记录的软件，就像生活中随身携带的钱包一样。电子钱包具有以下功能：管理电子安全证书，保存交易记录，实现安全电子交易，管理账户信息，实现自动支付流程。我国电子钱包的应用是从中国银行开始的，中国银行把长城借记卡和电子钱包结合起来，提供“中银电子钱包”的网络支付结算。目前，我国大多数银行采用智能卡式的电子钱包实现电话扣费、交通管理收费、停车收费、路桥收费等功能。

1. 电子钱包的特点

① 钱包软件充分保障持卡人的个人财务机密资料的安全，即使是商家也看不到卡号及有

效期等信息。

② 利用 SET 协议为持卡人及商家提供身份确认等必要的安全保护。

③ 钱包软件支持多用户、多类型，即多个持卡人可共用同一钱包。只需安装一次钱包软件，各持卡人均可设定自己的密码，保护个人持卡资料及消费记录，也可将钱包安装在多台计算机上，供不同场合使用。

④ 钱包软件为用户提供密码保护功能，因此钱包的每个用户必须牢记密码，没有密码，用户则无法访问钱包中已有的信息。

⑤ 钱包软件支持一用户多信用卡/贷记卡功能，即一个钱包可容纳多张不同类型的银行卡。

⑥ 通知商家接收及认可订单，并可查询历史交易记录。

2. 电子钱包购物的一般步骤

① 客户通过互联网登录电子商务网站，进行信息搜寻，选择自己想购买的物品。

② 客户在计算机上输入订货单，包括从哪个销售商店购买什么商品、购买多少。订货单上还应注明将此货物在什么时间送到什么地方，以及交给何人等信息。

③ 通过电子商务服务器与有关商店联系并立即得到应答，告诉客户所购货物的单价、应付款数、交货信息等。

④ 客户确认后，用电子钱包付钱，下载电子钱包软件并将电子钱包装入系统，选择电子钱包的相应项目或电子钱包的图标，将电子钱包打开，输入自己的保密口令，在确认是自己的电子钱包后，从电子钱包中取出其中的一张电子信用卡来付款。

⑤ 电子商务服务器对此信用卡号码采用某种保密算法计算并加密后，发送到相应的银行，同时销售商店也收到了经过加密的购货账单，销售商店将自己客户的编码加入电子购货账单后，再转送到电子商务服务器上去。

⑥ 如果经商业银行确认后拒绝并且不予授权，则说明客户的这张信用卡上的金额不足，或者已经透支。遭到商业银行拒绝后，客户可以再选择电子钱包的相应项，再打开电子钱包，取出另一张电子信用卡，重复上述操作。

⑦ 如果经商业银行证明这张信用卡有效并授权后，销售商店即可发货。与此同时，销售商店留下整个交易过程中发生往来的财务数据，并且出示一份电子收据发送给客户。

⑧ 上述交易完成后，销售商店就按照客户提供的电子订货单将货物从发送地点发送给客户在电子订货单中指明的收货人。

相关链接　数字钱包

数字钱包是存储和管理、使用数字货币的工具，它是一个存储加密货币的软件程序或者硬件设备，从形式上看，类似于网络银行的账户，也有账号、密码。数字钱包的密码就是“私人秘钥”，只有通过它，才能打开和操作钱包。数字钱包具备“收款”和“转账”功能，就像用银行卡存/取钱一样，要有卡号和密码，才能正常进行存款和安全支取。数字钱包存的并不是真实的钱，而是数字货币或数字资产的信息。

个人和企业通过商业银行和商业机构开立数字钱包。同纸钞相似，用户与用户之间的相互转账不需要进行对应银行账户的绑定，也不需要网络，但向数字钱包中充值或取现需要绑定对应的银行账户。同网上银行、第三方支付平台相似，数字钱包交易时也要验证身份以进行授权，因此需要数字钱包验证系统。目前应用较为广泛的认证方式有特定生成的识别码(如网银U盾)、生物特征码（如指纹识别、面部结构光识别）和传统的密码等。数字钱包验证系统也需要相应的法人识别码体系和自然人识别码体系。法人识别码可能包括工商注册、行政等级等信息，自然人识别码可能更多地使用生物特性码，如指纹验证、面部识别等。

4.3.2 电子现金

电子现金是一种新的支付方式，用户可以像使用纸币一样使用电子现金进行交易。电子现金保证用户的身份匿名性和不可追踪性，即保证交易双方的自由不受干涉。保障电子现金的安全需要密码技术的支持。目前解决电子现金安全问题的核心技术是“盲签名”：当一个消费者想从金融机构提取一笔电子现金时，金融机构会产生电子货币的数据，包含随机的货币序号，同时任取一个随机数，也称盲因子，对电子现金进行盲变换；金融机构将这些数据发送给消费者，消费者去掉盲因子后，就可以使用经过金融机构验证有效的电子货币；但金融机构无法得到这笔钱被如何使用的记录。电子现金比现有的实际现金（纸币和硬币）有更多的优点，实际现金要承担较大的存储风险、高昂传输费用、较大的安全保卫和防伪的投资。

1. 电子现金的种类

按照载体不同，电子现金可分为“软件基”和“卡基”两类。“软件基”电子现金也称数字现金（Digital Cash），用于网上支付；“卡基”电子现金也称电子钱包，提供网上支付功能。

到目前为止，各种已开发的电子现金支付系统大致可分为两类，分别采取了以下两种不同的手段。

1）硬盘数据文件型电子现金

实现电子现金的第一种手段，是将按一定规则排列的一定长度的数字串，即一种电子化的数字信息块或数据文件，作为代表纸币或辅币所有信息的电子化手段。例如，可用 990005099 这个数字串表示 50 元现金。当电子现金用于支付时，只需将相当于支付金额的若干信息块综合之后，用电子化方法传递给债权人一方，即可完成支付。这是一种对实体货币的纯粹的电子化模拟。

2）IC 卡型电子现金

实现电子现金的第二种手段，是将货币价值的汇总余额存储在 IC 卡（也称智能卡）中，即将 IC 卡作为货币价值的计数器，甚至可将 IC 卡看作记录货币余额的账户（这个账户由持卡人自己持有并管理）。当持卡人从卡内支出货币金额或向卡内存入货币金额时，可改写 IC 卡内的记录余额，这相当于改写持卡人的 IC 卡存款账户。从卡内支出货币金额的去向和向卡内写入货币金额的对象可以是另一张电子现金 IC 卡、持卡人在银行的存款账户或商户的读卡器，并且在转移的过程中，必然是一方增加，另一方减少，增加的金额恰好是减少的金额，这一点与现金支付十分相似，从而保证了支付工具的稀缺性。IC 卡形式的电子现金除与银行账户之间的转移外，其余的转移操作均可独立完成，不必与银行发生任何联系，从而保证了其分散匿名性和离线操作性。

2. 电子现金的特点

① 协议性。电子现金的应用要求银行和商家之间有协议和授权关系，电子现金银行负责消费者和商家之间资金的转移。

② 对软件的依赖性。消费者、商家和电子现金银行都应使用电子现金软件。

③ 灵活性。电子现金具有现金的特点，可以存、取、转让。电子现金可以申请到非常小的面额，所以它适用于小额交易。

④ 可鉴别性。身份验证是由电子现金银行完成的，电子现金银行在发放电子现金时使用了数字签名，卖方在每次交易中，将电子现金传送给电子现金银行，由银行验证买方支持的电子现金是否有效（伪造或使用过等）。

⑤ 匿名性。电子现金用于匿名消费，买方用电子现金向卖方付款，除了卖方，没有人知道买方的身份或交易细节。如果买方使用了一个很复杂的匿名系统，则卖方也可能不知道买方的身份。

3. 电子现金支付流程

电子现金的网上支付系统流程如图 4.6 所示。

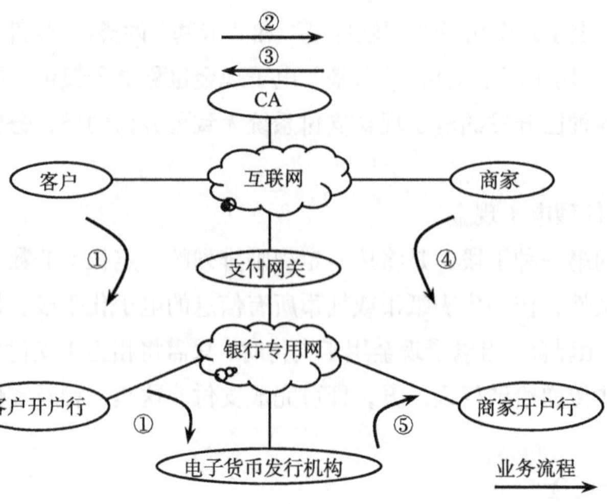

图 4.6 电子现金网上支付系统流程

① 客户用现金或银行存款向发行机构申请兑换电子现金。现金或银行存款通过金融专用网由客户开户行的存款账户转入发行机构的账户中，发行机构将同等金额的电子现金输入客户的计算机或 IC 卡，其中客户计算机上的电子钱包是管理电子现金的软件或硬件设备。

② 客户持电子现金进行网上购物时，货款金额将转移到商户的电子钱包中。

③ 商户验证电子现金的数量及真伪。若为硬盘数据文件形式的电子现金，则通过与发行机

构的连线进行联机操作；若为 IC 卡形式的电子现金，则由电子钱包验证，可完全脱离银行的介入，向客户组织发货。至此，交易与支付都已完成。

④ 商户将一定量的电子现金向发行机构申请兑换成存款账户中的货币。

⑤ 发行机构验证并回收电子现金，同时将等额的货币由自己的银行账户转移到商家的银行账户中。

应用实例　电子现金支付系统实例

1. E-cash

E-cash 是 Digicash 公司开发的电子现金，采用的是硬盘数据文件形式。其最大的优点是实现了完全的匿名性。E-cash 系统结构如图 4.7 所示。

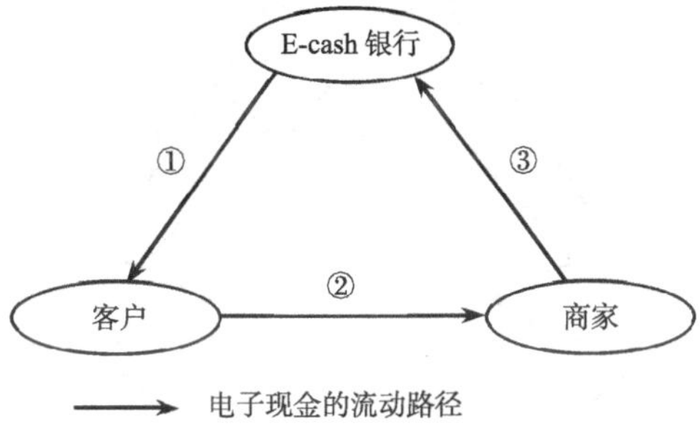

图 4.7　E-cash 支付系统结构

其业务流程如下。

① 客户用现金或存款申请兑换 E-cash，E-cash 银行为客户设立特殊账户。随后客户便可以通过联机方式从 E-cash 银行兑付 E-cash，存入自己的计算机硬盘中，以便用于支付。

在具体的操作中，首先由客户的一个专门用于创建电子现金的软件创建 E-cash，对每笔电子现金产生一个顺序号，然后在使用前传送到 E-cash 银行以获得授权。E-cash 银行根据客户账户进行授权。这其中采用"盲签名"技术，即 E-cash 银行在完全不知其顺序号的情况下进行签字授权，而签字授权后的电子现金又能显现其顺序号，以便在使用中确定其唯一性。这样，E-cash 系统实现了电子现金的完全匿名性。

② 客户用授权后的 E-cash 进行支付，电子现金便通过网络转移到商家。商家在收到 E-cash 之后，可以随时联机向 E-cash 银行验证真伪及是否复制过，在得到肯定回复之后，商家便可接受这次 E-cash 支付。

③ 商家将收到的 E-cash 向 E-cash 银行申请兑付，E-cash 银行将 E-cash 收回，保留其顺序号以备以后检查已用过的 E-cash 是否被复制后多次重复使用，再将等额的货币存入商家的银行账户中。

由以上的描述可以看出，E-cash 系统中的电子现金只能使用一次，之后便会被"销毁"，E-cash 系统正是通过这种方法保证电子现金的防伪性，克服硬盘数据文件形式的电子现金易被复制的弱点。即使在个人对个人的支付中，也是通过 E-cash 银行"销毁"支付者的 E-cash，又产生等量的新 E-cash 给收款人来实现的。

但这一系统的运行可以被收/付款人之间通过交换硬盘的方式破坏掉。付款人产生的经过授权的E-cash可随着硬盘支付给收款人，而不受E-cash银行的监控。可见，E-cash系统的联机处理方式、E-cash的一次使用性、E-cash银行为验证E-cash的真伪而必须保持E-cash顺序号不断膨胀等特点，使E-cash系统还未能完全模拟实体现金的流通，这是该系统的缺点所在。

2. Mondex

Mondex是英国银行界研发的一种智能卡型电子现金系统。在Mondex支付系统中，需要预先在IC卡芯片中载入币值，然后才可以在零售场合使用。利用芯片中的微处理器和存储器，执行支付控制程序和芯片间的传输协议，从而实现币值从一张Mondex芯片向另一张芯片的转移支付。Mondex支付系统结构如图4.8所示。

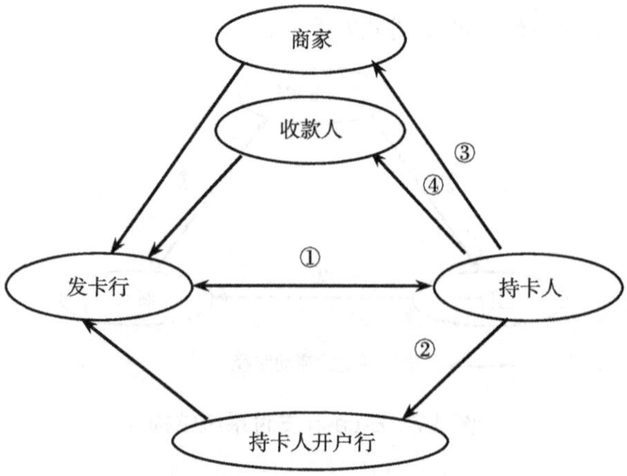

图4.8 Mondex支付系统结构

其系统业务流程如下。

① 客户以银行的存款申请兑换Mondex电子现金，发卡行受理后向客户发放载有同等金额的电子现金的IC卡或向其IC卡中充入同等金额的电子现金。此过程可以利用Mondex ATM或专用的联网设备终端，并用卡片间的协议进行对话。

② 持卡人可持卡向自己开户行开设的银行账户进行存款和取款的服务，卡内金额是此消彼长的关系。

③ 持卡人可持卡向商家支付货款，商家利用“币值转移终端”的设备与持卡人的Mondex卡建立通信（在网上或网下皆可），并完成币值的转移。此过程完全不用银行的参与，由Mondex卡的读写设备自行检测卡的真伪。

④ 持卡人可持卡与另一持卡人进行币值的转移（网上或网下皆可）。此过程通过“Mondex钱包”这一设备来完成转移。若为网下，付款人可将卡插入“Mondex钱包”中，将卡内一定数额的币值移入“Mondex钱包”的存储器芯片中，然后再由收款人插入自己的Mondex卡，将“Mondex钱包”中保存的币值移入自己的卡中。若为网上支付，则通过双方专用的卡读写设备直接在双方的卡之间建立通信，将付款人卡中的一定数额的币值转移到收款人的卡中。

而接收到Mondex电子现金的任何一方，包括持卡人的开户行、商家和其他个人，以及持卡人自己，都可以向发卡行请求兑换Mondex卡内的余额，将电子现金兑换成实体现金。Mondex

系统具有良好的匿名性、离线操作性，与实体现金的使用十分相似。

相关链接　电子现金圈存

电子现金圈存是指将资金转入电子现金账户。电子现金账户初始金额为 0 元人民币，所以先要将金额圈存（即充值）入电子现金账户内才可使用，相当于支付宝等软件的余额功能。目前圈存有两种方式：指定账户圈存和现金圈存。

指定账户圈存是指在自助柜员机（自助柜员机包括自动存款机、取款机及存取款一体机）上将信用卡的可用额度圈存入电子现金账户内。每次圈存金额将会作为一笔消费列在信用卡账单上，仅需根据账单提示还款。

现金圈存是指到银行柜面直接以现金方式存入电子现金账户。例如，交通银行的电子现金账户可充值的上限为 1 000 元人民币。不同的银行上限不一，以实际为准。

4.3.3　电子支票

1. 电子支票的内涵

电子支票（Electronic Check，E-check）是由 FSTC（金融服务技术联合会）倡导的一种基于优质支票的电子替代品。电子支票仿真纸面支票，以电子方式启动，用电子签名做背书，并且使用数字证书来验证付款者、付款银行和银行账号。电子支票的安全认证工作是由公开密钥算法的电子签名来完成的。

电子支票的出现和开发比较晚。1995 年，美国的一些大银行和一些计算机公司组成了 FSTC，公开演示了使用互联网进行电子支票交易的过程。电子支票使买方不必使用写在纸上的支票，而是用写在屏幕上的支票进行支付活动。电子支票几乎和纸质支票有着同样的功能，一个账户的开户人可以在网上生成一个电子支票，其中包含支付人姓名、金融机构名称、支付人账户名称、被支付人姓名、支票金额。电子支票需要经过数字签名，被支付人数字签名背书，使用数字凭证确认支付者身份、支付银行及账户。最后，金融机构就可以使用签过名和认证过的电子支票进行账户存储了。

电子支票涉及 3 个实体，即购买方、销售方和金融机构。当购买方与销售方签订购销合同后，销售方要求付款，此时，购买方从金融机构那里获得唯一一个付款证明（相当于一张支票），这个电子形式的付款证明表示购买方在金融机构的存款数额，购买方在购买商品时再把这个付款证明交给销售方，销售方再转交给金融机构。整个交易处理过程就像传统的支票查证过程一样，当它以电子方式进行时，付款证明是一个由金融机构出示的数值化信息流，付款证明的传递，以及账户的负债和信用几乎是同时发生的。

电子支票主要应用在企业对企业（B2B）领域，主要原因如下。

① 在许多情况下，对企业来说，进行 B2B 交易使用信用卡系统结算会造成成本过高，因为信用卡公司一般要按划转金额收取一定比例的手续费，这对企业来说不可不考虑。

② 信用卡支付方式的硬件配置普及率在各地有很大的差距，这使信用卡系统在自助、不受时限等方面的便利性受到极大影响。

③ 支票方式对企业来说是传统的支付处理方式。企业新建一种处理方式会增加即时的成本和重新组织整个处理过程的成本，电子支票为企业提供了按习惯方式进行转账支付的解决方案，从而在企业间的清算中占有重要地位。

2. 电子支票支付方式的业务流程

电子支票支付方式的业务流程如图4.9所示。

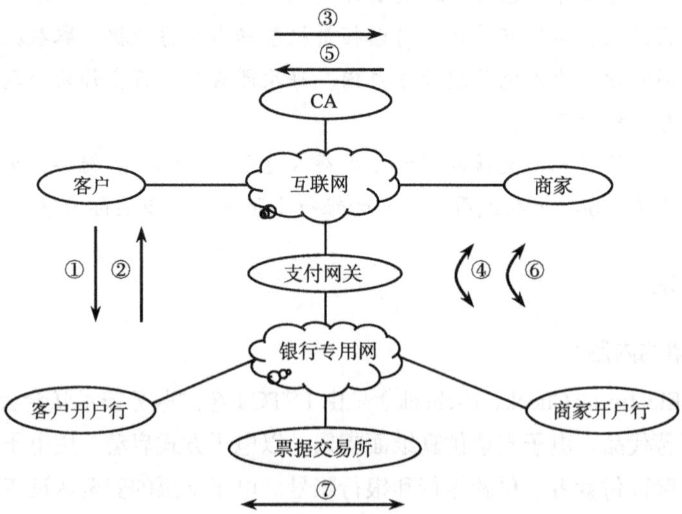

图4.9 电子支票支付方式的业务流程

① 客户到银行开设支票存款账户，存入存款（此步骤也可通过互联网实现），申请电子支票的使用权。

② 客户开户行审核申请人的资信状况（如存款是否充足、有无欺诈记录等），决定是否给予申请人使用电子支票的权利。客户开户行可以通过发放开户行统一开发的电子支票生成软件来标志使用权的赋予，此软件能自动生成含有开户行证明标志的电子支票，方便开户行提供特色服务，但适用性较差，若使用不同开户行的电子支票则需要多个电子支票生成软件，这会带来使用上的不便。因此，电子支票生成软件可以是多家银行通用的，其中某个开户行的授权信息只是作为电子支票生成的一个参数，这种系统对信息的认证性、安全性的要求更高，是一种较为成熟的电子支票支付体系。

③ 客户进行网上购物，填写订单完毕，使用电子支票生成软件和开户行发放的授权证明文件生成此笔支付的电子支票，一同发给商家。

④ 商家将电子支票信息通过支付网关发给收单行请求验证，收单行将通过金融网络验证后的信息传回商家。其中收单行做验证记录以便据此为商家入账，客户开户行做确认记录以便据此转账（甚至可以暂时"冻结"此笔款项，以防出现欺诈或其他商业纠纷）。

⑤ 电子支票有效，商家则确认客户的购货行为，并组织送货。

⑥ 在电子支票到期日之前，商家将电子支票向收单行背书提示，请求兑付。商家可以积累一定数量的电子支票进行批量处理。电子支票在背书的过程中生成数字时间戳及其他背书标志，

以防商家利用电子支票复制多次背书欺诈。收单行根据上一步的验证信息确定是否接受背书，背书成功则将完成消息发给商家。

⑦ 持有多张不同开户行的电子支票的收单行与开户行选择固定的时间，经票据交换所进行支票的清算，轧出应收和应付的差额，据此记账。

应用实例　电子支票支付系统实例

1. NetCheque

NetCheque 系统是由美国南加州大学的信息科学研究院开发的面向支票结算的支付系统。它使目前使用的普通支付处理方法在互联网上得以实现。

NetCheque 系统中除客户、商家与银行外，还引入了另一个第三方参与者——Kerberos 服务器。NetCheque 系统使用 Kerberos 服务器来提供签发支票的信用担保服务，并与银行合作完成整个支付过程。

其业务流程如下。

① 客户在签发支票时，首先生成支票的明文部分，包括支票数额、货币单位、日期、账户号码、收款人等信息。然后从 Kerberos 服务器获得一个标签 Tc（事先客户应通过 Kerberos 的信任验证），用以证明 Kerberos 服务器对这张支票的信用授权。客户再用 Tc 向开户行证明身份，并获得开户行的加密证明文件 Ac，这是开户行对其所签支票的授信。支票明文部分与 Tc 和开户行的证明文件 Ac 构成了一张完整的电子支票。

② 支票通过公共网络上的电子邮件或加密线路传送给商家。

③ 商家收到支票后，根据 Tc 和 Ac 验证客户的身份和信用，取出明文部分，再用类似签发支票的办法对此支票进行背书，加上商家名称、背书时间等内容，形成背书后的支票。

④ 背书后的支票被传送给商家开户行，开户行通过验证确认是否接收支票，并通知商家。多张支票被集中起来在多家银行间进行清算，其所附加的背书可以用来跟踪原来的路径到商户账户，并最终贷记其账户。

由以上的描述可以看出，NetCheque 系统与前面描述的电子支票系统十分类似，在其中加入 Kerberos 服务器，并与客户和商户连接即可。这种设计加强了身份证明的力度，提高了系统的安全性能。

2. FSTC 电子支票

金融服务技术联合会（Financial Service Technology Consortium，FSTC）是以提高全美金融服务业的竞争能力为目的，由美国的银行、大学、研究机构及政府部门等联合成立的非营利性团体。FSTC 实施的电子支票支付系统项目的主要内容：使用密码技术将支票内容（如支付人和支付金额等数据）加密之后，用电子邮件等方式进行结算。

电子支票能够很容易地与电子订单等进行一体化处理，并能立即验证资金的可用性，数字签名的确认增强了安全性。这些优点为支票的处理带来了更大的灵活性。FSTC 电子支票支付系统结构如图 4.10 所示。

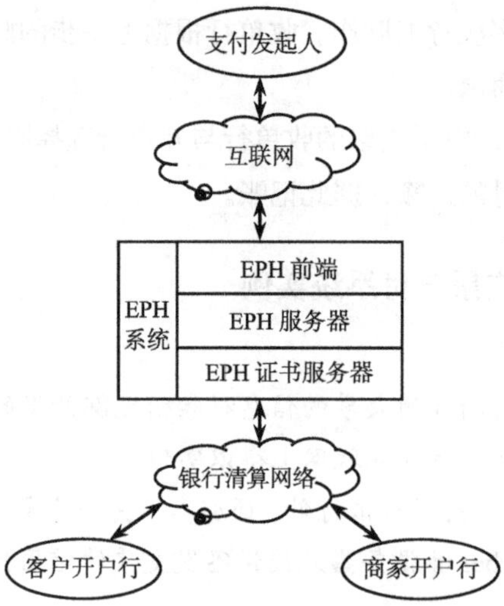

图 4.10　FSTC 电子支票支付系统结构

其流程如下。

① 付款人在签发支票时，使用由电信设备公司生产的名为“智能辅币机”的安全硬件设备产生一张电子支票。该设备的功能是安全地存储密钥和证书信息，并保持最近签发或背书过的支票的记录。

② 生成的电子支票通过安全电子方式，或双方之间加密过的交互对话方式进行传送。

③ 收款人收到支票后，将通过票据交换所清算支票。电子支票通过银行清算网络进行传送，相应地，资金从付款人银行账户转移到收款人银行账户。

相关链接　建行粤港电子支票助力跨境支付便利化

在当今网络时代经济飞速发展的环境下，粤港两地越来越多的人选择电子支票作为新型的跨境支付工具。

粤港电子支票是电子形式的支票，由出票到存票均在网上进行，可通过电子邮件、微信、QQ 等电子渠道快速传递，实现无纸化交易。需要提醒的是，电子支票并非扫描的普通支票或打印的电子支票，而是以 PDF 格式文件，记载并传递与传统纸质支票相似的票据要素数据，与纸质支票具有同等的法律效力。粤港电子支票以香港的银行作为付款人，并由收款人向广东辖内（深圳除外）的建行出示进行结算，可实现香港电子支票在广东的使用，包括人民币、港币和美元 3 个币种。

收款人在收到香港付款人签发的电子支票后，可以在境内通过中国人民银行搭建的电子支票（香港）跨境存票平台实现支票跨境托收。只要收款人预先在存票平台（7×24 小时）通过网页或手机 App 注册激活用户，然后在工作时间到建行办理收款账户认证，即可办理存票。存票成功后，建行审核收款人，按要求提交国际收支申报和外汇局要求的相关资料，之后广州结算中心将电子支票提交香港银行同业结算公司，由香港付款银行进行格式、数字签名、期限及状态等要素验证处理，完成后提示付款，香港银行同业结算公司在下一营业日的 16:30 前即可通过跨境清算系统将资金清算到客户的建行收款账户。

4.3.4 信用卡

1. 信用卡概述

信用卡使用已久，目前的支付系统都是建立在金融专用网基础之上的。通过金融专用网的终端，持卡人可以获得身份验证、消费结算、消费信贷、转账结算、通存通兑、自动取款、代发工资、代理收费等服务。因此，信用卡支付系统的一大特点就是需要在线实时操作，进行持卡人身份的真实性及信用额度的验证和处理。目前，在金融专用网上开展此类业务会受到银行营业时间的限制，而随着电子商务的发展，网上信用卡支付系统不仅在范围上扩展到了所有的公共网络，时间上也扩展到了全天，这就需要增加相应的机构和技术作为支持。

要将金融专用网的信用卡支付系统延伸到公共互联网上，必须对客户和商家的节点进行处理，使之成为能处理信用卡操作的终端。在这个支付系统中，信用卡的读取与处理是十分重要的，因此应在客户端的计算机上配置专门的读卡设备，如同传统系统中的金融终端一样。再由浏览器扩展部分把读卡设备驱动程序与浏览器捆绑在一起，使信用卡支付能随 WWW 浏览器方便地访问各电子商务站点。在商家的电子商务站点中，除 WWW 服务器为客户提供商品目录外，还有专用的后端交易服务器，其中应设有支付处理模块，专门处理客户发送过来的支付指令，以及与信用卡信息中心进行交互。

信用卡信息中心是为信用卡支付系统的运作专门设立的机构，它由银行、信用卡发行机构（我国是银行）及商家联合经营，建立在信用卡信息数据库共享的基础之上，能够进行信用卡的真伪识别、持卡人身份合法性的认证，以及信用额度的确认，并具有在此基础之上进行支付授权的功能。而由此产生的转账数据可于当日或待银行下一营业日开始之后再发往收单行进行处理。由于信用卡信息中心的信息库是建立在银行、信用卡发行机构及商家数据库中客户、信用卡消费等方面的数据之上的，信息十分完备、统一。

2. 信用卡网上支付方式的业务流程

信用卡网上支付方式的业务流程如图 4.11 所示。

① 客户访问商家主页，浏览商品，验证商家的 CA 数字证书，申请空白订货单。

② 客户挑选商品，填写订单，同时插入信用卡，输入身份识别码 PIN，由浏览器扩展部分进行验证，如果符合就打开信用卡，读取卡中的数据，并由用户形成支付指令，与订单同时发往商家。

③ 商家后端交易服务器中的支付处理模块在收到订单信息和支付信息之后，初步确认客户的交易意图，在完成客户身份认证后，将两种信息发往信用卡信息中心进行确认并申请授权。

④ 经支付网关检查过的合法支付指令被传送到信用卡信息中心进行联机实时处理，经过卡的真实性、持卡人身份合法性及信用额度的确认后，信用卡信息中心决定是否授权，并产生结果传回商家后端交易服务器。

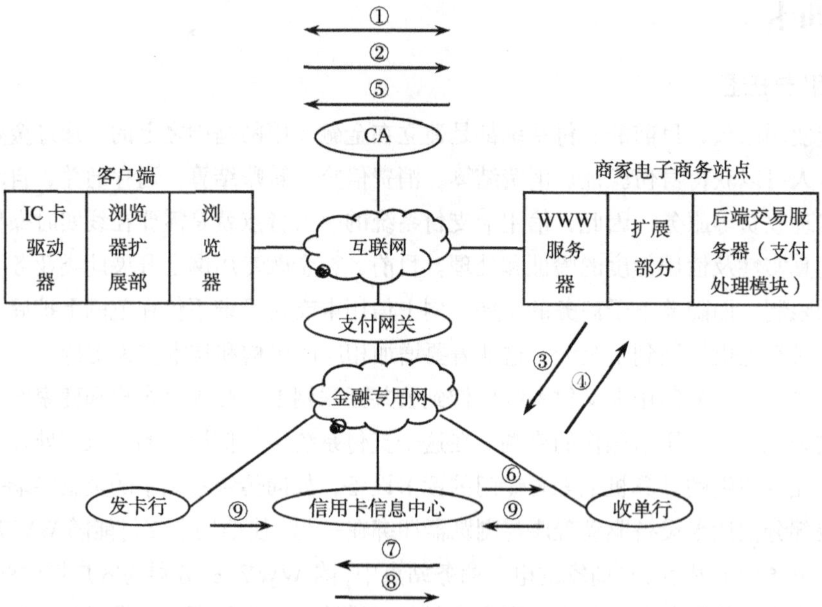

图 4.11　信用卡网上支付方式的业务流程

⑤ 接到信用卡授权后，商家便可继续交易，向客户发送货物，并向客户索取交易完成的标志（在此，客户用信用卡实现了“先消费，后付款”的功能，其中银行提供的信用是交易顺利进行的保障）。

⑥ 信用卡信息中心将信用卡授权产生的转账结算数据传往收单行进行账务处理，时间为当日、次日或约定的一定时间间隔内。

⑦ 收单行将转账数据及相关信息传往发卡行进行认证（在信用卡信息中心的认证基础之上）。

⑧ 转账业务经发卡行认证传回收单行，同时发卡行将客户的消费金额记入其消费信贷账户中，并开始计息；收单行则把商家的货款收入并记入其存款账户中。至此，转账过程结束。

⑨ 转账结果再分别由发卡行和收单行传往信用卡信息中心，以便更新数据库，从而方便商家和客户的查询。

信用卡网上支付方式的这种结构和业务流程十分适合 B2C 模式，小额的 B2B 模式也比较适用。

应用实例　信用卡网上支付系统实例

1. First Virtual

First Virtual（简称 FV）是互联网上使用较早的信用卡支付系统之一。它是由第一虚拟控股公司于 1994 年 10 月公布的。该产品的主要用途是在互联网上传输一般的与销售有关的信息项，因此销售中的欺诈不是考虑的重点。从这个角度出发，该产品没有使用具有特定用途的客户软件和硬件，也没有采用特别的加密技术。FV 采用将有关客户信用卡、商家开户行细目的所有信息不在互联网上传递，而是通过电话、传真或邮递等方式传递给 FV 支付系统的方法来解决安全问题。这是 FV 系统最大的特点。客户通过这种非互联网方式预先在 FV 支付系统上注册，由系统给每位客户设定一个 ID 号和口令。之后，客户在网上购物需要付款时，只需将自己的 ID 号和口令，以及购买商品的确认信息用电子邮件通过互联网传送到 FV 系统的某个营业网点即可进行结算。由于传递的只是 ID 号、口令和电子配件这类信息，因此不需要加密或使用其他特殊的软件。这种处理方式降低了系统的成本，使得 FV 简单易用，关键信息的网下传递还使客户产生一种安全感。FV 支付系统的第二大特点就是有关各方通过互联网传递的信息全部使用电子邮件，而这是互联网使用范围最广和普及程度最高的一种通信功能，与计算机的机种和浏览器软件无关，只要是互联网用户均可使用。FV 支付系统模型如图 4.12 所示。

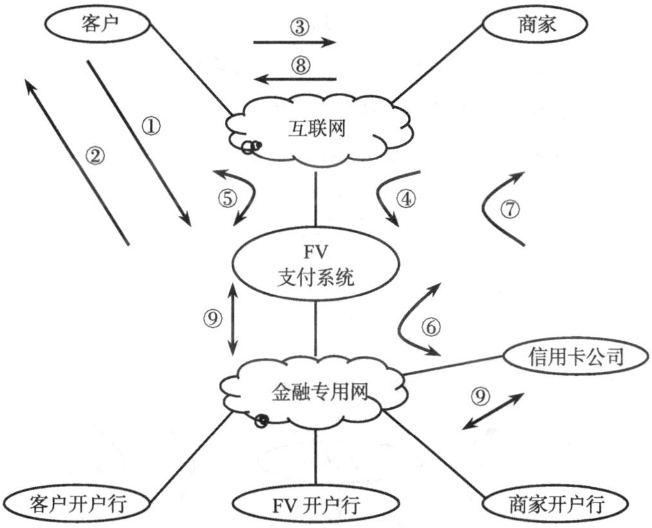

图 4.12　FV 支付系统模型

其业务流程如下。

① 客户、商家分别到 FV 注册，留下信用卡及银行账户信息。

② 客户获得 ID 号及口令。

③ 客户网上购物进行支付，向商家发送 ID 号等信息。

④ 商家传送客户的 ID 号到 FV 支付系统，要求验证并请求支付。

⑤ FV 询问客户支付意见，客户可能回答 Yes（同意支付）、No（拒绝支付）、Fraud（不曾有此购物行为，可能出现欺诈）。

⑥ FV 根据客户的回应，向信用卡公司验证客户信息并请求支付。

⑦ FV 通知商家支付结果。

⑧ 商家送货。

⑨ FV 与信用卡公司分别通过金融专用网进行结算，商家收取货款到账上并支付 FV 一定的手续费。

根据以上的分析可以发现，FV 支付系统的主要优点是简单、不用加密，因而出口不受限制；在整个业务过程中，商家不会接触到客户的信用卡信息，因而可以防止其对客户信用卡的恶意使用。FV 系统的缺点是必须事先注册，业务过程中使用电子邮件反复传递信息及对客户意愿进行确认，严重妨碍了系统效率的提升，不能满足“实时购物”的需求。该系统作为电子商务网络环境中使用的支付方法是很不完善的。但 FV 支付系统首先在互联网上实现了信用卡的安全支付，这无疑是一个创举。

2. SET

SET 协议是一种授权业务信息传输的安全标准。SET 支付系统是由维萨和万事达公司牵头，联合多家机构共同推出的基于互联网的卡基支付系统。SET 协议的制定与推广为业务相互渗透的各家信用卡公司提供了统一的安全通信标准，促进了信用卡在互联网上作为电子商务结算工具的应用，为其发展创造了良机。

SET 协议规范了使用信用卡的购物流程，也定义了每个步骤使用的通信协议、信息格式和数据类型。使用 SET 支付系统进行购物的流程与传统的购物流程十分相似，一次完整的购买交易中一般包含 5 对通信：支付发起（请求/回应）、购买（请求/回应）、授权（请求/回应）、支付获取（请求/回应）、客户询问（请求/回应）。SET 网上支付模型如图 4.13 所示。

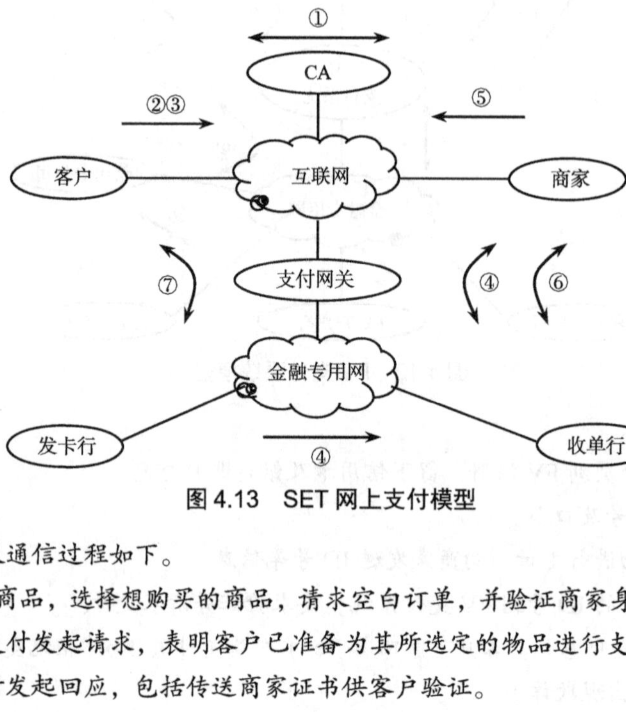

图 4.13　SET 网上支付模型

其购物流程及通信过程如下。

① 客户浏览商品，选择想购买的商品，请求空白订单，并验证商家身份。客户在请求空白订单时便发出了支付发起请求，表明客户已准备为其所选定的物品进行支付。商家返回空白订单的同时进行支付发起回应，包括传送商家证书供客户验证。

② 客户选择信用卡支付方式。

③ 客户填写订单并生成支付指令，一并发往商家，即发出了购买请求。其中支付指令包含真正的信用卡信息，意味着客户已经给出了支付的承诺，它是 SET 协议的核心。商家接到购买请求后，利用其中的客户证书验证其身份，并在完成支付授权和相应的获取步骤之后向客户发送购买回应。

④ 商家将经双联签字的订单及支付指令通过网关发往专用金融网，即发出支付授权请求。经收单行及发卡行的处理，认证客户的支付指令并返回支付授权回应。支付授权意味着银行承诺为客户垫付货款，是发卡行给予客户的银行信用，也是商家获取货款的保障。货款的最终获

取称为支付货款，它可以和授权在同一请求中完成，也可以事后单独申请。

⑤ 商家将支付已获得授权的消息返回客户，确认其购买并组织送货。

⑥ 商家请求支付获取，即将先前授权的支付请求转账到其账户中。商家可以积累一定量的支付授权后集中请求支付获取。在验证请求后，收单行扣除交易费用后贷记商家账户，并发出支付获取回应，通知商家款已入账。

⑦ 客户可以随机或定期查询信用卡账户，归还发卡行垫付的款项并支付利息。

SET 支付系统的保密性好，具有一定的不可否认性。尤其是 SET 协议的出现使更多的信用卡公司及特约商户能按统一的标准处理信用卡结算的信息，提高了互联网上信用卡结算的协调性和方便性，完善了电子货币的应用环境。这种统一的国际标准无论是对客户、商家、信用卡公司还是对银行，都是有利的。

4.3.5　第三方支付

1. 第三方支付产生的背景

第三方支付采用支付结算方式。按照支付程序，支付结算方式可分为一步支付方式和分步支付方式，前者包括现金结算、票据结算（如支票、本票、银行汇票、承兑汇票）、汇转结算（如电汇、网上支付），后者包括信用证结算、保函结算、第三方支付结算。

在实际操作中，对于现货标的的面对面交易，同步交换容易实现；但在许多情况下，由于交易标的的流转验收（如商品货物的流动、服务劳务的转化）需要过程，货物流和资金流的异步和分离的矛盾不可避免，同步交换往往难以实现。而异步交换，先收受对价的一方容易违背道德和协议，破坏等价交换原则，故先支付对价的一方往往会受制于人，自陷被动、弱势的境地，承担风险。异步交换必须附加信用保障或法律支持才能顺利完成。对于隔面或期货交易，适配过程化分步支付方式。过程化分步支付方式符合交易标的的流转验收的过程性特点，款项从启动支付到所有权转移至对方不是一步完成的，而是在中间增加中介托管环节，由原来的直接付转改为间接汇转，业务由一步完成变为分步操作，从而形成一个可监可控的过程，按步骤、有条件地进行支付。这样就可货走货路、款走款路、两相呼应、同步起落，使资金流适配货物流进程并达到同步相应的效果，使支付结算方式更科学化、合理化地迎合市场需求。

在现实的有形市场，异步交换可以附加信用保障或法律支持来进行，而在虚拟的无形市场，交易双方互不认识，不知根底，故此，支付问题曾经成为电子商务发展的瓶颈之一。卖家不愿先发货，怕货发出后不能收回货款；买家不愿先支付，担心支付后拿不到商品或商品质量得不到保证。博弈的结果是双方都不愿意先冒险，网上购物无法进行。为迎合应合同步交换的市场需求，第三方支付应运而生。

支付宝是国内领先的第三方支付平台，由马云创立。支付宝最初仅作为淘宝网公司为了解决网络交易安全问题所设的一个功能，该功能为“第三方担保交易模式”，由买家将货款打到支付宝账户，由支付宝向卖家通知发货，买家收到商品确认后指令支付宝将货款交给卖家，至此完成一笔网络交易。2004 年 12 月，支付宝独立为浙江支付宝网络技术有限公司。在 2005 年瑞士达沃斯世界经济论坛上，马云首先提出第三方支付平台。第三方是买卖双方在缺乏信用保障或法律支持情况下的资金支付“中间平台”，买方将货款付给买卖双方之外的第三方，第三方提供安全交易服务，其运作实质是在收、付款人之间设立中间过渡账户，使汇转款项实现可控性停顿，只有双方意见达成一致才能决定资金去向。第三方担当中介保管及监督的职能，并不承担什么风险，所以确切地说，这是一种支付托管行为，通过支付托管实现支付保证。2017 年 1 月 13 日，中国人民银行发布了一项支付领域的新规定——《中国人民银行办公厅关于实施支付机构客户备付金集中存管有关事项的通知》（银办发〔2017〕10 号），明确了第三方支付机构在交易过程中产生的客户备付金，今后将统一交存至指定账户，由中国人民银行监管，非银行支付机构不得挪用、占用客户备付金。2018 年 3 月，网联下发 42 号文，督促第三方支付机构尽快接入网联渠道，明确 2018 年 6 月 30 日前所有第三方支付机构与银行的直连都将被切断，之后银行不会再单独直接为第三方支付机构提供代扣通道。

相关链接　支付宝

2003 年 10 月 18 日，淘宝网首次推出支付宝服务。2004 年，支付宝从淘宝网分拆独立，逐渐为更多的合作方提供支付服务，发展成中国最大的第三方支付平台。2011 年 5 月 26 日，支付宝获得中国人民银行颁发的国内第一张《支付业务许可证》；2019 年 1 月 9 日，支付宝正式对外宣布，支付宝全球用户数已经超过 10 亿人；2019 年 6 月，支付宝及其本地钱包合作伙伴已经服务超 12 亿人的全球用户。2020 年 2 月，尼泊尔央行向支付宝颁发牌照。在 2020 年 3 月 10 日举行的支付宝合作伙伴大会上，支付宝宣布从金融支付平台升级为数字生活开放平台。目前，支付宝与国内外 180 多家银行，以及 VISA、Mastercard 国际卡组织等机构建立战略合作关系，成为金融机构在电子支付领域十分信任的合作伙伴。

2．第三方支付的特点

1）操作便利

第三方支付平台提供一系列的应用接口程序，将多种银行卡支付方式整合到一个界面上，负责交易结算中与银行的对接，使网上购物更加快捷、便利。消费者和商家不需要在不同的银行开设不同的账户，就可以帮助消费者降低网上购物的成本，帮助商家降低运营成本，同时还可以帮助银行节省网关开发费用，并为银行带来一定的潜在利润。

2）支付更加简化

较之 SSL、SET 等支付协议，利用第三方支付平台进行支付操作更加简单且易于接受。SSL 是现在应用比较广泛的支付协议，在 SSL 中只需要验证商家的身份。SET 协议是目前基于信用卡支付系统发展得比较成熟的技术。但在 SET 中，各方的身份都需要通过 CA 进行认证，程序复杂，手续繁多，速度慢且实现成本高。有了第三方支付平台，商家和消费者之间的交涉由第三方来完成，使网上交易变得更加简单。

3）解决支付和信用的双重问题

第三方支付平台本身依附于大型的门户网站，且以与其合作的银行的信用作为信用依托，因此第三方支付平台能够较好地解决网上交易中的信用问题，推动电子商务的快速发展。

3. 国内使用的第三方支付产品

目前中国国内的第三方支付产品主要分为两类：一类是以支付宝、财付通、盛付通为首的互联网型支付产品，它们以在线支付为主，捆绑大型电子商务网站；一类是以银联电子支付、快钱、汇付天下为首的金融型支付产品，它们侧重行业需求和开拓行业应用。第三方支付产品主要有 PayPal、支付宝、拉卡拉、财付通、盛付通、易宝支付、快钱、国付宝、百付宝、物流宝、网易支付、网银在线、环迅支付、汇付天下、汇聚支付、宝付等。

应用实例　拉卡拉

拉卡拉成立于 2005 年，率先开发出中国第一个电子账单服务平台。2011 年拉卡拉成为首批获得央行颁发的《支付业务许可证》的企业之一，获得互联网支付、银行卡收单、预付卡受理等全国支付牌照，位列中国第三方支付行业第一阵营。2015 年 1 月，拉卡拉旗下的考拉征信，获央行个人征信业务准备工作资质。2018 年 10 月，拉卡拉分别与 VISA、Mastercard、Discover、American Express 签署合作协议，正式成为四大国际卡组织成员机构，开展收单业务合作，成为第三方支付机构中首批全面与国际卡组织合作的少数机构之一。截至 2019 年 6 月末，拉卡拉支付覆盖商户超过 2 100 万家。拉卡拉主要产品包括拉卡拉智能 POS 机、mPOS 机（手机收款宝）、收钱宝盒、超级收款宝、智能收银台、便民支付终端、个人家用刷卡终端、蓝牙手机刷卡器、音频复合手机刷卡器、拉卡拉手环等。

4.3.6　移动支付

1. 移动支付概述

移动电子支付，是指用户使用移动电子设备，通过移动运营商向约定银行提供的计算机网络系统发出支付指令，由银行通过计算机网络将货币支付给服务商的一种支付方式。整个移动支付价值链包括移动运营商、支付服务商（如银行、银联等）、应用提供商（公交、校园、公共事业等）、设备提供商（终端厂商、卡供应商、芯片提供商等）、系统集成商、商家和终端用户。

移动支付业务是由移动运营商、移动应用服务提供商（MASP）和金融机构共同推出的构建在移动运营支撑系统上的一个移动数据增值业务应用。移动支付系统将为每个移动用户建立一个与其手机号码关联的支付账户，其功能相当于电子钱包，为移动用户提供了一个通过手机进行交易支付和身份认证的途径。用户通过拨打电话、发送短信或者使用 WAP 功能接入移动支付系统，移动支付系统将此次交易的要求传送给 MASP，由 MASP 确定此次交易的金额，并通过移动支付系统通知用户。在用户确认后，付费方式可通过多种途径实现，如直接转入银行、记入用户电话账单或者实时在专用预付账户上借记，这些都将由移动支付系统（或与用户和 MASP 开户银行的主机系统协作）完成。

相关链接　条码支付互联互通

2019 年 8 月，中国人民银行印发《金融科技（FinTech）发展规划（2019—2021 年）》，明确提出：推动条码支付互联互通，研究制定条码支付互联互通技术标准，统一条码支付编码规则、构建条码支付互联互通技术体系，打通条码支付服务壁垒，实现不同App和商户条码标识互扫互认。

目前，我国支持不同场景的条码支付App有近400个，同时有近10种条码支付标准，但不同的App与条码尚无法实现互扫互认，用户每次扫码支付都需要切换不同的手机应用程序，影响了支付体验，降低了支付效率。在条码互联互通后，消费者无须识别和区分微信二维码、支付宝二维码、银联二维码，打开App即可扫码支付，实现一扫通。

2020年1月3日，银联和财付通双方已经实现银联二维码网络与微信支付网络的全面贯通，二维码支付将从试点地区陆续扩大到更多地区，逐步在全国范围内实现转账、消费等场景的全面互扫互认。2020年3月26日，中国银行也宣布与中国银联、财付通合作，率先实现手机银行扫描微信“面对面二维码”收款码的支付功能，成为首家与微信实现互扫互认的银行。

2. 移动支付的分类

（1）按交易金额分类，移动支付分为微支付和宏支付两类。

① 微支付，是指交易额少于10美元的支付行为，主要应用于游戏、视频内容等互联网虚拟产品的购买等。

② 宏支付，是指交易金额不少于10美元的支付行为，如在线购物或者近距离支付（微支付方式同样包括近距离支付，如交停车费等）。

两者之间最大的区别在于对安全要求的级别不同。对宏支付来说，通过金融机构进行交易鉴权是非常必要的；而对微支付来说，使用移动网络本身的SIM卡鉴权机制就已足够。

（2）按完成支付所依托的技术条件分类，移动支付可以分为近场支付和远程支付。

① 近场支付，是指消费者在购买商品或服务时，即时通过手机向商家进行支付，支付的处理在现场进行，使用手机射频、红外线、蓝牙等方式，实现与自动售货机及POS机的本地通信。

② 远程付款，是指通过发送支付指令（如网银、电话银行、手机支付等）或借助支付工具（如通过邮寄、汇款）进行的支付方式。远程支付一般是线上支付，即利用移动终端通过移动通信网络接入移动支付后台系统，完成支付行为的支付方式。根据交易对象，远程支付也分为远程转账（个人对个人）和远程在线支付（个人对企业）。一个典型的远程支付流程是，消费者通过移动终端在电子商务网站购买产品后，按照商家提供的付款界面，跳转至手机银行或第三方移动支付页面完成支付。此外，通过短消息服务、互动式语音应答等方式进行的移动支付也属于远程支付。

（3）按支付账户的性质分类，移动支付可以分为银行卡支付、第三方支付账户支付、通信代收费账户支付。

① 银行卡支付就是直接采用银行的借记卡或贷记卡账户进行支付的形式。

② 第三方账户支付是指为用户提供与银行或金融机构支付结算系统接口的通道服务，实现资金转移和支付结算功能的一种支付服务。第三方支付机构作为双方交易的支付结算服务的中间商，需要提供支付服务通道，并通过第三方支付平台实现交易和资金转移结算安排的功能。

通信代收费账户支付是基于移动话费账户系统的移动电子商务支付服务，目前提供小额、无物流的数字化产品的支付，覆盖范围包括软件付费、邮箱付费、数字点卡购买、手机保险、电子杂志等领域。

（4）按支付的结算模式分类，移动支付可以分为及时支付和担保支付。

① 及时支付是指支付服务提供商将交易资金从买家的账户即时划拨到卖家账户，一般应用于“一手交钱一手交货”的业务场景（如商场购物），或应用于信誉度很高的 B2C 及 B2B 电子商务。

② 担保支付是指支付服务提供商先接收卖家的货款，但不马上支付给卖家，而是通知卖家货款已冻结，卖家先发货；待买家收到货物并确认后，支付服务提供商才会将货款划拨到卖家账户。支付服务商不仅负责资本的划拨，同时还要为不信任的买卖双方提供信用担保。担保支付业务为开展基于互联网的电子商务业务提供了基础，特别是没有信誉度的 C2C 交易及信誉度不高的 B2C 交易。

（5）按用户账户的存放模式分类，移动支付可以分为在线支付和离线支付。

① 在线支付是指用户账户存放在支付提供商的支付平台，用户消费时，直接在支付平台的用户账户中扣款。

② 离线支付是用户账户存放在智能卡中，用户消费时，直接通过 POS 机在用户智能卡的账户中扣款。

相关链接　2019 年手机银行交易笔数达 1 214.51 亿笔

2019 年 3 月 11 日，中国银行业协会发布《2019 年中国银行业服务报告》。此报告显示，我国银行业正在积极应对市场形势变化，不断深化网点转型，专业化、智慧化、体验化、轻型化、线上线下一体化等特点突出，相关业务正在由传统人工柜台向智能设备迁移。据统计，2019 年银行业金融机构网上银行交易笔数达 1 637.84 亿笔，交易金额达 1 657.75 万亿元，同比增长 7.42%；手机银行交易笔数达 1 214.51 亿笔，交易金额达 335.63 万亿元，同比增长 38.88%；电子商务平台交易笔数达 0.83 亿笔，交易金额达 1.64 万亿元；全行业离柜率为 89.77%。

相关链接　5G 手机银行来了！　民生银行业内首推开创数字金融新时代

继 5G 手机、5G 短信等 5G 应用出现后，国内首家 5G 手机银行震撼面市。2020 年 5 月，民生银行在业内首推 5G 手机银行，第一次将 5G 等前沿技术应用于移动金融领域，颠覆了传统的手机银行服务模式，开创了数字金融的全新时代。5G 技术具有高带宽、低延时、广连接等特性，5G 网速可达到 4G 网速的 10～100 倍，可对诸多行业造成颠覆性改变。此次民生银行推出 5G 手机银行，充分发挥了 5G 技术的优势，并结合人工智能、大数据、AR、物联网等先进技术，围绕“交互体验创新、智能服务创新”，着力打造了焕然一新的视觉交互形式、丰富多样的内容服务、体验流畅的语音交互入口、贴心温暖的远程银行专属服务、人工智能服务、优化升级的安全防护等亮点功能，实现了以技术为引领的移动金融创新变革。

3. 移动支付的运营模式及特点

1）以移动运营商为主体的运营模式

该模式主要通过移动运营商来推动整个手机支付产业链的发展。移动运营商以用户的手机话费账户或专门的小额账户作为手机支付账户，用户所发生的手机支付交易费用全部从用户的账户中扣减，整个支付过程无须金融机构参与。

这种模式的特点：移动运营商直接与用户联系，不需要银行参与，技术成本较低。但是移动运营商参与金融交易，需要承担部分金融机构的责任和风险。移动运营商如果没有经营资质，则将与国家的金融政策发生冲突。

2）以银行为主体的运营模式

在这种模式中，各银行通过与移动运营商搭建专线等通信线路，自建计费与认证系统，为用户手机换置 STK 卡。银行需要将用户手机中的 SIM 卡换为 STK 卡，用户在手机上可以直接登录所在银行的账户，进行手机支付交易。该模式产生的费用主要有 3 部分：一是数据流量费用，由移动运营商收取；二是账户业务费用，由银行收取；三是支付业务服务费用，由银行、运营商、支付平台分成。

这种模式的典型案例是工商银行推出的手机银行业务。工商银行的用户使用手机直接登录或发送特定格式的短信给银行，银行按照客户的指令可以为客户办理查询、转账，以及缴费等业务。

该模式的特点：各个银行只可以为本行的用户提供手机银行服务，不同银行之间不能互通；特定的手机终端和 STK 卡换置也会造成用户成本的上升；移动运营商只负责提供信息通道，不参与支付过程。

3）以第三方支付服务提供商为主体的运营模式

在该模式中，第三方支付服务提供商是独立于银行和移动运营商之外的经济实体，其自己拓展用户，与银行及移动运营商协商合作，提供手机支付业务。第三方支付服务提供商的收益主要来自两部分：一是向运营商、银行和商户收取设备和技术使用许可费用；二是与移动运营商及银行就用户业务使用费进行分成。

这种模式的特点：第三方支付服务提供商可以平衡移动运营商和银行之间的关系；不同银行之间的手机支付业务得到了互联互通；银行、移动运营商、第三方支付服务提供商，以及 SP 之间的责、权、利明确，关系简单；对第三方支付服务提供商的技术能力、市场能力、资金运作能力要求很高。

4）银行与移动运营商合作的运营模式

银行与移动运营商合作的运营模式较为普遍。银行和移动运营商发挥各自的优势，在移动支付技术安全和信用管理领域强强联手。

这种模式的特点：移动运营商与银行关注各自的核心产品，形成一种战略联盟关系，合作控制整条产业链；在信息安全、产品开发和资源共享方面合作更加紧密；移动运营商需要与各银行合作，或与银行合作组织建立联盟关系。

4.4 网上银行

4.4.1 网上银行的概念和特点

1. 网上银行的概念

网上银行，又称网络银行、在线银行、电子银行或虚拟银行，是指银行以自己的计算机系统为主体，以单位和个人的计算机为入网操作终端，借助互联网技术，通过网络向客户提供银行服务的虚拟银行柜台。

网上银行利用互联网技术，为客户提供综合、统一、安全、实时的银行服务，包括提供对私、对公的各种零售和批发的全方位银行业务，以及为客户提供跨国的支付与清算等其他贸易、非贸易的银行业务服务。简言之，网上银行就是互联网上的虚拟银行柜台，它把传统银行的业务“搬到”网上，在网络上实现对银行业务的操作。不过，那些只拥有自己网址和网页的银行算不上真正意义上的网络银行，只有在网上提供网上支票账户、网上支票异地结算、网上货币数据传输、网上互动服务和网上个人信贷 5 种服务中至少一种的在线银行才是真正的网络银行。

网上银行可以被视为传统银行柜台交易、自动取款机（ATM）、销售终端（POS 机）和电话银行的延伸。但与传统银行相比，网上银行没有分支机构，它完全依托无边无界的互联网，排除了语言障碍，可以随心所欲地将“触角”伸向世界的每个角落，并超越国界提供各种服务。

2. 网上银行的特点

① 突破了银行传统的业务操作模式，摒弃了银行由店堂前台接柜开始的传统服务流程，把银行业务直接在互联网上推出。

② 不受时间和空间的约束，网上银行依托迅猛发展的计算机网络与通信技术，将银行服务渗透到世界的每个角落。

③ 网上银行实现交易无纸化、业务无纸化和办公无纸化。所有以前传统银行使用的票据和单据全面电子化，如电子支票、电子汇票和电子收据等。

④ 实现了银行机构网络化。网络银行实际上就是一种无边界银行，它突破了营业网点约束对银行业务扩张的限制，使金融服务从有形的物理世界延伸到无形的数字世界。

⑤ 个人用户不仅可以通过网上银行查询存折账户、信用卡账户中的余额及交易情况，还可以通过网络自动定期交纳各种社会服务项目的费用，以及进行网络购物。

⑥ 企业集团用户不仅可以查询本公司和集团子公司账户的余额、汇款、交易信息，还能在网上进行电子贸易。

⑦ 网上银行提供网上支票报失、查询服务，维护金融秩序，最大限度地减少国家、企业的经济损失。

⑧ 网上银行服务采用多种先进技术来保证交易的安全，使用户、商户和银行三者的利益能够得到保障。

小提示

网上银行和手机银行的差异点

1. 载体不一样

网上银行一般都在计算机通过 U 盾登录，用以处理个人或单位转账、查询、缴费、代发等业务。手机银行通过使用手机、平板来处理个人或单位转账、查询、交费、代发等业务。对比来说，手机银行更易于方便携带，这也是目前银行主推的。

2. 使用方式不同

网上银行在计算机上使用宽带网络来操作，手机银行在手机、平板等上使用流量来操作。

3. 功能上的差别

很多银行的手机银行比网上银行开发的功能更多，比如通过手机银行能购买理财产品、交纳生活水电气费和话费、进行违章处理、充值QQ等。但对于有些限制网上银行可能宽松一些，如限额，网上银行PC端可能限额要高些。

4. 使用注意事项

手机银行方便便捷，功能基本与网上银行一致甚至超出网上银行。需要注意的是，使用手机银行时，不要透露自己的银行信息及账号、密码；手机银行App设置解锁才能打开；不要下载不明来源的手机银行App；手机如果遗失要及时与银行联系。

4.4.2 网上银行的基本业务

网上银行的基本业务包括家庭银行（储蓄业务）、企业银行（对公业务）、信用卡业务、国际业务，以及各种支付、信贷及特色服务等传统的银行业务功能。

1. 家庭银行

家庭银行为用户提供方便的个人理财渠道，包括网上开户、清户、账户余额、利息的查询、交易历史查询、个人账户挂失、电子转账、票据汇兑等。

美国美洲银行网上业务主要集中在家庭银行方面。通过其家庭银行网页，用户可以在一天中的任何时间办理银行业务。例如，储蓄、外汇及货币交易，当前账户余额查询，资金划拨，下载所需的理财软件等。家庭银行的理财软件可帮助用户规划各种金融事务，甚至跟踪和分析花费情况。

2. 企业银行

企业银行为企业或团体提供综合账户业务。例如，查阅本企业或下属企业的账户余额和历史业务情况；划转企业内部各单位之间的资金；核对调节账户，进行账户管理等；网上支付职工工资；了解支票利益情况，支票挂失；将账户信息输出到空白表格软件或打印每日资产负债表报告、详细业务记录表、银行明细表等各种金融报告或报表；通过互联网实现支付和转账等。目前，中国银行推出的“企业在线理财”就属于这类业务。

3. 信用卡业务

信用卡业务包括网上信用卡的申办、信用卡账户查询、收付清算等。与传统的信用卡系统相比，网上信用卡更便捷。例如，用户可通过互联网在线办理信用卡申请手续；持卡人可通过网络查询用卡明细；银行可定期通过电子邮件向用户发送账单，进行信用卡业务授权、清算、传送黑名单及紧急止付名单等。

4. 国际业务

国际业务包括国际收支的网上申报服务、资金汇入/汇出等。目前，国内的企业可向中国银行总行申请办理此项业务。

5. 各种支付

各种业务提供数字现金、电子支票、智能卡、代付或代收费等网上支付方式，以及各种企业间转账或个人转账。例如，同一用户不同账号间，包括活期转定期、活期转信用卡、信用卡转定期、银行账户与证券资金账户之间的资金互转等。

6. 信贷

信贷业务包括信贷利率的查询、企业贷款或个人小额抵押贷款的申请等，银行可根据用户的信用记录决定是否借贷。

7. 特色服务

特色业务主要是指通过互联网向客户提供各种金融服务，如网上证券、期货、外汇交易、电子现金、电子钱包，以及各种金融管理软件的下载等。目前国外银行从存贷差中获取的利润已不足 50%，其余利润来自各种在线服务回报。从整个银行业的发展趋势来看，提供在线服务将成为未来银行利润的主要来源。在我国香港地区有 4 000 多家企业用户的汇丰银行目前以每月最低 2 000 元港币的租金向这些企业提供银行在线服务，仅此一项，汇中银行每月的收入就达近千万元。

8. 商务服务

商务服务主要提供资本市场、投资理财和网上购物等子功能。对资本市场来说，除人员直接参与的现金交易的任何交易均可通过网上银行进行。投资理财服务可由客户主动进入银行的网站进行金融、账户等信息查询，以及处理自己的财务账目，也可由网上银行系统对客户实施全程跟踪服务，即根据客户的储蓄、信贷情况进行理财分析，适时向客户提供符合其经济状况的理财建议或计划。在网上购物方面，网上银行可以以网上商店的形式向供求双方提供交易平台，商家在此可建立自己的订购系统，向网上客户展示商品并接受订单，商家在收到来自银行的客户已付费的通知后即可向客户发货；客户可进入银行的网上商店，选购自己所需的商品，并通过银行直接进行网上支付。这种供求双方均通过网上银行这一中介机构建立联系和实现收支的方式，降低了交易的风险度。

9. 信息发布

目前，网上银行所发布的信息主要有国际市场外汇行情、对公利率、储蓄利率、汇率、证券行情等金融信息，以及行史、业务范围、服务项目、经营理念等银行信息，使客户能随时通过 Web 网站了解这些信息。

相关链接　中国工商银行个人网上银行业务

中国工商银行“金融@家”个人网上银行为客户提供集银行、投资、理财于一体的网上金融业务服务。

① 我的账户，是管理各类网上银行注册卡及其下挂账户、查询账户信息、办理转账汇款等业务的一组功能。

② 定期存款和通知存款，是指添加定期存款账户，将自己的活期存款转为定期存款，并设置通知存款时间。

③ 公益捐款，提供向公益机构捐款功能，可从收款单位列表中选择收款账户。

④ 捐款服务，免收手续费。

⑤ 转账汇款，可进行工行、跨行、跨境、批量等转账汇款业务。

⑥ 网上贷款，可以在线填写申请信息申请办理贷款业务，通过网上银行渠道为客户提供贷款业务的相关服务。

⑦ 网上挂失，可在网上银行办理网上银行注册卡、下挂卡及账户的挂失业务。

⑧ 养老金，可查询养老金明细、对账单、基本信息、通告信息等与养老金相关的信息，修改基本信息中的部分内容或设置投资比例。

⑨ 在线财务管理，提供收支记账、资产负债、财务分析统计、财务规划报告、财务计划、用户设置等服务。

⑩ 个人理财，提供各类独具特色的理财服务，包括理财方案设计、理财业务申请、各类理财协议的签订、金融信息的定制、服务预约等。

⑪ 网上汇市，提供在线办理外汇买卖业务、查阅汇市信息和评论的服务。

⑫ 网上基金，可以在线办理基金买卖交易、管理资金账户、查询基金交易明细和最新发布的基金产品信息。

⑬ 网上国债，可以在线办理各种国债业务，查询行情及信息并管理客户国债托管账户。

⑭ 网上贵金属，可以通过网上贵金属栏目对账户中的贵金属、实物贵金属、贵金属递延和贵金属积存进行交易。

⑮ 银证业务，可以在线办理证券委托交易，管理资金账户、查询最新证券信息和股票行情。

⑯ 个人外汇业务，通过网上银行办理小额结售汇交易，并可在线查询小额结售汇交易明细信息。

⑰ 网上期货，可以实现投资者银行结算账户与期货公司保证金账户的实时划转。

⑱ 网上保险，可以在线投保、查询保单信息、追加投保、投连险账户转换、部分领取/赎回、续期交费等。

⑲ 跨国理财，可以跨国账户管理、资金自由划转、异国缴费服务、境外购物网上还款、网上股票、国债、基金投资、网上外汇买卖、境外汇款。

⑳ 网上预约，可以在线签订预约服务，并查询、修改及终止已签订的预约服务。

㉑ 缴费站，提供代理缴纳手机费、市话费、网费、学费等费用的服务，全面满足客户的各类缴费需求。不同地区的客户还可以享受到各地不同的特色缴费服务。

㉒ 网上购物和e卡服务，使用网上银行提供的虚拟卡——e卡进行购物，可以为e卡设定最高资金限额，并作为网上购物的支付卡，这不仅可以增加客户的资金安全性，而且可以获得更加优惠的价格或积分。

㉓ 工行信使，通过工行信使功能，客户可以随意选取自己关心的信息类型，并通过手机短信或电子邮件获得自己所选择的信息，以便随时随地掌控各种财经信息。

㉔ 客户服务，“金融@家”本着“以客户为中心”的经营理念，采用简便快捷的服务平台，提供个性化、人性化的综合类金融服务。

㉕ 安全中心，负责管理网上银行密码、U 盾、交易权限等安全信息。

4.4.3 网上银行个人安全认证介质

目前，常用的网上银行个人认证介质，即安全工具主要有密码、文件数字证书、动态口令卡、动态手机口令、移动口令牌、移动数字证书 6 种。

1. 密码

密码是网上银行必备的认证介质，可用于所有的银行和第三方支付平台。需要注意的是，首先要使用安全好记的密码，其次密码非常容易被盗取或被他人偷窥。

《中华人民共和国密码法》

2019 年 10 月 26 日，十三届全国人大常委会第十四次会议表决通过《中华人民共和国密码法》(简称《密码法》)，自 2020 年 1 月 1 日起施行。《密码法》旨在规范密码应用和管理，促进密码事业发展，保障网络与信息安全，提升密码管理科学化、规范化、法治化水平，是我国密码领域的综合性、基础性法律。《密码法》中的密码，是指采用特定变换的方法对信息等进行加密保护、安全认证的技术、产品和服务。密码的主要功能有两个：一个是加密保护，另一个是安全认证。前者是指将原来可读的信息变成不能识别的符号序列，后者是指确认主体和信息的真实可靠性。

密码分为核心密码、普通密码和商用密码。国家对密码实行分类管理。核心密码、普通密码用于保护国家秘密信息和涉密信息系统，核心密码保护信息的最高密级为绝密级，普通密码保护信息的最高密级为机密级。核心密码、普通密码属于国家秘密。密码管理部门依照本法和有关法律、行政法规、国家有关规定对核心密码、普通密码的科研、生产、服务、检测、装备、使用和销毁等各个环节实行严格统一管理。商用密码用于保护不属于国家秘密的信息。公民、法人和其他组织均可依法使用商用密码保护网络与信息安全。

2. 文件数字证书

文件数字证书是存放在用户的计算机中的数字证书，每次交易时都要用到。如果用户的计算机中没有安装数字证书则无法完成付款。已安装文件数字证书的用户只需输入密码；未安装文件数字证书的用户在安装证书时需要验证大量的信息，以保证其安全性。但是文件数字证书不可移动，对经常更换计算机的用户来说不方便（支付宝等一般利用手机进行验证，而网上银行一般要去银行办理）；而且文件数字证书有可能被盗取，所以不是绝对安全的。

数字证书是一种由权威公信机构发放的记录用户和认证机构有关信息的电子文件。专门负责为网上银行提供安全服务的金融行业统一的认证机构是中国金融认证中心（China Financial

Certlification Authority，CFCA）。用户要想获得中国金融认证中心颁发的证书，需要先到已经开通这项业务的商业银行网点办理申请手续，得到审批准许后，再按照一定的步骤从网上下载证书。

3．动态口令卡

动态口令卡是一种类似游戏密保卡的卡。动态口令卡的卡面上有一个表格，表格内有几十个数字。当进行网上交易时，银行会随机询问客户某行某列的数字，如果能正确地输入对应格内的数字便可以成功交易；反之则不能。动态口令卡可以随身携带，轻便、无须驱动、使用方便，但是如果病毒长期存在计算机中，则其可以渐渐地获取口令卡上的很多数字，当获知的数字达到一定数量时，资金便不再安全，而且如果在外使用动态口令卡，也容易被人拍照。

4．动态手机口令

在进行网上交易时，银行会向用户手机发送短信，用户如果能正确地输入收到的短信上的口令则可以成功付款，反之则不能。动态手机口令无须安装驱动，只需随身带手机即可，不怕偷窥，不怕病毒，相对安全。但是必须随身带手机，手机不能停机、不能没电、不能丢失。而且有时通信运营商服务质量低会导致短信迟迟没到，影响效率。

5．移动口令牌

移动口令牌会隔一定时间换一次号码。用户付款时只需按下移动口令牌上的键，就会出现当前的代码。一分钟内可以凭这个编码通过网上银行付款。如果无法获得该编码，则无法成功付款。移动口令牌无须驱动，无须安装，只要随身带就行，不怕偷窥，不怕病毒。移动口令牌的编码一旦使用过就会立即失效，不用担心付款时输入的编码被看到，从而在一分钟内再付款。

6．移动数字证书

移动数字证书，工行称为U盾，农行称为K宝，建行称为网银盾，光大银行称为阳光网盾，支付宝中称为支付盾。它存放着个人的数字证书，并不可读取。同样，银行记录着个人的数字证书。在尝试进行网上交易时，银行会发送由时间字串、地址字串、交易信息字串、防重放攻击字串组合在一起进行加密后得到的字串A，移动数字证书将根据客户的个人证书对字串A进行不可逆运算得到字串B，并将字串B发送给银行，银行也进行该不可逆运算。如果银行的运算结果和个人的运算结果一致便认为合法，交易便可以完成；如果运算结果不一致便认为不合法，交易便会失败。理论上，不同的字串A不会得出相同的字串B，即一个字串A对应唯一一个字串B；但是字串B和字串A无法得出个人的数字证书，而且移动数字证书具有不可读取性，所以任何人都无法获知个人的数字证书。银行每次都会发送不同的防重放字串（随机字串）和时间字串，所以当一次交易完成后，刚发出的B字串便不再有效，理论上移动数字证书是绝对安全的。

应用实例 手机支付宝安装数字证书

1. 打开手机“支付宝”。
2. 在右下角找到“我的”按钮，切换到“我的”界面。

3. 点击右上角的“设置”按钮。

4. 进入到设置界面，点击“安全设置”按钮。

5. 进入安全设置界面，点击“安全产品”按钮。

6. 进入安全产品界面，点击“数字证书”按钮，可以查看到数字是否安装，如未安装，选择“安装数字证书”按钮。

7. 点击“安装数字证书”按钮后即可在手机支付宝中实现安装数字证书功能操作。

自测题

单项选择题

1．下列电子货币中，（　　）属于储值卡型电子货币。

A．电子支票　　B．银行卡　　C．购物卡　　D．信用卡

2．在信用卡中，（　　）的特征是“先存款，后支用”，并且不可透支。

A．准贷记卡　　B．银行卡　　C．借记卡　　D．贷记卡

3．招商银行的网上银行称为（　　）。

A．一卡通　　B．一网通　　C．万事通　　D．事事通

4．电子支票是（　　）的电子货币。

A．储值卡型　　B．现金模拟型　　C．个人信用型　　D．存款利用型

5．在电子商务企业与银行之间建立一个中立的支付平台，为网上购物提供资金划拨渠道的支付系统是（　　）。

A．传统银行转账结算　　B．电子货币支付系统

C．预支付系统　　D．第三方支付系统

多项选择题

1．储值卡型电子货币的特点有（　　）。

A．消费者必须用现金购买具有相同价值的卡，凭卡消费

B．不记名、不挂失　　C．面值较小　　D．大多数为 IC 卡

2．电子货币的发行和运行流程主要有（　　）。

A．发行　　B．流通　　C．销毁　　D．回收

3．按照载体不同，电子现金可分为（　　）。

A．“卡基”　　B．“软件基”　　C．信用卡　　D．借记卡

4．下面属于网上银行基本业务的是（　　）。

A．家庭银行　　B．企业银行　　C．信用卡业务　　D．商家服务

5．网上银行又称（　　）。

A．电子银行　　B．个人银行　　C．虚拟银行　　D．在线银行

判断题

1．电子支票主要应用在企业对消费者电子商务领域。(　　)

2．现在中国的银行大部分采用智能卡式的电子钱包实现电话扣费、交通管理收费、停车收费等功能。(　　)

3．电子现金主要用于实名消费。(　　)

4．电子支票的安全认证工作是由公开密钥算法的电子签名来完成的。(　　)

5．网上银行实现交易无纸化、业务无纸化和办公无纸化。(　　)

简答题

1．什么是电子支付？电子支付与传统支付有什么不同？

2．什么是电子货币？

3．网上支付系统大致分为几类？各自的特点是什么？

4．网上支付方式有几种？每种支付方式的特点是什么？

5．什么是网上银行？网上银行的特点是什么？网上银行的基本业务有什么？

讨论题

分析移动支付市场的现状及发展趋势。

上网实习

1．在当地的中国工商银行申请用于个人网上银行的牡丹灵通卡 e 时代，存入少量现金，试用该卡进行网上支付。

2．请登录易宝支付、快钱、财付通网站，试分析这 3 家网站，了解它们的服务有什么共同点与不同点。

3．通过申请一家网上银行的支付业务，体验网上电子商务支付的真实过程。

小组任务

利用电子商务模拟软件，模拟进行网上支付的操作。

全班学生分成两组，第一组为买方，第二组为卖方。

要求：

卖方在电子商务模拟软件的环境中申请电子银行业务，在网上开店，进行销售；买方开通电子银行，在网上进行购物，双方通过电子支付进行买卖。

操作完成后，两组进行总结，各选一人讲述电子支付的流程，并分析电子支付的利弊。

第 5 章

电子商务物流

引导案例　顺丰快递

广州顺丰速运有限公司（简称顺丰速运），2000 年 11 月 7 日成立，经营范围包括国际货运代理、货物进出口（专营专控商品除外）、技术进出口、广告业、跨省快递业务、国际快递业务、道路货物运输、省内快递业务等。2017 年 2 月 24 日，顺丰控股在深交所举行重组更名暨上市仪式，正式登陆 A 股。2017 年 6 月 1 日凌晨，顺丰速运宣布关闭对菜鸟的数据接口。在几轮隔空“对战”后，国家邮政局从中调停，顺丰速运和菜鸟同意从 6 月 3 日 12 时起，全面恢复业务合作和数据传输。7 月 3 日，菜鸟网络与丰巢科技就数据共享合作形成一致意见。至此，双方的数据互通遗留问题得以圆满解决。2018 年 9 月，顺丰速运联手“搬运帮”App 在北京地区上线“顺丰打车”频道，主打大件快递、同城货运、同城配送等业务，以进一步挖掘城市同城货运市场。2018 年 5 月 9 日，“2018 中国品牌价值百强榜”发布，顺丰速运排名第 87 位。顺丰速运可以提供全国 31 个省、直辖市、港澳台地区的高水准门到门快递服务，采用标准定价、标准操作流程，各环节均以最快速度进行发运、中转、派送，并对客户进行相对标准承诺。

顺丰速运的业务优势包括以下几方面。（1）快捷的时效服务。自有专机和 400 余条航线的强大航空资源，以及庞大的地面运输网络，保障客户的快递在各环节快速发运，在正常情况下可实现快件“今天收明天到”。（2）安全的运输服务。①自营的运输网络，提供标准、高质、安全的服务。②先进的信息监控系统中 HHT 手持终端设备和 GPRS 技术全程监控快件运送过程，保证快件准时、安全送达。③严格的质量管控体系，包括四大类 98 项质量管理标准，进行严格管控。（3）高效的便捷服务。①先进的呼叫中心，采用 CTI 综合信息服务系统，客户可以通过呼叫中心快速实现人工、自助式下单、快件查询等功能。②方便快捷的网上自助服务，客户可以随时登录顺丰网站享受网上自助下单和查询服务。③灵活的支付结算方式，寄方支付、到方支付、第三方支付，以及现金结算、月度结算、转账结算、支票结算等。

顺丰速运的业务特色包括以下几方面。（1）365 全天候服务。一年 365 天不分节假日，顺丰速运都将一如既往地提供服务。（2）多项特色增值服务。顺丰提供代收货款、保价、等通知派送、签回单、代付出/入仓费、限时派送、委托收件、MSG 短信通知、免费纸箱供应等多项增值服务。（3）新增夜晚收件服务。为满足客户需求，延长收取快件时间，自 2009 年 7 月 1 日起，顺丰速运在北京市、天津市、山东省、广东省、苏浙沪地区，以及安徽省部分服务地区推出夜晚收件服务。（4）顺丰速运推出“四日件”经济产品。“四日件”顾名思义就是 4 日左右能够到达的快递物品，其在时效上与顺丰速运航空产品有 1～2 天的差别。据了解，“四日件”服务是与顺丰速运航空产品互补的陆运类产品，包括化妆品、光碟、酒水等以往无法通过航空运输、寄递的物品，以后都可采取“四日件”寄送。该项服务的寄递价格相比航空件大幅降低，首重由 22 元降低至 18 元，续重价格则从 14 元/千克大幅降低至 7 元/千克。“四日件”主要通过陆路运输，服务对象则针对淘宝等电子商务平台卖家，目前已经开通 562 条陆运线路流向。中国大陆地区 29 个省市（除新疆、西藏地区外）均有开通。此外，该陆运产品将延续顺丰速运“收一派二”的服务标准，即上门服务时效为收件 1 小时，派件 2 小时，选用该产品的用户也将享受顺丰速运航空产品所包含的增值配套服务。

本章学习目标

1. 了解物流的概念与基本知识，以及电子商务物流的特点；
2. 掌握电子商务与物流的关系；
3. 熟悉并掌握电子商务环境下的物流解决模式；
4. 理解电子商务下的供应链管理与传统的供应链管理的区别。

学习导航

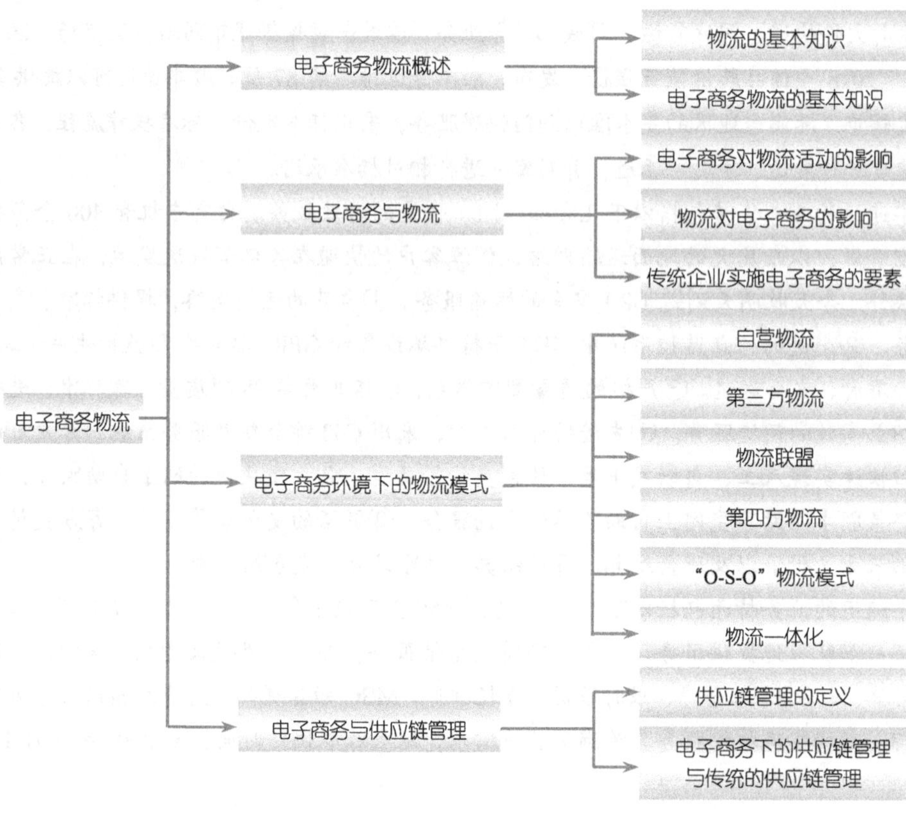

职业指导

电子商务物流，又称网上物流，是基于互联网技术，旨在创造性地推动物流行业发展的新商业模式。物流行业的职业资格主要是物流师。随着我国经济的高速发展，物流行业面临巨大的机遇和挑战。2020 年 6 月 22 日，拉勾大数据研究院发布了《2020 年新基建人才报告》，基于平台招聘与求职大数据，对新基建政策下的人才需求与流动趋势进行观察。在相关人才的薪酬方面，新基建人才的平均薪酬为每月 17 895 元。物流运输业新基建人才的平均月薪为 23 282 元。2019 年按照全国教育大会部署和落实《国家职业教育改革实施方案》的要求，“物流管理”等 5 个试点领域率先开展首批职业技能等级证书试点。

5.1　电子商务物流概述

5.1.1　物流的基本知识

1. 物流的概念

物流（Logistics）一词源于国外，最早出现在美国。1915 年，阿奇·萧在《市场流通中的若干问题》一书中就提到“物流”一词。当时，西方的一些国家发生了经济危机，企业界为了扩大销售，提出了销售和物流的问题，着重研究销售过程中的物流。

第二次世界大战中，围绕战争供应，美国军队建立了“Logistics”（后勤学）理论，并将其应用于战争活动。其中所提到的“Logistics”是指将战时物资的生产、采购、运输、配给等活动作为一个整体来进行统一布置，并在战争活动中加以实践和应用，取得了很好的效果。第二次世界大战后，“Logistics”理论被应用到企业界，内容涵盖了整个生产过程和流通过程，成为一个包含范围更广泛的物流概念。20 世纪 50 年代，日本派团考察美国的物流技术，引进了“物流”的概念。20 世纪 80 年代初，我国从日本引入“物流”概念。物流的定义很多，综合目前国内、国际的不同理解，可以将物流综合定义如下：物流是指商品在空间和时间上的位移，包括采购配送、生产加工和仓储包装等流通环节，以满足客户的需求为服务目标，尽量消除物流过程中各种形式的浪费，追求物流过程的持续改进和创新，其最终目的是满足客户的需求与实现企业的盈利目标。

2. 物流活动的构成要素

物流活动由物资运输、储存、装卸、搬运、包装、流通加工、配送、信息处理等要素构成。这些基本要素有效地组合、连接在一起，相互平衡，形成密切相关的一个系统。

1）运输

运输是物流的主要活动要素之一，是指物品的运载及输送，是物品的空间位移，可以创造“场所效应”，实现“空间价值”。

“场所效应”是指物品在不同场所的使用价值不同，通过空间的转换最大程度地发挥其使用价值，最大限度地降低投入产出比。

"空间价值"是通过改变物的空间位置而创造的价值。

运输按其设备与工具不同可以分为公路运输、铁路运输、水路运输、航空运输、管道运输。

2）储存

储存也是物流的主要活动要素之一。在物流中，运输改变了物品的空间状态，储存则改变了物品的时间状态。

储存包含储备与库存。储备是一种有目的的储存物品的行动，库存是指仓库中处于暂时停滞状态的物品，它是存储的静态形式。库存主要分为基本库存和安全库存。基本库存是补给过程中产生的库存。在订货之前，库存处于最高水平，出于日常的需求，存货不断地被"抽取"，直至该储存水平降至零。实际上，在存储没有降低到零之前，就要开始启动订货程序，于是，在发生缺货之前，就会完成商品的储备，补给订货的量就是订货量。在订货过程必须保持的库存量就是基本库存。为了防止不确定因素（如运输延误；商品到货，但品种、规格、质量不符合要求；销售势头好，库存周转加快；紧急需要等）对连锁物流的影响，企业需要另外储备一部分库存，这就是安全库存。

3）装卸、搬运

装卸是在一定范围内改变物品的存放、支撑状态的活动。搬运是在一定范围内改变物品的空间位置的活动。在实际操作中，装卸与搬运是密不可分的。如果能正确规划装卸搬运系统，则可以减少成本、减少劳动力、增加安全性、提高生产率、减少浪费、提高容积的使用率，以及提高服务水平。

4）包装

包装是指在流通过程中保护产品、方便运输、促进销售，按一定技术方法采用的容器、材料及辅助物等的总体名称；也指为达到上述目的在采用容器、材料和辅助物的过程中施加一定技术方法的操作活动。

包装处于生产过程的末尾和流通过程的开头，传统的观念强调包装是生产的终点，而现代物流观念则强调包装是物流的起点。

包装按其在流通中的作用分为销售包装和运输包装，物流要素中的包装侧重于运输包装。运输包装是用于安全运输、保护商品的较大单元的包装形式。一般情况下，运输包装的体积较大，外形尺寸标准化程度高，坚固耐用，表面有明显的识别标志。其主要功能是保护商品，方便运输、装卸和储存。

商品需要在一定的环境中移动并存储，所以包装必须能够保护商品，避免在移动和储存过程中发生货损。保护的程度由运输条件、商品价值决定。商品价值越高，包装的成本越高。对于国际运输，包装成本可相对高些；对于国内运输或短途运输，包装成本可低些。但目前在包装方面经常出现过度包装的现象，所以有必要从商业用途和运输要求两个方面来考察包装的主要目的。

5）流通加工

流通加工是一种特殊的物流形式，是指物品在从生产地到使用地的过程中，为了促进销售、维护产品的质量和提高物流效率，根据需要施加包装、分割、计量、分拣、刷标志、拴标签、组装等简单作业的总称。流通加工对物流起到补充、完善、提高的作用，但它不是每个物流系统都必需的功能。

小提示

企业中的流通加工类型

在世界上许多国家和地区的物流中心都大量存在着流通加工业务，这一活动在日本、美国等一些物流发达的国家则更为普遍。企业中的流通加工主要有以下 3 类。

① 分选加工。分选加工是指一些产品规格、质量差别较大，为获得一定规格的产品，采取人工或机械分选的方式进行加工。这种方式广泛用于果类、瓜类、谷类、棉毛原料等产品的加工。

② 精制加工。精制加工是指对农、副、牧、渔等产品在其产地或销售地设置加工点，去除无用部分，甚至可以进行切分、洗净、分装等加工。这种加工不但大大方便了购买者，而且可以对加工的淘汰物进行综合利用。

③ 分装加工。许多生鲜食品零售起点较小，而为保证高效运出厂，包装较大，也有一些是采用集装运输方式运达销售地点，然后重新进行包装。这样为了便于销售地区按所要求的零售起点进行新的包装，即大包装改小、散装改小包装、运输包装改销售包装的加工方式称为分装加工。

6）配送

配送是按照用户的订货要求和时间计划，在物流据点进行分拣加工和配货等作业后，将配好的货物送交收货人的过程。配送是物品位移的一种形式，一般针对距离较近、批量较小、品种较复杂的货物。配送不是单纯的运输或输送，而是运输与其他活动共同构成的组合体。

配送中心是从事货物配备（集货、加工、分货、拣选、配货等）和组织对用户的送货，以高水平实现销售或供应的现代流通设施。配送中心的业务流程包括收货、验货、分类整理、储存、流通加工、配货、发货等。

7）信息处理

在物流过程中，伴随着物流的进行，产生大量反映物流过程的有关输入/输出物流的结构、流量与流向、库存动态、物流费用、市场情报、运输跟踪等信息，形成物流信息。应用计算机进行加工处理，获得实用的物流信息，将有利于人们及时掌握物流动态，协调各物流环节，从而有效地组织好物流活动。

现代物流已经不是简单的物资流通，也不仅存在于采购、销售、流通领域。它贯穿于社会生产的全过程，从原材料的采购到储存，从生产到销售，从消费到废弃与回收，无处不在。

5.1.2　电子商务物流的基本知识

1. 电子商务流程

电子商务物流是伴随电子商务技术和社会需求的发展出现的，是实现电子商务真正价值不可或缺的重要组成部分。电子商务所独具的电子化、信息化、自动化等特点，以及高速、廉价、灵活等诸多好处，使得电子商务物流在其运作特点和需求方面也有别于一般物流。

电子商务中的任何一笔交易，都包含着几种基本的“流”，即信息流、商流、资金流和物流。

① 信息流既包括商品信息的提供、促销、技术支持、售后服务等内容，也包括询价单、报价单、付款通知单、转账通知单等商业贸易单证，还包括交易方的支付能力、支付信誉等。

② 商流是指商品交易和所有权转移的运动过程，具体是指商品交易的一系列活动。商品所有权在购销合同签订的那一刻起，便由供方转移到需方，而商品的实体并没有因此而移动。商流应作为信息流内容的组成部分。

③ 资金流主要是指资金的转移过程，包括付款、转账等过程。

在电子商务过程中，以上 3 种流的处理都可以通过计算机和网络通信设备实现。

④ 物流作为 4 种流中最为特殊的一种，是指物质实体（商品或服务）的流动过程，即伴随商流过程的发生，产品从生产地到消费地的移动过程，具体指运输、储存、配送、装卸、保管、物流信息管理等各种活动。对于少数商品和服务，可以直接通过网络传输的方式进行配送，如各种电子出版物、计算机软件、娱乐产品消费、信息咨询服务、订票、付款等。而对于大多数商品和服务，物流仍要经由物理方式传输。在整个电子商务的交易过程中，物流实际上是以商流的后续者和服务者的姿态出现的，快速、敏捷、现代化的物流是电子商务蓬勃发展的保证。

图 5.1 所示为电子商务流程。由图 5.1 可知，物流在电子商务中具有重要的地位。物流在电子商务中具有独立的、不可替代的作用，决定了电子商务的效率。物流联系着供需两方，其在两者之间的连接是否完美影响着供需两方的运作模式和运作效率。

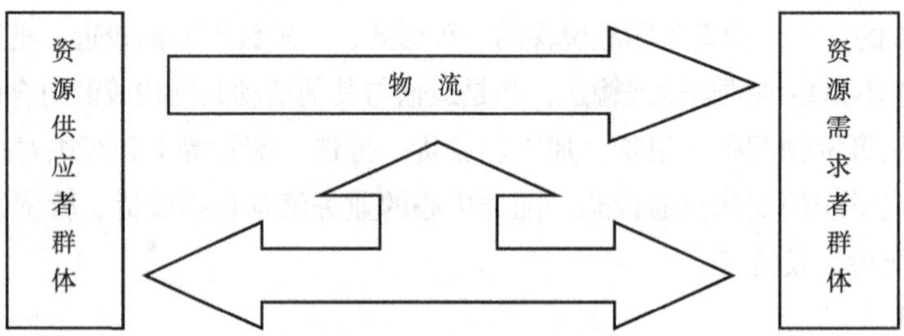

图 5.1　电子商务流程

2．电子商务物流的特点

电子商务时代的来临，给全球物流带来了新的发展，使物流具备了一系列新特点。

1）信息化

在电子商务时代，物流信息化是电子商务的必然要求。现代物流高度依赖于对大量数据、信息的采集、分析、处理和即时更新。在信息技术、网络技术高度发达的现代社会，从客户资料取得和订单处理的数据库化、代码化，以及物流信息处理的电子化和计算机化，到信息传递的实时化和标准化，信息化渗透至物流的每个领域。因此，条码技术（Bar Code）、数据库技术（Database）、电子订货系统（Electronic Ordering System，EOS）、电子数据交换、快速反应（Quick Response，QR）、有效客户反应（Effective Customer Response，ECR）及企业资源计划（Enterprise

Resource Planning，ERP）等技术与观念在我国的物流中逐渐得到普遍的应用。

2）自动化

自动化的基础是信息化，自动化的核心是机电一体化，自动化的外在表现是无人化，自动化的效果是省力化。自动化可以扩大物流作业能力、提高劳动生产率、减少物流作业的差错等。物流自动化的设施非常多，如条码射频自动识别系统、自动分拣系统、自动存取系统、自动导向车、货物自动跟踪系统等。这些设施在发达国家已普遍运用于物流作业流程，而在我国，由于物流业起步晚、发展水平低，自动化技术的普及还需要一定的时间。

3）网络化

物流领域网络化的基础也是信息化，这里的网络化有两层含义。一是物流配送系统的计算机通信网络，包括物流配送中心与供应商或制造商之间的联系要通过计算机网络，与下游客户之间的联系也要通过计算机通信网络。例如，物流配送中心向供应商提出订单这个过程，就可以使用计算机通信方式，借助于增值网（Value-Added Network，VAN）上的 EOS 和 EDI 来自动实现，物流配送中心通过计算机网络收集下游客户的订单的过程也可以自动完成。二是组织的网络化，即所谓的企业内部网。例如，中国台湾的计算机业在 20 世纪 90 年代创造出了“全球运筹式产销模式”。这种模式的基本特点是按照客户订单组织生产，生产采取分散形式，即将全世界的电脑资源都利用起来，采取外包的形式将一台计算机的所有零部件、元器件、芯片外包给世界各地的制造商去生产，然后通过全球的物流网络将这些零部件、元器件和芯片发往同一个物流配送中心进行组装，由该物流配送中心将组装的电脑迅速发给客户。这一过程需要有高效的物流网络作为支持，而物流网络的基础是信息及计算机网络。

4）智能化

智能化是物流自动化、信息化的一种高层次应用。随着电子商务行业的快速发展，物流“被迫”追逐时代高速发展的步伐，从“传统”升级为“智能”。物流作业过程大量的运筹和决策，如库存水平的确定、运输（搬运）路径的选择、自动导向车的运行轨迹和作业控制、自动分拣机的运行、物流配送中心经营管理的决策支持等问题都需要借助于大量的知识才能解决。在物流自动化的进程中，物流智能化是不可回避的技术难题。好在专家系统、机器人等相关技术在国际上已有比较成熟的研究成果。为了提高物流现代化的水平，物流的智能化已成为电子商务下物流发展的一个新趋势。相对而言，物流企业在前端的仓储、分拣环节的智能技术运用相对成熟，如智能分拣、大数据预测等已成功打入商业体系。在物流前端通过智能硬件、物联网、大数据等智慧化技术与手段进行操作，可以提高物流系统分析决策和智能执行，从而提升物流运输系统的智能化、自动化水平。

前沿话题　智慧物流究竟“智慧”在哪

智慧物流是指通过智能硬件、物联网、大数据等智慧化技术与手段，提高物流系统分析决策和智能执行的能力，提升整个物流系统的智能化、自动化水平。智慧物流集多种服务功能于一体，体现了现代经济运作的特点，即强调信息流与物质流快速、高效、通畅地运转，从而实现降低社会成本、提高生产效率、整合社会资源的目的。

智慧物流概念的提出，顺应历史潮流，也符合现代物流业自动化、网络化、可视化、实时化、跟踪与智能控制的发展新趋势，符合物联网发展的趋势，有利于降低物流成本、提高效率、控制风险、节能环保、改善服务。

智慧物流主要包括以下4项技术。

1. 仓内技术

仓内技术主要包括机器人与自动化分拣、可穿戴设备、无人驾驶叉车、货物识别4类技术。当前机器人与自动化分拣技术已相对成熟，得到了广泛应用，可穿戴设备目前大部分处于研发阶段，其中智能眼镜技术发展较快。

2. 干线技术

干线运输主要应用的是无人驾驶卡车技术。无人驾驶卡车将改变干线物流现有格局，目前尚处于研发阶段，但已取得阶段性成果，正在进行商用化前测试。

3. 最后一公里技术

最后一公里技术主要包括无人机技术与3D打印技术两大类。无人机技术相对成熟，目前京东、顺丰、DHL等国内外多家物流企业已开始进行商业测试。其凭借灵活等特性，预计成为特定区域未来末端配送的重要方式。

4. 末端技术

末端新技术主要是指智能快递柜，目前已实现商用（主要覆盖一二线城市），是各方布局重点，但受限于成本与消费者使用习惯等问题，未来发展仍存在不确定性。

与此同时，新兴技术的不断涌现亦不断助力智慧物流的发展，如下所述。

1. 物联网技术

物联网的概念已经非常普及，主要有以下4个物流应用场景：产品溯源、冷链控制、安全运输、（车辆上的）路由优化。

受终端传感器高成本的影响，二维码成为现阶段溯源的主要载体。长期来看，低成本的传感器技术将实现突破，射频识别（RFID）和其他低成本无线通信技术将是未来物联网技术发展的方向。物联网技术未来在物流行业将会到广泛的应用。

2. 大数据技术

大数据已经成为众多企业重点发展的新兴技术，多家企业已成立相应的大数据分析部门或团队，进行大数据分析、研究、应用布局。大数据技术主要有以下4个物流应用场景：需求预测、设备维护预测、供应链风险预测、网络及路由规划。

3. 人工智能技术

人工智能技术目前主要由电子商务平台推动，尚处于研发阶段，除图像识别外，其他人工智能技术距离大规模应用仍需一段时间。人工智能技术主要有以下5个物流应用场景：智能运营规则管理、仓库选址、决策辅助、图像识别、智能调度。

4. 5G技术

5G技术能够作为新一代物流行业的重要技术支撑，主要由于其具备具有以下优势：高速度的数据传输、传输低时延、海量接入特性、按需组网、移动边缘计算、网络泛在能力高、功耗低、传输安全性高。

在 5G 技术的推动下，一方面核心技术如人工智能、大数据与云计算、物联网，以及区块链等可以快速落地为新一代物流服务；另一方面，物流架构中引入 5G 技术作为关键传输层技术，其无缝接入特性使得其他通信技术的业务可以被有效接入和融合。

5. 区块链技术

区块链技术在物流行业的应用蓬勃发展，主要聚焦于流程优化、物流追踪、物流征信和物流金融四大方向。从当前行业发展来看，区块链技术应用的关键在于加强其与实体经济的深度融合。物流是支撑实体经济发展的基础性行业，区块链技术在物流中的应用有助于建立多方信任、高效便捷的物流生态系统，有助于物流基础设施网络的建设。除了进行技术融合，运用区块链技术还可以搭建物流供应链上下游企业的信任平台。

5）柔性化

柔性化本来是为实现“以顾客为中心”理念而在生产领域提出的，但要真正做到柔性化，即真正能根据顾客需求的变化来灵活调节生产工艺，没有配套的柔性化的物流系统是不可能实现的。20 世纪 90 年代，国际生产领域纷纷推出弹性制造系统（Flexible Manufacturing System，FMS）、计算机集成制造系统（Computer Integrated Manufacturing System，CIMS）、制造资源计划（MRPⅡ[①]）、企业资源计划（ERP），以及供应链管理（SCM）的概念和技术，这些概念和技术的实质是将生产、流通进行集成，根据需求端的需求组织生产、安排物流活动。

另外，物流设施、商品包装的标准化，以及物流的社会化、共同化也是电子商务下物流模式的新特点。

5.2 电子商务与物流

5.2.1 电子商务对物流活动的影响

电子商务是指在网络环境下进行商务活动的运作。在这一运作过程中，物流是很重要的一个环节。电子商务与传统商务的本质区别，在于它以现代网络为基础进行商品的买卖和服务的提供，它能对传统的物流活动产生深刻的冲击和影响，表现在以下 4 个方面。

1. 电子商务改变传统的物流观念

作为一个新兴的商务活动，电子商务为物流创造了一个虚拟性的运动空间。在电子商务的状态下，进行物流活动时，物流的各种职能及功能可以通过虚拟化的方式表现出来。在这种虚

① MRPII：它是对制造业企业的生产资源进行有效计划的一整套生产经营管理计划体系，是一种计划主导型的管理模式。MRPII 是闭环 MRP 的直接延伸和扩充，是在全面继承 MRP 和闭环 MRP 的基础上，把企业宏观决策的经营规划、销售/分销、采购、制造、财务、成本、模拟功能和适应国际化业务需要的多语言、多币制、多税务，以及计算机辅助设计（CAD）技术接口等功能纳入形成的一个全面生产管理集成化系统。

拟化的过程中，可以通过各种组合方式，寻求物流的合理化，使商品实体在实际的运动过程中，达到效率最高、费用最省、距离最短、时间最少的目的。

2．电子商务改变物流的运作方式

1）电子商务可使物流实现网络的实时控制

传统的物流活动在其运作过程中，无论是以生产为中心，还是以成本或利润为中心，其实质都是以商流为中心，从属于商流活动，因而物流的运动方式是紧紧伴随着商流来运动的。而在电子商务中，物流的运作是以信息为中心的，信息不仅决定着物流的运动方向，还决定着物流的运作方式。在实际运作过程中，通过网络上的信息传递，可以有效实现对物流的实时控制，实现物流的合理化。

2）网络对物流的实时控制是整体的

在传统的物流活动中，虽然也有依据计算机对物流进行实时控制的，但这种控制不是整体的。比如，实施计算机管理的物流中心或仓储企业所使用的计算机管理信息系统，大多数是以企业自身为中心来管理物流的。而在电子商务时代，网络全球化的特点，可使物流在全球范围内实施整体的实时控制。

3．电子商务改变物流企业的经营形态

1）电子商务改变物流企业对物流的组织和管理

在传统经济条件下，物流往往是从某一企业的角度进行组织和管理的，而电子商务则要求物流以社会的角度来实行系统的组织和管理，以打破传统物流分散的状态。这就要求企业在组织物流的过程中，不仅要考虑本企业的物流组织和管理，还要考虑全社会的整体物流系统。

2）电子商务改变物流企业的竞争状态

在传统经济活动中，物流企业之间存在激烈的竞争，物流企业往往依靠本企业提供优质服务、降低物流费用等来保持竞争优势。在电子商务时代，这些竞争虽然依旧存在，但有效性大大降低了，原因在于电子商务需要一个全球性的物流系统来保证商品实体的合理流动。对一个企业来说，即使它的规模再大，也是难以达到这一要求的。这就要求物流企业联合起来，形成一种协同竞争的状态，在协同实现物流高效化、合理化、系统化的前提下，相互竞争。

4．电子商务促进物流基础设施的改善及物流技术与物流管理水平的提高

1）电子商务促进物流基础设施的改善

电子商务高效率和全球性的特点，要求物流也必须达到这一目标。而物流要达到这一目标，良好的交通运输网络、通信网络等基础设施是最基本的保证。

2）电子商务促进物流技术的提高

物流技术主要包括物流硬技术和软技术。物流硬技术是指在组织物流过程中所需的各种材料、机械和设施等；物流软技术是指组织高效率的物流所需的计划、管理、评价等方面的技术和管理方法。从物流环节来考察，物流技术包括运输技术、保管技术、装卸技术、包装技术等。物流技术水平是决定物流效率的一个重要因素，对建立一个适应电子商务运作的高效率的物流系统有着重要的影响。

3）电子商务促进物流管理水平的提高

物流管理水平也直接决定和影响着物流效率，从而影响电子商务高效率优势的实现。只有提高物流的管理水平，建立科学合理的管理制度，将科学的管理手段和方法应用于物流管理，才能确保物流的畅通进行，实现物流的合理化和高效化，促进电子商务的发展。

5.2.2　物流对电子商务的影响

物流是实现电子商务的保证，它从以下 3 个方面对电子商务产生影响。

1. 物流保障生产

无论是在传统的贸易方式下，还是在电子商务模式下，生产都是商品流通之本，而生产的顺利进行需要各类物流活动的支持。生产的全过程从原材料的采购开始，便要求相应的供应物流活动将所采购的材料运送到位，否则生产就难以进行；在生产的各工艺流程中，也需要原材料、半成品的物流过程，即生产物流，以实现生产的流动性；部分余料、可重复利用的物资的回收，需要回收物流；废弃物的处理则需要废弃物物流。由此可见，整个生产过程实际上就是系列化的物流活动。

合理化、现代化的物流，通过降低费用从而降低成本、优化库存结构、减少资金占压、缩短生产周期，保障了现代化生产的高效进行。相反，缺少了现代化的物流，生产将难以顺利进行，那么，无论电子商务是怎样便捷的贸易形式，仍将是“无米之炊”。

2. 物流服务于商流

在商流活动中，商品所有权在购销合同签订的那一刻起，便由供方转移到需方，而商品实体并没有因此而移动。在传统的交易过程中，除了非实物交割的期货交易，一般的商流都必须伴随相应的物流活动，即按照需方（购方）的需求将商品实体由供方（卖方）以适当的方式、途径向需方（购方）转移。而在电子商务中，消费者通过网上购物，完成了商品所有权的交割过程，即商流过程，但电子商务的活动并未结束，只有商品和服务真正转移到消费者手中，此电子商务活动才告以终结。在整个电子商务的交易过程中，物流实际上是以商流的后续者和服务者的姿态出现的。没有现代化的物流，无论多么轻松的商流活动都会退化为“一纸空文”。

3. 物流是实现“以顾客为中心”理念的根本保证

电子商务的出现，最大限度地方便了最终消费者。他们不必再跑到拥挤的商业街，一家又一家地挑选自己所需的商品，而是坐在家里，在互联网上搜索、查看、挑选，就可以完成自己的购物过程。但如果他们所购的商品迟迟不能送到，或者商家所送商品并非自己所购，那么消费者还会选择网上购物吗？毫无疑问是不会的。

物流是电子商务中实现以“以顾客为中心”理念的最终保证，缺少了现代化的物流技术，电子商务给消费者带来的购物便捷则等于零，消费者必然会转向他们认为更为安全的传统购物方式，那网上购物还有什么存在的必要呢？

总之，物流是电子商务重要的组成部分，我们应大力发展现代化物流，以进一步推广电子商务。

5.2.3 传统企业实施电子商务的要素

1. SCM

目前，供应链（Supply Chain Management，SCM）管理系统、企业资源计划（ERP）系统和客户关系管理（CRM）系统成为中国企业业务管理信息化的重点。供应链是指围绕核心企业，通过对信息流、物流、资金流的控制，从采购原材料开始，制成中间产品及最终产品，最后通过销售网络把产品送到消费者手中的，将供应商、制造商、分销商、零售商及最终用户连成一个整体的功能网链结构模式。它是一个范围更广的企业结构模式，包含所有加盟的节点企业。它不仅是一条连接供应商到用户的物料链、信息链、资金链，而且是一条增值链，物料在供应链上因加工、包装、运输等过程而增值，给相关企业带来收益。供应链管理是一种集成的管理思想和方法，对供应链中的物流、资金流和信息流进行计划、组织、协调及控制。

2. ERP

企业资源计划（Enterprise Resource Planning，ERP）是由美国加特纳公司于 1990 年 4 月在《ERP：设想下一代的 MRPII》分析报告中提出的。ERP 是一种基于“供应链”的管理思想，在 MRPII 的基础上扩展了管理范围，给出了新的结构，把客户需求和企业内部的制造活动，以及供应商的制造资源整合在一起，体现了完全按用户需求制造的思想。

ERP 跳出了传统企业的边界，从供应链的角度优化企业的资源，集信息技术与先进的管理思想于一身，对改善企业业务流程、提高企业核心竞争力具有显著作用。作为目前世界上先进的企业管理模式，它在体现目前世界上先进的企业管理理论的同时，也提供了企业信息化集成的最佳解决方案，它把企业的物流、人流、资金流、信息流统一起来进行管理，以求最大限度地利用企业现有资源，实现企业经济效益的最大化。因为 ERP 涵盖了企业的大部分后台活动，所以必须和电子商务应用相结合。事实上，电子商务和 ERP 系统的整合已成为必然。

3. CRM

客户关系管理（Customer Relationship Management，CRM）是指企业用 CRM 技术来管理与客户之间的关系，利用信息科学技术实现市场营销、销售、服务等活动的自动化，使企业能更高效地为客户提供满意、周到的服务，以提高客户满意度、忠诚度为目的的一种管理经营方式。CRM 既是一种管理理念的名字，又是一种软件技术的名字。

电子商务的快速发展，为客户关系管理提供了新的发展平台。基于电子商务的 CRM 为客户提供了新的网络交互方式，如在线产品配置、常见问题解答（FAQ）、在线表单、电子邮件、在线即时沟通工具等，这将给客户带来全新的客户服务体验，如 24 小时没有时空限制的服务、实时互动的信息沟通、便捷的网络沟通方式等。同时，CRM 是企业电子商务战略中的重要组成部分。CRM 是连接企业内部、外部经营的纽带和桥梁。一方面，CRM 为外部供应链、B2B 网站、B2C 网站的高效运转提供了更好的客户服务支持；另一方面，CRM 作用于销售、生产、财务等内部业务部门，使它们可以在 CRM 平台上共享信息，为客户提供一站式服务。

4. BPR

业务流程再造（Business Process Reengineering，BPR）是 20 世纪 90 年代由迈克尔·哈默和 CSC 管理顾问公司董事长钱皮提出的。1993 年，在他们联手所著的《公司重组——企业革命宣言》一书中，哈默和钱皮对 BPR 的定义如下："为了飞跃性地改善成本、质量、服务、速度等现代企业的主要运营基础，必须对工作流程进行根本性的重新思考并彻底改革。"它的基本思想就是必须彻底改变传统的工作方式，即彻底改变传统的自工业革命以来、按照分工原则把一项完整的工作分成不同部分，由各自相对独立的部门依次进行工作的工作方式。

人们关于 BPR 的定义有许多，有的观点认为 BPR 是对组织中及组织间的工作流程与程序的分析和设计；有的观点认为 BPR 是使用信息技术从根本上改变企业流程以达成主要企业目标的方法性程序；有的观点认为 BPR 是对企业流程的基本分析与重新设计，以获取绩效上的重大改变。尽管各种观点的描述不尽相同，但它们的内涵是相似的，即 BPR 的实质是一个全新的企业经营过程（这里的企业经营过程是指为了达到某一经营目标而实施的一系列逻辑）。这个过程要不受现有部门和工序分割的限制，以一种最简单、最直接的方式来设计企业经营过程，要面向经营过程设置企业的组织结构，以实现企业的重组。因此，较全面的 BPR 定义应是通过资源整合、资源优化，最大限度地满足企业和供应链管理体系高速发展需要的一种方法。它更多地体现为一种管理思想，已经远远超出了管理工具的价值，其目的是在成本、质量、服务和速度等方面取得显著的改善，使企业最大限度地适应以顾客、竞争、变化为特征的现代经营环境。

企业实施 BPR 和应用电子商务系统并没有直接的关联，但是在 BPR 实施成功的案例中，有很多都是与电子商务系统及其他信息系统的应用分不开的。BPR 可以独立于信息技术而存在，但这种独立是相对的。因此，在信息技术的应用过程中，不仅要着眼于电子商务系统本身，还要面向企业 BPR 来开展研究和实施。

5.3 电子商务环境下的物流模式

随着市场经济的发展和电子信息技术的进步，生产和流通之间的界限逐渐被打破。生产和消费，以及将两者紧密联系起来的流通等经济活动的各个方面被"物流"综合在了一起，形成了电子商务环境下新的物流模式。目前，电子商务环境下的物流模式主要包括自营物流、第三方物流、物流联盟和第四方物流。

5.3.1 自营物流

自营物流就是电子商务企业借助自身物质条件，包括物流设施、设备和管理机构等，建设全资或控股的物流子公司，自行组织完成企业的物流活动。

自建物流系统最大的好处是拥有对物流系统过程的有效控制权，借此提升该系统对企业服务顾客的专用性，主要表现在以下 3 个方面。

① 电子商务企业可以通过内部行政权力控制商品配送活动，而不必就货物配送的佣金问题进行谈判，提高了配送服务的效率，减少了交易费用。

② 能够控制或避免竞争对手对该商品配送系统的利用，保障企业对顾客服务的优先地位。

③ 该商品配送系统能够与企业的营销活动紧密配合，从而提高企业的市场感召力、竞争力和品牌价值。

在电子商务的发展过程中，一些大型企业凭借原有的庞大的连锁分销渠道和零售网络，利用电子商务技术构建自己的物流体系，进行物流配送服务。例如，联想集团已拥有由 3 000 多个网点组成的物流体系。自建物流体系的这些企业大多数具有较强的实力，在传统业务经营中有所积累，向电子商务型企业的转型步伐也较为迅速。电子商务企业要想获得竞争优势，必须突破传统的模式，在资源有限的情况下将核心功能与一般功能分离，以保持自身的竞争实力。因而，采取这一模式之前，企业应考虑物流服务是否为其核心竞争力所在，自建物流体系能否充分发挥其核心功能。

自建物流系统主要适用于以下这些企业：业务集中于其所在城市，送货方式比较单一；拥有覆盖面很广的代理、分销、连锁店；规模大、资金雄厚、货物配送量大。这类企业建立自己的物流公司也是一种战略选择。

应用实例　沃尔玛的物流模式

沃尔玛拥有完整的物流系统，由信息系统、供应商伙伴关系、可靠的运输及先进的全自动配送中心组成的完整的物流系统遍布美国。其高效率的物流过程包括以下几个环节：首先由采购员向供应商采购商品，通过资料输入发出订单；供货商将商品统一送到配送中心；商品经配送中心处理后由卡车送到各个商店，摆放在店内供顾客购买；商店通过计算机系统要求补货。

沃尔玛拥有先进、完善、独特的物流配送体系，大大降低了成本，加速了存货周转。而沃尔玛补充存货的方法——物流管理交叉装卸法也非常独特。沃尔玛的物流配送流程如图 5.2 所示。

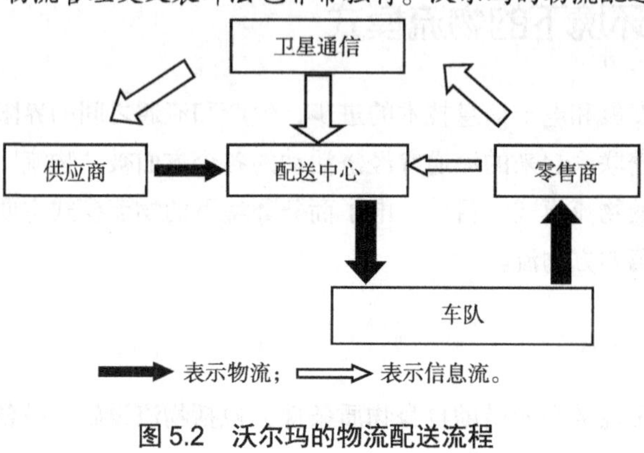

图 5.2　沃尔玛的物流配送流程

沃尔玛是世界上第一个拥有私人通信卫星的企业。沃尔玛商场的计算机与总部相连，通过卫星轨道，随时可以查货、点货、发货和进行信息交流。沃尔玛通过整个系统每天直接把销售情况传送给其供应商。

沃尔玛具有发达的计算机网络体系，该体系从总体上说属于发达的“根系状”形式，从分店的销售统计到自动存货再到自动订货。这就是它为什么能够及时了解销售情况并能准时补充货源。任何一家沃尔玛市场，都具有自己的终端，并通过卫星与总部相连。沃尔玛每销售一件商品，都会即时通过与收款机相连的计算机记录下来，每天都能清楚地知道实际的销售情况。所有商品都利用条码通过计算机进行跟踪，既方便、安全，又快捷。

图 5.3 所示为沃尔玛模式。由图 5.3 可以看出沃尔玛模式中的关键环节，就是利用电子商务平台，完成业务流程中的商流、资金流、信息流的即时作业。其独立的物流体系保证了沃尔玛的运作处于连续的不间断的流动中。沃尔玛模式的最大优势：沃尔玛不存在大量的资金沉淀，信息流决定着物流的大小和方向，同时沃尔玛也不需要大规模的仓库，其几乎可以运作于零库存的状态下。沃尔玛成功的关键在于其依据电子商务的流程，构建了与电子商务相匹配的商业模式。

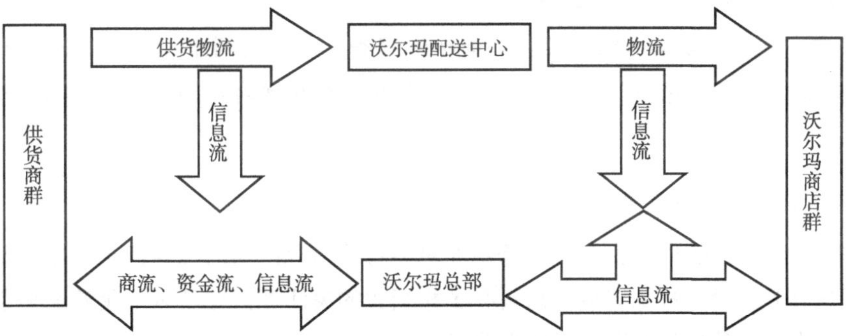

图 5.3　沃尔玛模式

5.3.2　第三方物流

第三方物流（Third Party Logistics，3PL）又称物流代理，通常以发货人和专业物流代理商之间的正式合同为条件。这一合同明确规定了服务费用、期限及相互责任等事项，所以第三方物流也称“合同制物流”。从广义的角度及物流运行的角度看，第三方物流不仅包括了一切物流活动，还包括了发货人可以从专业物流代理商处得到的其他一些有价值的增值服务。狭义的第三方物流专指本身没有固定资产或企业完全依靠自身力量兴建有较大困难的，但仍承接物流业务的企业，借助外界力量，负责代替发货人完成整个物流过程的一种物流管理方式。

如果物流在企业电子商务企业发展战略中的地位并不十分重要，而且该企业自身物流管理能力比较欠缺，则采用“第三方物流”模式是其最佳选择。它能够大幅度降低成本，提高服务水平。对中小型企业而言，物流业资金占用率高、回收期长，而中小型企业本身的规模和资金都相对有限，所以其无力组建自己的物流体系，企业必须依靠高效的物流活动来支持生产的正常运转，因此第三方物流是其理想的选择。第三方物流模式在目前条件下，是我国中小型企业运作的理想的电子商务物流模式。

第三方物流模式有以下特点。

1．有利于企业实现资源优化配置

在第三方物流模式下，企业将有限的人力、财力集中于核心业务，进行重点研究，努力开发新产品，以便获取最大的投资回报，提高企业的竞争能力，将那些不属于核心能力的功能弱化或者外包，而物流通常不被大多数的中小型电子商务企业视为他们的核心业务。

2．拥有发达的物流网络和针对不同物流市场的专业能力

对第三方物流企业来说，获得许多关键信息更为经济，如卡车运量、国际相关文件、空运报价等，因为物流企业可以将这些投资分摊到很多客户头上。第三方物流企业还拥有信息技术，他们与独立的软件供应商结盟，或者开发企业内部的信息系统，最大限度地利用运输和分销网络，有效地进行跨运输方式的货物追踪，进行电子交易和提供其他相关的增值服务。

3．拥有规模经济优势和成本优势

第三方物流企业可以从运输商或者其他物流服务商那里得到比其客户更为低廉的运输报价，或从运输商那里大批量购买运输容量，然后集中配载很多客户的货物，大幅度地降低单位运输成本。

4．为电子商务企业提供更大的灵活性

通过物流活动外包的形式，电子商务企业对本身的物流活动的规划，无论是在技术上、地理上，还是在服务质量、资源规模上都具有了相当大的灵活性。尤其对于业务量呈季节性变化的企业，外包物流对其盈利的影响就更为明显。

5．能够提升企业形象

第三方物流企业与电子商务企业之间，不是竞争对手，而是战略合作伙伴。第三方物流企业是物流专家，具有丰富的专业知识和经验，利用完备的设施和训练有素的员工，减少物流的复杂性，实现规模经济所带来的高效率；同时提供了更专业的服务，提高了企业的服务水平，使企业形象得到提升。

应用实例　戴尔模式（核心企业下的电子商务物流）

近年来，计算机行业迅速发展，戴尔在这个竞争激烈的行业中，通过其独特的“直销模式”飞速地成长为世界上名列前茅的计算机公司。而戴尔的成绩离不开物流电子商务化的巧妙运用。

戴尔直销模式的核心思想：真正按照客户的要求来设计制造产品，并在尽可能短的时间内直接送到客户手上。其核心竞争力就是品牌、直销，以及资本。戴尔并不以技术见长，它孜孜以求的是尽可能消除一切中间环节。它其实是在组装市场，减少了市场流转的时间和成本，从而使市场潜力充分地释放了出来。戴尔的营运方式是直销，在业界号称“零库存，高周转”。在直销模式下，公司接到订货单后，将计算机部件组装成整机，而不是像很多企业那样，根据自己对市场的预测制订生产计划，批量制成成品。图 5.4 所示为戴尔模式。戴尔模式的关键在于戴尔直接与客户沟通，省略了不必要的中间环节，真正利用了电子商务的本质——廉价、快捷、

即时的信息传递功能，在第一时间了解客户的需要。同时，戴尔根据顾客信息，保证了公司的合理库存，而不是无根据地预测需求库存。仅库存一项就使戴尔比同类公司更具竞争优势，在市场发生波动时戴尔更容易应变局势的突变。另外，戴尔的物流采取了外包的形式。

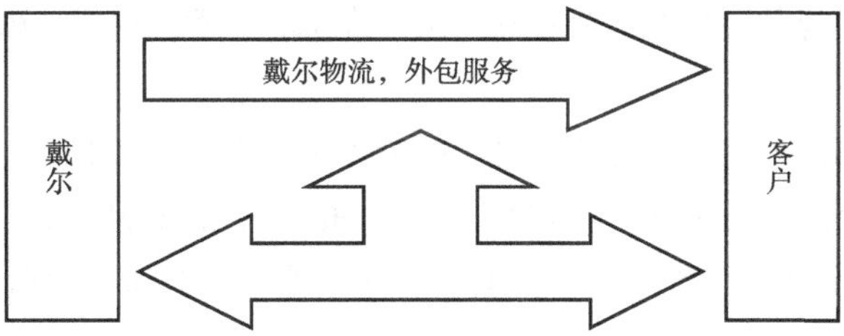

图 5.4 戴尔模式

5.3.3 物流联盟

物流联盟可以看作自营物流和第三方物流相结合的一种混合模式。它不仅可以降低这两种模式带来的风险，而且更易于企业操作。物流联盟各组成企业利用电子商务提供的网络通信技术，建立信息共享平台，组成动态物流联盟。联盟企业之间具有很强的依赖性，各自应当明确自身在整个物流联盟中的优势及担当的角色，减少内部的对抗和冲突，分工明晰，使供应商把注意力集中在为客户提供指定的服务上，提高企业的竞争力和竞争效率，满足企业跨地区、全方位物流服务的要求。一般而言，组建物流联盟，开展共同配送的企业应遵循“功能互补、平等自愿、互惠互利、协调一致”等原则。

应用实例 菜鸟联盟

2013 年 5 月 28 日，阿里、顺丰、三通一达（申通、圆通、中通、韵达）等共同组建菜鸟网络科技有限公司（简称菜鸟）。在该公司的股权结构中，天猫投资 21.5 亿元，占股 43%；圆通、顺丰、申通、韵达、中通各出资 5 000 万元，各占股 1%。

菜鸟的愿景是建设一个数据驱动、社会化协同的物流及供应链平台。它是基于互联网思考、互联网技术，以及对未来的判断而建立的创新型互联网科技企业。它致力于提供物流企业、电子商务企业无法实现，但是未来社会化物流体系必定需要的服务，即在现有物流业态的基础上，建立一个开放、共享、社会化的物流基础设施平台，未来可实现中国范围内 24 小时内送货必达、全球范围内 72 小时送货必达的目标。除了已经上线的当日达、次日达、预约配送等服务，菜鸟联盟产品体系中还包括承诺达、定日配送、夜间配送、送货入户、开箱验货、上门取退等服务，将形成一整套确定性的物流服务体系。

5.3.4 第四方物流

第四方物流（Fourth Party Logistics，4PL）是一个供应链集成商，它调动和管理、组织自己及具有互补性的服务提供商的资源、能力和技术，以提供一个综合的供应链解决方案。作为一个全新的概念，第四方物流的提出融合了诸多现代管理思想。从本质上讲，第四方物流是一个供应链的集成商，它充分利用第三方物流、信息技术供应商、合同物流供应商、呼叫中心、电信增值服务商、客户及自身等多方面的能力对公司内部和具有互补性的服务供应商所拥有的不同资源技术进行整合和管理，提供一整套供应链解决方案。在实际运作过程中，第四方物流以探索、发挥集体竞争优势的最佳机遇为目标，采用虚拟企业管理模式，根据特定的需要构建特定的组合。

在电子商务中，第三方物流是对传统物流的继承和突破，而第四方物流则完全是电子商务环境下的新兴产物，包含更多的管理创新和意识。由于其强调协同合作，对第三方物流并不构成威胁。相反，二者相互补充，可进一步扩大物流范围、增强物流服务能力、提高物流管理水平。

第四方物流的基本运作模式有如下 3 种。

1. 协助提高者

第四方物流与第三方物流共同开发市场，第四方物流向第三方物流提供一系列的服务，包括技术、供应链策略、进入市场的能力和项目管理的能力。第四方物流在第三方物流内部工作，其思想和策略通过第三方物流这样一个具体实施者来实现，以达到为客户服务的目的。第四方物流与第三方物流一般会采用商业合同的方式或战略联盟的方式进行合作。

2. 方案集成者

作为方案集成者，第四方物流为客户提供运作和管理整个供应链的解决方案。第四方物流对自身和第三方物流的资源、能力和技术进行综合管理，借助第三方物流为客户提供全面的、集成的供应链方案。第三方物流利用第四方物流提供的方案为客户提供服务。第四方物流作为一个枢纽，可以集成多个服务供应商和客户的能力。第四方物流方案集成者模型如图 5.5 所示。

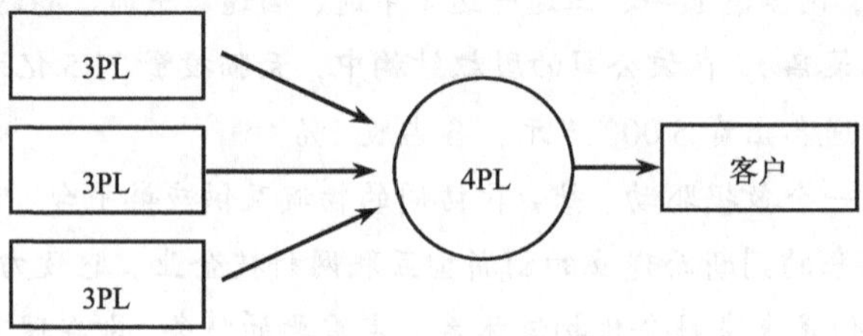

图 5.5 第四方物流方案集成者模型

3. 行业创新者

第四方物流为多个行业的客户开发和提供供应链解决方案，以整合整个供应链的职能为重点，集成第三方物流，向下游的客户提供解决方案。在这里，第四方物流的责任非常重要，因为它是上游第三方物流集群和下游客户集群的枢纽。第四方物流行业创新者模型如图 5.6 所示。

第四方物流无论采用哪一种模式，都突破了单纯发展第三方物流的局限性，做到真正的低成本、高效率、实时运作，实现最大范围的资源整合。因为第三方物流缺乏跨越整个供应链运作，以及真正整合供应链流程所需的战略和专业技术，而第四方物流可以不受约束地将每一个领域的最佳物流提供商组合起来，为客户提供最佳物流服务，形成最优物流方案或供应链管理方案。

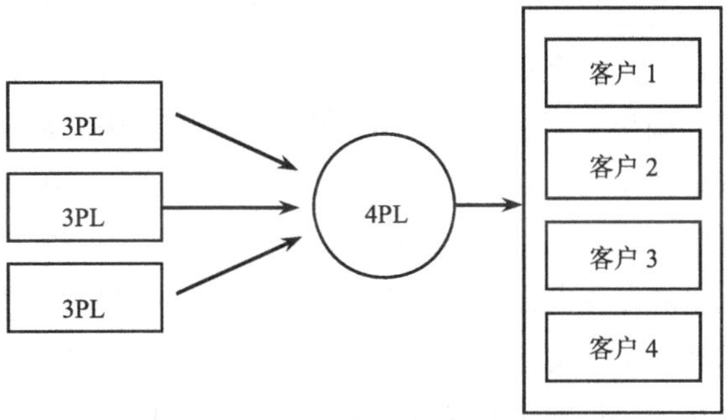

图 5.6　第四方物流行业创新者模型

美国和欧洲的经验表明，要想进入第四方物流领域，企业必须在某一个或某几个方面已经具备很强的核心能力，并且有能力通过战略合作伙伴关系很容易地进入其他领域。专家列出了一些成为第四方物流的前提条件，如下所述。

① 世界水平的供应链策略制定、业务流程再造、技术集成和人力资源管理能力。

② 在集成供应链技术和外包能力方面处于领先地位。

③ 在业务流程管理和外包的实施方面有一大批富有经验的供应链管理专业人员。

④ 能同时管理多个供应商。

⑤ 具有良好的关系管理和组织能力。

⑥ 全球化的地域覆盖能力和支持能力。

⑦ 对组织变革问题的深刻理解和管理能力。

第四方物流不仅能控制和管理特定的物流服务，而且能对整个物流过程提出策划方案，并通过电子商务将这一过程集成起来。作为能与客户的制造、市场及分销数据进行全面在线连接的一个战略伙伴，第四方物流与第三方物流一样，会在可预见的将来得到广泛应用。

5.3.5　O-S-O 物流模式

O-S-O 物流模式即物流外包—自建渠道—渠道外包（Outsourcing-Self-constructed-Outsourcing）模式。此模式不是简单的开始、发展、回归的过程，而是符合哲学意义的发展模式。这一模式与中国物流发展水平、电子商务企业自身发展水平、客户需求水平相联系，从最初的业务全部外包到中期的选择性自建到最后的业务趋于平稳，社会化物流服务水平的提升，必然会要求电子商务企业开放自身的物流服务渠道以供全社会使用，同时对于自建渠道的不足又会吸纳优秀供应商进入服务体系，最终形成一个波浪式前进、螺旋式上升的发展模式。

5.3.6　物流一体化

物流一体化是指以物流系统为核心，将生产企业、物流企业、销售企业至消费者的供应链整体化和系统化。它是在第三方物流的基础上发展起来的新的物流模式。20 世纪 90 年代，西方发达国家提出物流一体化现代理论，并应用和指导其物流发展，取得了明显效果。在这种模式下，物流企业通过与生产企业建立广泛的代理或买断关系，使产品在有效的供应链内迅速移动，使各方参与企业都能获益，使整个社会获得明显的经济效益。这种模式还表现为用户之间广泛交流供应信息，从而起到调剂余缺、合理利用、共享资源的作用。在电子商务时代，这是一种比较完整意义上的物流配送模式，它是物流业发展的高级和成熟阶段。

物流一体化的发展可进一步分为 3 个层次：物流自身一体化、微观物流一体化和宏观物流一体化。物流自身一体化是指物流系统的观念逐渐确立，运输、仓储和其他物流要素趋向完备，子系统协调运作，系统化发展。微观物流一体化是指市场主体企业将物流提高到企业战略的地位，并且出现了以物流战略作为纽带的企业联盟。宏观物流一体化是指物流业发展到这样的水平：物流业处于社会经济生活的主导地位，物流业产值占到国内生产总值的一定比例，使跨国公司从内部职能专业化和国际分工程度的提高中获得规模经济效益。物流一体化是物流产业化的发展形势，必须以第三方物流充分发育和完善为基础。物流一体化的实质是物流管理的问题，即专业化物流管理人员和技术人员，充分利用专业化物流设备、设施，发挥专业化物流运作的管理经验，以求取得整体最佳效果。同时，物流一体化的趋势为第三方物流的发展提供了良好的发展环境和巨大的市场需求。

5.4 电子商务与供应链管理

随着市场竞争的加剧，以顾客为中心的现代营销理念逐步取代了以生产和产品为中心的营销理念。企业意识到与合作伙伴真诚合作，追求共同利益是在竞争中生存、搏击、制胜的法宝。哪个企业能够以敏锐的洞察力发现顾客需求，并在最短的时间内运用各种先进技术，以最低的成本、最优的服务满足这种需求，它就会在激烈的市场竞争中脱颖而出。近年来，为了顺应时代发展的需要，顺应市场的需要，顺应竞争的需要，生产厂商、分销商、代理商纷纷引入了供应链管理的理念。20 世纪 80 年代以后，出现了利用企业外部资源快速响应市场需求的思想，即“横向集成”的供应链思想，使企业赢得了低成本、高质量、快速满足顾客需求等方面的竞争优势。20 世纪 80 年代以来，随着电子商务的推广，供应链管理系统研究已经成为国内外管理学、物流学、采购学等领域专家、学者的一个研究热点。

5.4.1 供应链管理的定义

1．供应链的概念

所谓供应链，就是跨企业与部门形成的产品和服务的核心业务流程，产品生产和流通过程中所涉及的原材料供应商、生产商、批发商、零售商及最终消费者组成的供需网络，即由物料获取、物料加工，并将成品送到用户手中这一过程所涉及的企业和企业部门组成的一个网络。供应链是社会化大生产的产物，是重要的流通组织形式和市场营销方式。它以市场高程度的组织化、规模化经营的优势，有机地联结生产和消费，对生产和流通有着直接的导向作用。电子商务将供应链的各个参与方联结为一个整体，实现了供应链的电子化管理。近年来，大数据、云计算、IoT 等新兴技术快速发展，传统供应链已无法满足企业的发展需求，企业变革、创新升级势在必行。智慧化、数字化、可视化的供应链已经成为行业发展的主赛道。

供应链一般分为内部供应链和外部供应链。内部供应链是指企业内部产品生产和流通过程中所涉及的采购部门、生产部门、仓储部门、销售部门等组成的供需网络。而外部供应链则是指企业外部的，与企业相关的产品生产和流通过程中涉及的原材料供应商、生产厂商、储运商、零售商及最终消费者组成的供需网络。内部供应链和外部供应链共同组成了企业产品从原材料到成品再到消费者的供应链。它们的区别在于外部供应链范围大，涉及企业众多，企业间的协调更困难。在电子商务中，我们更加注重 B2B 模式下从产品供应商到订购产品的企业的外部供应链的管理。

2. 供应链的构成

供应链与价值链有着紧密的关系。要研究供应链，就要先看一下价值链。价值链包括实现连接企业与消费者这一过程的目标所需的全部活动。企业主要靠为顾客提供价值获得竞争优势。企业的基本活动由下述 5 种基本的增值活动构成。

① 内部后勤：物料的接收、存储、在制品移动等活动，如物料的搬运、仓储、库存控制、车辆安排及向供应商退货等。

② 生产：将投入转换为最终产品的活动，如加工、装配、包装、设备维修、测试和设施维护等。

③ 外部后勤：集中、存储及把产品发送给买方的活动，如产品配送、仓储、物料搬运、送货车辆安排、订单处理和计划等。

④ 市场营销：为购买者提供购买渠道及引导他们购买的活动，如广告、促销、销售队伍、配送渠道的选择、配送渠道的联系及定价等。

⑤ 服务：通过提供服务维持及提高产品价值的活动，如安装、维修、培训、零配件供应和产品调试等。

这 5 种基本的增值活动构成了一个价值链。在此价值链中，从物料采购开始，通过内部后勤活动和生产活动，物料逐渐向市场移动，每次移动都会成为增值的一部分。价值最后的增加将在最终产品所有权转移给客户的时候发生。在一个典型的企业中，生产运作活动可分为三大块：采购、生产及地区配送。这 3 种生产运作活动通常会重叠。但是，如果把每种生产运作活动看作价值增加过程中的一个集成部分，将 3 种生产运作活动看作一个价值链，就有可能创造更好地利用各块特性的机会。从这个意义上来说，每个组织都可以看作一个价值链，或一条完整价值链中的一部分。而产业正是由多个这样的价值链，通过一个组织的产品被另一个组织作为原料加以利用这样的联系组成的。

这样由多个组织构成的完整的价值链，就构成了一个供应链。这样的供应链，通常由原料供应商、生产商、批发商、零售商或企业客户等多个组织构成。在这个供应链中，一个组织既是链中某个组织的用户，又是另一个组织的供应商。或者，任何一个组织实际上都是由多个组织形成的相互联系、相互作用、相互依赖的“链”或“网”中的一分子，在其全部行为中，至少有一部分是作为其他组织的客户或供应商的。如果把这样的供应链看作一个完整的运作过程对其进行集成管理，就有可能避免或减少各个环节之间的延误、浪费，就有可能在更短的时间内，用更少的总成本实现价值的增值。由此可以看出，供应链管理所涉及的不仅是组织内部的管理问题，还包括组织之间的协作和责任分担问题。供应链管理的本质，是力图通过相互间的责任分担来共同获得收益。这是一种全新的思想，这种合作关系的基础是各组织间的共同目标、相互信任、信息的自由交流和知识革新成果的共享。

3．供应链管理的基本思想

供应链管理的基本思想是利用计算机网络技术全面规划供应链中的商流、物流、信息流、资金流等，并进行计划、组织、协调与控制。它涉及各种企业及企业管理的方方面面，是一种跨行业的管理，并且企业之间作为贸易伙伴，为追求共同经济利益的最大化而共同努力。所以开展电子商务必须加强对供应链的管理。

小提示

基于电子商务的供应链管理的优势

基于电子商务的供应链管理是以顾客为中心，集成整个供应链过程，充分利用外部资源，实现快速敏捷反应，极大地降低了库存水平，具有以下优势。

① 有利于保持现有的客户关系，开拓新的客户和新的业务。基于电子商务的供应链管理直接加强了供应链中企业与客户的联系，并且在开放的公共网络上可以与最终消费者进行直接对话，从而有利于满足客户的各种需求、保留现有客户和吸引新的客户。

② 有利于保持现有业务增长，提高营运绩效。通过实施基于电子商务的供应链管理，可以实现供应链系统内的各相关企业对产品和业务电子化、网络化的管理。同时，供应链中各企业通过运用电子商务手段实现有组织、有计划的统一管理，可以减少流通环节、降低成本、缩短需求响应和市场变化时间，提高运营绩效，为客户提供全面服务，实现最大增值。

③ 有利于分享需要的信息，促进供应链中信息流的改善。供应链中的企业借助电子商务手段可以在互联网上实现部分或全部的供应链交易，有利于各企业掌握跨越整个供应链的各种有用信息、及时了解客户的需求及供应商的供货情况，也便于客户网上订货及跟踪订货情况。

5.4.2 电子商务环境下的供应链管理与传统的供应链管理

1．电子商务环境下的供应链管理与传统的供应链管理的区别

传统的供应链关系是从供应商、制造商、分销商、零售商到最终消费者的。而电子商务环境下的供应链管理是围绕核心企业的，通过对物流、信息流和资金流的控制，从采购原材料开始，制成中间产品及最终产品，最后由销售网络把产品送到最终消费者处，将供应商、制造商、分销商、零售商，以及最终消费者连成一个整体的功能网络。

传统的供应链管理模式称为“推销”模式，如图5.7所示。根据商品的库存情况，有计划地

将商品推销给客户。在传统经济条件下，信息技术比较落后，信息获取和传递的成本较高，致使企业无法深入市场进行全面、准确的需求调研，只能按照自己的管理方式运作，很少考虑上下游企业的利益，因而常常会出现生产计划与市场需求脱节、信息反应迟缓等问题，或产品的实际需求量与预测的需求量之间的偏差较大的情况，造成库存积压和商品的无效移动，无形中加大了物流成本。

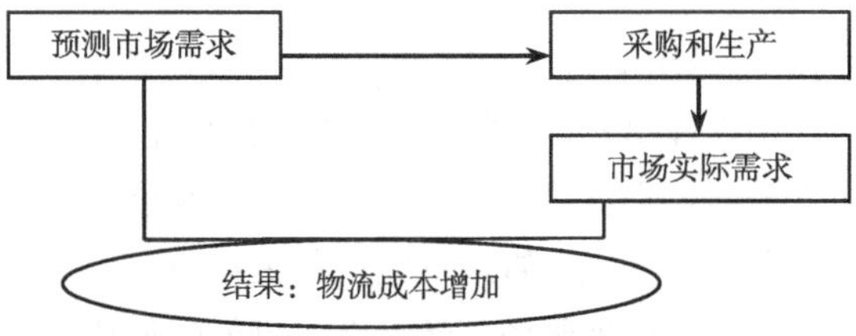

图 5.7　传统的供应链管理模式

电子商务环境下的供应链管理模式又称“需求动力”模式，如图 5.8 所示。“需求动力”模式源于客户需求，客户是该供应链中一切业务活动的最终驱动力。无论是生产，还是采购，都以市场需求为依据，由客户的需求来拉动。在这种模式下，采购、生产和销售基本上可以做到同步进行，这就可以减少库存，避免商品的无效移动，降低物流总成本，提高物流整体效率。

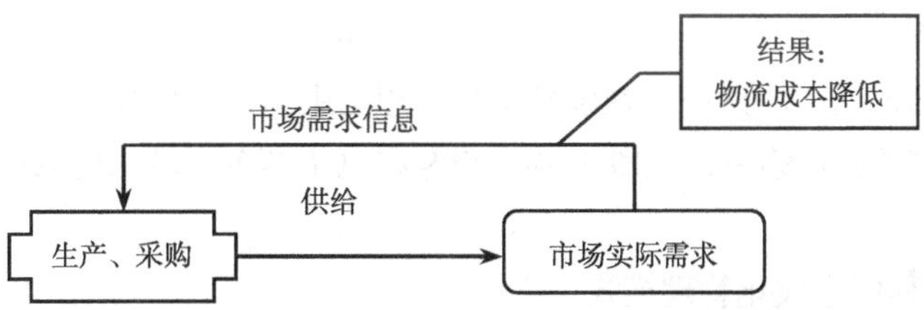

图 5.8　电子商务环境下的供应链管理模式

基于电子商务的供应链管理的核心思想主要包括协同电子商务、电子企业和业务外包。

1）协同电子商务

协同电子商务是电子商务时代供应链管理的核心。企业通过建立自己的电子商务网将自身业务流程、客户、供应商及其他业务伙伴集成起来，使企业在本身的市场领域降低了交易成本，提高了竞争力。

2）电子企业

电子企业是指把现实资产和网络结合在一起并很好地加以平衡的企业，它是电子商务发展的最高阶段。在电子企业里面，每个员工会像重视关系到企业生存的战略任务那样重视互联网。不是某一个专家管理着员工，而是靠详细的分析和投资回报率指导着企业的领导者。网络应用程序会受到重视，最有价值的资产将是那些把网络科技和商业结合在一起为企业服务的科技人员。

3）业务外包

业务外包是指企业将自己的业务集中在拥有核心技术、能够增加最大附加值的环节，而把不属于核心能力的功能弱化或独立分离出去，以便获取最大的投资回报。它体现了企业在新的竞争形式下，通过不断发掘来强化自身核心竞争力。充分利用业务已是企业重要的经营战略。例如，耐克作为世界上大型的运动鞋制造商，却没生产过一双完整的鞋；波音作为世界上最大的飞机制造公司，自己却只生产座舱和翼尖，波音 747 飞机的 450 多万个零部件，大多数是由世界上几十个国家的有关企业提供的。这些厂商或拥有设计，或拥有品牌，或在销售上具有独特竞争优势，它们将生产过程外包给了其他厂商，从而获取了更大的利润。据调查，全球外包市场以年增长 25%的速度发展，其中亚洲将以年增长 50%的速度发展。

2．电子商务环境下供应链管理模式的特点

1）以客户价值为导向的“需求动力”模式

在电子商务环境下，这种管理模式的目标已经从初期的提高效率、降低成本和满足客户日益增强的需要方面，转向以提高客户价值为中心，将重点放在创造和提高客户价值上。深入了解客户的需求及需求的时间和地点是成功管理供应链的关键所在。也就是说，供应链上的企业必须首先了解客户需要何种产品、何种服务，然后在尽可能降低成本的前提下，满足客户需求并给客户提供最大的利润空间。因此，供应链管理必须以最终客户服务（Customer Service）、客户满意（Customer Satisfaction）与客户成功（Customer Success）这“3CS”作为管理的出发点，将其贯穿于供应链管理的全过程，并将改善客户服务质量、让客户满意、提高对变化的客户需求的反应能力作为创造竞争优势的根本方法。只有当整个供应链以客户的购买为动力时，才能消除商品在流通中产生的库存，最终实现零库存效应。

UPS 公司是世界运输和速递业的领军企业。该公司运用先进的物流和计算机技术，建立了一个覆盖世界各地的发送中心网络。其经营指导思想也由运作的效率和可靠性转向以客户为导向，将每位客户的需求放在第一位。1999 年，UPS 在电子商务领域内所取得的业绩得到了全球的广泛认可。

2）一种基于流程的集成化管理模式

20 世纪 90 年代以来，随着电子商务的推广，供应链管理也出现了新的方式——集成供应链管理（Integrated Supply Chain Management），即一种基于流程的集成化管理模式。在传统的管理模式下，往往由于利益目标冲突、信息分散等原因，各职能部门无法充分发挥其潜在效能，因而很难实现整体目标最优化。集成供应链管理通过从供应者到消费者的综合运作，使物流供应链在整体上做到最优化。集成供应链管理不同于传统的企业管理，它不仅强调设计、技术、制造、销售系统的集成，而且强调供应链管理理念、整体核心能力和资源的集成与协调，要求链条上各企业围绕物流、信息流、资金流及商流进行信息共享与经营协调，达成柔性的与稳定的供应协作关系。通过内外资源的集成使用，企业可以超越自身实力来定位管理目标。企业通过准时制（JIT）管理、企业资源计划、物流资源计划（LRP）、快速反应、有效客户反应、全面质量管理（TQM）等管理技术方法的综合运用，实现供应链管理方法的集成；通过现代网络技术手段及互联网和计算机的运用，达到信息共享，实现供应链管理手段的集成。

3）市场竞争对象发生了新的变化

在电子商务环境下的供应链管理模式中，市场竞争不再被单纯地看作企业与企业之间的竞争，而是供应链与供应链之间的竞争。对每个企业而言，供应链本身都是客观存在的，但由于供应链上的各个节点存在不确定因素，如果没有实施供应链管理，各企业独立运作，相互间不能沟通与合作，则供应链处于一种“断裂”状态，甚至会出现效率背反的现象，即单个企业的运作效率可能是较高的，而整个供应链系统的效率却往往较低下，最终供应链中每个企业的利益都受到损害。例如，零售商为防止其上游批发商出现货物脱销的情况，需要安全库存，而批发商为防止其上游生产商的产品出现供不应求的情况，也需要安全库存，这样势必会造成库存出现不必要的重复。供应链是由供应商、生产商、分销商、零售商、最终消费者组成的网络结构，链中各环节不是彼此分割的，而是环环紧扣，形成一个有机整体。只有对整个供应链进行管理和调控，协调并加强各个环节的合作，使物流系统做到“无缝对接”，才能避免和减少各环节的延误或浪费，达到整个供应链的最优化，最终使供应链中的各个企业都受益。物流系统的竞争优势主要取决于供应链的一体化，即功能整合的程度。

4）以供应链各环节上的信息共享为条件

在传统的经济条件下，由于信息技术落后和缺乏信息共享意识，在供应链管理中容易出现信息失真的问题，从而使供应链管理无法得到真正的实施。在电子商务时代，信息是物流企业的命脉。在 B2B 电子商务中，商家必须遵循“以信息替代库存”的原则，不断开发基于互联网的信息技术来取代传统的 EDI 技术，在交易伙伴之间传递商务信息。借助信息技术，供应链上任何节点上的企业都能及时掌握市场的需求动态和整个供应链的运行态势，每个环节的物流信息都能与其他环节进行交流与沟通，增大了信息的透明度。例如，借助先进的信息技术和供应链管理思想，企业内部的业务流程发生了很大的变化。过去在人工处理条件下，生产管理人员制订出生产计划后，再由物资供应部门编制采购计划，还要经过层层审核，才能向供应商发出订货单。由于流程较长，流经的部门较多，因而不免出现脱节、停顿、反复等现象，导致一项业务要花费很长时间才能完成。而在供应链管理环境下，以信息技术作为支持平台，数据实现共享后，客户订单、库存报告、销售数据报告及其他关键信息能够从一个企业（部门）迅速流向另一个企业（部门）。再比如，生产部门制订完生产计划后，供应部门就可以通过数据库读取计划内容，计算需要消耗的原材料、配套零件的数量，迅速制订出采购方案。通过查询数据库中的供应商档案，获得最佳的供应商信息，就可以迅速向有关厂家发出订货单。同样，供应商可以通过互联网了解提供给制造商的配件的消耗情况，在库存量即将到达订货点时，就可以在没有接到制造商的订货单前主动做好准备工作，从而大大缩短供货周期。

5）减少库存总量，创造竞争的成本优势

传统的库存思想认为，库存是维系生产与销售的必要措施，因而制造商和零售商都有定量的库存。上下游企业之间在不同的市场环境下只是实现了库存的转移，整个社会库存总量并未减少。再加上传统的物流管理处理产品的技术水平低，对市场的反应速度过慢，使整体库存成本上升。而从供应链角度来看，库存不是必需的，它只起平衡作用。供应链打破了传统状态下运输环节独立于生产环节之外的分工界限，通过整体合作与协调，使链上各个成员企业间建立了战略同盟关系，通过信息共享和沟通，大幅度地减少每个成员企业的不确定性及安全库存量，从而大幅度地降低整个社会的总体库存量，实现供应商、生产商、销售商、物流服务商及最终消费者皆赢的战略目标。

6）加强增值服务

供应链也是一种产品，而且是可增值的产品。其目的不仅是降低成本，更重要的是提供用户期望以外的增值服务，如配货、配送和各种提高附加值的流通加工服务项目，以及其他按客户需求提供的服务。在使用先进的信息技术和管理模式的基础上，加强各种增值服务也将成为供应链管理的重要内容。

相关链接　电子商务为供应链管理提供的主要技术手段

信息技术的迅猛发展加速了电子商务的兴起，电子商务为供应链管理提供了强有力的技术支持，主要包括 EDI 销售点与预测、财务技术手段、非技术型企业的电子商务和共享数据技术 4 种技术。

① EDI 销售点与预测。EDI 是一种在合作伙伴企业之间交互信息的有效技术手段。它是在供应链中连接节点企业的商业应用系统的媒介。供应链环境中不确定的是最终消费者的需求，必须对最终消费者的需求做出预测，供应链中的需求大都来源于这种需求。虽然预测的方法有上百种，但通过 EDI 预测，可以有效减少供应链系统的冗余性，这种冗余可能导致时间的浪费和成本的增加。

② 财务技术手段。财务技术手段广泛应用于业务和财务机构之间，通常包括以下 3 种。一是用户可以通过汇款通知系统结账，而不是通过支票。汇款通知数据包括银行账号、发票号、价格折扣和付款额，用户的财务机构通过 EFT 系统将汇款通知信息传递给供应商的财务机构，供应商的财务机构将付款确认信息传递给供应商，并收款结账，供应商则根据付款确认信息更改应收账款等数据。二是用户将支票或电子付款单传送到供应商的 Lockboxes（银行存款箱）。供应商的财务机构会处理此付款单，将钱存入供应商的账户，并从用户的财务机构扣除此款。然后，财务机构会通过 EDI-Lockboxes 将付款单信息传递给用户和供应商。三是用户可以在接收到产品或服务时自动地以共同商定的单位价格付款给供应商。

③ 非技术型企业的电子商务。大企业不希望同时拥有具有相同功能的多个系统，所以希望通过电子商务实现商业交流的标准化，但忽略了商业伙伴的电子商务能力。没有电子商务系统的小企业，将采用 E-mail、电子会议、电子市场营销、电子用户支持系统、用户网上采购或传真的服务实现电子商务功能。

④ 共享数据技术。战略合作伙伴可以通过一定的技术手段在一定的约束条件下相互共享特定的数据库，这样他们将快速知道某些需要更新的数据。例如，有邮购业务的企业将与其供应商共享运输计划数据库，装配制造商将与他们的主要供应商共享生产作业计划和库存数据。

3. 电子商务环境下供应链管理的流程

供应链管理包括 3 个主要流程：计划、实施和执行评估。

1）计划

计划包括需求预测和补货，旨在研究如何完成供应链管理目标，即将合适的产品或服务（Right Product or Service）按照合适的状态包装（Right Condition and Packaging），以合适的数量（Right Quantity）和合适的成本费用（Right Cost），在合适的时间（Right Time）送到合适的地方（Right Place）的合适客户（Right Customer）处，即“7R”。该系统便于执行订单及从客户那里收集信息。此外，还可以使信息沿着整个供应链，即从最初的原材料采购到最终消费者平滑地流动。为了支持“需求动力”模式，计划系统需要设定 3 个目标：有效地收集客户需求信息，以适应需求变动；使需求信息服务于包括安全库存、库存周转和补货频率在内的库存投资；为订单的生成、执行和记录制订完善的操作方案。这需要与分销需求计划（DRP）、卖方管理的存货（VMI）和连续补货程序（CRP）进行协调。

2）实施

实施主要关注系统运作效率，包括客户订单执行、采购、制造、存货控制及物流配送等应用系统。实施的一个中心任务是进行跨职能集成，旨在将订单执行、采购、制造及分销管理综合起来，以加强供应链上各环节的协同运作。使用实施系统有利于货物和服务在供应链中合理地有效流动。

3）执行评估

执行评估是对供应链运行情况的跟踪。这有利于企业制定较为开放的决策并对变化的市场做出能动的反应。

前沿话题　人工智能改变全球物流和供应链管理

人工智能（AI）在物流中的作用（预测能力）将上升。通过 AI 功能，企业在网络规划和预测需求方面的效率得到了提高。通过提供可以帮助进行容量规划和准确的需求预测的工具，企业可以变得更加主动。当企业知道市场的预期时，它们可以快速将车辆转移到需求更多的地区，从而降低运营成本。数据可以帮助企业以正确的方式使用它们的资源以获得最大的利益，而 AI 可以帮助它们更准确、更快速地使用资源。目前供应链已经在利用机器人跟踪、定位和移动仓库内的库存。这种机器人带有深度学习算法，可帮助机器人自主决定仓库中执行的不同流程。大数据有助于企业优化未来业绩并比以往更好地预测准确的前景。当大数据的见解与 AI 一起使用时，有助于改善供应链的不同领域，如供应链透明度和路线优化。企业通过使用基于 AI 的计算机视觉，可以以新的方式查看物流。

自动驾驶汽车是 AI 对供应链产生影响的另一个重要因素。拥有无人驾驶卡车可能需要一段时间，但目前物流行业正在利用高科技驾驶来提高效率和安全性。

AI 为供应链提供了上下文智能，降低了企业的运营成本和管理库存。上下文信息可以帮助企业快速回复客户。企业利用 AI 和机器学习来获得对仓库管理、物流和供应链管理等不同领域的新见解。这些领域中使用的一些技术是基于 AI 的目视检查的，通过使用特殊摄像头和智能机器人分类对货物进行托盘化运输、包裹和信件的分类，通过拍摄货物照片来识别损坏部分并进行必要的修正。

通过在供应链管理中使用 AI，可以分析其性能并提出影响同一区域的新因素。为了找到影响供应链绩效的因素和问题，AI 结合了强化学习、无监督学习和监督学习等不同技术的能力。AI 可以衡量和跟踪所有可以在需求预测中提供准确性的因素。根据天气、实时销售及其他因素，AI 可以循环提供连续预测。这种信息有助于自动分拣，改善仓库管理，库存系统的自我管理和自动驾驶的叉车。人工智能可以分析与供应商相关的数据，如审计、完整交付绩效、信用评分、评估，以及提供可用于做出未来决策的信息。这种步骤有助于企业作为供应商做出更好的决策，并努力改善客户服务。

AI 使客户与物流提供商的关系个性化。客户可以使用基于语音的服务来跟踪他们的货物。由于 AI 的引入加强了工厂调度和生产计划，如果客户被重定向到客户服务团队时出现任何问题，企业可以进行分析，然后对其进行优化。由于 AI 具有平衡约束的能力，因此其适用于按订单生产的情况。通过使用 AI 方法，传输系统可以利用预测方法来了解所运货物的体积，以简化运输公司的规划。通过实时跟踪城市地区的犯罪数据，可以确保使用公共交通工具的人们的安全。警方可以利用这类数据使其巡逻工作高效，并努力确保人民的安全。通过预测骑自行车者和行人的路径，可以减少伤害和交通事故。测量交通信息可以减少总体排放和各种运输工具的使用。当通过使用 AI 将与流量相关的数据用于流量管理时，可以使用这些信息来显著减少流量拥塞并简化流量。目前，许多基于 AI 的解决方案被用于构建更智能的流量解决方案，有效地发挥着作用。

自测题

单项选择题

1．（　　）是指在流通过程中保护产品、方便运输、促进销售，按一定技术方法而采用的容器、材料及辅助物等的总体名称。

A．包装　　B．运输　　C．流通加工　　D．储存

2．库存主要分为（　　）和基本库存，基本库存是补给过程中产生的库存。

A．安全库存　　B．储备库存　　C．积压库存　　D．防范库存

3．（　　）是一个供应链集成商，它调动和管理组织自己的以及具有互补性的服务提供商的资源、能力和技术，以提供一个综合的供应链解决方案。

A．第三方物流　　B．第四方物流　　C．自营物流　　D．物流联盟

4．第三方物流（Third Party Logistics，3PL），又称物流代理，通常以发货人和专业物流代理商之间的正式合同为条件。这一合同明确规定了服务费用、期限及相互责任等事项，所以第三方物流也称为（　　）。

A．约定式物流　　B．双边物流　　C．责任制物流　　D．合同制物流

5．传统的供应链模式称为（　　），电子商务环境下的供应链管理模式又称“需求动力”模式。

A．推销模式　　B．销售模式　　C．合作模式　　D．买卖模式

多项选择题

1．配送中心的业务流程包括（　　）。

A．收货、验货　　B．分类整理　　C．储存、流通加工　　D．配货、发货

2．物流活动的构成要素有（　　）。

A．运输和储存　　B．装卸和搬运　　C．包装和流通加工　　D．配送和信息处理

3．电子商务下物流模式的新特点（　　）。

A．物流设施　　B．商品包装的标准化

C．物流的社会化　　D．虚拟化

4．供应链管理分为（　　）流程。

A．计划　　B．实施　　C．执行评估　　D．处理

5．基于电子商务的供应链管理的核心思想主要有（　　）3 种。

A．协同电子商务　B．电子企业　　C．业务外包　　D．联盟合作

判断题

1．流通加工对物流起到补充、完善、提高的作用，是每一个物流系统都必需的功能。（　　）

2．包装按其在流通中的作用不同分为销售包装和运输包装，物流要素中的包装侧重于运输包装。（　　）

3．电子商务中的任何一笔交易，电子商务中都包含着几种基本的“流”，即信息流、商流、资金流和物流。（　　）

4．储备是一种有目的的储存物品的行动，库存是指仓库中处于暂时停滞状态的物品，它是存储的动态形式。（　　）

5．物流设施、商品包装的标准化，物流的社会化、共同化也都是电子商务下物流模式的新特点。（　　）

简答题

1．简述电子商务物流特点。

2．简述物流对电子商务的影响。

3．第三方物流模式的特点有哪些？

4．第四方物流基本运作方式有哪几种？

5．简述电子商务下的供应链管理与传统的供应链管理的区别。

讨论题

电子商务环境下，供应链管理模式的特点有哪些？

上网实习

1．上网查找、分析戴尔、惠普和 SUN 公司的现代供应链管理的区别。

2．登录宝供物流企业集团公司的网站和中国电子商务网，了解它们的运营模式和服务功能。

3．调查或者上网搜索，收集关于我国电子商务物流发展的资料，然后汇总整理，写出一篇有关我国电子商务物流发展对策的小论文，字数为 1 000 字左右。

小组任务

通过浏览申通快递的网站了解网站的结构及公司的发展情况，了解联申通递提供的第三方物流在线服务的功能及运作流程。访问八佰拜网站、瑞士手表电子专卖网站。

全班学生分成3个组。

要求：

（1）第一组主要完成：申通快递在提供第三方物流在线服务时，基本服务有哪些？其提供的高附加值的服务有哪些？

（2）第二组主要完成：申通快递的在线服务承诺是什么？申通快递提供的物流解决方案有哪些？

（3）第三组主要完成：访问八佰拜网站、瑞士手表电子专卖网站，使用电子供应链工具，了解其服务功能。

（4）三组同学最后均形成一份调查报告，各由一名同学负责陈述，并且对申通快递的服务进行总结并对电子供应链的应用情况进行分析。

第 6 章

电子商务网络营销

引导案例 良品铺子如何一年卖到 2 亿元

良品铺子在 2012 年就开始布局电子商务。2015 年，其全渠道销售额高达 45 亿元，其中线上销售额达 12 亿元，仅次于互联网零食品牌“三只松鼠”。作为线上线下的休闲零食企业，良品铺子也是天猫、支付宝、微信支付、京东到家等各大渠道成功的样板合作企业。2012 年“双 11”期间，良品铺子在天猫上的销售额为 100 万元，这让良品铺子意识到消费者购物习惯发生了变化。对于是否转战线上，良品铺子内部也有很多分歧，因为其早先创业的想法是专注做好门店。最终，鉴于趋势的重要性，良品铺子决定设立电子商务公司，在各大电子商务平台开店。

紧接着，2013 年年底，良品铺子从电子商务平台团队里抽出一部分人，又招聘了一些“90 后”，正式上线官方微信平台。除了与消费者互动，良品铺子还尝试在微商城上推介和销售优惠产品，推出“降价拍”等社交玩法，开展主题营销活动。

2016 年欧洲足球锦标赛期间，利用对消费者的大数据分析，良品铺子在微商城首发“看球零食桶”，其中包含 5 种球迷喜爱的专属零食；通过热门的视频直播，联合千名斗鱼“网红”主播在线观看欧洲足球锦标赛并表演“看球零食桶”的 100 种花式吃法；利用朋友圈的 H5 传播形式，制作文案让消费者通过朋友圈互动。

现在，良品铺子探索和研究的社交电子商务新事物还有很多。比如，世界杯期间已应用的直播电子商务，通过社群形式交易（消费者推动的一个业务流商业模式）等。还有，共享经济推动良品铺子的 2 000 多万名会员在全球帮其物色美食，使良品铺子省下很多研发和找寻费用。

此外，良品铺子关注小米、华为、罗辑思维等企业，通过社交渠道（包括微信公众号、会员体系、微商城、微信群等渠道）形成独特的泛社群运营体系，和消费者互动起来。消费者从简单的产品购买者变为参与者，参与零食品牌生态的构建。

本章学习目标

1. 掌握网络营销的含义、方法；
2. 了解网络营销的策略；

3. 理解网络营销各种模式的含义和网上市场调查的方法；
4. 熟悉电子商务公关的知识；
5. 熟悉网络广告的策略。

学习导航

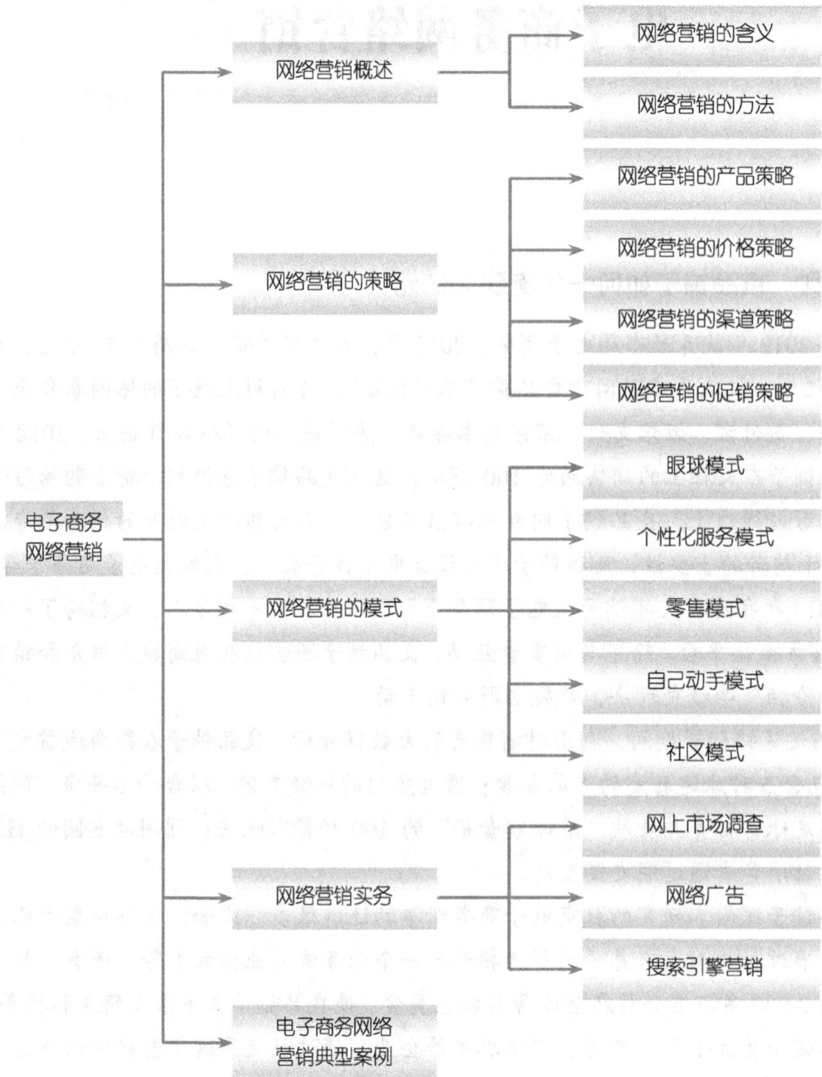

职业指导

网络营销的岗位：网络企业的推广、销售、公关、客服、调研、咨询岗位；企业的营销管理层岗位；自主创业的广告人、营销策划人及营销咨询顾问等；网络编辑岗位、网站网络运营岗位、搜索引擎优化（SEO）相关岗位、搜索引擎营销（SEM）相关岗位、网站推广和优化相关岗位、网络营销培训、内容营销设计、网络品牌管理、软文营销策划等。网络营销师又称网络营销工程师，其职责为将互联网技术与市场营销相结合，通过各种技术手段，迅速提高网站的综合排名和访问量，为企业提供网络营销规划、网站建设规划、搜索引擎优化、竞价推广、网盟推广、整个网络营销推广等服务，帮助企业有效提升销售额。中华人民共和国工业和信息化部是网络营销师的权威认证机构。中国就业培训技术指导中心于 2020 年 5 月 12 日发布《关于对拟发布新职业信息进行公示的公告》，拟新增 10 个职业，互联网营销师（网络营销师）就是其中之一。这标志着电子商务直播运营行业有了官方认证的职业名称，相关人士将持证上岗。互联网营销师职业的发布，为中国数字经济新业态的持续发展注入新动力。互联网营销师是在数字化信息平台上，运用网络的交互性与传播公信力，对企业产品进行多平台营销推广的人员。其主要工作任务包括搭建数字化营销场景，通过直播或短视频等形式对产品进行多平台营销推广；提升自身传播影响力，加强用户群体活跃度，促进产品从关注到购买的转化率等。

6.1　网络营销概述

网络营销是随着互联网的产生和发展而产生的新的营销方式，它已经成为很多企业关注的焦点，企业纷纷采用这种新的手段来推广自身形象和开展网络公关。

6.1.1　网络营销的含义

凡是以互联网为主要手段进行的、为达到一定营销目标的营销活动，都可以称为网络营销。网络营销是以现代营销理论为基础，通过网络来替代传统的报刊、邮件、电话、电视等中介媒体，利用互联网对产品的售前、售中、售后各环节进行跟踪服务，贯穿企业经营的全过程，寻找新客户、服务老客户，最大限度地满足客户需求，以达到开拓市场、增加盈利的目标的经营过程。我们可从以下两个方面来理解网络营销。

1. 网络营销是现代营销的主要方式

网络营销的本质仍然是营销，是通过减少或消除营销过程中各种障碍，使商品或服务从生产者顺利向消费者转移的过程。一种商品或服务从设计、生产到实现消费需要经过一个复杂的过程，这个过程存在着种种时间与空间上的障碍。通过营销可以在一定程度上消除这些障碍。但是时间的继起、空间上的分离所产生的负面影响，不可能通过传统的营销方式消除掉。例如，某家企业通过市场调研发现某种产品是目前市场所紧缺的，与此同时可能其他一些企业正在生产该种产品，那么该企业在对此产品研制、生产、投放市场的过程中，可能被其他企业抢先占领了市场。

网络营销的价值，就在于可以使从生产者到消费者之间的信息收集、信息传递、价值交换更便利、更充分、更有效率。这是因为信息技术的发展（特别是通信技术的发展）促使互联网成为一个辐射面更广、交互性更强的新型媒体，它不再局限于传统的广播、电视等媒体的单向性传播，还可以与媒体的接收者进行实时的交互式沟通和联系。而网络营销正是依托互联网开展营销的，以便最大限度地实现企业的经营目标。这就使得网络营销具有传统营销方式所不具备的特点：信息交流的自由、开放和平等。

2．网络营销是经营上的创新

网络技术的发展和虚拟市场的扩展，给企业的经营创新开拓了广阔的空间。多媒体技术、互联网及通信技术、数据库技术等技术的实现和发展，不断地为企业经营者和网上营销者开拓生存和发展空间。新的网上业务不断被创造出来。创业者们利用和创造了大量新的经营手段。例如，搜索引擎业务成为网上流行的业务，并出现了雅虎、搜狐等公司。

6.1.2 网络营销的方法

网络营销职能的实现需要借助一种或多种网络营销方法。常用的网络营销方法除了搜索引擎营销，还有关键词搜索、交换链接、网络广告、信息发布、许可 E-mail 营销、邮件列表、个性化营销、会员制营销、病毒性营销等。下面简要介绍 19 种常用的网络营销方法。

1．搜索引擎营销

搜索引擎营销（Search Engine Marketing，SEM）分为两种：SEO（搜索引擎优化）与 PPC（按点击付费广告）。SEO 是通过对网站结构（内部链接结构、网站物理结构、网站逻辑结构）、高质量的网站主题内容、丰富而有价值的相关性外部链接进行优化而使网站对用户及搜索引擎更加友好，以获得在搜索引擎上的优势排名，从而为网站引入流量。PPC 是指购买搜索结果页上的广告位来实现营销目的。各大搜索引擎都推出了自己的广告体系，只是形式不同而已。搜索引擎广告的优势是相关性。由于广告只出现在相关搜索结果或相关主题网页中，因此搜索引擎广告比传统广告更加有效，客户转化率更高。

2．交换链接

交换链接，也称互惠链接，是一种具有一定互补优势的网站之间的简单合作形式，即分别在自己的网站上放置对方网站的 Logo 或网站名称并设置对方网站的超链接，使得用户可以从合作网站中发现自己的网站，达到互相推广的目的。

3．网络广告

几乎所有的网络营销活动都与品牌形象有关，在所有与品牌推广有关的网络营销方法中，网络广告的作用最为直接。

4．信息发布

信息发布既是网络营销的基本职能，又是一种实用的操作手段。通过互联网，不仅可以浏览大量商业信息，还可以自己发布信息。最重要的是，可以将有价值的信息（如新产品信息、优惠促销信息等）及时发布在自己的网站上，以充分发挥网站的功能。

5．许可 E-mail 营销

经用户许可的 E-mail 营销与传统的推广方式及未经许可的 E-mail 营销相比具有明显的优势。例如，可以减少广告对用户的干扰，提高潜在客户定位的准确度，增强与客户的关系，提高品牌忠诚度等。

6．邮件列表

邮件列表（Mailing List）是互联网上一种适合以一对多方式发布电子邮件的有效工具，用于各种群体之间的信息交流和信息发布。邮件列表实际上也是一种 E-mail 营销形式，也是基于用户许可的原则，用户自愿加入、自由退出。稍微不同的是，E-mail 营销直接向用户发送促销信息，而邮件列表是通过为用户提供有价值的信息，在邮件内容中加入适量促销信息，从而实现营销的目的。

7．个性化营销

个性化营销的主要内容包括用户定制自己感兴趣的信息内容，选择自己喜欢的网页设计形式，根据自己的需要设置信息的接收方式和接收时间等。这种个性化服务在改善客户关系、培养客户忠诚度，以及增加网上销售量方面具有明显的效果。

8．会员制营销

会员制营销是通过利益关系将无数个网站连接起来，将商家的分销渠道扩展到互联网的各个角落，同时为会员网站提供了一个简易的赚钱途径。一个网络会员制营销程序应该包含一个提供这种程序的商业网站和若干个会员网站，商业网站通过各种协议与电脑程序和各会员网站联系起来。会员制营销已经被证实为电子商务网站的有效营销手段，国外许多网上零售型网站都实施了会员制计划且会员制几乎覆盖了所有行业，国内的会员制营销还处于发展初期。

应用实例　星巴克会员营销模式分析

星巴克在全球有 1 000 多万名会员，会员平均单笔消费金额是非会员平均单笔消费金额的 3 倍，这让人不得不佩服。为什么星巴克的会员营销如此成功？其实星巴克是利用了互联网热潮，通过餐饮管理系统全渠道打通餐厅会员管理的。

星巴克会员营销模式是怎样的？

1．培养核心用户

用户通过注册“星享俱乐部”账户即可免费成为银星级，同时可以在多平台及第三方合作渠道积累星星。星星代表会员等级，等级越高，获得的优惠就越多。

2．为会员设置不同等级

星巴克会员分为 3 个等级：银星级、玉星级、金星级。当会员积累到 25 颗星星的时候就可以升级为金星级会员了，还会得到一张周年邀请卡和一张买十赠一券。对于金星级会员，其会员卡与普通的会员卡是有区别的，专属的会员金卡会以快递的形式送达会员的手中。会员凭借会员金卡每消费 10 次就可以获得一张咖啡邀请券。

3. 组合渠道，进行会员营销

门店+App+小程序+公众号+微博，不错过任何一个会员营销渠道。其中，星巴克中国的官方 App 是集储值、流量、消费大数据等功能于一体的会员平台。

4. IP 打造，推出各种周边

星巴克的死忠粉有一个很明显的特征：爱星巴克周边。星巴克曾和 Lady Gaga 联手推出了 4 款少女心满满的“善良杯”系列饮品，与 Steven Harrington 联手在美国限量推出了一组充满波普风情的插画 Mason Jar（梅森瓶），还推出过十分火爆的猫爪杯。通过推出这些限量周边，星巴克牢牢抓住了人们的猎奇心理，并成功吸引了一大批路人粉。

餐饮管理系统如何打通餐厅会员管理？

通过分析众多优秀的会员营销案例，不难发现这些成功的例子都有一个共同点，就是多渠道整合资源以进行会员制营销。想要成功吸引会员，并不是靠一次优惠促销、一个流量话题就能做到的，尤其在如今的互联网餐饮时代，往往要线上线下多种渠道齐上阵，才能吸引会员、留住会员。

那么，如何能够像星巴克一样进行渠道组合营销呢？这就要借助大数据下的餐饮管理系统，如餐道餐饮系统。它通过采集各类信息、客户行为习惯标签，获取分析结果，从而形成精准的客户画像，帮助餐饮商家根据目标客户的实际需求，为其提供最好的餐品、环境和服务。

9. 网上商店

网上书店建立在第三方提供的电子商务平台上，由商家自行经营，如同在大型商场中租用场地开设商家的专卖店一样，是一种比较简单的电子商务形式。网上商店除通过网络直接销售产品这一基本功能外，还是一种有效的网络营销手段。

10. 病毒性营销

病毒性营销并非真的以传播病毒的方式开展营销，而是通过用户的口碑宣传网络，信息像病毒一样传播和扩散，利用快速复制的方式传向数以千计、数以百万计的受众。病毒性营销的经典范例是 Hotmail。现在几乎所有的免费电子邮件提供商都会采取类似的推广方法。

11. SNS 营销

社会性网络服务（Social Networking Services，SNS）专指旨在帮助人们建立社会性网络的互联网应用服务。博客慢慢地发展、壮大。用户也发现总是自己一个人吆喝不够热闹，所以想和其他用户沟通，于是各种附属功能开始出现，包括加好友、足迹、各种操作动态等，也就是所谓的 SNS。SNS 在不断加强用户联系之后，也开创了类似论坛的功能，即现在的群组。群组和论坛不同的是，各个板块允许用户自己创建，相当于论坛自助管理。中国的 SNS 有豆瓣、开心、腾讯朋友等，外国的 SNS 有 Facebook 等。SNS 营销就是利用 SNS 网站的分享和共享功能，在六维理论的基础上实现的一种营销。通过病毒式传播的手段，让产品被更多的人知道。

12. 网络视频营销

网络视频营销是企业或组织机构利用各种网络视频，如科学视频、教育视频、企业视频来发布企业信息、展示企业产品等，把最需要传达给目标客户的信息通过各种网络媒体发布出去，以宣传企业的产品和服务，在消费者心中树立良好的品牌形象，从而达到企业的营销目的。企业通过数码技术将产品营销现场实时视频图像信号和企业形象视频信号传输到互联网上，客户只需登录企业网站就能看到对企业产品和企业形象进行展示的电视现场直播。目前，网络视频营销的主要模式有视频贴片广告、视频病毒营销、UGC 模式和视频互动模式。

应用实例　成功的抖音视频营销——哈尔滨啤酒

2018 年，国际足联世界杯（简称世界杯）期间，哈尔滨啤酒（简称哈啤）凭借着抖音短视频开屏、信息流等高价值广告曝光资源，以及强互动参与度的挑战赛活动，曝光量高达 13 亿次。信息流广告页面浏览量累积超过 257 万次，内马尔开屏广告 PV（页面浏览量）高达 5 600 万次，点击量超过 295 万次。

哈啤在抖音上向用户发出“抖出庆祝新姿势”主题挑战赛，这掀起了一场全民球场哈啤大狂欢，成功吸引了超过 27 万名用户参与，视频参与量高达 35.3 万次，视频总播放次数超过 13 亿次，总点赞量超过 5 312.5 万个；根据主题赛定制的“喇叭+足球+哈啤”组合贴纸道具的使用人数超过 6.9 万人，这成功扩大了哈啤的品牌声望。

13．论坛营销

论坛营销是指企业利用论坛这种网络交流的平台，通过文字、图片、视频等方式发布企业的产品信息、服务信息，从而让目标客户更加深刻地了解企业的产品和服务，最终达到宣传企业品牌、加深市场认知度的目的。

14．微博营销

微博营销是指通过微博平台为商家、个人等创造价值而执行的一种营销方式。该营销方式注重价值的传递、内容的互动、系统的布局、准确的定位，微博的火热发展也使得其营销效果尤为显著。

应用实例　微博营销——支付宝锦鲤

2018 年国庆，支付宝用一条“祝你成为中国锦鲤”的微博打破了营销圈的平静。由 200 多个商家组团提供的、价值 300 万元的“中国锦鲤全球免单大礼包”在微博上创下了 6 小时转发量破百万次、周累计转发量破 300 万次的纪录。到 2018 年年底前，无论是大品牌、自媒体还是实体店，只要按下“锦鲤”这个按钮，就会有一大波粉丝来袭。从本质上来说，“锦鲤”营销就是幸运抽奖，人们对此十分熟悉。但支付宝利用微博的优势，对此次抽奖活动从冷启动，到预热，到造势，再到持续发酵，提前考虑到了每一个关键的传播节点，成功打造了一次有计划、有预谋的点、线、面营销。“支付宝微博抽锦鲤”也成为 2018 年营销大事件的头条。

15．博客营销

博客是一个新型的个人互联网出版工具，是网站应用的一种新方式。博客为每个人提供了一个信息发布、知识交流的传播平台。博客使用者可以很方便地用文字、链接、影音、图片建立起自己个性化的网络世界。博客营销（Blog Marketing）就是利用博客这种网络应用形式开展网络营销的。

16．微信营销

微信营销是网络经济时代企业对营销模式的创新，是伴随着微信的火热而产生的一种网络营销方式。微信不存在距离的限制，用户注册微信后，可与同样注册了微信的“朋友”形成一种联系。用户订阅自己所需的信息，商家通过提供用户需要的信息来推广自己的产品。微信营销是点对点的营销方式。

17．WIKI营销

WIKI营销是建立在WIKI这种多人写作工具上的一种新型营销方式。它以关键字为主，将关键字作为入口，建立产品或公司品牌的相关链接。WIKI营销由于是针对关键字来进行的，所以面向的人群更加精确，对广告主来说，这可以提供很好的广告环境。

18．网络联盟营销

网络联盟营销也称联属网络营销，是一种按营销效果付费的网络营销方式，即商家（又称广告主，指在网上销售或宣传自己产品和服务的厂商）利用专业联盟营销机构（百通联盟平台）提供的网站联盟服务来拓展其线上及线下业务，扩大销售空间和销售渠道，并按照营销实际效果支付费用的新型网络营销方式。联盟营销于1996年起源于亚马逊，亚马逊通过建立这种网络营销的新方式，为数以万计的网站提供了额外的收入来源，且成为网络SOHO族（一般指自由职业者）的主要生存方式。在中国，网络联盟营销还处于萌芽阶段，虽然有部分个人或企业开始涉足这个领域，但规模不大，一般的网络营销人员和网管人员对网络联盟营销还比较陌生。

根据商家网站给联属会员的回报支付方式，联属网络营销可以分为以下3种形式。

① 按点击数付费（Cost-Per-Click，CPC）。联属网络营销管理系统记录每个访问者在联属会员网站上点击商家网站的文字或者图片的链接（或者E-mail链接）的次数，商家按每次点击多少钱的方式支付广告费。

② 按引导数付费（Cost-Per-Lead，CPL或Cost-Per-Acquisition，CPA）。访问者通过联属会员的链接进入商家网站后，如果填写并提交了某个表单，管理系统就会产生一个对应这个联属会员的引导（Lead）记录，商家按引导记录数给会员付费。

③ 按销售额付费（Cost-Per-Sale，CPS）。商家在通过联属会员的链接进入商家网站的访问者产生了实际的购买行为后（大多数是在线支付）才给联属会员付费，一般会设定一个佣金比例（如销售额的10%～50%）。

上面3种方式都属于按营销效果付费（Pay for Performance）的营销方式，无论是对于商家还是联属会员都是比较容易接受的。由于网站的自动化流程越来越完善，在线支付系统也越来越成熟，越来越多的联属网络营销系统采用按销售额付费的方法。由于这种方法对商家来说是一种零风险的广告分销方式，商家也愿意设定比较高的佣金比例，使得这种方式被越来越多地采用。

19. VR 全景营销

常规的图片、文字、视频等宣传方式逐渐失去了它们固有的优势，人们逐渐青睐 VR 的沉浸感。VR 全景营销也被越来越多的公司采纳，并成为新型的广告方式。VR 全景营销的精髓在于：其带给消费者强烈的“体验感”，带给用户强大的真实感，使其有身临其境之感，从而改善了用户体验并提高了点击率。

应用实例　VR 全景营销成功案例

1. 耐克×周冬雨——《心再野一点》

耐克与周冬雨合作的 VR 广告——《心再野一点》全长仅 4 分钟左右，该片以全景视角呈现了周冬雨多年成长的心路历程。影片从周冬雨在练功房挥汗如雨开始，然后画面转换到她认真背台词，并从 6 000 人的海选中脱颖而出，随后，她开始在街道上全力奔跑……

通过 VR 技术，耐克把广告的感染力放到了最大。在这段 VR 广告中，观众可以亲历周冬雨的追梦历程，以 360° 无死角的方式见证她的成长，无比贴近地观看她的每一个动作、每一个表情，仿佛自己始终相伴她左右，还能感受她的喜怒哀乐。

2. 麦当劳 VR 眼镜盒子——Happy Goggles

作为一个餐饮品牌，麦当劳对 VR 全景营销选择了“走胃”。麦当劳曾推出一款开心乐园餐，消费者吃完后可以把套餐包装盒折叠成像 Google Cardboard 一样的眼镜盒子。然后，只要在这款 VR 眼镜盒子中插入手机，再下载一款 VR 滑雪应用，就能体验滑雪带来的快感。

这样的 VR+营销的方法就精准地戳中了消费者们的心：不仅能饱餐一顿，吃完之后，还能免费获得一款 VR 眼镜盒子，观看有趣的 VR 内容！

相关链接　**精准营销**

精准营销（Precision Marketing）就是在精准定位的基础上，依托现代信息技术手段建立个性化的顾客沟通服务体系，实现企业可度量的低成本扩张之路；就是企业需要更精准、可衡量和高投资回报率的营销沟通，需要更注重结果和行动的营销传播计划，还有越来越注重对直接销售沟通的投资。网络营销已经得到了很多企业的认可，见效快，节省了企业成本的消耗，在未来会不断地走向成熟。在不断的实践中，精准营销逐渐成为主流趋势，优化的难度小，客户的成交率高。精准营销对 SEO 来说就是长尾关键词，虽然搜索率不高，但搜索的人大多数是意向客户，成交率比较高。

6.2　网络营销的策略

网络营销的策略是企业对其内部与实现营销目标有关的各种可控因素的组合和运用。影响企业网络营销目标实现的因素是多方面的，但影响网络营销的基本因素有 4 个，即产品策略、价格策略、渠道策略和促销策略。这 4 种营销策略的组合，因为它们英语的第一个字母都为“P”，所以通常也称“4P”策略。

6.2.1 网络营销的产品策略

产品策略是指企业以向目标市场提供各种适合消费者需求的有形产品和无形产品的方式来实现其营销目标。其中包括对与产品有关的品种、规格、式样、质量、包装、特色、商标、品牌，以及各种服务措施等可控因素的组合和运用。网络营销与传统营销一样，在虚拟的网络市场上，营销者必须以各种产品，包括有形产品和无形产品，来实现企业的营销目标。

1. 产品选择策略

从理论上来说，在网络上可营销任何形式的实物产品，但在现阶段受各种因素的影响，网络技术还不能达到这一要求。一般而言，比较适合网络营销的产品有以下 8 种。

① 具有高技术性能或与电脑相关的产品。

② 其市场需要覆盖较大地理范围的产品。

③ 不太容易设店的特殊产品。

④ 网络营销费用远低于其他销售渠道费用的产品。

⑤ 消费者可从网上取得信息且做出购买决策的产品。

⑥ 网络群体目标市场容量较大的产品。

⑦ 便于配送的产品。

⑧ 名牌产品。

小提示

选择产品时应注意的问题

第一，要充分考虑自身产品的性能。根据信息经济学对产品的划分，产品从大的方面可划分为两类：一类是消费者在购买时就能确定或评价其质量的产品，称为可鉴别性产品，如书籍、电脑等；另一类是消费者只有在使用后才能确定或评价其质量的产品，称为经验性产品。我们也可以将产品划分为标准化产品和个性化产品，前者如书籍、电脑等，后者如服装、食品等。一般来说，可鉴别性产品或标准化产品易于在网络营销中获得成功，而经验性产品或个性化产品则难以实现大规模的网络营销。从该方面来考虑，企业在进行网络营销时，可适当地将可鉴别性高或标准化高的产品作为首选的对象。

第二，要充分考虑实物产品的营销区域范围及物流配送体系。不可否认，网络削弱了地域的概念与束缚，但是在实际的网络营销中，企业还必须考虑到自身产品在营销上的覆盖范围，以取得更好的营销效果。谨防只重视网络营销全球性的特点，忽视企业自身营销的区域范围，而在远距离的消费者购买时，企业出现无法配送的情况，从而使企业的声誉受到影响，或者在进行配送时出现物流费用过高的问题。

2. 产品组合策略

产品组合策略是指企业根据其经营目标、自身实力、市场状况和竞争态势，对产品组合的广度、深度和关联度进行不同的结合。由于产品组合的广度、深度和关联度同销售业绩有密切的关系，因此在网络营销中，确定经营的产品或服务、明确产品之间的关系，是企业产品组合策略的主要内容。

1）扩大产品组合策略

扩大产品组合策略即扩展产品组合的广度和深度，增加产品系列或项目，扩大经营范围，以满足市场需要。这有利于企业综合利用企业资源，扩大经营规模，降低经营成本，提高企业竞争能力；有利于企业满足客户的多种需求，进入和占领多个细分市场。但扩大产品组合策略要求企业具有多条分销渠道，采用多种促销方式，对企业资源条件的要求较高。

2）缩减产品组合策略

缩减产品组合策略是指降低产品组合的广度和深度，减少一些产品系列或项目，集中力量经营一个系列的产品或少数产品项目，提高专业化水平，以求从经营较少的产品中获得较多的利润，故也称市场专业型策略。该策略有利于企业减少资金占用，加速资金周转；有利于广告促销、分销渠道等的目标集中，提高营销效率。

3）产品延伸策略

每个企业所经营的产品都有其特定的市场定位。产品延伸策略是指全部或部分地改变企业原有产品的市场定位，具体做法有向上延伸（由原来经营低档产品改为增加经营高档产品）、向下延伸（由原来经营高档产品改为增加经营低档产品）和双向延伸（由原来经营中档产品改为增加经营高档和低档产品）3 种。

向上延伸可提高企业及现有产品的声望。消费者购买商品，不但取得了产品的所有权及其附加的当期收益，而且享有各种远期收益。例如，现在大多数软件商都承诺用户可以享受免费的软件升级服务，许多软件商都通过自己的网站向用户提供免费的升级软件。

向下延伸可吸引受经济条件限制的消费者，扩大企业的市场规模。

原定位于中档产品市场的企业在掌握了市场优势后，进行双向延伸，可使企业同时获得上述两种延伸所产生的效果。对开展网络营销的企业来说，产品不但包括要出售的货物，而且包括各种服务、各种商业过程及信息，因此双向延伸不仅是增加传统意义上的高档或低档产品，而是要在产品的各个组成部分中进行延伸。例如，企业可以为每个产品的客户制订一种相应的服务方案，包括送货服务方式、安装和培训服务，以及维修服务等，以增加服务的价值；为所有客户提供一系列可增值的信息，包括供应商的生产能力、产品前景预测、产品设计、保修、交易和送货条款等，通过这些延伸达到提高产品的附加值和市场占有率的目的。

相关链接　美国通用汽车公司的网站

对于总资产和年销售额都曾创造过世界第一的美国通用汽车公司，其网站不仅销售新车，同时提供旧车交易。购二手车者可进入标有“经通用汽车公司认可确保质量的二手车”字样的网页进行选择。此举如今已被美国其他厂商及日本、新西兰、新加坡等国的汽车经销商或网络公司仿效，这些企业纷纷利用网站进行旧车交易。

3．销售服务策略

在网络营销中，服务是构成产品营销的一个重要组成部分。提供良好的服务是实现网络营销的一个重要环节，也是提高消费者满意度和树立良好企业形象的一个重要方面。

企业在进行网络营销时，可采取以下 3 个方面的服务策略。

1）建立完善的数据库系统

以消费者为中心，充分考虑消费者所需要的服务及其可能要求的服务，建立完善的服务数据库系统。

2）提供网上的自动服务系统

依据消费者的需要，自动、适时地通过网络提供服务。例如，在消费者购买产品的一段时间内，提醒消费者应注意的问题。同时，可根据不同消费者的不同特点，提供相关服务，如提醒消费者有关家人的生日时间等。

3）建立网络消费者论坛

通过网络论坛对消费者的意见、建议进行调查，借此收集、掌握和了解消费者对产品的特性、品质、包装及式样的意见和想法，据此对现有产品进行改造，同时研究开发新一代产品。在条件许可的情况下，也可根据一部分消费者对产品的特殊需求，提供相应的产品和服务，实现产品个性化与服务个性化。

4．信息服务策略

为消费者提供完善的信息服务，是进行网络营销中产品策略的一个重要组成部分。为消费者提供完善的信息服务，可以确保网络营销中产品策略获得成功。

1）建立虚拟展厅

用立体、逼真的图像，辅之以文字、声音等，来展示自己的产品，使消费者如身临其境一般，感受到产品的存在，对产品有一个较为全面的了解。为更好地满足消费者的需求，企业应在“展厅”中设立不同产品的“显示器”，并建立相应的导航系统，使消费者能迅速、快捷地寻找到自己所需要的产品信息。

2）设立虚拟组装室

在虚拟展厅中，对于一些需要消费者购买后进行组装的产品，可专门开辟一些空间，使消费者能根据自己的需求对同一产品或不同产品进行组合，从而更好地满足消费者的个性化需求。

3）建立自动的信息传递系统

在该方面，企业一是要建立快捷、及时的信息发布系统，使企业的各种信息能及时地传递给消费者；二是要建立信息的实时沟通系统，加强与消费者在文化、情感上的沟通，并随时收集、整理、分析消费者的意见和建议，在改进产品的开发、生产及营销的同时，对于那些对企业有帮助的及好建议的信息提供者，应给予相应的回报。

6.2.2 网络营销的价格策略

价格策略是企业营销的一种重要竞争手段。营销价格的形成是极其复杂的，它受到成本、供求关系及市场竞争等因素的影响。在进行网络营销时，企业应特别重视价格策略的运用，以巩固企业在市场中的地位，增强企业的竞争力。网络营销的价格策略主要有以下 7 种。

1. 按满足用户需求定价策略

传统商品的价格基本上是按“生产成本+生产利润+商业利润+品牌系数”来确定的。在这种价格策略中，生产厂家对价格起着主导作用。但这种价格策略能否为消费者和市场接受是一个具有很大风险的未知数。新型的 4C（Consumer、Cost、Convenience、Communication）营销组合则相反，根据消费者和市场的需求来计算相应成本。由这种成本开发出来的产品和制定出来的产品价格在风险上是相对较低的。这种由成本定价到满足需求定价的过程可表示如下。

① 成本定价：产品及功能设计→生产成本+生产利润+商业利润+品牌系数→产品价格。

② 满足需求定价：消费者需求→产品功能→生产与商业成本→市场可以接受的性能价格比。

这种新的价格策略正在网络营销中得到充分的运用。在网络市场环境中，传统的以生产成本为基础的定价正在被淘汰，用户的需求已成为企业进行产品开发、制造，以及开展营销活动的基础，也是企业制定其产品价格时首先需要考虑的因素。

2. 低价定价策略

网络营销可以帮助企业降低流通成本，因此网上产品的定价可以比传统营销的产品定价低。直接低价策略就是在定价时采用成本加少量利润甚至零利润来定价，所以这种定价一开始就比同类产品价格低。例如，戴尔公司的计算机的网上定价比其他公司的同性能计算机的价格低 10%~15%。由于网上的信息是公开和易于搜索的，因此消费者很容易获得多家公司的价格信息进行比较，从而选择购买质优价廉的商品。

3. 折扣定价策略

商品打折销售对消费者具有相当大的诱惑力。不少电子商城采用打折销售的方式来扩大知名度，客观上起到了广告的效应。折扣定价可对某些商品直接打折，也可按购买的数量标准给予不同的折扣，还可采取季节打折的方法。

4. 等价定价策略

在网上销售数量不是很大的情况下，网络零售企业为了尝试网上营销，可能采取等价定价策略，即在网上销售的商品的价格与在传统商店中的商品的价格相等。例如，北京西单商场的网上购物服务就采取了等价定价策略。

5. 智能型定价策略

智能型定价策略是指网络零售企业可以通过网络与消费者直接在网上协商价格。例如，一些网站设置“洽谈室”让买卖双方在网上讨价还价，一些拍卖网站则通过网上定价系统来确定价格。

6．个性化商品定价策略

网络营销的互动性使企业可以为消费者提供个性化的定制服务，即消费者对产品的外观、颜色、附件等提出个性化的需求，企业按订单进行生产。这时企业提供了高附加值的服务，可实行较高价格的个性化商品定价策略。

7．免费价格策略

免费价格策略是将产品和服务以免费的形式提供给消费者。免费价格形式有以下几类：第一类是产品和服务完全免费，如免费的新闻信息报道、软件下载、电子邮件信箱、个人主页空间、贺卡等；第二类是对产品或服务实行限时/限次免费，即产品或服务可以被消费者限时/限次免费使用，如许多免费试用软件；第三类是对产品或服务部分功能实行捆绑式免费，即购买某种商品或服务时赠送其他产品与服务。

6.2.3 网络营销的渠道策略

营销渠道是促使产品或服务顺利地被使用或消费的一整套相互依存的组织和个人。它所涉及的是产品的实体和所有权或者服务从生产领域向消费领域转移的整个过程。在这个过程中，起点是生产者出售产品，终点是消费者或用户购进产品，中间环节是一些独立中间商和代理中间商帮助产品和服务转移。网络虚拟市场作为一种新型的市场，同样存在一个分销渠道的选择问题。对从事网络营销的企业来说，熟悉网络分销渠道的结构，分析、研究不同网络分销渠道的特点，合理地选择网络分销渠道，不仅有利于企业的产品顺利完成从生产领域到消费领域的转移，促进产品销售，而且有利于企业获得整体网络营销上的成功。

1．网络直接销售

网络直接销售（简称网络直销）是指生产厂家通过网络分销渠道直接销售产品，中间没有任何形式的网络中介服务商介入其中。网络直销流程如图 6.1 所示。

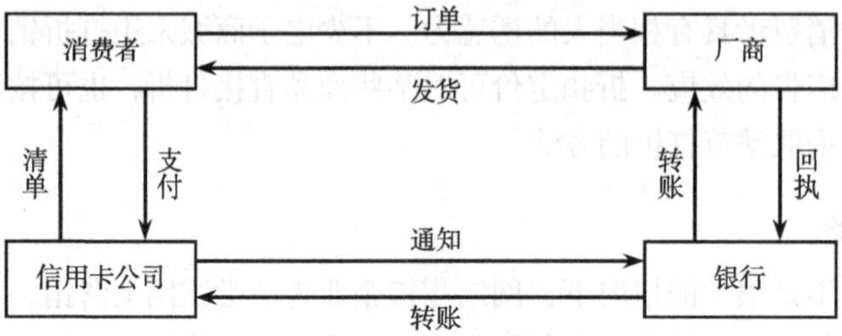

图 6.1 网络直销流程

网络直销的特点主要有以下 4 个。

① 网络直销促成产需直接见面。企业可以直接从市场上收集到真实的第一手资料，合理地安排生产。

② 网络直销与买卖双方都有直接的经济利益关系。由于网络直销大大降低了企业的营销成本，企业能够以较低的价格销售自己的产品，消费者也能够买到大大低于现货市场价格的产品。

③ 营销人员可以利用网络工具，如电子邮件、公告牌等，随时根据消费者的愿望和需要，开展各种形式的促销活动，迅速扩大产品的市场占有率。

④ 企业能够通过网络及时了解到消费者对产品的意见和建议，并针对这些意见和建议提供技术服务，解决疑难问题，提高产品质量，改善经营管理。

但是，网络直销也存在不足之处。数量过大的企业网站使消费者处于无所适从的尴尬境地，面对大量分散的企业域名，网络访问者很难有耐心一个个去访问制作平庸的企业主页。特别是对于一些不知名的中小型企业的网站，大部分网络漫游者不愿意在此浪费时间，或者只是在“路过”时看一眼。

小提示

自建网站和利用网络中介服务商直销商品

自建网站是指企业在互联网上建立自己独立的站点、申请域名、制作主页和销售网页，由网络管理员专门处理有关产品的销售事务。

自建网站的好处：首先，可以扩大企业的知名度和提高企业的形象；其次，由于网站是企业自己的，因此企业在开展各种网络促销活动时可以把外界干扰降低到最低限度；最后，企业可以充分利用自己的网站资源架起一座与消费者进行有效沟通的桥梁，及时掌握消费者的动态、分析消费者的心理等，从而使企业的网络促销活动设计得更有针对性。从近几年国内外企业的发展情况看，许多企业都拥有自己的网站。

自建网站也存在其自身的缺点：首先，自建网站的费用开支比较大；其次，网站建立起来以后需要一支专门的维护团队对其进行日常维护；最后，不仅网站的内容要及时更新，而且企业应当把网站办得生动活泼。如果企业的网站总是一副老面孔，呈现内容总是不更新，或者企业的网站办得枯燥无味，企业的声誉和形象将受到影响。所以，大多数企业仍然会委托知名度较高的网络中介服务商为其提供网络营销服务。

利用网络中介服务商直销商品是一种与自建网站营销相对的做法。它是指企业委托网络中介服务商在其网站上发布营销信息，企业利用有关信息与消费者联系，直接销售产品。虽然在这一过程中有网络中介服务商参与，但主要的销售活动仍然是在买卖双方之间完成的。

利用网络中介服务商直销商品的好处是节省费用，而且企业免去了繁重而又至关重要的网站设计、网页维护和更新等工作。

企业在利用网络中介服务商进行网络直销时必须寻找那些知名度高、信誉好、信息量大的网络中介服务商，因为这些网络中介服务商在提供网络信息服务时具有无可比拟的优势。消费者一查找企业信息或商品信息便自然而然地想到利用它们，所以检索访问的人数非常多，企业的营销信息被访问与采纳的概率越大，网络营销的效果就越好。

2．网络间接销售

为了克服网络直销的缺点，网络交易中介机构应运而生。这类机构的基本功能是连接网络上推销商品或服务的卖方和在网络上寻找商品或服务的买方，成为连接买卖双方的枢纽，使得网络间接销售具有可能性。商品和服务的推销者不直接面对消费者，同样，消费者也不直接面对推销者。商品和服务的推销者所面对的是网络交易中介机构，消费者面对的也是网络交易中介机构。商品和服务通过网络交易中介机构完成向消费者的转移。

网络交易中介机构的存在简化了市场交易过程。利用网络交易中介机构的目的就在于它们能够更加有效地推动商品广泛地进入目标市场。从整个社会的角度来看，网络交易中介机构凭借自己的经验、专业知识、规模及掌握的大量信息，在把商品由生产者推向消费者方面比生产企业自己来推销更简化、经济。

图 6.2 所示为没有网络交易中介机构的交易关系。其中，只有 3 个生产者和 3 个消费者，没有网络交易中介机构。每个生产者都利用直接营销分别接触 3 个消费者；一个消费者要想买到自己需要的商品，也要面对 3 个生产者。这个系统包括 9 次交易关系。

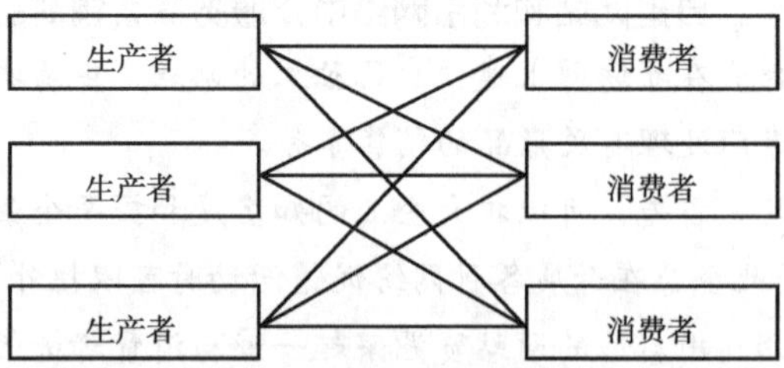

图 6.2　没有网络交易中介机构的交易关系

图 6.3 所示为存在网络交易机构的交易关系。其中，3 个生产者通过同一个网络交易中介机构和 3 个消费者发生联系。网络交易中介机构在这里发挥了商品交易集中、平衡和扩散三大功能，每个生产者只需通过一个途径（网络交易中介机构）与消费者发生关系，每个消费者也只需通过同一途径与生产者发生关系。在网络直销中必须发生的 9 次交易关系由此减少到 6 次。计算表明，当存在 5 个生产者和 10 个消费者时，这种交易关系可由 50 次减少到 15 次；当存在 50 个生产者和 100 个消费者时，这种交易关系则由 5 000 次减少到 150 次。由此可见，网络交易中介机构的存在，大大简化了市场交易过程，减少了必须进行的工作量，加速了商品由生产领域向消费领域的转化，从而大大节省了交易费用，使生产者和消费者都感到方便和满意。

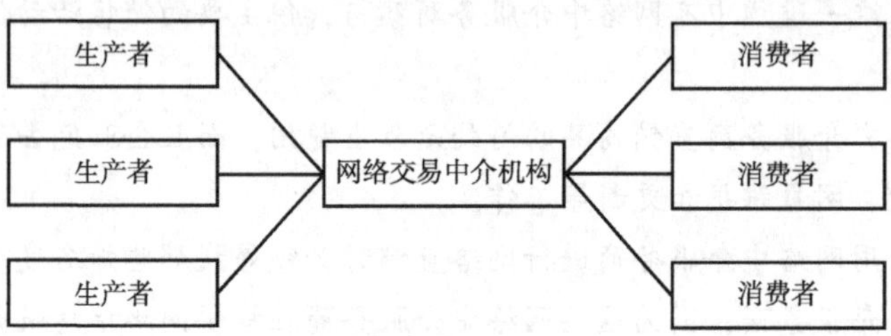

图 6.3　存在网络交易中介机构的交易关系

图 6.2 与图 6.3 比较后可以说明，利用网络交易中介机构完成商品从生产领域向消费领域转移，是实现社会经济效益和企业经济效益的一个重要途径。

网络间接分销渠道的流程如图 6.4 所示。

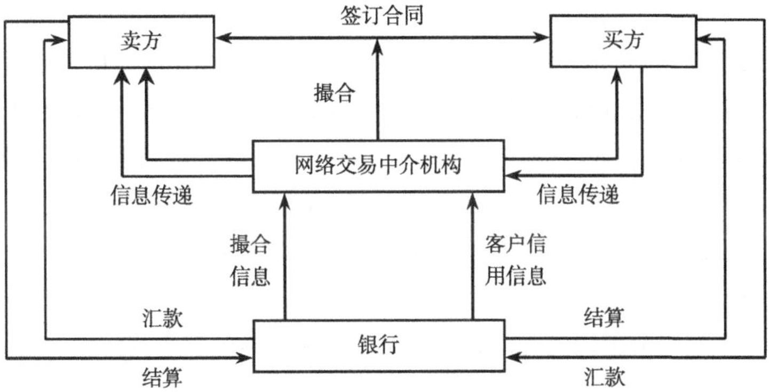

图 6.4　网络间接分销渠道的流程

6.2.4　网络营销的促销策略

在网络营销活动的整体策划中，网络促销是其中极为重要的一项内容。网络促销是指利用现代化的网络技术向虚拟市场传递有关产品和服务的信息，以激发消费者的需求、欲望，刺激消费者购买产品和服务，实现网络营销的目标。对于网络消费者独特的需求特征和网络媒体的特点，商家必须在深入了解和准确把握的基础上，制定合适的促销策略。

根据网络营销活动的特征和产品服务的不同，网络营销的促销策略主要有以下 8 种。

1. 网络广告

网络广告类型很多，根据形式不同，可分为旗帜广告（横幅广告）、按钮广告、弹出式广告、文字广告、电子邮件广告、新闻组广告、电子杂志广告、公告栏广告、博客广告等。例如，百事可乐和雅虎共同宣布了一项在线和离线联合促销方案。根据协议，百事将在 15 亿瓶饮料瓶上印上雅虎标志，并将其在全美 5 万家商店公开销售；同时雅虎将专门开设 Pepsistuff.com 网站用以促销百事产品。另外，所有百事饮料瓶盖上都有代码，消费者可以通过网络兑奖并得到优惠。

2. 搜索引擎

对网络营销而言，企业需要将自己的网站和产品信息送达目标受众，并通过用户点击量进一步了解目标受众所需要的信息；而用户也希望方便地找到自己需要的产品的信息。目前，互联网上的网站数目众多，并且在以惊人的速度增长。搜索引擎作为互联网上信息搜索和网站入口的工具，已经成为用户使用极多的网络服务之一，也是网民发现新网站和搜索新信息最常用的工具。互联网市场数据分析也表明，80%以上的网站访问量来源于搜索引擎。搜索引擎是互联网上有效的信息查找工具和网站推广工具。在互联网上可采用的搜索引擎有几百个，如雅虎、搜狐、谷歌、百度和其他一些专业领域内使用的搜索引擎对于网络营销都具有很高的价值。

搜索引擎营销的实质是如何将企业的网站和网页信息收录到搜索引擎，并通过搜索引擎优异地表现出来。企业的营销人员通过免费注册搜索引擎、交换链接或进行付费竞价排名、关键字广告等手段，使自己的网址被各大搜索引擎收录到各自的索引数据库中。因此，企业网站在注册搜索引擎时，是否获得了理想的排名，是否设计出了较为准确的关键字，都直接影响搜索效果。另外，由于不同的搜索引擎有一定差异，每个搜索引擎收集的网站和网页都不够全面。据统计，目前搜索引擎收集的网站仅为实际网站的1/3，因此企业网站最好注册多个搜索引擎，如在至少两个搜索引擎上注册网址，如雅虎、Infoseek等。注册时采用与本企业的广告、营销、成功案例、创新、新闻等有关的关键词，以达到使客户看到该关键词就能联想到本企业的目的。例如，一家网络广告公司可以购买搜索引擎AitaVista的“网络广告”这个关键词。当人们输入“网络广告”这个搜索字符串进行查询时，该公司的旗帜广告就会出现，这样可以保证网站来访者几乎全是该公司的目标客户。

在著名搜索引擎上用关键词注册，方便消费者利用搜索引擎查询网址，这是推广网站和宣传企业产品的有效方法。

3. 提供免费资源和服务

通过提供免费资源和服务促销是互联网上有效的“法宝”。通过这种促销方式取得成功的站点很多，有的提供免费信息服务，有的提供免费贺卡、音乐、软件下载，从而扩大站点的吸引力，增加站点的访问量。

4. 有奖促销

为了通过网络渠道和客户建立关系，企业至少应该知道客户的电子邮件地址、个人爱好、年龄、经济状况、在购买中扮演的角色等更详细的信息。为了获得这些更详细的信息，企业应向客户提供一些奖励。Yaya是一家开发品牌游戏的公司。其极受欢迎的一次广告活动是为加拿大福特汽车新款跑车Ford Escape制作的促销广告游戏——*The Escape Moon Rally*，完成游戏的人可获得赢取奖品的资格。据统计，玩过这款游戏的人中有一半的人将这款游戏通过邮件转发给了朋友。

5. 网上赠品促销

在新产品推出试用、产品更新、对抗竞争品牌、开辟新市场等情况下，利用网上赠品促销，可以达到较好的促销效果。

6. 积分促销

在网络上应用积分促销，比传统营销方式要简单得多，也更容易操作。网上积分活动很容易通过编程和数据库等来实现。积分促销一般设置价值较高的奖品，消费者通过多次购买或多次参加活动来增加积分，以获得奖品。例如，“QQ梦想地带”积分是QQ用户和手机用户付费使用腾讯公司的服务或者参加腾讯公司的指定推广活动所获得的积分，分为消费积分和奖励积分两种。消费积分指QQ用户以QQ为身份标识，付费使用腾讯公司的服务或者购买腾讯公司的产品而产生的积分；奖励积分指腾讯公司为了奖励用户的忠诚度、贡献度、活跃度或参加指定推广活动而赠送的额外积分。

7. 发行虚拟货币来促销

当消费者申请成为网站会员或参加某种活动时，可以获得网站提供的虚拟货币，用来购买该网站的商品，如腾讯 Q 币、新浪 U 币、网易 POPO 币等。其中，Q 币是腾讯公司为聊天工具 QQ 的用户提供的一种虚拟货币，用户通过支付 Q 币可以玩游戏、购买电子贺卡与网上头像、参与网上交友等。用户还可以用 Q 币在 QQ 商城购买琳琅满目的商品，设计自己的 QQ 秀。

8. 网上打折促销

网上打折促销，也称折扣，是指企业对产品的标价或成交价款实行降低部分价格或减少部分收款的促销方法。商品打折销售，可对某些商品直接打折，也可按购买的数量给予不同的折扣，还可采取季节打折的方法。通过打折降价销售来吸引客户，是不少网站常用的促销方式，如当当网等。

6.3 网络营销的模式

6.3.1 眼球模式

眼球模式也称注意力经济。在互联网时代，信息非但不是稀缺资源，而且是过剩的。相对于过剩的信息，人们的注意力才是稀缺的资源。目前正在崛起的新经济其实在本质上是“注意力经济”，谁能真正吸引注意力，谁就能拥有经济价值。吸引注意力的能力越高，拥有的经济价值就越大。注意力是企业和个人的真正货币，已经成为一种比储存在银行账户上的钱更有价值的货币。眼球模式的关键在于两方面。一方面，如何吸引并保持消费者、股东，以及有潜力的员工等人的注意力；另一方面，面对势不可挡的大量选择，如何分配自己的注意力。明白此点的人和企业将会获得成功；反之，则会失败。理解和管理注意力是现今商业成功的重要决定因素。

应用实例　雅虎的“眼球模式”

美国斯坦福大学电机工程系的博士生大卫·费罗和杨致远，于 1994 年创办了可定制的数据库雅虎，其目的在于满足成千上万的、刚刚开始通过互联网社区使用网络服务的用户的需要。他们开发了可定制的软件，帮助他们有效地查找、识别和编辑互联网上存储的资料库。1995 年年初，网景公司的联合创始人之一马克·安德森邀请大卫·费罗和杨致远将他们的文件转移到网景公司提供的更大的计算机上。目前，雅虎公司已经是一家全球性的互联网通信、商贸及媒体公司。其网络每月为全球超过 1.8 亿名用户提供多元化的网上服务。雅虎是全球第一家提供互联网导航服务的网站，在浏览量、网上广告、家庭或商业用户接触面上，都居于领先地位，是为人熟悉及有价值的互联网品牌之一，在全球消费者品牌排名中位居第 38 位。雅虎还在网站上提供各种商务及企业服务，以帮助客户提高生产力及网络使用率。其中包括为企业提供定制化网站解决方案的雅虎企业内部网，影音播放、商店网站存储和管理，以及其他网站工具及服务等。有人估计，每双投向雅虎的眼球，平均能够为雅虎创造 2 609 美元的价值。

6.3.2 个性化服务模式

个性化服务模式是指根据单个消费者的特殊需求制定相应的市场营销组合策略，它是新世纪营销个性的集中体现。因为互联网技术使信息社会供求关系变为动态的，所以消费者可以在全世界的任何一个地方、任何时间将自己的特殊需求利用互联网迅速反馈给供给方。个性化的营销是以产品最终满足单个消费者需求为基础的。企业能否根据具体消费者而不是群体消费者设计非常个性化的产品或服务，成为衡量其竞争实力的一项准则。个性化的消费需求已经不再体现在消费量上而是体现在产品质的差异上，企业要生存和发展就必须具备个性化的营销能力。对许多注重实际效用的商家来说，互联网提供精确度极高的个性化产品的能力久而久之将形成一股强大的力量，能动摇现代商业的根基。为了盈利，就必须让消费者多次购买，而不是只购买一次。而要做到这些，个性化网络体验至关重要。要让消费者成为回头客，甚至让他们冒险进行初次在线购买，就要让他们感觉到他们得到的东西是传统市场所不能提供的。推动个性化服务的是消费者的实际需求，而不是预测。例如，戴尔为消费者创建了 1 500 个个性化主页，使得他们可以直接获得公司指定的个人计算机、商量好的折扣，以及订单和付款记录。戴尔的个人计算机单机销售额年增长率为 70%以上，远远高于整个行业的平均增长率 11%，其中很重要的原因就在于此。

6.3.3 零售模式

将传统的零售模式搬到网上开展，网络零售商同传统的零售商一样赚取差价。在网上开店的费用很低，因此网络零售商的固定成本显著低于同等规模的传统零售商。另外，由于网络零售商的每笔业务都是通过计算机自动处理完成的，节约了大量的人力、财力、物力，使零售业从原来的劳动密集型行业转变为技术密集型行业。网络零售商比传统零售商更容易实现规模经济和范围经济，所以网络零售商具有极强的价格竞争优势，很多网络零售商也往往会以打折等方式来吸引消费者。例如，当当网在其周年店庆时举行了打折促销活动，期间每小时能接到 200 余份订单。该模式成功的秘诀是将正确的产品在正确的时间、正确的地点，以正确的包装、正确的价格，提供给正确的顾客。这 6 个“正确”中的任何一个做不到，最终都将导致网络营销的失败。

应用实例　当当网

当当网成立于 1999 年 11 月，是目前全球最大的中文网上书店。其管理团队拥有多年的图书出版、零售、信息技术及市场营销经验。当当面向全世界中文读者提供 20 多万种中文图书及超过 1 万种音像商品，每天为成千上万的网上购物者提供方便、快捷的服务，给网上购物者带来极大的方便和实惠。2018 年当当网的图书销售量增速达到 45%，其中自营的销售册数为 15 亿册。

当当网有以下几个特点。

① 商品种类多。当当网经营 20 多万种图书，约占据中国大陆可供书市场 90%的份额。除图书产品外，还经营上万种 CD/VCD/DVD 及众多的游戏、软件、上网卡等商品，是中国经营商品种类较多的网上零售店。

② 购物方便。当当网参照国际先进经验独创了商品分类，智能查询、直观的网站导航和简捷的购物流程等为顾客提供了愉悦的购物环境。

③ 顾客多。当当网目前无论是从网站访问量还是从每日订单数量来讲，都是中国顾客较多的网上零售店。

④ 核心领导层包括图书业、投资业和 IT 业的资深人士。

⑤ 订单量和收入平均每月递增 25%～35%。

⑥ 顾客覆盖中国、欧美、东南亚地区的中文读者。

6.3.4　自己动手模式

自己动手模式是指企业通过网络帮助消费者进行自我服务。消费者有时希望能够寻找到所希望得到的信息。例如，查询订单处理进度，自行设计需要的产品等。网络恰好具有这样的互动性。因此，站点为消费者提供服务时，应掌握下列重点：让消费者在线上取得信息并进行交易，让消费者自行查询订单处理进度、付款、更正账单或使用其他服务，让消费者自行选择互动媒体，赋予消费者自行设计产品的能力。

应用实例　“爱印”网

1995 年，斐罗和以前的工作伙伴组织了一个新的小组开展新事业，创建了“爱印”网。通过该网站，用户可以自行设计、检视并订购各种不同个人风格的产品，如名片、信纸、商标、便利贴、贺卡等。用户也可以选择免费设计，将它放在自己的电子邮件里。所有选择和设计的过程都非常直接、简单。用户只要选择想要设计的项目，选择尺寸，然后从一些建议样式中选出最喜欢的，最后将文字内容填入，只要几秒钟，用户就可以在屏幕上看到自己的设计。等用户决定好设计图样，就可以选择印刷颜色、纸张种类，然后订购即可。用户的印刷成品会在限定的时间送达。在印刷价格上，“爱印”网绝对比大多数商业印刷店便宜得多，小量的订单更是如此。

6.3.5　社区模式

网络社区是网上特有的一种虚拟社会，是用户常用的服务之一。网络社区有众多用户参与，因此网络社区不仅具备交流的功能，而且成为一种营销场所。企业可以通过网络社区与访问者或浏览者进行信息交流，从而达到促销的目的。例如，锐步是一家专营运动和健美体育用品的公司，该公司是较早的网络社区创建者之一，在专为女性提供有关体育训练的网站上创建了网络社区。锐步把体育明星引进实时交谈，为那些有共同兴趣的人群提供信息和讨论交流的场所，将该消费群体吸引到其所创建的社区内，为自身带来更大的商机。

6.4 网络营销实务

6.4.1 网上市场调查

市场调查是营销管理信息系统和决策支持系统的主要信息资料来源，在整个营销系统中起到了非常关键的作用。完美的营销策划方案必须建立在对市场细致而周密的调研基础上。对一个企业来说，市场调查在市场营销流程中是至关重要的一步，它能促使企业及时地制定和调整营销策略。

1. 网上市场调查的概念

互联网的出现为传统的市场调查带来了新的发展契机，给调查人员提供了一个全新的、具有先天优势的调查工具。与传统的电话调查、入户访问相比，网上市场调查具有周期短、费用低、区域广、效率高、速度快等优点。网上市场调查将从一股新生力量向主流形式发展，并有可能最终取代传统的入户调查和街头随时访问等调查方式。

网上市场调查又称联机市场调查，是指利用互联网进行营销信息的收集、整理、分析和研究，客观地测定及评价现有市场和潜在市场，达到了解消费者需求、市场机会、竞争对手、行业潮流、分销渠道，以及战略伙伴的目的。调查所获取的数据，在改进站点、建立客户数据库、开展精确营销、提供个性化服务、培养消费者忠诚度、增强品牌竞争力等方面，都发挥着巨大的作用。网上市场调查的调查结果是企业制定各项营销决策的主要依据。

2. 网上市场调查的主要内容

互联网是一个没有国别的信息数据库，调研人员可以从中获得大量的有价值的信息，并据此把握市场变化动态和消费需求趋势，制定相应的市场营销策略。网上市场调查主要研究以下几个方面。

1）市场需求

对于市场需求，主要研究和分析市场需求状况，如对消费需求量因素和消费结构进行调查。主要目的在于掌握市场需求总量、市场规模、市场占有率，以及如何运用有效的经营策略和经营手段。

2）消费者购买行为

对消费者购买行为方面的研究，主要是站在消费者的角度来分析他们的购买行为。调查对象可以是产品的直接购买者、提议者或使用者，调查时对他们进行具体的角色分析。互联网上海量的信息及智能购物代理、搜索引擎的出现，为消费者从多方位、多角度选择商品提供了前所未有的空间和机会。消费者会主动查询、分析比较，从而更为理性地决定最终是否购买。营销的首要目标是找准消费者，再用各种手段与消费者建立长期稳定的关系。要做到这一点，就要研究和分析消费者的自身因素对其购买行为的影响，尤其要了解消费者的购买目的和购买动机；研究消费者对特定的商标或特定的商店产生偏爱的原因；具体分析谁是产品购买的决定者、具体执行者或产品的使用者，以及他们之间的关系；了解消费者喜欢在何时、何处购买，他们购买的习惯和方式，以及建议和要求等。网络营销的最终目的在于更好地了解网络消费者的需求，为新产品开发、售后服务、营销策略、开发潜在客户等提供可靠的依据。

3）营销因素

对营销因素的研究，主要包括对产品、价格、分销渠道、广告策略、促销策略等方面进行的研究，这为企业的发展战略和营销策略提供准确、可靠的数据。

4）竞争对手

市场经济的内在规律就是优胜劣汰，每个企业都应充分地掌握并分析同行业竞争对手的详细情况。只有做到知己知彼，才能在激烈的市场竞争中取胜。对竞争对手的调查，主要是收集现有的和潜在的竞争对手的信息，包括竞争对手的发展战略与经营策略、合作伙伴、市场占有率、产品技术特征、新产品研发情况，以及营销手段等各个方面。只有对竞争对手做到全方位研究和分析，才能扬长补短，发挥自己的优势。

5）宏观环境

宏观环境主要指企业目标市场所处国家或地区的宏观环境，包括人口、经济、自然地理、科学技术、政治法律、社会文化、政府、风俗、社会安全等各个方面的因素。一切营销组织都处于这些宏观环境之中，不可避免地要受其影响和制约。

3．网上市场调查的主要方法

网上市场调查方法随着网络技术的发展而发展，呈现多元结构。例如，《中国互联网络发展状况统计报告》采用了计算机网上自动搜索、网上联机、网下抽样、相关单位上报数据等调查方法。一般来说，根据调查目的和预算，可以采用几种网络调查手段相结合的方式进行。按资料来源，网上市场调查可划分为网上市场直接调查和网上市场间接调查。

1）网上市场直接调查

网上市场直接调查指的是为达到某种目的直接在互联网上收集第一手资料或原始信息的过程。具体来说，可分为以下几种。

① 专题讨论。这是指通过新闻组、BBS 或邮件列表讨论组等进行调查。这种方法是在站点上提供交互功能，让消费者直接发表意见，可以有效地针对特定的目标群体。以美国计算机服务公司为例，目前在该公司网络上讨论的专题有 1 300 多个，内容包罗万象。其中有一些汽车生产商提供的专题，让消费者就新汽车的颜色、外形和价格等发表意见，收到了非常显著的效果。

② 电子邮件。电子邮件是一种优秀的调查工具。把调查问卷以电子邮件的形式寄给消费者，请消费者填好后返回。这样，既可以避免在自己的站点上投放调查问卷造成调查对象的遗漏，又不会像在门户站点上投放调查问卷那样造成无效问卷较多。这种调查方法主要针对愿意接受调查的消费者。

③ 在线调查。这是最基本的调查方法。一方面，可以在流量较多的网站上，如在新浪等门户站点上投放设计好的调查问卷，当浏览者看到后，如果对此感兴趣，就会点击回答。门户站点浏览量大，可以保证网络调查有足够大的总量和样本，有利于完成调查目标，同时还可以间接地起到广告的作用。但是门户网站的浏览者的身份比较复杂，不一定是企业需要的调查对象，

有时会造成无效问卷，影响调查结果的准确性。另一方面，可以在本企业的站点直接投放调查问卷。由于本企业站点的浏览者大多是老客户，所以可以有针对性地获得比较详细、准确的资料，保证调查问卷的有效性。同时，这是一条维系客户关系、增强企业与客户沟通的途径。但是仅在本企业的站点进行调查，涉及的客户范围狭小，获得的资料不够全面，因此一般只用于对产品、对网站看法的调查。当然，为了获得更好的调查结果，既要考虑流量较多的网站，又要考虑本企业的站点。

2）网上市场间接调查

网上市场间接调查指的是在互联网上收集与企业营销有关的二手资料。网上市场间接调查的渠道主要有各种网站和搜索引擎。现在，由于越来越多的传统报纸、杂志、电台等媒体，以及政府机构、企业等纷纷建立网站，再加上有众多 ICP 及成千上万搜索引擎网站，因此网上信息蕴藏量极其丰富，关键是如何发现和挖掘有价值的信息。在很多调查活动中，如竞争对手的研究、营销因素的研究、宏观环境的研究，网上市场间接调查法都起着十分重要的作用，而且网上市场间接调查法一般比问卷调查法的费用低。例如，利用 CNNIC 每年两次发布的《中国互联网络发展状况统计报告》，可以分析网民的爱好、年龄组成等数据。

小提示

电子邮件调查的注意事项

电子邮件调查就是使用纯文本或附件的形式进行问卷调查。调查时，采用随机抽样的方法按照许可邮件列表或已知的电子邮件地址发出，被调查对象回答完毕将问卷返回调研机构。在进行电子邮件问卷调查时，有专门的程序进行问卷准备、电子邮件地址收集和数据分析。使用电子邮件进行市场调查，应注意以下几点。首先，显示最重要的信息，应把主要的调查信息安排在第一屏可以看到的范围内，因为客户很少愿意通过拖动滚动条来查看屏幕下方的信息。这样，可以使重要信息首先映入客户眼帘。其次，邮件主题明确，一般可以把问卷标题作为邮件主题，因为在打开收件箱时，收件人最先看到的是邮件主题。如果邮件主题富有吸引力、明确清楚，就会引发收件人的兴趣，促使他们打开电子邮件，详细阅读。最后，内容要简练，因为电子邮件在信息处理方法上与印刷资料不同，其信息处理是通过互联网来完成的。为节省收件人的上网时间，避免造成收件人的厌倦心理，应尽量使电子邮件内容简明扼要，方便收件人浏览和阅读。

4. 网上市场调查的步骤

网上市场调查与传统的市场调查一样，应遵循一定的方法与步骤，以保证调查过程和调查结果的质量。网上市场调查一般包括以下几个步骤。

1）明确网上市场调查的对象和目的

互联网是企业与客户的有效沟通渠道，企业可以充分利用该渠道直接与客户进行沟通。网上市场调查的对象主要有企业产品的消费者、企业的竞争对手、企业的合作伙伴和行业内的中立者。网上市场调查的目的包括了解企业的产品和服务是否满足消费者的需求，了解消费者对企业潜在的期望和有关产品改进的建议，调查企业的竞争者的营销手段，为调整营销策略收集信息等。只有调查对象清楚、目的明确，我们才能有的放矢地进行网上市场调查。

2）制订网上调查计划

通过制订网上调查计划，来确定资料来源和收集方法，确定调查群体、样本性质、大小及费用分配。在制订网上市场调查计划时，一定要尽可能地量化指标，以便在项目实施过程中监督、判断调研的进度，以及具体项目完成的程度，使调研过程做到有条不紊、有章可循。

3）设计网上市场调查问卷

设计网上市场调查问卷是进行网上市场调查的关键步骤。网上市场调查问卷设计的好坏直接影响被调查者的参与热情。由于互联网交互机制的特点，网上市场调查可以采用调查问卷分层设计。这种设计适合过滤性的网上调查活动，因为有些特定问题只限于一部分调查者，所以可以借助层次的过滤寻找合适的回答者。

4）实施网上市场调查

在经济的前提下，通过互联网采集及时、准确、适度的营销信息。

5）加工、整理、分析数据信息

加工、整理、分析数据信息是网上市场调查能否发挥作用的关键。从互联网上获得的市场调查信息，可能因为多种原因，有用的、用处不大的、暂时没用的信息都混杂在一起。对于这些信息，调查人员应根据调查的目的和用途进行筛选、分类、整理、去粗取精，进行综合分析和论证，挑选出对营销有用的数据信息。

6）撰写网上市场调查报告

网上市场调查报告不是资料和数据的堆砌，而是调查成果的最终完美体现，是在对所获资料的详细分析的基础上，对所调查的问题做出的正确结论，并提出具有实际意义的建议，以供企业有关营销决策者参考使用。

6.4.2 网络广告

目前，互联网作为市场营销媒体以其不可替代的独特性成为继传统的广告媒体之后的一个新型传播媒体形式。网络广告的出现使整个广告业的发展进入了一个崭新的历史时期。

1. 网络广告的概念

所谓网络广告，是指在互联网站点上发布的以数字符号为载体的各种一对一的经营性广告，是互联网作为市场营销媒体最先被开发和利用的营销技术。绝大多数的网页中都有各种各样的图片广告，有的是静态的，有的是动态的。这些图片的设计和制作都很精致，色彩鲜艳，富有强烈的视觉冲击力，常常会吸引浏览者点击。当浏览者有意或无意地单击后，这些图片会引导浏览者去浏览广告客户的网站，从而让浏览者了解与广告有关的更多信息，达到网络广告的目的。网络广告相对于传统广告具有成本低、跨越时空、宣传范围广泛、表现形式灵活、交互界面受用户喜爱、便于检索、反馈直接、目标准确、更改方便等优点。尽管网络具有许多传统媒体无法比拟的优势，但这不代表它是一个完美的媒体。目前，它仍存在许多不足：网络广告的覆盖率仍然偏低，效果评估困难，网页上可供选择的广告位有限，创意具有局限性。这也是某些广告主和广告代理商不选择网络广告的原因。

应用实例 网络广告的受益者——丰田汽车公司

丰田汽车公司是网络广告的受益者。它在互联网上的许多位置放置广告，结果在1997年就有十几万名美国人通过网络索取汽车说明书和录像资料。

2. 网络广告的策略

1）网络广告的定位策略

网络广告定位策略发展至今已进一步得到细分，从某种意义上被划分为抢先定位策略、比附定位策略、空隙定位策略、品牌形象定位策略、企业形象定位策略，以及网络广告文化定位策略。

① 抢先定位策略。抢先定位策略就是利用人们先入为主的认知心理的特点，使网络广告所宣传的产品、服务或企业形象率先占领消费者的心理位置，这被认为是最重要的定位策略，也是网络广告界最重视的策略。这一策略适用于新产品上市，特别是那些标新立异、能够引导消费的产品。企业通过采用高频率、强刺激率的广告先抢占消费者的心理位置，往往能一举成名，使产品成为同类中第一品牌。当然，一举成名并不等于永久占领，还需以持续不断的网络广告，强化产品与消费者之间的情感，巩固这种地位。老产品进入一个新的市场，或进入一个还没有竞争强手的市场时也可以采取这种抢先定位、建立领导者地位的策略。

② 比附定位策略。这是一种“攀龙附凤”的定位策略。第一品牌、领导者地位已被别人占领，跟进者要想正面抗争十分困难，于是聪明的网络广告主或网络广告人往往委曲求全，以比照、攀附领导者的方法为自己的产品争得一席之地。

③ 空隙定位策略。这也是跟进者重要的定位策略。它是一种钻空子的策略，即寻找消费者心中的空隙，网络广告宣传的重点就是填补这种空隙。有一个空子就可能确立一种定位，没有空子还可以创造空子。

④ 品牌形象定位策略。根据产品的个性和消费者的审美心理塑造一个产品形象，并将这个形象植入消费者心中。这个形象一旦被消费者所喜爱，就会在消费者心中形成牢固的品牌地位，消费者与其说是为了满足某种物质需要而购买这种品牌的产品，倒不如说是因为喜欢这种品牌所表现的一种形象或满足一种精神追求而购买。品牌形象定位策略可以和抢先定位策略、比附定位策略、空隙定位策略等结合运用。品牌形象定位策略多运用于高档消费产品。

⑤ 企业形象定位策略。公共关系网络广告推销的是组织自身的形象，对企业来说，推销的就是企业自身的形象。企业的特点、价值观、文化，以及企业对公众、社会的责任等，常常是企业公关网络广告宣传的主题，也就是此类网络广告的定位，而企业的特点、价值观、文化，以及企业对公众、社会的责任等正是企业形象的重要表现。

⑥ 网络广告文化定位策略。网络广告作为网络营销的手段之一，是以文化为基础的。网络广告与传统广告相比，最大的特点就是它所宣传的信息要涉及不同的国家、不同的民族和不同的文化。网络广告作为广告行业的“新贵”，在制作网上所发布的内容时不能循规蹈矩、千篇一

律，而应该特别突出广告的文化风格。网络广告没有放之四海而皆准的“灵丹妙药”，但有文化特色、宣传目标明确的广告是最能被网民所接受、最能达到推销商品的目的的。网络广告的文化定位离不开本土这一基本坐标点，因此必须先客观分析自身所处文化背景的优点和不足，合理定位，才能扬长避短、充分发挥优势，同时还要充分了解广告受众所处的文化背景，以其最容易接受的方式进行广告创意，以增强针对性，避免无的放矢。只有这样，才有可能避免因“水土不服”而引起的“消化不良”。

2）网络广告的市场策略

认定目标市场的依据有两个：一个是网络广告产品自身的功效，即网络广告产品能满足消费者某种或某几种需要；二是市场需求情报，即市场上哪个地区或哪个阶层的人需要这种产品。以下是几种划分目标市场的常见方法。

① 按经济状况划分。按消费者经济状况的不同，划分出不同的目标市场。例如，2020 年 3 月，中国网民规模为 9.04 亿人。其中，月收入在 5 000 元以上的网民群体占比为 27.6%，也就是说，全国 72.4%的网民（约 6.5 亿人）收入不足 5 000 元。其中，有收入但月收入在 1 000 元以下的网民群体占比为 20.8%；月收入为 2 001~5 000 元的网民群体合计占比为 33.4%。也就是中等收入网民占多数，形成一个橄榄球型的收入结构。因此网络广告的重点应当是中等收入群体。

② 按地理环境划分。不同的地理环境会使居住在不同地区的人形成不同的生活需要。同一地理环境则会使生活在同一地区的人形成某些共同的生活需要。例如，生活在多雨地区的人需要雨具，而居住在高寒地区的人需要防寒用品。因此，对于雨衣、雨伞、雨鞋等产品，可把多雨地区的居民作为主要的目标市场；而对于羽绒、裘皮服装和皮靴等产品，则应以高寒地区的居民为主要的目标市场。

③ 按人群素质划分。不同社会阶层的人所受的教育、所从事的工作不同，他们的经济状况、需求水准、兴趣爱好、审美倾向乃至生活习惯都不尽相同。例如，消遣性读物的目标市场主要是文化层次较低的职工群体，而学术性刊物的读者群往往是高文化素养的学者阶层。

④ 按购买量划分。在广泛的市场调查基础上，把网络广告产品的所有消费者，按照其购买频率、消费速度等划分为重消费者、次消费者、轻消费者。其中，重消费者是购买产品最多的人，也是网络广告宣传的主要目标市场。

另外，还有按照性别、年龄、职业等划分的方法。

3）网络广告的心理策略

这里所说的心理策略，是指针对消费者购买过程中不同阶段的心理特征，进行网络广告诉求，引导消费者从认知产品直至实现购买。

国际上公认的网络广告心理策略“五字经”是 AIDAS，如下所述。

① A（Attention），引起消费者注意。

② I（Interest），使消费者发生兴趣。

③ D（Desire），使消费者产生购买欲望。

④ A（Action），使购买欲望变成购买行动。

⑤ S（Satisfaction），使消费者购买后感到满意。

这“五字经”是根据消费者的购买心理过程提出来的。

4）网络广告的利益导向策略

所谓网络广告的利益导向策略，就是抓住消费者注重自身利益的心理特点，注重宣传网络广告产品能给其带来的好处。例如，宣传产品的特殊功效能满足消费者的特殊需要等。利益导向和网络广告的定位密切相关，不同的定位针对消费者不同的需要进行引导。

5）网络广告的时段策略

为了实现网络广告实时传播，让更多的目标受众来点击或浏览产品网络页面，并保证点击的较高有效性，这就要考虑网络广告的时段安排技巧了。同时，做好时段安排有利于费用的节约。

显然，在深夜播放针对小孩的广告是不合适的，只有针对产品的特定商业用户而在较为固定的时间内做远程广告播放，产品才会有效。例如，上班族习惯在工作的时候上网，学生习惯在节假日上网且时间不会很晚，大学老师习惯在晚上上网，这些都是不同受众的不同生活习惯，他们的不同生活习惯对网络广告的传播效果会产生很大的影响。

3. 网络广告的发布

1）自设企业网站做广告

建设企业自己独立的网站是一种常见的网络广告形式，同时企业网站本身就是一种活的广告。企业的网站不能只提供广告信息，还要建设一些反映企业自身经营形象的网页，提供一些非广告信息，能给访问者带来其他利益，如可供下载的免费软件、访问者感兴趣的新闻等。设立网站就是在网络上构建本企业网页，其中重点又在于主页的建立。随着企业网页形式的发展，企业的主页地址会像企业的地理地址、名称、商标、电话、传真一样，成为企业独有的标志。更重要的是，由于具有独占性而不同网址的传播能力存在差异，企业网址成为企业的无形资产。

2）从外部购买广告时空

为了在更大的范围内吸引用户，或有些中小型企业由于自身人、财、物的局限不能设置独立的企业网站，企业就必须通过各种网络信息服务机构，以付费的方式或部分免费的方式把本企业的信息与其他企业的信息并列发布于公共网站上。这样，企业就需要选择合适的公共网站。常见的公共网站有下列几种。

① 专业销售网。这是在互联网上专门从事某一类产品直接销售的方式。现在有越来越多的此类网站出现，如 Autobytel 等。在专业销售网做广告的优点在于：第一，一般消费者上网查询时往往带有较为明确的目的，即已经决定购买何种商品，而专业销售网汇集了此类产品的信息，为消费者提供了明确的查询方向，特别是对那些对有关厂商了解较少的消费者而言，专业销售网往往是他们查询的首选目标；第二，专业销售网类似于普通的专业商店，由于只具有某一特定类别产品的较为专业的知识和信息，能够博得消费者的信赖。因此，专业销售网尤其适合那些技术性较强、消费者要求较高的产品。

② 公共黄页。在互联网上有一些专门的网站为公众提供查询检索服务，如雅虎、Infoseek、Excite 等。这些网站的网页如同电话黄页一样，把在其网站上登录的企业按类别归类。网络用

户只需在“Search”一栏中输入关键字，如 Automobile，网页上就会出现某一汽车企业的广告图标，并可以帮助用户连接到该企业的主页。这一形式的主要优点在于由于使用关键字，因此其针对性强。同时，企业图标由于处于页面的明显处，较易成为用户浏览的首选。

③ 行业名录。一些 ISP 或政府机构会将某些行业信息载入其主页。例如，香港商业发展委员会的主页就附有汽车代理商、汽车配件商等的名录。网络用户可以通过链接直接进入该企业的主页。

④ 新闻传播网。互联网上有一些从事新闻传播的网站，如 PointCast Network，其用户可以免费下载 PointCast 软件。广告主在其网络上发布企业信息，便可与 100 万名 PointCast 用户建立联系，将已有的主页内容大量传播，从而充分利用在主页上所花费的广告投资。

⑤ 网上报纸与杂志。现在，许多出版商已进入网络领域，如《时代》《财富》杂志等，都在互联网上建立了自己的主页。更有一些新兴报纸与杂志，干脆脱离了传统的“纸”媒体，完全成为一种“网上报纸或杂志”，其访问人数不断上升。随着计算机的普及与网络的发展，网上报纸与杂志将和纸质的报纸与杂志一样具有重要的地位。因此，在这些网站上发布广告是企业较为理想的方式。

3）利用网络技术发布广告

由于互联网存在一些自由网站和免费的信息空间，因此企业还可利用网络的这一技术特征来做网络广告，主要表现为使用新闻组、BBS 和电子邮件。

① 使用新闻组。新闻组不同于正式的新闻传播或出版，它是公众进行讨论和信息分享的自由网站，公众可以自由加入，成为其中的一员。新闻组成员可以阅读到大量公告，也可发表自己的公告，或回复他人的公告。不同的新闻组有不同的讨论主题，企业可以选择与本企业产品相关的新闻组发布公告。在新闻组中发布广告信息的方式主要有 3 种：在某个新闻组中单独挑起一个话题，吸引预定的受众对象加入；寻找一个与所做广告相关的话题讨论组，巧妙地插入，将自己的广告信息有机地融入；选择某个新闻组的适当位置单纯地粘贴广告。

② 使用 BBS。BBS 实际上是一台接有调制解调器的计算机，它允许其他用户通过调制解调器来访问它上面的信息。用户可以通过互联网接入，也可以直接拨号接入。不同的 BBS 可以提供新闻讨论、下载软件、玩在线游戏或与他人聊天等服务。企业可以通过 Telnet 或 Web 方式在 BBS 上发布广告信息。BBS 上的信息量虽然小，但针对性较强，适合行业性较强的企业。

③ 使用电子邮件。电子邮件形式是指通过互联网传送个人信件，企业可以把广告信息通过电子邮件直接发送给个人。广告主可以建立自己的邮件列表或购买别人的邮件组广告，定期向这个邮件组发送广告信息。电子邮件广告的关键在于获得有效的用户电子邮件地址。企业可以通过两种途径获得用户的电子邮件地址：用户反馈的个人资料，企业加入有关的讨论组。

小提示

个人消费者如何避免电子邮件广告的干扰

对于个人消费者，每天收到很多邮件广告可能影响工作情绪，可采用如下两种方法避免电子邮件广告的干扰：一是将邮箱升级为收费信箱；二是采用邮件过滤。

6.4.3 搜索引擎营销

1. 搜索引擎营销的含义和特点

搜索引擎营销是基于搜索引擎平台的网络营销，是一种以通过增加搜索引擎结果页（Search Engine Result Pages，SERP）能见度的方式来推销网站的网络营销模式，利用人们对搜索引擎的依赖和使用习惯，在人们检索信息的时候尽可能地将营销信息传递给目标客户。

与其他网络营销方法相比，搜索引擎营销具有自身的一些特点。

① 搜索引擎营销方法与企业网站密不可分。企业网站推广是搜索引擎营销的主要目的之一，因此，专业的企业网站的建立是企业有效开展搜索引擎营销的主要依托，企业网站的专业性及搜索引擎的友好性会对搜索引擎营销的效果产生直接的影响。

② 搜索引擎营销是一种用户主导的网络营销。使用搜索引擎检索信息的行为是由用户主动采取的，用户检索什么信息或服务也完全是根据自己的需要和意愿决定的，而且用户在搜索结果中选择哪些信息也有自己的偏好和判断，并不受其他因素的影响。因此，搜索引擎营销是由用户所主导的，营销活动本身对用户的影响被降到了最低。

③ 搜索引擎营销可以实现较高程度的定位。网络营销的主要特点之一是可以对用户行为进行准确分析并实现高程度定位，尤其是搜索结果页面的关键词广告，它完全可以实现与用户所检索的关键词高度相关，从而提高营销信息被关注的程度，最终达到网络营销的效果。

④ 搜索引擎营销的效果主要表现为营销网站访问量的增加。以企业网站推广为目的的搜索引擎营销的主要任务是提高网站的访问量，至于访问量的增加最终是否能转化为收益的增加，还取决于其他一些因素，这是搜索引擎营销活动无法决定的。

⑤ 搜索引擎营销需要适应网络服务环境的发展变化。搜索引擎营销是在具体的网络环境下对搜索引擎的具体应用，因此对搜索引擎的工作原理和服务模式等网络环境的依赖性较高。当搜索引擎的检索方式和服务模式改变时，搜索引擎营销也应该做出相应的改变，搜索引擎营销应保持与网络营销服务环境的协调一致。

2. 搜索引擎营销的实现方式

搜索引擎营销具有付费链接、内容定向广告、付费收录等实现方式。

① 付费链接。付费链接是指通过 Google AdWords 和百度推广等广告服务，将内容广告在搜索引擎上通过关键词搜索显示出来，多指“付费搜索”、“点击付费”广告和“竞价排名”广告。

② 内容定向广告。内容定向广告是指显示在搜索联盟成员的内容站点而不是在搜索站点的广告。例如，通过 Google AdSense 等程序搜索到的新闻文章、博客等。

③ 付费收录。付费收录是指通过向搜索引擎和类似黄页站点付费的行为，使企业网站和网页能够被收录到服务器的索引信息中，但是通常不需要被显示在搜索结果列表上的某个特殊位置。

④ 自然排名搜索引擎优化。自然排名搜索引擎优化是指通过使用一些技术，如 HTML 代码放大、站点导航、网页复制编辑、竞价链接等，来提高企业网站或网页在特定搜索主题中的自然搜索结果排名。

3. 搜索引擎营销的目标

搜索引擎营销追求最高的性价比，即以最小的投入获取最大的来自搜索引擎的访问量，并产生商业价值。用户在检索信息时使用的关键字反映出用户对该问题（产品）的关注，这种关注是搜索引擎被应用于网络营销的根本原因。

搜索引擎营销的目标如下。

第一个目标是搜索引擎营销的存在层。其目标是在主要的搜索引擎/分类目录中获得被收录的机会，这是搜索引擎营销的基础。离开这个层次，搜索引擎营销的其他目标也就不可能实现。搜索引擎登录包括免费登录、付费登录、搜索引擎关键词广告等形式。存在层的含义就是让网站中尽可能多的网页（而不仅是网站首页）被搜索引擎收录，也就是提高网页的搜索引擎可见性。

第二个目标是在被搜索引擎收录的基础上尽可能获得好的排名，即在搜索结果中有良好的表现，因而可称为表现层。因为用户关心的只是搜索结果中靠前的少量内容，如果利用主要的关键词检索时企业网站在搜索结果中的排名靠后，那么还有必要利用关键词广告、竞价广告等作为补充手段来实现这一目标。同样，如果企业网站在分类目录中的位置不理想，则需要同时考虑在分类目录中利用付费等方式获得排名靠前。

第三个目标则直接表现在网站访问量指标方面，也就是通过搜索结果点击率的增加来达到提高网站访问量的目的。由于只有受到用户关注，经过用户选择后的信息才可能被点击，因此这个目标可称为关注层。从搜索引擎的实际情况来看，仅仅做到被搜索引擎收录并且在搜索结果中排名靠前是不够的，这样并不一定能增加用户的点击率，更不能保证将访问者转化为客户。要通过搜索引擎营销实现访问量增加的目标，则需要从整体上进行网站优化设计，并充分利用关键词广告等有价值的搜索引擎营销专业服务。

第四个目标即通过访问量的增加转化为企业最终实现收益的提高，可称为转化层。转化层是前面三个目标层次的进一步提升，是各种搜索引擎方法所实现效果的集中体现，而不是搜索引擎营销的直接效果。从各种搜索引擎策略到产生收益，期间的中间效果表现为网站访问量的增加，网站的收益是由访问量转化所形成的，从访问量转化为收益则是由网站的功能、服务、产品等多种因素共同作用而决定的。因此，第四个目标在搜索引擎营销中属于战略层次的目标。而其他 3 个层次的目标属于策略范畴，具有可操作性和可控制性的特征。

实现这些基本目标是搜索引擎营销的主要任务。

小提示

影响搜索引擎营销效果的关键因素

① 关键词策略。搜索引擎营销是基于关键词的，一切搜索行为都由关键词而来。我们的关键词分析清楚了，找到了有价值的关键词，才能去一一攻破。如果关键词分析没有做到位，后面即使获得了排名，最终也难以取得好的营销效果。

② 内容与创意。这部分其实包括很多内容，如优化方面、链接建设方面，这些因素均可归为内容和创意，这些内容能否抓住消费者的心，同时又符合搜索引擎的“胃口”，

让搜索引擎给予较高的排名，取决于网络优化技巧。

③ 页面的用户体验。用户体验包括内容的吻合度，以及页面的美观度、网络的反应速度，这些都很完美，那么客户就容易接受这些营销信息，反之客户就难以接受。

④ 服务器的稳定性。搜索引擎营销在很多情况下都是基于网站的。如果网站的服务器不够稳定，经常出现死机或者其他故障，搜索引擎就会对收录的内容产生怀疑，将其放入一个待审核的区域，当然排名也就没有了。

6.5 电子商务网络营销典型案例

亚马逊的网络营销

亚马逊是美国的一家网络电子商务公司，位于华盛顿州的西雅图，是网络上最早开始经营电子商务的公司之一。亚马逊成立于1995年，一开始只经营网络的书籍销售业务，现在则涉及了范围相当广的其他产品，已成为全球商品品种丰富的网上零售商和大型互联网企业。2017年3月29日，亚马逊宣布关闭旗下Quidsi部门，原因是无法让它旗下的Diapers.com和Soap.com两个电子商务网站实现盈利。2018年5月11日，亚马逊正式上调Prime包年会员费，从之前的99美元上调到119美元。2019年4月18日，亚马逊中国正式对外宣布，将于7月18日停止为亚马逊中国网站上的第三方卖家提供卖家服务，但保留跨境贸易、全球开店、云计算、kindle等业务。

1. 亚马逊的4P营销理论

（1）产品策略：亚马逊全面收藏各种出版物，建立了高质量/数量庞大的数目数据库。为了更多地满足消费者的需求，对各种商品采取不一样的营销手段和策略，让消费者能够全面选择商品。

（2）价格策略：亚马逊非常善于打价格战，它提供的所有商品价格均低于市场价格，最高可享40%的折扣，在价格上做了很详细的区分（特别选定的图书：40%的折扣、一般的精装书：30%的折扣、平装本：20%的折扣）。

（3）渠道策略：亚马逊的所有产品销售都是通过网络实现的，消费者订货和选择支付手段都在网上完成。同时，为了将消费者订购的产品尽快地送到消费者那里，亚马逊在其库存管理和运输车辆调度上下功夫，以保证物流配送体系的顺畅运转。

（4）促销策略：首先，亚马逊通过广告的方式来传播自己的产品。其次，针对中间商，亚马逊采取了不论其通过网站销售多少产品，一律支付15美元介绍费的方法；针对最终消费者，亚马逊根据不同客户群的需要，为其提供赠券或精美小礼品，并且为购物满100美元的客户，提供一次免费送货服务。通过这些手段，亚马逊进一步增强客户对其的忠诚度，巩固了客户的关系。

2. 亚马逊的八大营销策略

（1）亚马逊在谷歌投放的PPC极力提升广告相关性。要在AdWords上胜过竞争对手，可以使用以下几种方法来设置具有针对性的广告：①动态关键字插入；②设置独特的卖点；③与每个关键字匹配的着陆页面。亚马逊使用模板化的标题和描述、动态关键字插入和动态生成的着陆页，将用户引导到按关键词的相关性程度排序的产品页面。

（2）前端亏本促销产品，而从后端产生 4 倍以上的利润。Kindle 是全球大型的电子书零售商。凭借 Kindle 及其可供选择的大量电子书，亚马逊占据了大部分国际电子书市场。亚马逊将未来的购买计划设计成一个顺其自然的过程，在前端销售亏本促销产品就有可能在后端获得可观的可持续性收入。用一次性的损失去卖出一款产品，并设计简单有效的计划让用户在未来持续性采购，从而赚取更多利润。亚马逊在 Kindle 设备（前端）上约有 5 亿多美元的损失，但在电子书、音乐、电影/电视节目、广告和应用程序（后端）上赚取了 20 多亿美元的利润。在前端销售亏本促销产品并不是每个企业或产品的理想选择。有两种情况非常适合这种策略，如下所述。

① 你的亏本促销产品需要你的客户未来持续采购才能正常使用（如使用剃须刀需要购买剃须刀片或使用打印机需要购买墨水）。

② 商家的目标是吸引新客户进入自己的商店，商家认为这些客户会在体验产品后进行更多购买（例如，黑色星期五的销售吸引了许多新买家，牛奶和鸡蛋吸引他们进入商店，促使他们在平台或商店购买了高利润的商品）。

（3）利用慈善计划来回馈社会并且获利。与那些企业想吸引的受众高度相关的分支机构合作构建一种双向协作：这些分支机构通过企业提供的预先制作的营销材料为企业提供推广；企业将其推广给企业网站上的客户。对亚马逊而言，慈善机构通过预制的网站 Banner 广告和社交帖子推广了商品；亚马逊通过在产品页面上弹出对话框的方式去推广这一慈善计划。亚马逊成立 Amazon Smile 基金会的目的是让客户可以在购物的同时做慈善。这样的慈善活动还有其他好处，比如，让客户感到在亚马逊上的购买行为更有意义、鼓励更多的人从亚马逊购买产品、让客户以积极的态度看待亚马逊。

（4）借助商品页面上的 5 大转化元素有效提高下单率。在亚马逊产品页面上，有 5 个提高下单率的营销策略，包括社群证明、认知价值定价法、稀缺感与紧迫感、一键购买按钮、追加销售和交叉销售。

① 社群证明：当顾客浏览商品时先看黄色的星星（评分）——表明多少人喜欢（或不喜欢）该产品。亚马逊把社群证明放在前面和中心位置。

② 认知价值定价法：亚马逊通过删去原始价格、展示折扣价、强调订单超过 25 美元免费送货、提醒客户节省了多少美元和百分比表明它的优惠性，似乎总是低价出售商品。此外，亚马逊有复杂的动态定价策略，其价格经常波动。这样做是为了确保客户将亚马逊视为最实惠的购买平台。

③ 稀缺感与紧迫感：亚马逊通过紧迫感告诉买家他们如果希望在某个特定日期到达，就必须在一定时间内订购。这增加了人们在亚马逊购买的机会，而不是再去选择其他购买平台，因为如果购买得快，他们可以得到明天就能到货的保证。

④ 一键购买按钮：为了避免购物车内的商品被舍弃，亚马逊建立了一套购物系统，让人们只需一次点击即可进行购物（在输入并保存结账之后，只需一次付款和填写运送信息）。这使得购物变得更加便捷和快速，所以客户没有时间重新考虑他们的购买行为。

⑤ 追加销售和交叉销售：亚马逊通过以下几种方式进行追加销售和交叉销售，个性化搜索（让顾客根据所购买的东西搜索相关商品、捆绑优惠与「经常一起购买」、「与此相关的产品」、「买了这个的顾客还买了」、产品比较图表、「浏览此件商品的用户还浏览了」、「您最近浏览过的商品和重点推荐」等。

（5）凭借短短 14 秒的产品视频广告完成病毒性营销。通过评论、论坛和社交媒体中的交流，研究客户的话语，创造出一个转化超高的营销活动。例如，亚马逊通过使用真实的 Echo 的评论，创造了超过 100 个短于 30 秒的视频短片，作为他们在电视和 Youtube 上进行的 JustAsk 视频广告营销活动的一部分。

（6）轻便的快闪商店根据客户所在位置准确地销售。尝试将一种新的销售渠道应用在企业的电子商务业务中，以使企业的产品呈现在企业的目标客户面前。比如，亚马逊通过快闪商店，以及亚马逊卡车销售的其他尝试来实现。亚马逊在几年前开设了一些快闪商店作为试点。这些商店是亚马逊设备（Echo、Fire TV、Fire Tablets 等）获得巨大成功的重要原因。仅仅一项亚马逊产品——带有 Alexa 语音助手的 Echo 智能音响，就可以在 2020 年为亚马逊带来 100 亿美元的预估收益。人们可以使用 Alexa 来下单，开发人员用亚马逊网络服务来支持 Alexa 上的应用程序。快闪商店的作用：①为亚马逊提升新产品的认知度；②指导客户；③增加产品销售量；④支持产品免费退换渠道（一小部分客户会对产品不满）。

（7）亚马逊 Prime 会员的 3 个增加持续性收入的成功策略。如果企业想让企业的电子商务收入更容易预测，那就创建一个可持续收益产品。它将企业所有其他产品的好处结合在一起，从关注一个贯穿企业所有产品的关键卖点开始推广。亚马逊的 Prime 会员身份包含了多种服务的免费使用，否则人们每月要多支付超过 10 倍的费用。为了营销，他们把重点放在免费两天送达上，这是他们的一个关键卖点。

亚马逊 Prime 会员之所以成为一个盈利利器，不仅是因为其拥有海量的注册用户数量，而且亚马逊 Prime 会员平均每年比非 Prime 用户能多产生 3 倍消费金额。亚马逊 Prime 会员的成功可以归功于以下 3 个因素。

① 聚焦于一个关键卖点，亚马逊很早就意识到免费两日运达的卖点并聚焦于此。

② 把注册选项放在醒目位置，通过把 30 天免费试用附加到新产品发售中，是亚马逊 Prime 会员人数火速增长并让用户开始注册的一个关键点。

③ 使用有效的先免费后付费方式，当免费试用期满时，亚马逊采用 4 种方式让这些用户转而付费继续使用。一是提供免费的额外好处，致力于通过免费的两天送货和免费试用来吸引人们的注意力。二是在取消页面诉诸利益，并用降价销售最终挽留，用户卸载的时候精心设计的询问让其再三思考。三是仅限会员的限时折扣。四是为普通用户制定免费运输的最低消费水平。

（8）在用户购买行为产生后进一步提高销量的 5 种电子邮件。采用亚马逊的 5 种电子邮件类型，以优化购物后用户的消费力转化，促成更多的销售。确保企业在每封电子邮件中加入企业独特的内容，以匹配企业的品牌（亚马逊会在用户第一次购买、确认订单、订单配送、评论购买的产品和销售活动时发送电子邮件）。

① 祝贺第一次购买的电子邮件，目的是建立企业与用户之间的信任，消除用户购买后会产

生的一些疑虑，并开始与用户接触。让企业知道接下来还能做什么，如用折扣鼓励用户重复购买。

② 订单确认电子邮件，目的是通过在确认邮件上“查看或管理订单”CTA[①]再次把用户带回亚马逊的网站。

③ 订单发货邮件，目的是确认电子邮件中包含运送中产品的主要信息、发货地址和发货总数。然后，附带“追踪包裹”CTA，把用户带回一个追踪包裹的页面，推广其他产品。

④ 评价购买商品邮件，目的是获得评论，同时让用户回到亚马逊的网站。如果用户点击电子邮件中的一个星星，则其会被带到产品页面，要求写一段文本评论。

⑤ 销售活动的电子邮件，做有明确截止时间的限时活动，在第一天发送“销售公告”邮件，在截止时间前的几小时发送一封“最后的机会”电子邮件。

自测题

单项选择题

1．影响网络营销的因素有 4 个，通常称为（　　）。

A．4A　　B．4C　　C．4P　　D．4W

2．网络营销是借助（　　）和数据通信来实现企业营销目的的活动。

A．互联网　　B．计算机　　C．计算机网络　　D．传统营销网络

3．（　　）不是网络营销的主要内容。

A．网上支付　　B．网上市场调查

C．网络营销策略的制定　　D．网络广告

4．定价时采用成本加少量利润甚至零利润来定价的策略是（　　）。

A．等价定价策略　　B．低价定价策略

C．智能型定价策略　　D．折扣定价策略

5．注意力经济指的是网络营销的（　　）。

A．个性化服务模式　　B．眼球模式　　C．零售模式　　D．自己动手模式

多项选择题

1．网络为企业公关信息传播提供了一个新的传播渠道，主要有（　　）。

A．传统媒体电子版　　B．媒体电子版

C．网络广播电视节目　　D．新闻论坛

2．产品组合策略包括（　　）。

A．扩大产品组合策略　　B．缩减产品组合策略

C．原定产品策略　　D．产品延伸策略

3．通过（　　）能够为用户提供完善的信息服务。

---

① CTA：用户行为召唤，即一个口头的、书面的或视觉的提示，给人们提供下一步该做什么的指示，如网页中常见的“订阅”“下载”“加入购物车”按钮。

A．产品宣传　　B．建立“虚拟展厅”
C．建立“虚拟组装室”　　D．建立自动的信息传递系统
4．网络营销的模式主要有（　　）。
A．个性化服务模式　　B．眼球模式
C．零售模式与社区模式　　D．自己动手模式
5．（　　）是网上直接调研的手段。
A．专题讨论　　B．电子邮件　　C．在线调查　　D．搜索引擎

判断题

1．网络营销具有传统营销方式所不具备的独特的特点：信息交流的自由、开放和平等。（　　）

2．利用人们先入为主的认知心理，使网络广告所宣传的产品、服务或企业形象，率先占领消费者的心理位置的网络广告策略是空隙定位策略。（　　）

3．病毒性营销就是以传播病毒的方式开展营销。（　　）

4．选择在网络上销售的商品时，选择的条件之一是容易设店的普通商品。（　　）

5．满足需求定价的过程：产品及功能设计→生产成本+生产利润+商业利润+品牌系数→产品价格。（　　）

简答题

1．网络营销方法有哪些？
2．简述网络广告的特点和主要类型。
3．电子商务营销中吸引客户的策略有哪些？
4．如何进行网络营销策划？
5．网络营销的产品价格策略有哪些？
6．举例说明网络营销中的促销策略。

讨论题

戴尔公司的网络营销策略

戴尔公司是世界上大型的计算机公司，它主要按客户的订单组装机器，以直销的方式售出。戴尔公司设有800个免费电话热线和网站。客户可以通过这两种途径向戴尔公司下订单。戴尔公司按要求装机并送货，在一年内免费上门维修，对出售的计算机提供终身免费技术咨询服务。戴尔公司采用微软分散式网络构架，在全国乃至世界各地建立服务点，并有当地的互联网服务器，确保客户访问网站时的速度。戴尔公司以其优质的服务和个性化的销售赢得了世界各地主要客户的好评。

1．请评述戴尔公司的网络营销策略。
2．网络营销是如何为戴尔公司赢得竞争优势的？

上网实习

1. 请上网找出几个可供技术转让的国内外新产品资料，要求包括产品名称、功能、市场前景、开发或生产的手段、技术条件，以及转让或合作生产的条件、费用等，越详尽越好。

2. 请在网上找出几个可以发布商业广告的商务网站、新闻组、网络社区和博客，了解它们的有关使用方法和条件。如果有可能，请帮助某个企业发布几条免费广告。

3. 设计一份网上调查问卷，并通过 E-mail 将问卷发送给你熟悉的人进行试调查，以检验问卷设计是否合理。

小组任务

4 个学生分成一组，自行上网搜索某一家企业开展网络营销的典型案例，然后根据本章内容对案例进行分析，写出分析报告，并由一个学生对报告内容进行陈述。

要求：

分析报告要求必须包括以下 3 个部分的基本内容。

（1）案例背景。

（2）案例成功和失败的原因分析。

（3）对你的启发。

第 7 章

电子商务安全与法律

引导案例　全国首例电子商务起诉售假卖家案开庭

2016 年 6 月，淘宝网通过大数据打假系统，发现两家店铺销售的施华洛世奇手表存在售假嫌疑，涉嫌侵犯施华洛世奇股份有限公司产品的“SWAROVSKI”商标。经品牌方鉴定，被告销售的商品包装与正品不符，做工粗糙，权利人给出“所涉商品为假货”的鉴定结论。

由于涉嫌侵权货值较高，淘宝网将线索移送至警方。2016 年 8 月，深圳罗湖警方在刘某均的租住处将其抓获，并从其住处缴获假冒施华洛世奇手表 125 块、假冒施华洛世奇公章 2 枚等。

2017 年 1 月初，淘宝网以“违背平台不得售假约定、侵犯平台商誉”为由将刘某均夫妻二人告上法庭。此外，因刘某均夫妻售假的一家网店是王某怡于 2011 年注册的，遂王某怡与刘某均夫妻同被列为被告。

2017 年 2 月，罗湖区检察院向罗湖区法院提起公诉。罗湖区法院经审查查明，刘某均夫妻二人在租住处，通过淘宝网购买假冒注册商标的“SWAROVSKI”牌手表，再通过自己注册经营的两间淘宝网店对外销售谋取利益。自 2013 年 8 月至案发，其实际销售假冒注册商标的数额合计约 77.3 万元，现场缴获的 125 块假手表价值约 16.4 万元。

2017 年 5 月，罗湖区法院做出一审判决，认定刘某均、陈某华犯销售假冒注册商标的商品罪，判处刘某均有期徒刑三年，缓刑三年；判处陈某华有期徒刑一年，缓刑一年。

原告的委托代理人称，刘某均、王某怡、陈某华售假的行为违反原被告双方的网络服务合同，违反《中华人民共和国商标法》相关规定，构成商标侵权，对申请人商誉造成损害，请求法院判令三被告各赔偿原告损失 48 万元、92 万元及 157 万元，另请求法院判令三人各赔偿原告合理支出 6 万元、6 万元及 12 万元。该案是全国首例电子商务平台起诉售假卖家的案例。

本章学习目标

1. 掌握电子商务安全概念、电子商务的安全威胁与安全要素；
2. 掌握数字证书与认证机构；
3. 了解电子商务安全技术手段；
4. 掌握电子商务法的概念，熟悉电子商务的法律法规。

学习导航

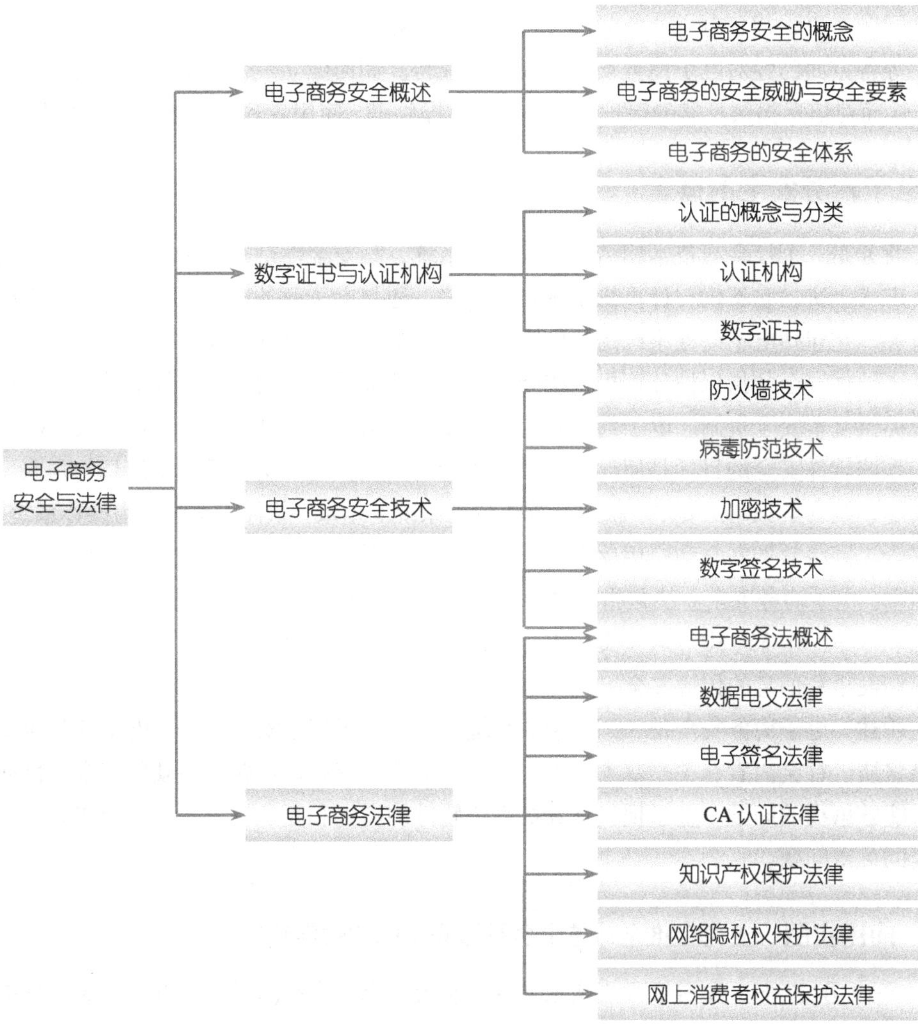

职业指导

高职电子商务专业毕业生的工作岗位主要集中在相关的商务运营、网站管理、客户支持三大方面，具体而言包括客户服务、销售、库存、采购、促销、市场调查、网站编辑、网页设计、后台开发、网络管理、配送管理、数据库维护、结算等。根据岗位分析，电子商务专业中的商务管理方向主要培养学生应用信息技术手段进行商务运作、信息化管理的能力，面向的岗位主要有营销管理人员、市场调查分析人员、行政文员助理、仓管员、采购员、客户服务人员、网络营销人员等；技术应用方向主要培养学生电子商务系统的应用、维护管理的能力，使其熟练掌握各种技术在企业商务运作的应用，面向的岗位主要有网页设计人员、网站维护人员、数据库维护人员、电子商务系统操作人员、软硬件维护人员等。

7.1 电子商务安全概述

安全问题一直困扰着电子商务的发展。例如，计算机病毒、电脑黑客、计算机网络系统自身脆弱性等各方面已经对电子商务安全构成严重威胁。如何建立一个安全、便捷的电子商务应用环境，从而对信息提供足够的保护，是网络平台提供者、使用者和有关部门关心的重大问题。

7.1.1 电子商务安全的概念

电子商务是一个社会与技术相结合的综合性系统，其安全性是一个多层次、多方位的系统的概念。广义上讲，它不仅与计算机系统结构有关，还与电子商务应用的环境、人员素质和社会因素有关，它包括电子商务系统的硬件安全、软件安全、运行安全及电子商务安全立法。电子商务系统硬件安全是指保护计算机系统硬件（包括外部设备）的安全，保证其自身的可靠性和为系统提供基本安全机制。电子商务系统软件安全是指保护软件和数据不被篡改、破坏和非法复制。系统软件安全的目标是使计算机系统逻辑上安全，主要是使系统中信息的存取、处理和传输满足系统安全策略的要求。根据计算机软件系统的组成，软件安全可分为操作系统安全、数据库安全、网络软件安全和应用软件安全。电子商务系统运行安全，是指保护系统能连续和正常地运行。电子商务安全立法是指对电子商务犯罪的约束，它利用国家机器，通过安全立法，体现与犯罪斗争的国家意志。从狭义上讲，它是指电子商务信息的安全，主要包括两个方面：信息的存储安全和信息的传输安全。

综上所述，电子商务安全是一个复杂的系统问题。电子商务安全立法与电子商务应用的环境、人员素质、社会因素有关，基本上不属于技术上的系统设计问题，而硬件安全是目前硬件技术水平能够解决的问题。鉴于现代计算机系统软件的庞大和复杂性，软件安全成为电子商务系统安全的关键问题。

应用实例 支付宝推全球首个金融级安全的“数字钥匙”

2019 年 9 月 27 日，支付宝安全实验室在云栖大会上发布全球首个拥有可信身份安全认证的“数字车钥匙”技术，用户可以通过手机蓝牙或小程序用支付宝进行开锁，并通过硬件级存储和身份认证确保“钥匙”安全。

支付宝用 AI 智能风控技术和数字身份认证技术，能将“数字钥匙”的安全性提高到与账户安全相同的级别。支付宝的“数字钥匙”通过加密存储在芯片上，硬件级的储存能有效防范各种网络攻击，不用担心被“偷”走。即便手机丢失，挂失后“数字钥匙”也将随即失效，重新经过身份认证才能再使用。

7.1.2 电子商务的安全威胁与安全要素

1. 电子商务安全的基本威胁

1）计算机安全威胁

计算机存在的安全威胁主要是指硬件安全与系统软件及数据库存在漏洞。

硬件安全是指保护计算机主机硬件和物理线路的安全，保证其自身的可靠性和为系统提供基本安全机制。影响物理线路安全的主要是自然事件或人为损坏，包括火灾、自然灾害、辐射、硬件故障、搭线窃听、盗窃、偷窃、超负荷等。

系统软件安全是指保护软件和资料不被篡改、泄露、破坏、非法复制（包括有意或无意）。系统软件安全的目标是使计算机系统逻辑上安全，使系统中的信息存取、处理和传输满足系统安全策略的要求。系统软件可分为操作系统和应用软件，其中数据库属于应用软件。

2）计算机网络安全威胁

① 破坏网络的完整性。利用各种技术或物理的手段导致计算机系统和网络不可使用。这是针对网络的可用性进行的攻击，如中断网络、破坏或盗窃设备、强行停电等。

② 数据窃取。这是针对机密性进行的攻击，主要以获取机密的个人信息和商业情报为目的。

③ 非授权访问。这是针对授权合法性进行的攻击，通过采用各种网络技术手段非法取得系统访问的权限，进入网络、交易系统。

④ 篡改。这是针对信息的完整性进行的攻击，包括非法对信息进行修改、删除、随意生成等。

⑤ 假造。这是针对个体识别性进行的攻击，包括假造各种信息身份。

⑥ 拒绝服务。拒绝服务是指利用各种技术手段，使商业信息不能及时获得，并且导致合法的服务被拒绝。

以上各种攻击手段都属于主动攻击的范畴。还有一些被动攻击的手段，如流量分析等。流量分析是指当攻击者无法从信息通道中直接窃取信息内容时，可通过观察并分析信息传送的方向、频率，以及收发文者身份的方式找出其信息所代表的意义。

3）电子商务交易安全隐患

交易安全性仍是目前我国开展电子商务的主要障碍，电子商务交易存在以下安全威胁。

① 交易主体的真实性。当攻击者掌握了网络信息数据的规律或解密了商务信息以后，可以假冒或伪造合法用户或发送虚假信息欺骗其他用户，主要有两种方式：假冒或伪造他人身份、虚拟或伪造电子信息。

② 电子商务交易信息的截获和窃取。如果没有采用加密措施或加密强度不够，攻击者可能通过互联网、公共电话网、搭线、在电磁波辐射范围内安装截收装置或在数据包通过的网关和路由器上截获数据等方式获取机密信息，或通过对信息流量和流向、通信频度和长度等参数的分析推测出有用信息，如消费者的银行账号、密码及企业的商业机密等。

③ 交易信息的篡改和抵赖。当攻击者熟悉了网络信息格式以后，通过各种技术方法和手段对网络传输的信息进行中途修改，并发往目的地，从而破坏信息的完整性。交易抵赖则包括多个方面：发信者事后否认曾经发送过某条信息或内容；收信者事后否认曾经收到过某条消息或内容；购买者做了订货单却不承认；商家卖出商品却因价格差而不承认原有的交易。

2. 电子商务的安全要素

针对电子商务面临的种种威胁，必须采取相应的应对策略，从多方面的电子商务安全要素入手，保证电子商务运行的安全实现。

1）信息的保密性

信息的保密性是指网络信息通过加密技术进行加密处理，保证其在传输或存储过程中不被他人窃取。目前，普遍采用对称密钥加密和公钥加密技术方法来实现信息加密。

在电子商务交易过程中，交易各方之间需要传输许多重要的信息：客户的信用卡账户、密码、用户名，以及订货单等；商家之间的协议、合同，以及各种商业秘密等；银行的各种指令和认证等。这些信息不能被他人知悉，均需要进行加密保护。电子商务是建立在开放的互联网基础之上的，维护合法用户的识别信息、防止非法攻击者窃取，进而保护信息的保密性是电子商务全面推广应用的重要保障。

2）信息的完整性

信息的完整性是指网络信息在传输或存储过程中，不因意外或人为因素而遭到破坏，保证信息的完整和统一。目前，电子商务交易信息的完整性检验主要是通过双方提取摘要进行比对的方式完成的。

在电子商务交易过程中，交易文件不允许任何一方随意进行插入、删除或修改，否则必然会损坏其中一方或几方的商业利益。在开放的互联网络交易中，防止恶意者对交易文件的篡改、保持其完整性是实现商家之间公平和合理交易的重要保证。

3）信息的有效性

信息的有效性包含着两方面的内容：一方面是数据电文应该具有与传统口头协议、书面协议一样的效力；另一方面是对于通过数据电文签订的协议、合同，事后任何一方都不能加以反悔和抵赖。电子商务以电子交易形式取代了传统纸张，如何保证各种数据电子信息的效力性，是开展电子商务应用的前提。任何人都不能因各种协议、合同是数据电文的形式，而否认其有效性。数据电文的效力性应该通过相关的法律法规形式加以认定和解决。由于商情千变万化，交易一旦达成，任何一方都不能否认，否则必然会损害其中一方或几方的利益。因此，保证各种数据电子信息的有效性、防止交易人的否认和抵赖，是保证电子商务顺利进行的关键。目前，实现网上信息的不可抵赖性是通过对发送消息进行数字签名实现的。

4）实体的认证性

在网络虚拟环境中，开展电子商务交易的各方彼此之间互未谋面，因而确定商家、客户、银行、网关等实体的真实性，以及防止黑客、骗子、黑店等不法分子的假冒、欺骗行为的发生就显得十分重要了。目前，网上对商家、客户、银行、网关等实体的鉴别，一般是通过认证机构及其发放的数字证书实现的。

5）系统的可靠性

电子商务系统的可靠性是指防止由于计算机失效、程序错误、传输错误、硬件故障、系统软件错误、计算机病毒，以及各种自然灾害所产生的潜在威胁，并采取相应的预防和控制措施，确保整个系统安全、可靠运行。保证电子商务系统的可靠性是实现电子商务交易安全的根本基础。

7.1.3 电子商务的安全体系

针对上述电子商务交易时所面临的风险，应该采用较为严密的先进的安全防范体系。大体可以将其分为技术保障、法律控制、社会道德规范、完善的管理政策和制度等几个方面，可采取以下措施：数据信息安全措施、软件系统安全措施、通信网络安全措施、硬件系统安全措施、物理实体安全措施、管理细则、保护措施、法律规范和道德纪律。

1. 数据信息、软件系统、通信网络安全

数据信息、软件系统、通信网络安全是计算机信息系统安全的关键，其防范措施如表 7.1 所示。

表 7.1　数据信息、软件系统、通信网络的防护措施

防 护 项 目	采用的防护技术
数据安全	加密解密算法、密钥管理
操作系统、应用软件的安全	软件的升级、安全策略的应用、用户权限管理
数据库安全	访问控制、数据备份与管理、数据恢复
数据的完整性	磁盘冗余阵列技术（AID）、负载均衡技术、高可用技术
网络安全	数据加密、认证、数字签名、访问控制、网络地址翻译、防毒杀毒方案、防火墙技术、虚拟专用网络（VPN）、保密增强邮件（PEM）
病毒防范	硬件防范、软件防范、管理方面的防范

2. 硬件系统、物理实体安全

① 对自然灾害防范。防火、防水、防地震，如建立备份中心。

② 防范计算机设备被盗。使用固定件、添加防盗锁、设置警铃、购置柜机、非管理人员不得入内等。

③ 尽量减少对硬件的损害。采用不间断电源、消除静电、系统有效接地等。

3. 管理细则、保护措施、法律规范和道德纪律

① 管理制度的建立与实施。这包括运行与维护的管理规范、系统保密管理的规章制度、安全管理人员的教育培训、制度的落实、职责的检查等方面内容。

② 法律制度与道德规范。这要求国家尽快制定出严密的法律、政策，规范人们的思想和行为，将信息系统纳入规范化、法制化和科学化的轨道。目前，有关的条例有《中华人民共和国计算机信息系统安全保护条例》《计算机信息系统保密管理暂行规定》《电子签名法》等。

7.2 数字证书与认证机构

7.2.1 认证的概念与分类

1. 认证的概念

认证是指权威的、中立的、没有直接利害关系的第三人或机构，对当事人提出的包括文件、

身份、物品及其产地、品质等具有法律意义的事实与资格，经审查属实后做出的证明。

认证在电子商务中具有十分重要的意义，它是保证电子商务安全的第一道防线。在传统交易过程中，交易当事人之间的交易是面对面的，交易当事人的交流、洽谈及协议、合同的签订，可以当面以口头或书面形式完成，彼此之间相互信赖。然而，电子商务交易是在虚拟环境中进行的，交易当事人之间互未谋面，甚至是远隔万水千山。如何鉴别交易当事人是真实的商家、客户或者银行，以及所收到的信息是由其发送的真实信息，这就显得非常重要。为了鉴别和核实交易者的身份和信息来源的真实性，需要由各方交易者都信任的第三方出面证明，从而消除各方交易者的疑虑，为交易的达成起到信用桥梁的作用。

电子商务认证是一种信用服务，也是一种组织上的保障，其作用可表现在对外防止欺诈和对内防止否认两个方面。前者是防范交易当事人以外的人故意入侵而造成风险所必需的；后者则是针对交易当事人之间可能产生的误解或抵赖而设置的，预防电子商务交易当事人之间产生纠纷。其目的都是减少交易风险，保证交易安全。

2. 认证的分类

电子商务认证是保证网上交易安全的一项重要手段，具体主要包括身份认证和信息认证。前者用于鉴别电子商务交易参与者的身份，后者用于保证通信双方的不可抵赖性和信息的完整性。

1）身份认证

身份认证是指在电子商务交易过程中，判明和确认交易参与者的真实身份，这是目前网上交易过程中最为薄弱的环节。身份认证的实现方式主要有3种，如下。

① 秘密信息：采用人们所知道的某个交易当事人的秘密信息进行身份认证，如某人的口令、密码等。此方式简单、易用，但是往往安全性不高，而近些年来发展和应用的密钥技术则安全性较高。

② 物理介质：采用人们所持有的某个物理介质进行身份认证，如身份证、护照、银行卡、钥匙等。这种方式要求人们必须随时随身携带物理介质。

③ 生物学特征：采用人们所具有的某些生物学特征进行身份认证，如指纹、声音、视网膜、DNA等。这种方式的安全性较好，实现技术也已经成熟，但是成本较高。

在现实身份认证过程中，往往需要采取组合方式进行身份认证，其安全性会更好。

2）信息认证

目前，国际社会上普遍采用密钥加密系统的方式来实现信息的安全认证。密钥加密系统包括对称密钥加密方法和非对称密钥加密方法（也称公钥加密，目前使用较多），在实际应用过程中，常将两种密钥加密方法结合使用，如电子签名等。当采用密钥加密文件后，即使他人截取信息，由于得不到加密文件的破解密钥，因此其无法知道信息的原始含义。同时，任何人对加密文件信息中加入或删除信息，必将改变前后信息摘要的一致性，也会被及时发现。另外，为了保证信息来源的确定性，可以采用加密的数字签名方式来实现，因为数字签名是唯一的且安全的。

7.2.2 认证机构

认证机构（CA）是指一个由可信赖的第三方建立，并能够独立、权威和公正地为参与电子商务的用户提供认证服务的公益性企业。

相关链接 第一家专业的认证服务机构

SHECA 成立于 1998 年，是中国第一家专业的第三方网络安全和信任服务提供商，专门从事信息安全技术认证和安全信任服务，以及相关产品的研发和整合，以其领先的技术和精湛的服务为客户提供信息安全整体解决方案与第三方服务。

SHECA 面向互联网提供信任与安全服务。SHECA 提出“一证在手、走遍天下”的理念，联合北京、山东、安徽、天津和无锡、昆明等地的认证机构，成立了全国性的认证联合体——协卡认证体系（United Certification Authority），并在全国各个省、直辖市、自治区设有近 400 家证书受理机构。并且，SHECA 为遍布全国的客户提供了复杂多样、满足需要的信息化安全解决方案和网络安全信任服务。

SHECA 由上海市政府授权建立，是上海市唯一从事数字证书的签发和管理业务的权威性认证中心。SHECA 被有关部门称为“上海市信息安全别动队”，为上海市的信息化事业提供安全和信任服务。SHECA 被上海市政府授权承担政府正版软件服务体系的建设和运营。

7.2.3 数字证书

1. 数字证书原理

数字证书，又称数字凭证、数字标识，是一个拥有 CA 数字签名的包含用户身份信息及公开密钥信息的电子文件，可以用电子手段来证实一个用户的身份及其对网络资源的访问权限，是各实体（消费者、商户/企业、银行等）在网上进行信息交流及商务活动的电子身份证。

在电子商务交易中，若双方出示了各自的数字证书，并用它来进行交易操作，那么双方都不必为对方的身份真伪担心。数字证书可用于安全电子邮件、网上缴费、网上招标、网上购物、网上企业购销、网上办公、软件产品交易、电子资金移动等安全电子商务活动。

2. 数字证书的类型

① 个人数字证书。它仅为某一个用户提供数字证明，以帮助其个人在网上进行安全交易操作。个人身份的数字证书通常是安装在客户端的浏览器内的，并通过安全的电子邮件来进行交易操作。

② 企业（服务器）数字证书。它通常为网上的某个 Web 服务器提供凭证，拥有 Web 服务器的企业可以通过具有凭证的万维网站点进行安全交易，有凭证的 Web 服务器会自动地将其与客户端 Web 浏览器通信的信息加密。

③ 软件（开发者）数字证书。它通常为互联网中被下载的软件提供凭证，该凭证用于和微软公司 Authenticode 技术（合法化技术）结合的软件，以使用户在下载软件时能获得其所需的信息。

7.3 电子商务安全技术

7.3.1 防火墙技术

1．防火墙的概念

防火墙（Firewall）是一种获取安全性方法的形象说法。它是一种计算机硬件和软件的结合，使互联网与内部网之间建立起一个安全网关（Security Gateway），从而保护内部网免受非法用户的侵入（见图 7.1）。防火墙主要由服务访问政策、验证工具、包过滤和应用网关 4 个部分组成。

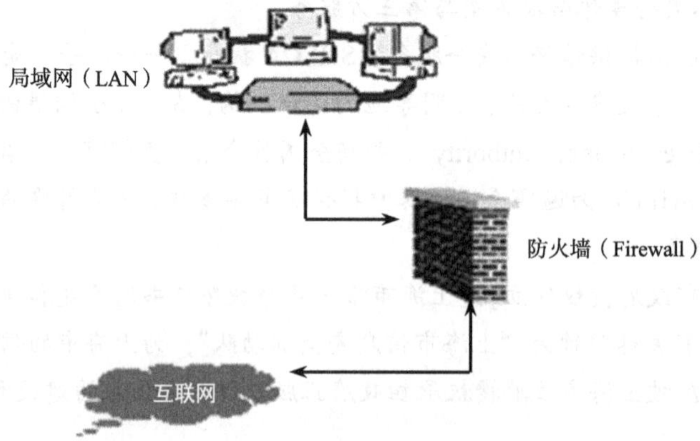

图 7.1　防火墙的示意图

2．防火墙的分类

目前的防火墙主要有包过滤型、代理服务器型、复合型，以及其他类型（双宿主主机、主机过滤及加密路由器）防火墙。

① 包过滤型防火墙。包过滤型防火墙通常安装在内部网与互联网相连接的路由器上，包过滤规则以 IP 包信息为基础，对 IP 源地址、目标地址、封装协议、端口号等进行筛选。包过滤型防火墙在网络层和传输层对传输的信息进行过滤，对数据包实施有选择地通过。

② 代理服务器型防火墙。代理服务器型防火墙通常由两部分构成，即服务器端程序和客户端程序。客户端程序与中间节点连接，中间节点再与提供服务的服务器实际连接。与包过滤防火墙不同的是，内外网间不存在直接的连接。代理服务器型防火墙控制对应用程序的访问，它能够代替网络用户完成特定的 TCP/IP 功能。一个代理服务器型防火墙本质上是一个应用层网关，即一个为特定网络应用而连接两个网络的网关。

③ 复合型防火墙。复合型防火墙将包过滤型防火墙和代理服务器型防火墙结合起来，形成新的防火墙，由堡垒主机提供代理服务。

3．防火墙的功能

防火墙系统可以保护计算机免受以下几类攻击。

① 未经授权的内部访问。防火墙可以防止互联网上未被授权的用户访问内部网的数据或使用其中的服务。

② 危害证明。防火墙可以防止一个外部用户通过非法手段（如复制、复用密码）取得访问权限。

③ 未经授权的外部访问。防火墙可以防止内部用户在互联网上取得未经授权的访问权限或服务（如企业内部员工试图访问一些娱乐网址）。

④ 电子欺骗。防火墙可以防止攻击者通过伪装的互联网用户进行远程登录，从事各种破坏活动。

⑤ 特洛伊木马。防火墙可以防止特洛伊木马通过在合法命令中隐藏非法指令来达到破坏目的（如在发送 E-mail 连接时将指令转为打开一个文件）。

⑥ 渗透。防火墙可以防止攻击者通过一个假装的主机隐蔽其攻击企图。

⑦ 泛洪。防火墙可以防止攻击者用增加访问服务器次数的方法使其过载。

4. 防火墙的优点与缺陷

优点：防火墙是网络安全的屏障；通过防火墙可以很方便地监视网络的安全性，并产生报警；防火墙可以用来审计和记录互联网使用量；防火墙可以强化网络安全策略。

缺陷：不能用于防范来自内部的攻击；一般防火墙无法防护外部病毒的侵犯。

7.3.2 病毒防范技术

1. 计算机病毒的定义

计算机病毒（Computer Virus）是当今计算机领域的一大顽症，它可以借助于计算机网络传播到计算机世界的每个角落，并大肆破坏计算机数据、更改操作程序、摧毁计算机硬件，具有强大的传染性和破坏性。

计算机病毒在《中华人民共和国计算机信息系统安全保护条例》中被明确定义：计算机病毒，是指编制或者在计算机程序中插入的破坏计算机功能或者破坏数据，影响计算机使用，并能够自我复制的一组计算机指令或者程序代码。而在一般教科书及通用资料中计算机病毒被定义为利用计算机软件与硬件的缺陷，破坏计算机数据并影响计算机正常工作的一组指令集或程序代码。

2. 计算机病毒的分类

① 计算机病毒按其表现性质可以分为良性的计算机病毒和恶性的计算机病毒。良性的计算机病毒危害小，不破坏系统和数据，但大量占用系统开销，可能使计算机陷入瘫痪而无法正常工作。例如，国内出现的圆点病毒就是良性的。恶性计算机病毒可能会毁坏数据，也可能使计算机停止工作。

② 计算机病毒按激活的时间可分为定时病毒和随机病毒。定时病毒仅在某一特定时间才发作，而随机病毒一般不是由时钟来激活的。

当然，按照计算机病毒的特点及特性，计算机病毒的分类还有其他方法，如按攻击的程度分类、按寄生方式分类等。因此，同一种病毒可以有不同的分类法。

小提示

计算机病毒的传播途径

计算机病毒具有传染性，其传染需要有一定的媒介，系统在通过这些媒介读写数据时，就有可能感染上计算机病毒。目前计算机病毒主要的传播媒介有以下几种。

① 移动存储设备传播。这类媒介主要包括移动硬盘、U盘等。它们是我们常用的数据存储和复制工具，一旦在某一台带有计算机病毒的计算机上使用这类设备，就有可能感染上计算机病毒，而后当这些设备在其他计算机设备上使用时，就会将计算机病毒传给其他计算机，如此反复，使得计算机病毒得以蔓延。

② 光盘类。这类媒介又分为只读和可擦写两类。通过这类媒介传播的计算机病毒往往是由于原始程序本身就感染了计算机病毒。特别是盗版光盘的存在，使这种情况更加难以预料。

③ 网络。局域网、广域网、互联网均是病毒传播的重要途径。病毒通过电子邮件或远程程序下载安装的形式传播，具有一定的隐蔽性。同时，由于网络的连接范围广，因而传播速度也极为迅速，危害范围更广。

3. 计算机病毒的特点

从已经发现的计算机病毒来看，不论是哪种病毒，它们往往都具有一些共同的特性，如下。

① 破坏性。凡是由软件手段能触及计算机资源的地方均可能受到计算机病毒的破坏。其表现为占用CPU的时间和内存开销，从而造成进程堵塞；对数据或文件进行破坏；打乱屏幕的显示等。

② 隐蔽性。计算机病毒程序大多夹在正常程序之中，很难被发现。

③ 潜伏性。计算机病毒侵入后，一般不立即活动，需要等条件成熟后才作用。

④ 传染性。对大多数计算机病毒来说，传染性是它的一个重要特性。它通过修改别的程序，并把自身的程序复制、包括进去，从而达到扩散的目的。

小提示

"麻辣香锅"病毒

2020年1月，国家计算机病毒应急处理中心公告显示，通过对互联网的监测，发现暴风激活工具15.0携带恶性病毒劫持用户浏览器主页。由于暴风激活工具15.2运行之后会将病毒文件释放到Mlxg_km目录下面，故根据其大写字母命名为"麻辣香锅"病毒。此"麻辣香锅"是一种锁首病毒。什么是锁首病毒？锁首病毒最主要的目的，就是劫持用户的浏览器主页。并且，几乎所有的浏览器都逃不过它的"魔爪"。浏览器主页被劫持后，就算用户们手动修改了主页，在重启之后依然会被劫持。它们还可以根据本地的升级程序不断自我更新。分析发现，截获到的"麻辣香锅"病毒所释放的所有病毒文件均携带伪造的数字签名，并以此顺利躲过系统检测。

但是，"麻辣香锅"病毒不过是改了用户的浏览器主页，那么它到底是怎么盈利的呢？

一个浏览器的主页如果设置成导航页，则导航页的每一个位置都是一个流量入口，而每个入口实际上都是带着付费链接的。再加上网民数量庞大，所以它的流量是非常可观的。所以锁首病毒只要和这些流量口达成“合作”，获取盈利分成就可以了。

安全提示：

1. 各类激活工具和破解软件是病毒传播的重要路径，通常此类软件的安全性无法保证，因此需谨慎使用。

2. 针对该恶意程序所造成的危害，专家建议用户及时给电脑打补丁、修复漏洞，并关闭不必要的端口。

3. 对于浏览器提示有安全风险的网站，用户不要轻易打开。最重要的，还是慎用各种激活工具。

4．计算机病毒的防治

1）基于网络安全体系的防毒管理措施

① 尽量多用无盘工作站。通过网卡上的远程复位，用户只能执行服务器允许执行的文件。

② 尽量少用超级用户登录网络。

③ 严格控制用户的网络使用权限。

④ 对某些频繁使用或非常重要的文件属性加以控制，以免被计算机病毒传染。

⑤ 对远程工作站的登录权限实行严格限制，将其发来的数据按指定目录存放，待检查后方可使用。

2）基于工作站与服务器的防毒技术

基于工作站与服务器的防毒技术如表7.2所示。

表7.2　基于工作站与服务器的防毒技术

技术类别	具体内容
基于工作站的防毒技术	使用防毒杀毒软件
	安装防毒卡
	安装防毒芯片
基于服务器的防毒技术	实时在线扫描
	服务器扫描
	工作站扫描

3）网络病毒清除方法

① 通知所有用户退出网络，关闭文件服务器。

② 用有写保护的、“干净”的系统盘启动系统管理员工作站，并立即清除本机病毒。

③ 用有写保护的、“干净”的系统盘启动文件服务器，管理员登录后禁止其他用户登录。

④ 将文件服务器硬盘中的重要资料备份。

⑤ 用杀毒软件（最好是网络杀毒软件）扫描服务器上所有的文件，恢复或删除发现被病毒感染的文件，重新安装被删文件。

⑥ 用杀毒软件扫描所有可能染上病毒的软盘并清除备份文件中的病毒。

⑦ 用杀毒软件扫描并清除所有的有盘工作站硬盘上的病毒。

⑧ 在确认病毒已经彻底清除后，重新启动网络和工作站。

相关链接　360杀毒软件的特点

① 全面防御U盘病毒。彻底剿灭各种借助U盘传播的病毒，第一时间阻止病毒在U盘中运行，切断病毒传播链。

② 极速云鉴定技术。360安全中心已建成全球大型云安全网络，服务数亿用户，更依托深厚的搜索引擎技术积累，以精湛的海量数据处理技术及大规模并发处理技术，实现用户文件云鉴定1秒级响应。360杀毒软件采用独有的文件指纹提取技术，甚至无须用户上传文件，就可在不到1秒的时间内获知文件的安全属性，实时查杀最新病毒。

③ 360杀毒软件独创的刀片式智能五引擎架构，包含领先的云引擎、主动防御引擎、QVM人工智能引擎，更可搭配Avira及BitDefender常规查杀引擎。多个引擎可如“刀片”般嵌入查杀体系，根据用户的需求和电脑配置，以最优的组合协同工作，提供凌厉的查杀能力。360杀毒软件独有可信程序数据库，防止误杀，依托360安全中心的可信程序数据库，实时校验，误杀率极低。

④ 电脑门诊精准修复各类电脑问题，如桌面恶意图标、浏览器主页被篡改等。

⑤ 网购保镖，全程守护网购及网银交易，拦截任何可疑程序及网址，使用户网购安心不受骗。3.0版本新增了“网购保镖”功能，为用户的网络购物、网络支付、网银交易提供安全保护。“网购保镖”在用户进行网购、网上支付、网银交易时会提高安全防护级别，防止支付网页被篡改，并可自动下载安装网银安全控件。“网购保镖”还提供了常用购物、网银网站列表，用户可从这里直接进入安全放心的网站。

⑥ Pro3D全面防御体系。根据360安全中心对网络恶意软件及网络犯罪趋势的分析，360杀毒软件首创了包含入侵防御、隔离防御、系统防御的Pro3D全面防御体系。Pro3D全面防御体系以内核级智能主动防御技术及虚拟隔离防御技术为核心，是电脑真实系统防御与虚拟化沙箱的完美结合。入侵防御让病毒无法进入电脑，系统防御实时拦截程序有害行为，隔离防御可使用户放心使用携带病毒的播放器、电子书等风险程序。

7.3.3 加密技术

在电子商务中，为了解决信息的窃取、假冒、篡改、抵赖等问题，必须使用数据加密技术。它是电子商务交易安全的一项基本技术，也是签名技术、认证技术的基础。

加密技术就是利用一定的加密算法，将明文转换（移位、代替和置换及其组合）为无意义的密文在网络上进行传输，阻止非法用户理解原始数据，从而确保数据的保密性。明文转换为密文的过程称为加密，由密文还原为明文的过程称为解密，加密和解密的规则称为算法。在加密和解密的过程中，由加密者和解密者使用的加解密参数称为密钥。对于一段明文，可以使用相同的加密算法，也可以使用不同的加密算法，但使用不同的密钥会得出不同的密文。所以密文的安全性取决于加密的算法和密钥。如果一个算法足够安全，就只能对密钥进行穷举攻击，当密钥足够长时，密文就会非常安全。

目前，在网络上获得广泛应用的两种加密技术是对称密钥加密技术（私钥加密技术）和非对称密钥加密技术（公钥加密技术）。

1．对称密钥加密技术

1）基本含义

对称密钥加密技术是指加密和解密均采用同一把秘密钥匙，而且通信双方必须都获得这把钥匙并保持钥匙的秘密。当给对方发信息时，用自己的加密密钥进行加密，而接收者在收到信息后，用对方所给的密钥进行解密，因此对称密钥加密技术也称单钥加密技术。对称密钥加密、解密的过程如图 7.2 所示。

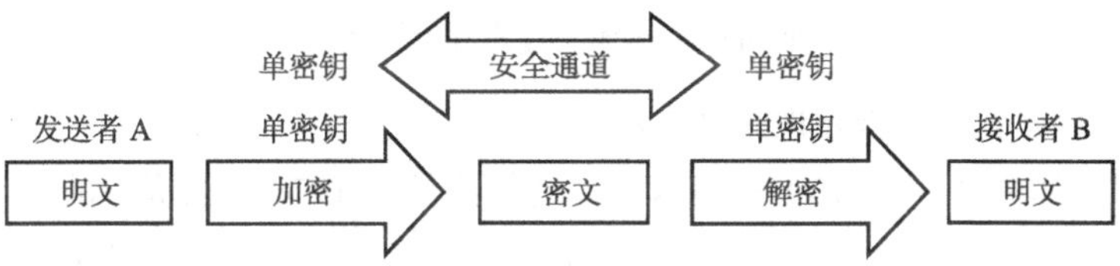

图 7.2　对称密钥加密、解密的过程

2）实现对称密钥加密技术的加密算法

① 数据加密标准（Data Encryption Standard，DES）算法。DES 是 1977 年美国国家标准局宣布用于非国家保密机关的数据保护。DES 算法主要采用替换和移位的方法加密。它用 56 位密钥对 64 位二进制数据块进行加密，每次加密可对 64 位的输入数据进行 16 轮编码，经一系列替换和移位后，输入的 64 位原始数据转换成完全不同的 64 位输出数据。DES 算法仅使用最大为 64 位的标准算术和逻辑运算，运算速度快，密钥生产容易，适合在当前大多数计算机上用软件方法实现，同时也适合在专用芯片上实现。

② 国际数据加密算法（International Data Encryption Algorithm，IDEA）。它于 1991 年被发明，并与 1992 年正式公开，是一个分组大小为 64 位、密钥为 128 位、迭代轮数为 8 轮的迭代型密码体制。此算法使用长达 128 位的密钥，有效地消除了任何试图穷尽搜索密钥的可能性。

对称密钥加密技术具有加密速度快、保密度高等优点，但也有其缺点，如下。

① 密钥是保密通信安全的关键，发信方必须安全、妥善地把密钥护送到收信方，不能泄露其内容。如何才能把密钥安全地送到收信方，是对称密钥加密技术的突出问题。可见，此方法的密钥分发过程十分复杂，所需代价较高。

② 多人通信时，密钥组合的数量会出现爆炸性的膨胀，使密钥分发更加复杂化。n 个人进行两两通信，总需要的密钥数为 $n(n-1)/2$。

③ 通信双方必须统一密钥，才能发送保密的信息。如果发信方与收信方是素不相识的，则无法向对方发送秘密信息。

2. 非对称密钥加密技术

由于 DES 存在密钥管理的困难、传送密文前要使用安全信道交换密钥等缺点，1976 年，斯坦福大学的迪菲和赫尔曼正式提出非对称密码体制。

1）基本含义

非对称密钥加密技术要求密钥成对使用，即加密和解密分别由两个密钥来实现。每个用户都有一对选定的密钥，一个可以公开，即公共密钥（也称公钥），用于加密；另一个由用户安全拥有，即秘密密钥（也称私钥），用于解密。公钥和私钥之间有密切的关系。当给对方发信息时，用对方的公钥进行加密，而接收者在收到数据后，用自己的私钥进行解密，如图 7.3 所示。

图 7.3 非对称密钥加密技术加密、解密的过程

2）实现非对称密钥加密技术的加密算法

常用的非对称加密算法有 RSA 加密算法。此算法是在 1978 年被提出的。它是第一个成熟的、迄今为止理论上最为成功的公共密钥密码体制，它的安全性基于数论中的欧拉定理和计算复杂性理论中的下述论断：求两个大素数的乘积是容易的，但要分解两个大素数的乘积，并求出它们的素因子则是非常困难的。RSA 加密、解密过程由密钥生成、加密过程和解密过程组成。

非对称密钥加密技术有以下优点。

① 密钥少，便于管理。网络中的每个用户只需保存自己的解密密钥，则 n 个用户仅需产生 n 对密钥。

② 密钥分配简单。加密密钥分发给用户，而解密密钥则由用户自己保管。

③ 不需要秘密的通道和复杂的协议来传送密钥。

④ 可以实现数字签名和数字鉴别。

非对称密钥加密技术的缺点是加密、解密速度慢。

3. 混合密码技术

为了充分利用对称密钥加密算法和非对称密钥加密算法的优点，混合密码技术开始运用。混合密码技术的加密、解密过程如图 7.4 所示。

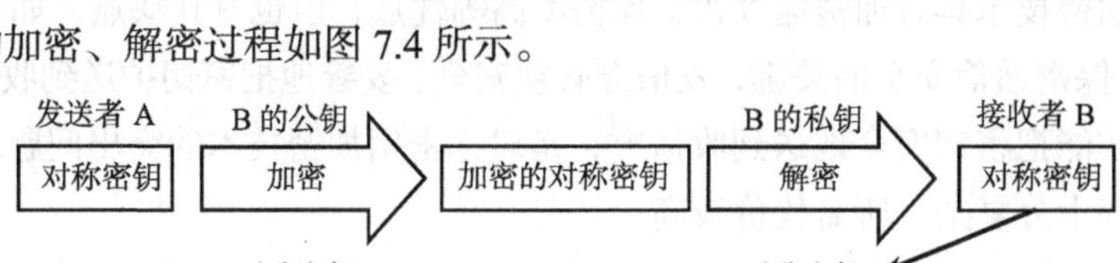

图 7.4 混合密码技术的加密、解密过程

混合密码技术的加密、解密过程如下所述。

① 发送者先使用对称密钥加密发送的信息，生成 DES 密文。

② 发送者使用自己的私钥和接收者的公钥加密对称密钥，得到共享密钥密文。

③ 将①和②的密文一同发送。

④ 接收者使用自己的私钥和发送者的公钥从共享密钥密文中解密出对称密钥。

⑤ 接收者用对称密钥从 DES 密文中解密出明文。

7.3.4 数字签名技术

1. 数字签名的含义

在电子商务交易过程中，对文件的加密只解决了文件的保密问题，而防止他人对传输的文件进行破坏，以及确定发信人的身份还需要采取其他的手段，如数字签名。数字签名是指通过一个散列数（如哈希函数），对所要传送的报文进行处理而得到的用以认证报文来源并核实报文是否发生变化的一个字符串。

在电子商务安全保密系统中，数字签名技术有着特别重要的地位，它可以实现电子商务的源鉴别、完整性服务及不可否认服务。在电子商务中，完善的数字签名应该具备签名方不能抵赖、他人不能伪造、在公证人面前能够验证真伪的能力等。

2. 数字签名的过程

发送者用单向哈希函数生成信息摘要，将此摘要用发送者的私钥加密，与原文一起传送给接收者。接收者要有发送者的公钥才能解密被加密的摘要，然后用哈希函数对收到的原文产生一个摘要，与解密的摘要做对比，若相同，则说明收到的信息是完整的，在传输过程中没有被修改；否则，则被修改过，不是原信息，同时也证明发送者发送了信息。这样，数字签名就保证了信息的完整性和发送者的身份认证及不可否认性。数字签名过程如图 7.5 所示。

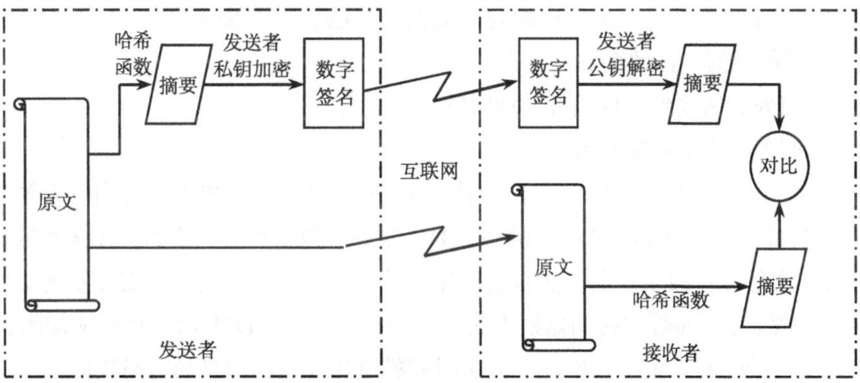

图 7.5　数字签名过程

3. 数字签名的功能

1）数字签名

由于公钥体制中的公钥和私钥是一对密钥，而且发送者使用其私钥具有独占性，所以只要接收者使用发送者的公钥解密了其数字签名，就安全地确认了发送者的真实身份。

2）文件加密

由于整个签名文件经过发送者使用临时共享通信密钥加密后才传送给接收者，任何第三方没有该共享通信密钥，所以保证了签名文件的安全性。

3）文件完整性

接收者通过对初始文件的重新计算，将获得新的摘要与发送者的摘要进行比对；若一致说明初始文件完整、正确，否则说明已被修改，从而确定了文件的完整性。

4）数字信封

数字信封是指文件发送者用接收者的公钥，将一个通信密钥加密后传送给接收者，只有指定的接收者才能打开信封并取得通信密钥，并用它解开传送来的文件。因此数字信封技术很好地解决了加密密钥的安全交换问题。

5）对称密钥与非对称密钥结合

在整个数字签名的验证及文件的传送过程中，使用了发送者的公私密钥对、临时共享通信密钥和接收者的公私密钥对。事实上，没有临时共享通信密钥，也可以实现上述功能，只不过结合使用对称密钥与非对称密钥，发挥了它们各自的优点和长处。

4. 数字时间戳技术

数字时间戳技术实际上是数字签名技术的一种变种的应用。在电子商务交易文件中，同传统书面合同一样，时间往往是十分重要的信息。但在交易文件中，时间无论是由发送者或接收者写入文件中，还是由双方任一系统的自动生成，都可能存在虚假的行为。这就需要有专门的数字时间戳（Digital Time-stamp，DTS）服务机构来提供电子文件的日期和时间信息的安全保护。DTS 服务机构往往由认证机构兼职。

数字时间戳是一个经加密后形成的凭证文档，共包括 3 个部分。

① 需加时间戳的文件的摘要。

② DTS 服务机构收到文件的日期和时间。

③ DTS 服务机构的数字签名。

一般来说，时间戳产生的过程如下：用户首先将需要加时间戳的文件用哈希算法运算产生摘要，然后将该摘要发送到 DTS 服务机构，DTS 服务机构在加入了收到文件摘要的日期和时间信息后再对该文件进行数字签名，然后送回用户。这里需要注意的是，书面签署文件的时间是由签署人自己写上的，而数字时间戳则不然，它是由认证单位 DTS 服务机构来加的，以 DTS 服务机构收到文件的时间为依据。因此，数字时间戳可作为交易信息的时间认证。

7.3.5 安全协议技术

在互联网中所使用的网络协议为 TCP/IP 协议，它能为用户提供可靠的信息传输。但由于历史的原因，TCP/IP 协议在制定的过程中并没有考虑安全因素，互联网上的用户可能出现信息丢失或者得到错误的、被人更改过的信息。以下是一些常见的在互联网上进行欺骗的模式。

① 采用假的服务器来欺骗用户的终端。

② 采用假的用户来欺骗服务器。

③ 在信息的传输过程中截取信息。

④ 在 Web 服务器及 Web 用户之间进行双方欺骗。

这些欺骗模式之所以能得逞，在于缺乏相应的安全措施。安全协议技术在这种情况下应运而生。

1. SSL 协议

安全套接层（Secure Sockets Layer，SSL）协议，于 1994 年年底由 Netscape 研制并实现，目前已有 2.0 和 3.0 版本。除了 Netscape，其他参与 SSL 协议制定的重要厂商还包括 IBM、微软及 Spyglass，它们都将 SSL 添加到它们的客户机和服务器的应用方面。

SSL 协议最基本的目标是在进行服务器/客户机方式通信的两个应用程序之间保证其通信内容的保密性和数据的完整性。

SSL 协议层包括两个协议子层：SSL 记录协议与 SSL 握手协议。

SSL 记录协议提供通信、认证功能，并且在一个面向连接的可靠传输协议（如 TCP）之上提供保护。

SSL 握手协议是在客户机和服务器之间交换消息时强化安全性的协议。

SSL 安全协议提供的保障可以归纳为以下 3 个方面。

1）认证客户机和服务器的合法性

能够保证数据被发送到正确的客户机和服务器上。客户机和服务器都有各自的识别号，由公开密钥编排。为了认证客户机，SSL 协议要求在握手交换数据时做数字认证，以此来确保用户的合法性。

2）加密数据以隐藏被传送的数据

SSL 协议采用对称密钥和非对称密钥加密技术。具体来说，就是客户机与服务器交换数据之前，先交换 SSL 初始握手信息。SSL 握手信息中采用了各种加密技术，以保证其通信内容的保密性和数据的完整性，并且经数字证书鉴别，这样就可以防止非法用户破译。

3）维护数据的完整性

SSL 协议采用数字指纹技术，确保数据在传输过程中不被改变。

SSL 协议在互联网服务器和客户机间提供了安全的 TCP/IP 通道。SSL 协议可用于加密任何基于 TCP/IP 的应用，如 HTTP、Telnet、FTP 等。SSL 协议可在陌生者之间建立安全连接，但仍有许多问题留待终端解决，即 SSL 协议只提供数据加密和身份认证，而不支持存取控制。

2. SET 安全协议

为了确保网上交易的安全可靠，维萨和万事达联合发起了 SET 协议的制定、测试和实施，这是一种新的电子支付模型。SET 协议是基于信用卡支付模式设计的，它保证了开放网络上使用信用卡进行在线支付的安全。SET 协议主要是为了解决用户、商家、银行之间的信用卡交易问题，它具有保证交易数据的完整性、交易的不可抵赖性等种种优点，因此它成为目前公认的信用卡/借记卡网上交易的国际标准。

1）SET安全协议提供的保障

① 保证信息在互联网上安全传输（通过数据加密技术来完成），防止数据被他人窃取。

② 保证电子商务参与者信息的相互隔离，客户的支付信息经过加密或打包后通过商家送达银行，但是商家不能看到客户的账号和密码等支付信息，同样，银行也不能获得客户的订购信息。

③ 解决多方认证问题。提出了认证中心的概念，不仅要对客户的信用认证，而且要对在线商店、支付网关、银行进行认证，认证由公正的第三方机构——认证中心完成。

④ 保证网上交易的实时性，使所有的支付过程都是在线的。

⑤ 要求软件遵循相同协议和消息格式，促使不同厂家开发的软件具有兼容性和互操作功能，并且可以运行在不同的硬件和操作系统平台上。

SET协议是一种基于消息流的协议，用来保证公共网络上卡支付交易的安全性。SET已经在国际上被大量实验性地使用并经受了考验，但大多数在互联网上购物的消费者并没有真正使用SET协议。

SET协议是一个非常复杂的协议，因为它非常详细而准确地反映了卡支付交易各方之间存在的各种关系。SET协议还定义了加密信息的格式和完成一笔卡支付交易过程中各方传输信息的规则。事实上，SET协议远远不只是一个技术方面的协议，它还说明了每一方所持有的数字证书的合法含义，希望得到数字证书及响应信息的各方应有的动作，以及与一笔交易紧密相关的责任分担。

2）SET协议与SSL协议相比的5个优点

① SET协议为商家提供了保护自己的手段，使商家免受欺诈的困扰，使其运营成本降低。

② 对消费者而言，SET协议保证了商家的合法性，并且自己的信用卡号不会被窃取，SET协议替消费者保守了更多的秘密，使其在线购物更加轻松。

③ 银行和发卡机构及各种信用卡组织（如维萨、万事达）非常喜爱SET协议，因为SET协议帮助它们将业务扩展到互联网这个广阔的空间中，并使得信用卡网上支付具有更低的欺骗概率，从而使其比其他支付方式具有更大的竞争力。

④ SET协议为参与交易的各方定义了互操作接口，一个系统可以由不同厂商的产品构筑。提供这些功能的前提是，SET协议要求在银行网络、商家服务器、客户端上安装相应的软件。另外，SET协议还要求必须向各方发放证书，这也成为SET协议使用的阻碍之一。

⑤ 它可以用于系统的一部分或者全部。例如，一些商家正在考虑在与银行连接时使用SET协议，而与客户连接时仍然使用SSL协议。这种方案既回避了在客户端上安装钱夹软件，同时又获得了SET协议提供的很多优点。大多数SET软件提供商在其产品中都提供了灵活构筑系统的手段。

小提示

SET协议与SSL协议的比较

SET协议与SSL协议是两种重要的通信协议，都能提供通过互联网进行电子支付的手段，但二者在技术方面存在许多差异。

① SET 协议是一个多方的消息报文协议，定义了银行、商家、持卡人之间必须遵循的报文规范，允许各方之间的报文交换不是实时的；SSL 协议只是简单地在两方之间建立一条安全连接，在涉及多方的交易中，不能协调各方占据的安全传输和信任关系。

② SET 协议要求在参加交易的银行网络、商家服务器、客户端上安装相应软件，还要求必须向各方发放证书，这些都会给交易各方增加费用，使得使用 SET 协议比使用 SSL 协议昂贵。

③ SET 协议很好地解决了智能卡与电子商务的结合问题，实现了在智能卡上存放证书使持卡人的身份得到认证，并为每次购物实现客户的数字签名。

④ SSL 协议有利于商家，适用于 B2B；SET 协议对消费者的信息安全给予充分保证，适用于 B2C。

⑤ SSL 协议的安全性不如 SET 协议，SET 协议这种专用信用卡支付协议的高安全性，受到各信用卡组织的广泛支持，被认作进行电子商务的最佳标准，将在基于互联网的卡支付交易中占据主导地位。

7.4 电子商务法律

电子商务是通过互联网完成商业活动的，在网络世界中形成有别于传统商业的新环境，称为“虚拟”世界。来自全世界的企业和个人通过网络缔结交易，而无须谋面或使用笔墨，瞬间即可完成寻找交易对象、缔结合同、支付等交易行为。这种交易环境和交易手段的改变，使得在传统交易方式下形成的规则难以完全适用于新环境下的交易，因此，需要有新的法律规范，并创造适应电子商务运作的法制环境。

7.4.1 电子商务法概述

1. 电子商务法的概念

在电子商务交易的发展过程中，无论社会电子商务认证网络体系发展得多么完备，网络采用何种先进的安全技术措施和手段，企业和公司建立多少安全管理制度和规范，电子商务的交易纠纷和交易案件依然存在，这就需要建立相应的电子商务法律和规范解决这些问题。所以，电子商务的发展和自身的规范要求促使电子商务法产生，它是实现电子商务安全的最后一道屏障。

电子商务法是调整有关在线商业行为及其引发的相关问题的法律规范的总和。首先，电子商务是一种商事行为，仍然应当遵循传统商法的一般规范。其次，电子商务在网上进行的各种商业行为，即在线商业行为，因商业手段、交易方式、传导介质的改变，导致传统商法难以解决因采用电子商务方式而引起的相关问题。因而，电子商务法是调整以数据电文为交易手段而形成的新商事交易关系内容的规范体系。

由此可以看出，电子商务法不是试图涉及所有的商业领域，重新建立一套新的商业运作规则，而是将重点放在探讨因交易手段和交易方式的改变而产生的特殊商事法律问题。这也就界定了电子商务法的研究范围，即电子商务法着重研究商业行为在互联网环境下的特殊问题。

2. 电子商务法律体系

建立电子商务法律体系，并非改变或完全推翻原有的法律规则和体系，而是改变某些方面或者增加一些新的条款和规则。因此，电子商务交易中出现的问题仍然应当放在传统法律框架中加以解决，在传统法律不能解决或不能保障交易安全时，需要制定新的法律、法规来解决新问题。所以，电子商务法律应该包括整个法律体系。但是，这里所论述的电子商务法律体系，并不涉及整个法律环境，而只涉及在网络环境下诞生的与电子商务经营有直接关系的法律领域。

电子商务法律体系应该是部门法律意义上的称谓，由包含众多的子类共同构成一个完整的体系，来调整电子商务及其有关的法律关系或法律行为。这个体系构架主要取决于一国的立法模式和设计。这一体系一般应该具体包括网站建设、交易主体及市场准入、数据电文、产品交付、网上支付、网上消费者保护、网上不正当竞争和无形财产保护、网上个人隐私保护、网上税收、辖区法律适用等方面内容的法律规范。2018 年 8 月 31 日，第十三届全国人大常委会第五次会议表决通过了《电子商务法》，自 2019 年 1 月 1 日起施行。这意味着中国电子商务行业进入有法可依的时代，为规范行业发展迈出重要一步。《电子商务法》是政府调整企业和个人，以数据电文为交易手段，通过信息网络所产生的，因交易形式所引起的各种商事交易关系，以及与这种商事交易关系密切相关的社会关系、政府管理关系的法律规范的总称。

7.4.2 数据电文法律

1. 数据电文的含义

数据电文是计算机通信方面的专业术语，其英文为 Data Message，我国通常将其译为“数据电文”或“数据信息”。数据电文是独立于口头、书面等传统意思表达方式之外的一种电子通信信息及记录。它是一个应用于电子商务领域的具有丰富含义的概念，有必要在所使用的特定环境中理解其具体意义。

《电子签名法》第二条规定：“本法所称数据电文，是指以电子、光学、磁或者类似手段生成、发送、接收或者储存的信息。”

数据电文中既包括电报、电传、传真等这些已为人们所接受的无纸化形式生成、存储的信息，又包括电子邮件、EDI、互联网数据等近年新出现或即将出现的非纸介质类信息。

2. 数据电文的法律效力

在我国《电子签名法》中，具备有形性与备查性的数据电文满足传统规则对书面形式的要求，从而承认了数据电文的法律效力，消除了数据电文在法律上遭遇的最大障碍。法律中的种种形式要件，如书面形式、签名、原件等要求，只不过是意思表示的形式。如果信息技术能提供一种同样有效的意思表示形式，就应当具有相应的法律效力。

1）数据电文符合法定书面形式

要确定数据电文的书面形式，应当解决两个问题：一是数据电文是否符合法律、法规要求的书面形式；二是什么样的数据电文才符合法律、法规要求的书面形式。

① 我国相关法律要求法律文件采用书面形式。在我国法律中，对书面形式有诸多的相关要求。例如，《中户人民共和国仲裁法》第十六条规定："仲裁协议包括合同中订立的仲裁条款和以其他书面方式在纠纷发生前或者纠纷发生后达成的请求仲裁的协议。"《中华人民共和国担保法》第三十八条规定："抵押人和抵押权人应当以书面形式订立抵押合同。"

② 数据电文与传统的书面文件功能等同的法律规定。1999 年通过的《合同法》第十一条规定："书面形式是指合同书、信件和数据电文（包括电报、电传、传真、电子数据交换和电子邮件）等可以有形地表现所载内容的形式。"该条款通过扩大解释"书面形式"，将数据电文包含在书面形式中，在解决电子商务法律障碍方面做了有益的探索。

我国《电子签名法》第四条明确规定："能够有形地表现所载内容，并可以随时调取查用的数据电文，视为符合法律、法规要求的书面形式。"

2）对数据电文满足原件形式的要求

书面文件的原件具有可阅读、复制和保存的特点，并能确保其所载的原始数据的完整性。但是，书面文件的特性无法完全套用于数据电文。因为数据电文的"原件"无法实现将信息固定附着于媒介物上，所以数据电文不具有传统书面文件的原件表现形式，数据电文的收件人所收到的总是"原件"的副本。因此，应按照法律上用功能等同原则重新确定数据电文"原件"的概念。

数据电文要满足原件形式的要求，应当具备如下条件：能够有效地表现所载内容并可供随时调取查用；能够可靠地保证自最初形成时起，内容保持完整、未被更改。

3）关于文件保存要求

根据我国《电子签名法》第六条的规定，"符合下列条件的数据电文，视为满足法律、法规规定的文件保存要求：能够有效地表现所载内容并可供随时调取查用；数据电文的格式，其生成、发送或者接收时的格式相同，或者格式不相同但是能够准确表现原来生成、发送或者接收的内容；能够识别数据电文的发件人、收件人以及发送、接收的时间。"

4）数据电文的证据效力

① 数据电文的可采性。可采性，是指在诉讼中是否允许将数据电文作为证据使用。根据证据学的一般理论，任何证据材料要作为认定事实的根据，必须具有 3 个特性：客观性、与待证事实的关联性及合法性。数据电文作为证据只要符合证据的客观性、关联性和合法性，那么裁判者就可以将其作为认定事实的根据。

② 数据电文的真实性。由于数据电文和电子签名具有很高的科技含量，司法人员在认定数据电文和电子签名的真实性方面存在着很大的难度。在司法实践中，对数据电文进行辨真面临的挑战通常来自 3 个方面：数据电文在技术上很容易被篡改、处理；数据电文所依赖的计算机程序的可靠性；数据电文的制作者身份的识别。

为此，根据我国《电子签名法》第八条的规定，"审查数据电文作为证据的真实性，应当考虑以下因素：生成、储存或者传递数据电文方法的可靠性；保持内容完整性方法的可靠性；用以鉴别发件人方法的可靠性；其他相关因素。"

5）数据电文的归属及确认

数据电文的归属，是指数据电文由谁发出，即谁是数据电文的发件人。发件人是指数据电文以其名义发送的那个人。这里所说的发件人，不一定是实际完成发送行为的人。例如，数据电文上显示该数据电文是甲发送的，但实际上这份数据电文可能是乙遵照甲的指示来发送的，或是冒用甲的名义发送的。在这两种情况下，甲均可被认定为发件人。

① 数据电文确认收讫。关于数据电文收讫，我国《电子签名法》第十条规定："法律、行政法规规定或者当事人约定数据电文需要确认收讫的，应当确认收讫。发件人收到收件人的收讫确认时，数据电文视为已经收到。"

② 数据电文发送和接收时间。数据电文进入发件人控制之外的某个信息系统的时间，视为该数据电文的发送时间。收件人指定特定系统接收数据电文的，数据电文进入该特定系统的时间，视为该数据电文的接收时间；未指定特定系统的，数据电文进入收件人的任何系统的首次时间，视为该数据电文的接收时间。

7.4.3 电子签名法律

1. 电子签名的基本含义

我国《电子签名法》借鉴了国际组织与发达国家对电子签名立法的研究成果，并结合我国电子商务的实际情况，给出了电子签名的定义：电子签名，是指数据电文中以电子形式所含、所附用于识别签名人身份并表明签名人认可其中内容的数据。通俗地说，电子签名包括用于识别签名人身份并表明签名人认可其中内容的程序或者符号、声音等数据，签名人加密后把签名文件发送给交易对方，交易对方收到的签名文件是一堆"乱码"，需解密后验证。

由定义可以看出，电子签名应具备如下特征：电子签名是以电子形式出现的数据，电子签名是附着于数据电文的，电子签名必须能够识别签名人身份并表明签名人认可与电子签名相联系的数据电文的内容。

2. 电子签名的法律效力

互联网上盛行自愿标准，这一点正是刺激互联网迅速发展的重要因素。法律也只需原则上规定，凡是能够对交易者身份予以识别的电子技术手段均可以用作电子签名的生成技术，从而对电子签名的效力予以认可，而不宜将某种特定技术标准与电子签名的法律效力直接挂钩。因此，根据《电子签名法》的规定，只要电子签名符合相应的认定标准，就可以认定为可靠电子签名，承认其法律效力。可靠的电子签名应当具备的法定条件如下。

① 电子签名制作数据用于电子签名时，属于电子签名人专有。

② 签署电子签名时，电子签名制作数据仅由电子签名人控制。

③ 签署电子签名后，对电子签名的任何改动能够被发现。

④ 签署电子签名后，对数据电文内容和形式的任何改动能够被发现。

⑤ 可靠的电子签名具有与手写签名或者盖章同等的法律效力。

3. 电子签名人的法律义务

① 电子签名人应当妥善保管电子签名制作数据。电子签名制作数据是将电子签名与电子签名人可靠联系起来的重要手段，一旦电子签名制作数据失密，他人就有可能利用电子签名人的电子签名制作数据从事违法行为或者牟取非法利益，给电子签名人和电子签名依赖方造成损失。

② 电子签名人知悉电子签名制作数据已经失密或者可能已经失密时，应当及时告知有关各方，并终止使用该电子签名制作数据。即便电子签名人尽到妥善保管的义务，电子签名制作数据仍然存在泄密的可能。所谓的“知悉电子签名制作数据已经失密或者可能已经失密”有两层含义：一是电子签名人已经明确知道电子签名制作数据已经失密；二是电子签名人知悉电子签名制作数据有可能已经失密。在这两种情况下，依据《电子签名法》的规定，电子签名人应当做到：一是立即停止使用电子签名制作数据，因为在电子签名制作数据已经失密或者可能已经失密的情况下，电子签名人继续使用其电子签名制作数据有可能使电子签名依赖方更加难以确认电子签名的真伪，给交易安全带来更多的不确定性；二是及时告知有关各方当事人，避免有关各方当事人因继续信赖电子签名人的签名而造成损失或者损失的进一步扩大。

4. 伪造、冒用、盗用他人的电子签名的法律责任

伪造他人的电子签名，是指未经电子签名合法持有人的授权而创制电子签名或者创制认证证书，列明实际并不存在的用户签名等。冒用他人的电子签名，是指非电子签名持有人未经电子签名人的授权以电子签名人的名义实施电子签名的行为。盗用他人的电子签名，是指秘密窃取并使用他人电子签名的行为。

《中华人民共和国刑法》（简称《刑法》）第二百八十条的规定：“伪造、变造、买卖或者盗窃、抢夺、毁灭国家机关的公文、证件、印章的，处三年以下有期徒刑、拘役、管制或者剥夺政治权利，并处罚金；情节严重的，处三年以上十年以下有期徒刑，并处罚金。伪造公司、企业、事业单位、人民团体的印章的，处三年以下有期徒刑、拘役、管制或者剥夺政治权利，并处罚金。”

伪造、冒用、盗用他人电子签名属于侵权的民事责任，承担方式主要包括停止侵害、排除妨碍、消除危险、返还财产、恢复原状、赔偿损失、赔礼道歉等。对于承担民事责任的几种方式，可以单独适用，也可以合并适用。

相关链接　湖北首例入侵物联网系统案告破

2019 年 5 月，湖北警方经过 50 余天的侦查，成功破获湖北省首例入侵物联网破坏计算机信息系统的刑事案件，抓获两名犯罪嫌疑人。2019 年 3 月 21 日至 22 日，位于光谷总部国际的“微锋”公司（化名）的多台物联网终端设备出现故障：自助洗衣机、自助充电桩、自助吹风机、按摩椅、摇摇车、抓娃娃机等均脱网无法正常运行。经统计，共 100 余台设备被恶意升级无法使用、10 万台设备离线，造成了重大经济损失。接到报案后，网警通过对故障设备的源代码进行解密，对公司服务器日志进行取证分析。原来从 3 月 21 日 20 时开始，公司服务器收到了大

量的伪造离线报文，通过溯源分析，网警发现“微天地”科技公司（化名）谢某、王某有重大作案嫌疑。5月13日，民警在位于东湖新技术开发区精工科技园的“微天地”科技公司抓获谢某、王某。经审查核实，谢某系“微锋”公司前员工，2018年年初离职时带走了该公司产品的设计源代码，后与王某共同成立了“微天地”科技公司，成为“微锋”公司的行业竞争对手。谢某、王某为提高自己公司产品的市场占有率，破解了“微锋”公司的物联网服务器，利用系统漏洞将终端设备恶意升级，导致100余台设备系统损坏，无法正常工作；同时模拟终端设备，以每秒3 000～4 000条的速度给服务器发送伪造离线报文，导致10万台设备离线。

7.4.4 CA认证法律

有关电子认证机构的概念及其在证书颁发中的职能在前面已经介绍了，这里不再赘述。

1．电子签名认证证书申请过程中电子签名人（申请人）和电子认证服务提供者的有关义务

1）电子认证服务提供者在受理电子签名认证证书申请前的告知义务

根据我国《电子认证服务管理办法》规定，电子认证服务提供者在受理电子签名认证证书申请前，应当向申请人告知下列事项。

① 电子签名认证证书和电子签名的使用条件。

② 服务收费的项目和标准。

③ 保存和使用证书持有人信息的权限和责任。

④ 电子认证服务机构的责任范围。

⑤ 证书持有人的责任范围。

⑥ 其他需要事先告知的事项。

2）电子签名认证证书申请过程中申请人的法定义务

我国《电子签名法》第二十条第一款的规定：“电子签名人向电子认证服务提供者申请电子签名认证证书，应当提供真实、完整和准确的信息。”

在电子认证关系中，电子签名人是电子认证服务提供者的客户，是接受电子认证服务的一方。电子签名人除了应履行一般的支付费用义务，还应当履行一些与电子认证服务关系的特性相应的义务。电子签名人申请电子签名认证证书，要负担起保证所提供的信息的真实性、完整性和准确性的义务。因为其身份、地址、营业范围、证书信赖等级的真实陈述，是证书可信赖性产生的前提，否则将构成对证书体系信赖性的损害，电子签名人应承担相应的法律责任。

3）电子签名认证证书申请过程中电子认证服务提供者的有关义务

根据我国《电子签名法》第二十条第二款的规定：“电子认证服务提供者收到电子签名认证证书申请后，应当对申请人的身份进行查验，并对有关材料进行审查。”

该条款主要规定了电子认证服务提供者的谨慎审核义务，要求电子认证服务提供者在收到电子签名认证证书申请后，对申请者所提交的有关材料的真实性应当谨慎地加以审核，因为证书的发布、信赖方的信赖都依赖于这些材料的真实性。另外，还要严格查验申请者的身份。这些都是为了保证其所发放的证书具有可靠的权威性和信任度。对于个人电子签名认证证书申请者，电子认证服务提供者一般要求其提供个人的姓名、个人身份证的原件，以及复印件、身份证号、联系电话、住址、通信地址、邮政编码、电子邮箱等个人资料；对于单位电子签名认证证书申请者，除对具体的经办人要求提供上述个人资料外，还要求提供申请单位资料，如单位名称、单位所属行业类别、单位地址、单位注册号码、单位组织机构代码、单位电子邮箱、电话、传真、单位有效证件的原件与复印件等资料。

2. 电子认证服务提供者签发的电子签名认证证书内容要求

1）电子签名认证证书的质量要求

电子签名认证证书是电子认证服务提供者签发的用以证明证书持有人的电子签名、身份、资格及其他有关信息的电子文件，是电子商务交易当事人在互联网上从事电子商务活动的身份证和通行证。在电子商务交易中，互不相识的电子商务交易当事人用其电子签名认证证书证明各自签名的真实性，可以在双方之间建立相互信任的基础。因此，电子签名认证证书不仅具有证明电子签名的真实性与完整性的作用，还可以为电子商务交易当事人提供身份及从事交易的资格、权限等方面的证明。基于电子签名认证证书的重要作用，电子认证服务提供者签发的电子签名认证证书应当准确无误，否则就可能产生损害电子认证、电子商务交易的后果，从而影响电子签名认证证书的权威性和信任度。

2）电子签名认证证书的内容

根据我国《电子认证服务管理办法》的相关要求，电子认证服务机构所提供的电子签名认证证书的内容应包括以下内容。

① 签发电子签发认证证书的电子认证服务机构名称。

② 证书持有人名称。

③ 证书序列号。

④ 证书有效期。

⑤ 证书持有人的电子签名验证数据。

⑥ 电子认证服务机构的电子签名。

⑦ 工业和信息化部规定的其他内容。

此外，电子认证服务提供者还可以根据实际需要载明其他内容，如载明证书的种类与等级等信息。

3. 电子认证服务提供者有关保证义务的规定

电子认证服务提供者最重要的任务就是制作、发放和管理电子签名认证证书，所以其首要义务就是保证认证证书的真实性、完整性和准确性，即其所发放认证证书的公共密钥同某个确定身份的人是一一对应的，以保证其所发放认证证书具有可靠的权威性和信任度。电子认证服务提供者要保证发布的认证信息及时可靠，这其中还包括要让有关当事人能够随时证实证书申请人所拥有的身份证、许可证或者营业执照等关系该人行为能力的文书或者证件的效力。为此，我国《电子签名法》第二十二条规定：“电子认证服务提供者应当保证电子签名认证证书内容在有效期内完整、准确，并保证电子签名依赖方能够证实或者了解电子签名认证证书所载内容及其他有关事项。”

在国际上，有关电子认证服务提供者保证义务的规定更为严格。联合国国际贸易法委员会《电子签名示范法》对此做出了更为具体的规定，证书服务提供人的一般义务：使用可依赖的系统、程序和人员，并根据证书服务提供人公布的政策、做法操作；应合理谨慎，保证证书上陈述的实质性内容的准确性和完整性；应在证书中提供必要信息，允许依赖人识别证书签发人；证书中应载明：在证书签发时控制签名装置的人，以及签名装置有证书签发时和签发前是可用的。

法律提示

验证服务提供商要提供合理可及的手段，使依赖方得以从证书中证实下列内容。

① 验证服务提供商的身份。

② 证书中所指明的电子签名人在签发证书时拥有对签字生成数据的控制。

③ 在证书签发之时或之前签字生成数据有效。

验证服务提供商要提供合理可及的手段，使依赖方得以在适当情况下从证书或其他方面证实下列内容。

① 用以鉴别电子签名人的方法。

② 对签字生成数据或证书的可能用途或使用金额上的任何限制。

③ 签字生成数据有效和未发生失密。

④ 对验证服务提供商规定的责任范围或程度的任何限制。

⑤ 是否存在电子签名人发出通知的途径。

⑥ 是否提供了及时的撤销服务。要使用可信赖的系统、程序和人力资源提供其服务。

验证服务提供商如未能满足上述要求应承担相应责任。

4. 电子认证服务提供者妥善保存与认证相关的信息及保存期限的要求

电子签名人向电子认证服务提供者申请电子签名认证证书，应当提供真实、完整和准确的信息。这些信息涉及的面比较广，既可能包含申请人的个人隐私，也可能涉及申请人的商业秘密，如果这些信息被泄露，可能会损害电子签名人的利益，因此，我国《电子签名法》要求电子认证服务提供者妥善保存与认证相关的信息的义务，并规定信息保存期限至少为电子签名认证证书失效后五年。

如果电子认证服务提供者违反上述规定，由中华人民共和国工业和信息化部（简称工信部）责令限期改正；逾期未改正的，吊销电子认证许可证书，其直接负责的主管人员和其他直接责任人员十年内不得从事电子认证服务。

相关链接　e 签宝斩获中国电子签名行业首张 ISO 27701

2020 年 4 月 8 日，杭州天谷信息科技有限公司（简称 e 签宝）通过了国际公认的权威标准组织——英国标准协会（BSI）的 ISO/IEC 27701:2019 隐私信息管理体系国际认证，成为中国电子签名行业第一家通过此标准认证的企业。ISO 27701 隐私信息管理体系是国际标准化组织（ISO）和国际电工委员会（IEC）联合发布的隐私保护标准，旨在帮助组织机构保护和控制其所处理的个人信息，也意味着个人信息与隐私保护在全球范围内有了全新的一致性标准。ISO 27701 认证是目前全球最具权威性的隐私管理体系建设指导标准。目前，BSI（英国标准协会）中国审核并通过该认证的企业仅有 7 家，包括阿里云计算有限公司、阿里巴巴全球速卖通事业部、北京飞书科技有限公司、北京微播视界科技有限公司、华为软件技术有限公司、华为终端有限公司、杭州天谷信息科技有限公司。

7.4.5　知识产权保护法律

1. 著作权保护

互联网的发展和普及，必将全面推动电子商务进程，而电子商务中有大量的信息产品涉及著作权的内容，这就需要相应的知识产权法律加以规范，规范的主要内容包括以下几个方面。

1）非法使用他人网站网页

网站由诸多网页构成，而网页是人们投入大量创造性的智力劳动的结晶，如果未经网站网页所有者同意而擅自复制、使用，则是对网页所有者复制权的侵犯。

2）非法修改网上版权信息

在网络上传输的版权保护作品需要标明著作权管理的有关信息，这样有利于合法使用者找到著作权人，同时也利于维持网络上四通八达、无处不在的大量作品的秩序。但作品一旦变为数字形式在网络中传输，极易被修改。如果著作权管理信息被任意修改，就会损伤著作权人的合法权益，不利于网络的健康发展。

3）网上超文本链接的法律责任

超文本链接即通过一个网站便利地访问其他网站，以获取相应的信息资源。超文本链接可以将他人网址和他人网页内容链接到自己的网页中。超文本链接比较复杂，是否认定侵犯著作权要视具体情况而定。

4）网络服务商的法律责任

网络服务商提供网络平台空间，为网站及网页设计提供服务。由于大量页面制作中出现侵犯他人著作权的行为，许多网页制作者查找较为困难，而要求网络服务商核查网页制作也不现实，因此如何认定网络服务商在其中的责任就非常重要。

5）非法下载和转载网上作品

互联网已经成为“第四媒体”，其上各种各样的信息丰富多彩。如未经权利人同意，擅自下载和转载网上信息并用作其他商业目的，就会产生对版权的侵犯。

2. 域名权保护

域名即网络地址。由于域名具有唯一性，而且往往与企业名称、商标相联系，所以域名也属于一种资源，具有一定的商业价值。如果恶意抢注域名、使用他人的注册商标，则必然影响到其他企业的商业利益，构成侵权行为。对于抢注域名的行为，若抢注者为了出售、出租或者以其他方式转让该域名，以获取不正当利益，因互联网络域名的注册或者使用而引发的争议，从而引发的一些法律问题，解决办法参照《中国互联网络信息中心域名争议解决办法》《中国互联网络域名管理办法》《中国互联网络信息中心域名争议解决办法程序规则》。

3．专利权保护

互联网技术和通信技术的普及带动了电子商务的发展，使得这方面的发明创造不断涌现，并对专利主题产生了更加深层次的影响。国际社会日趋开始接纳计算机程序和商业方法成为专利性主题。1995 年 6 月，美国率先发布了《对软件以及与电脑相关发明的检验标准》，此后每年约有 3 万个软件获得专利授权。显然，不经允许而任意使用获得专利权的软件，也会构成侵权行为。

4．网上商业秘密侵害

互联网的发展对商业秘密的保护构成了新的挑战。涉及网络对商业秘密的侵犯的方式，包括电子邮件、WWW 协议、FTP、BBS、Telnet 等。在电子商务交易过程中，若商业秘密被操守不佳的员工利用互联网泄露出去，这实质上也构成了侵权行为。

7.4.6 网络隐私权保护法律

1．网络隐私和网络隐私权

网络隐私，是指自然人在互联网上从事私人活动过程中所形成的隐私。网络隐私至少应包括以下内容。

① 身份方面，网络用户在申请网上开户、个人主页、免费邮箱及其他服务时，网络服务商要求用户登记的姓名、性别、年龄、婚姻状况、家庭住址、身份证号码、工作单位、住宅电话及手机号码等身份识别信息。

② 财产方面，个人的财产状况和信用资料，包括个人收入、信用卡、电子消费卡、上网卡、上网账号及密码、网上交易账号及密码、QQ 号及密码等。

③ 用户网络活动踪迹，如 IP 地址、活动内容与浏览踪迹等。

由于网络技术的不断进步，网络隐私权的内容在不断扩大，侵权行为的类型也在不断增多。

网络隐私权是指公民在网络中（包括局域网、广域网、互联网）享有的个人信息、网上个人活动依法受到保护，不被他人非法侵犯、知悉、收集、复制、公开、传播和利用的一种人格权。从网络隐私权保护的角度而言，其主要内容包括网络个人信息资料收集的知情权、网络个人信息资料收集的选择权、网络个人信息资料的控制权、网络个人信息资料的安全请求权和网络个人信息资料的利用限制权等内容。

相关链接　超 2 亿名中国求职者简历疑泄露，数据“裸奔”将近一周

2019 年 1 月，HackenProof 的一名网络安全人员在网上爆料称，一个包含 2.02 亿名中国求职者简历信息的数据库泄露，这被称为中国有史以来最大的数据曝光之一。据称，包含 854GB 数据的 MongoDB 数据库无人看管，处于不受保护的状态。共计 202 730 434 条简历详尽记录了大量敏感信息，包括个人全名、家庭住址、手机号码、电子邮件、婚姻状况、子女数量、政治关系、身高、体重、驾驶执照、识字水平、薪水期望、教育背景、过去的工作经验等。

2．网络隐私权的主要侵权方式

1）未经授权进入他人系统收集获得资料，在网络上公开或转让他人的隐私

该类侵权行为如果造成一定的影响，对他人名誉造成损害，或对他人肖像权造成了侵犯，则应承担侵权责任。

2）未经授权截获或复制他人正在传递的电子信息

这类侵权大多数是黑客未经授权截获或复制他人正在传递的电子信息，利用各种技术手段窃取和篡改网络用户的私人信息，其情节严重的可以适用《刑法》第二百五十二条规定，构成侵犯通信自由罪。

3）制造、传播计算机病毒及从事其他侵犯网络和他人合法权益的活动

《中华人民共和国计算机信息网络国际联网管理暂行规定实施办法》第十八条规定，用户“不得制造、传播计算机病毒及从事其他侵犯网络和他人合法权益的活动”，其行为严重的，应当承担刑事责任。

4）广告商的大量垃圾邮件侵扰他人安宁

对于某些经常性、有目的性、有针对性向特定的人发送垃圾邮件的广告商，其行为属于侵扰他人安宁，应根据《中华人民共和国侵权责任法》进行调整。

5）网络提供商的侵权行为

① ISP 的侵权行为。网站经营者作为 ISP，可能侵害他人隐私。一是 ISP 直接侵害了他人的隐私权，如 ISP 把其客户的邮件转移或关闭，造成客户邮件丢失，以及个人隐私、商业秘密泄露。在这种情况下，ISP 应该承担相应的民事责任。二是 ISP 间接侵害了他人的隐私权，如 ISP 对他人发表在网站的侵权信息放纵、无视。在这种情况下，虽然 ISP 不具有主观故意，但也应该承担相应的民事责任。

目前，从我国司法实践看，这类 ISP 的侵权行为所承担的法律后果为停止侵害、恢复名誉、消除影响、赔礼道歉等，一般不适用损害赔偿。

② ICP 的侵权行为。ICP 通过建立网站向广大用户提供信息。关于 ICP 的侵权行为，《中华人民共和国计算机信息网络国际联网管理暂行规定实施办法》第二十条规定，互联单位、接入单位“发现有害信息应当及时向有关主管部门报告，并采取有效措施，不得使其扩散”。如果 ICP 发现明显的公开宣扬他人隐私的言论，却对其采取放纵的态度任其扩散，则此 ICP 侵害了用户隐私权，应当承担过错责任。

6）网络监视及窃听

某些网络的所有者或管理者会通过网络中心监视或窃听局域网内的其他计算机，监控网内人员的电子邮件。这种行为严重侵犯了用户的隐私权，如果网络的所有者或管理者得到用户的隐私信息并用于传播或其他目的，则应当承担法律责任。

综上所述，网络隐私权主要是指自然人在网络中享有的私人生活安宁与私人信息依法受到保护，不被他人非法侵犯、知悉、收集、复制、公开、传播和利用的一种人格权；也指禁止在网上泄露某些与个人有关的敏感信息，包括事实、图像，以及毁损的意见等权利。它主要包括两个方面的内容：一是在积极意义上，用户依法享有不受侵扰的权利；二是在消极意义上，用

户能够自由决定个人生活和个人信息的状况和范围，并能够对其进行利用，即个人对于其个人隐私应有主动积极控制支配的权利。网络技术的发展使得网络隐私权保护比传统隐私权保护更为困难。

3．网络隐私权的法律保护

1)《中华人民共和国宪法》保护

我国《中华人民共和国宪法》(简称《宪法》)第三十八条规定："中华人民共和国公民的人格尊严不受侵犯。禁止用任何方法对公民进行侮辱、诽谤和诬告陷害。"第三十九条规定："中华人民共和国公民的住宅不受侵犯。禁止非法搜查或者非法侵入公民的住宅。"第四十条规定："中华人民共和国公民的通信自由和通信秘密受法律的保护。除因国家安全或追查刑事犯罪的需要，由公安机关或检察机关依照法律规定的程序对通信进行检查外，任何组织或者个人不得以任何理由侵犯公民的通信自由和通信秘密。"《宪法》以根本大法的形式为隐私权的主要方面提供了保护依据。

2)《中华人民共和国民法通则》保护

我国《中华人民共和国民法通则》(简称《民法通则》)没有直接规定对公民隐私权进行保护的条款，而是在《民法通则》第一百零一条规定，"公民、法人享有名誉权，公民的人格尊严受法律保护"，将隐私权归入名誉权中加以间接保护。

法律提示

"中国人脸识别第一案"于2020年6月15日开庭审理。因不愿意使用人脸识别，浙江某大学副教授郭兵以侵犯隐私权将杭州野生动物世界告上法庭。从该案代理律师处获悉，下午1时许庭审结束，案件将择期宣判。

2019年4月27日，郭兵在杭州野生动物世界办理了一张双人年卡。在一年有效期间，可同时通过年卡及指纹不限次数入园。2019年10月17日，他收到杭州野生动物世界的短信，提示其园区年卡系统已升级为人脸识别，原指纹识别已取消，未注册人脸识别的用户将无法正常入园。郭兵认为人脸信息属于个人隐私，不同意接受人脸识别，要求园方退卡。工作人员告知如果不注册人脸识别则既无法入园也无法办理退卡手续。由于双方协商未果，2019年10月28日，郭兵向杭州市富阳区人民法院提起诉讼。同年11月3日，杭州市富阳区人民法院正式受理此案。

个人信息保护的法律散见于《网络安全法》《刑法》和即将生效的《中华人民共和国民法典（简称《民法典》)，以及《加强网络信息保护的决定》等。目前针对人脸识别信息的保护，采取的是信息的全周期保护，如在收集阶段要遵守知情同意和最小必要原则。《个人信息安全规范》要求收集个人生物识别信息的合规更加严格，要采取单独告知的方式和明示同意，不能默许同意；存储阶段，原则上不允许存储原始的个人生物识别信息，而且要求身份识别及认证后要删除。在共享转让阶段，原则上也不允许共享或转让，若确需共享转让，则要履行单独告知、告知目的类型及接收方身份及数据安全能力等，而且也必须明示同意。另外，应该有一套针对人脸信息采集、使用、存储的行业标准确保公众合法权益得到保护，同时防止技术滥用。除了外部监管，人脸识别机构内部也应当加强自律，在事前、事中、事后采取相应措施，化解公众对于个人信息保护的担忧。

3）《刑法》及其他有关法律保护

《刑法》第二百四十五条规定："非法搜查他人身体、住宅，或者非法侵入他人住宅的，处三年以下有期徒刑或者拘役。"《刑法》第二百五十二条规定："隐匿、毁弃或者非法开拆他人信件，侵犯公民通信自由权利，情节严重的，处一年以下有期徒刑或者拘役。"《刑法》第二百五十三条规定："邮政工作人员私自开拆或者隐匿、毁弃邮件、电报的，处二年以下有期徒刑或拘役。"

法律提示

2020 年 5 月 28 日，第十三届全国人大三次会议表决通过了《民法典》，标志着我国正式进入了"民法典时代"。《民法典》在我国立法中第一次通过法律定义的方式明确了隐私的概念和范围，明确了隐私权下的生活安宁权项，以及私密空间、私密活动、私密信息三大范围。

《民法典》第一千零四条明确，自然人的个人信息受法律保护。个人信息是以电子或者其他方式记录的能够单独或者与其他信息结合识别特定自然人的各种信息，包括自然人的姓名、出生日期、身份证件号码、生物识别信息、住址、电话号码、电子邮箱、健康信息、行踪信息等。个人信息中的私密信息，适用有关隐私权的规定；没有规定的，适用有关个人信息保护的规定。

4）《诉讼法》保护

我国《中华人民共和国刑事诉讼法》第一百八十八条规定："人民法院审判第一审案件应当公开进行。但是有关国家秘密或者个人隐私的案件，不公开审理；涉及商业秘密的案件，当事人申请不公开审理的，可以不公开审理。"

《中华人民共和国民事诉讼法》第六十八条规定："证据应当在法庭上出示，并由当事人互相质证。对涉及国家秘密、商业秘密和个人隐私的证据应当保密，需要在法庭出示的，不得在公开开庭时出示。"第一百三十四条规定："人民法院审理民事案件，除涉及国家秘密、个人隐私或者法律另有规定的以外，应当公开进行，离婚案件，涉及商业秘密的案件，当事人申请不公开审理的，可以不公开审理。"

《中华人民共和国行政诉讼法》第三十二条规定："代理诉讼的律师，有权按照规定查阅、复制本案有关材料，有权向有关组织和公民调查，收集与本案有关的证据。对涉及国家秘密、商业秘密和个人隐私的材料，应当依照法律规定保密。当事人和其他诉讼代理人有权按照规定查阅、复制本案庭审材料，但涉及国家秘密、商业秘密和个人隐私的除外。"第五十四条规定："人民法院公开审理行政案件，但涉及国家秘密、个人隐私和法律另有规定的除外。涉及商业秘密的案件，当事人申请不公开审理的，可以不公开审理。"

5）其他相关法律保护

《中华人民共和国未成年人保护法》第三十条规定："任何组织和个人不得披露未成年人的个人隐私。"《中华人民共和国妇女权益保障法》第四十二条规定："妇女的名誉权荣誉权、隐私权、肖像权等人格权受法律保护。禁止用侮辱、诽谤等方式损害妇女的人格尊严。"

我国《计算机信息网络国际联网安全保护管理办法》第七条规定："用户的通信自由和通信秘密受法律保护。任何单位和个人不得违反法律规定，利用国际联网侵犯用户的通信自由和通信秘密。"《中华人民共和国计算机信息网络国际联网管理暂行规定实施办法》第十八条规定："用户应当服从接入单位的管理，遵守用户守则；不得擅自进入未经许可的计算机系统，篡改他人信息；不得在网络上散发恶意信息，冒用他人名义发出信息，侵犯他人隐私；不得制造、传播计算机病毒及从事其它侵犯网络和他人合法权益的活动。"

以上有关隐私权的法律规定表明，网络隐私权的法律保护在我国已经开始呈现出部门化、独立化和特别化的趋势，制定旨在保护个人网络隐私权的单行法律法规将要提上议事日程。

7.4.7 网上消费者权益保护法律

1. 网上消费者权益保护概述

一般而言，竞争性市场有利于维护消费者权益。但是，在市场交易中，存在着信息不对称等因素，消费者往往处于劣势，相对于经营者属于弱者。特别是在电子商务交易中，交易双方借助于网络，消费者只能通过文字描述、图片等广告或宣传订立合同，没有直接感官认识，更没有机会验货，在经营者没有充分公开相关信息情况下，往往导致消费者误解，甚至受到欺诈。

在我国，可利用《中华人民共和国消费者权益保护法》（简称《消费者权益保护法》）、《中华人民共和国产品质量法》（简称《产品质量法》）等相关法律保护电子商务消费者的合法权益。

相关链接　拼多多现优惠券漏洞，遭黑灰产团伙盗取数千万元

2019年1月20日凌晨，拼多多被曝出现重大Bug，用户可领100元无门槛券。网友称"有大批用户开始'薅羊毛'，一晚上200多亿元都是话费充值"。

当天上午9点，拼多多已经把100元无门槛优惠券的领取方式全部下架，之前领到未使用的优惠券也全部下架。

在"薅羊毛"事件发生几个小时后，1月20日中午12点，认证为拼多多微博客服的@拼多多客户服务终于对此事发布了官方回应《关于"黑灰产通过平台优惠券漏洞不正当牟利"的声明》，声明全文如下：1月20日晨，有黑灰产团伙通过一个过期的优惠券漏洞盗取数千万元平台优惠券，进行不正当牟利。针对此行为，平台已第一时间修复漏洞，并正对涉事订单进行溯源追踪。同时我们已向公安机关报案，并将积极配合相关部门对涉事黑灰产团伙予以打击。

2. 侵害电子商务消费者权益的原因分析

电子商务中消费者权益被侵害的原因是多方面的，既有传统交易方式下侵害消费者权益因素在电子商务中的再现，也有电子商务条件下独有的原因。

1）网络技术方面的原因

从电子商务交易平台建设来看，既然网络为电子商务提供了交易平台，那么网络本身的安全与稳定就应该得到保障，以保证交易能顺利、安全地进行。但从目前的状况看，尽管我国的网络建设已经取得了一定的成就，但与电子商务的要求还有不小的差距。我国网络有时会受到恶意攻击，稳定性较差，使消费者能够进行快速、安全交易的要求无法得到保障。

2）法律制度的缺陷

电子商务立法现处于探索阶段，立法不够完善，为不法分子提供了可乘之机。同时，电子商务涉及多个环节，需要各方面的配合，而我国的相关的政策、制度和配套设施等还不完善。同时，电子商务是以信用为基础的一种交易方式，只有交易双方具有良好的信用观念，其优越性才能发挥出来。然而，电子商务作为新兴的交易方式，消费者对其认识不够，维权意识不强，政府监管不到位，导致一些经营者利用电子商务这种新兴的交易方式进行侵害消费者权益的行为，将电子商务作为牟取非法利润的工具。

电子商务中出现的以上问题在我国已经发生或将要发生，诸如网上诈骗、知情权受限、售后服务没有保障等问题已摆在了广大消费者面前，加之原有的法律保护已显乏力，这就对消费者权益保护提出了新挑战。

相关链接　京东金融 App 被曝获取用户隐私

2019 年 2 月 16 日凌晨，一网友发布视频称，京东金融 App 疑似会获取用户的截图和照片并上传。

该网友发布的视频显示，在手机后台运行期间，该网友打开手机中的一个银行 App 并进行了页面截图。随后，该网友在手机文件管理器中，打开京东金融 App 的文件目录，在一个文件夹中找到了刚刚保存的银行 App 页面截图。不久后，该网友再次发布了一个视频显示，在手机后台运行期间，应用手机其他应用的拍摄照片，也在京东金融的文件目录中找到。该网友发布视频之后，多位网友使用同样的操作，也得到了相似的结果。上述事件获得了广泛关注，2 月 17 日，“京东金融客服”官方发布声明称，图片缓存是为了方便客户投诉或建议使用，不会上传京东金融后台，其不会未经允许获取手机用户隐私。经排查，发现安卓系统上的 App5.0.5 以后版本存在该问题，并已定位问题且下线修复，该功能属于需求错误开发。

3．电子商务消费者的权利及其法律保护

消费者的权利是包括消费者财产权、人身权等多种民事经济权利在内的综合权利。根据《消费者权益保护法》的规定，我国消费者在购买、使用商品和接受服务时具有安全保障权、知悉真情权、公平交易权、索赔权及监督权等。结合我国消费者权益保护的实践，在电子商务法律环境下，网络消费者主要享有安全权、知情权、公平交易权和索赔权等权利。

1）安全权

在电子商务模式中，消费者安全权的内涵比较广泛。比如，电子商务交易中的商品可能存在质量问题并对消费者的人身造成损害，网络的开放性和虚拟性也增加了消费者财产遭受侵害的风险，尤其是在网上交易的电子支付环节，交易安全很难得到保障。此外，电子商务消费者的个人信息也存在被非法收集的危险，对电子商务消费者的隐私权构成了威胁。

电子商务消费者安全权和财产安全权的一般性保护可适用《民法通则》《消费者权益保护法》《产品质量法》等法律、法规的有关规定，电子商务经营者应根据其对消费者安全造成损害的性质、情节和危害程度依法承担相应的民事责任、行政责任和刑事责任。

2）知情权

《消费者权益保护法》第八条规定："消费者享有知悉其购买、使用的商品或者接受的服务的真实情况的权利。"在电子商务环境中，电子商务消费者知情权应增加对电子商务经营者真实身份知悉的内容。

根据电子商务的实际情况，电子商务消费者的知情权应包括如下几个方面：获得有关电子商务经营者真实身份的权利；获得有关电子商务商品或者服务的真实情况的权利；获得有关电子商务交易商品或服务技术指标的真实情况的权利；获得有关电子商务交易商品或者售后服务的真实情况的权利。

电子商务消费者知情权保护的主要现行法律依据是《消费者权益保护法》，此外，《合同法》《中华人民共和国广告法》《产品质量法》《中华人民共和国反不正当竞争法》《中华人民共和国食品卫生法》《中华人民共和国药品管理法》等法律也为电子商务消费者知情权的保护提供了法律依据。

为了完善电子商务消费者的知情权保护法律制度，应在新的立法中强化电子商务经营者信息披露的义务、网络服务提供者信息披露的义务和网上经营者信用体系的构建等方面。

3）公平交易权

《消费者权益保护法》第十条规定："消费者享有公平交易的权利。消费者在购买商品或者接受服务时，有权获得质量保障、价格合理、计量正确等公平交易条件，有权拒绝经营者的强制交易行为。"网络的虚拟性使电子商务消费者的弱势地位变得更加严重，若电子商务消费者无法获得与经营者协商的平台，则极易造成侵害电子商务消费者公平交易权的情况。

电子商务交易中最常使用的合同是"点击合同"，即电子商务消费者按照网上预定的合同内容提示，通过点击"同意"或"接受"按钮而与电子商务经营者订立的电子商务合同。这些合同通常采用格式合同的形式，消费者没有与经营者协商的余地。电子商务经营者多利用其优势地位制定有利于自己而不利于消费者的格式合同，在这些格式合同中存在着减轻、免除自身责任的条款，消费者一旦确认合同，就承认了其中某些不公平、不合理的免责条款。

法律提示

根据《合同法》第四十一条的规定，在对网上经营者提供的格式合同条款的理解发生争议时，应按照通常理解予以解释。对网上格式合同条款有两种以上解释时，应当做出不利于网上经营者的解释，以保护网上消费者的利益。

4）索赔权

在电子商务交易中，消费者索赔权的保护存在着诸多障碍。例如，在网络空间中，电子商务经营者的身份往往难以确定，当消费者的权利遭受侵害时，很可能因找不到实际的侵权者，或因举证困难而无法获得赔偿。B2C 电子商务交易多为小额交易，采用传统的司法程序解决争议往往成本过高，且管辖权和法律适用等方面存在许多不确定性。现有法律、法规中关于消费者索赔权的某些规定无法适用于某些数字化商品，因而对其保护缺乏相应的法律依据。电子交易的达成需经过合同订立、支付、配送等环节，涉及电子商务经营者、银行、物流公司等多方当事人，在发生纠纷时，在责任主体的界定和责任分担的确定方面存在很大的难度。这些都妨碍了电子商务消费者索赔权的实现。

根据《民法通则》《消费者权益保护法》《产品质量法》的有关规定，电子商务经营者侵害了网上消费者的人身权利或者财产权利的，应承担赔偿责任。目前电子商务中网上消费者索赔权保护中存在的主要问题是数字化产品退换货，以及交易当事人的责任分担问题。

自测题

单项选择题

1．电子商务法的调整对象是（　　）。

A．商家与消费者之间的服务关系

B．电子商务交易活动中发生的各种社会关系

C．实体社会中的各种商事活动的法律规范

D．企业与员工之间的劳务关系

2.《刑法》第二百八十五条规定，犯非法侵入计算机信息系统罪的，处（　　）以下有期徒刑或者拘役。

A．五年　　B．三年　　C．二年　　D．一年

3.（　　）不是计算机病毒具有的特点。

A．破坏性　　B．传染性　　C．成长性　　D．隐蔽性

4．我国最早关于电子商务的立法是（　　）。

A.《中华人民共和国电信条例》

B.《计算机软件保护条例》

C．1999 年的《合同法》

D.《中华人民共和国签名法》

5．我国首次承认传真、电子邮件等数据电文具有法律效力的法规是（　　）。

A.《电子签名法》　　B.《计算机软件保护条例》

C.《合同法》　　D.《电子签章条例》

多项选择题

1．电子商务法的调整对象包括（　　）。

A．技术范围　　B．商务范围　　C．法律范围　　D．业务范围

2．电子商务安全从整体上可分为（ ）。

A．计算机安全 B．数据库安全 C．网络安全 D．商务交易安全

3．对于防范网络犯罪的技术，通常有（ ）。

A．防火墙技术 B．防病毒技术 C．数字签名技术 D．加密技术

4．电子商务交易信息质量要求包括（ ）。

A．交易信息的完整性 B．交易信息的保密性

C．交易信息的不可抵赖性 D．交易信息的有效性

5．在（ ）情况下，数据电文可以视为发件人发送。

A．经发件人授权发送的

B．电文以发件人名义发送的

C．发件人的信息系统自动发送的

D．收件人按照发件人认可的方法对数据电文进行验证后结果相符的

6．电子签名认证证书的作用是（ ）。

A．信息的保密性 B．交易者身份的确定性

C．不可修改性 D．不可否认性

判断题

1．计算机信息系统的安全保护等级分为5个级别，这5个级别的安全保护能力依次增强，计算机信息系统的安全等级越高，其安全保护能力就越强。（ ）

2．公安部计算机管理监察部门自接到申请之日起30日内，经审核合格的，向申领者颁发销售许可证和安全专用产品“销售许可”标记，不合格的，要书面通知申领者，并说明理由。（ ）

3．电子签名人因依据电子认证服务提供者提供的电子签名认证服务从事民事活动遭受损失，电子签名人不能证明电子认证服务提供者存在过错的，不能要求其承担赔偿责任。（ ）

4．“电子签名”完全等同于“数字签名”。（ ）

5．可靠的电子签名的法律效力仍然不及手写签名或者盖章具有的法律效力。（ ）

6．电子商务安全从整体上可分为计算机安全、网络安全和商务交易安全。（ ）

简答题

1．电子商务的安全威胁主要有哪些？

2．电子商务的安全技术有哪些？

3．什么是可靠电子签名？

4．什么是防火墙？防火墙的优势与缺点是什么？

5．什么是计算机病毒？它有什么特点？如何防范？

6．电子商务中消费者的权利有哪些？

讨论题

1．结合网上频发的各种安全案件，讨论如何才能全面、有效地解决电子商务的安全问题。

2．查阅资料，讨论我国与电子商务相关的技术、管理制度、法律之间的关系。

上网实习

1．申请一个数字证书，写出其操作流程；通过实验，写出其功能。

2．安装一个防火墙或防病毒软件，通过实验，写出其功能。

小组任务

法庭模拟审理“电子签名法第一案”（学生自行通过网络查找该案例）。

全班学生分成 3 个组，第一组为原告，第二组为被告，第三组为法官、书记员。

要求：

各团队准备相应诉讼材料，在法庭模拟审理电子签名法第一案，扮演相应角色，同时熟悉并掌握相应法律知识。

第 8 章

电子商务的典型应用

引导案例 携程旅行网

携程旅行网（简称携程）创立于1999年，总部设在上海，目前已在北京、广州、深圳、成都、杭州、厦门、青岛、南京、武汉、沈阳10个城市设立了分公司，员工超过5 000人。作为中国领先的在线旅行服务公司，携程旅行网成功整合了高科技产业与传统旅行业，向超过1 400万名会员提供集酒店预订、机票预订、度假预订、商旅管理、特惠商户及旅游资讯在内的全方位旅行服务，被誉为互联网和传统旅游无缝结合的典范。携程有一个十二字的服务理念：便捷（Convenient——不让客户做重复的事）、周全（Thorough——为客户做一切可能做到的事）、可靠（Reliable——不让客户担一点心）、亲切（Intimate——让客户听到我们的微笑）、专业（Professional——让客户感觉我们个个是专家）、真诚（Sincere——全心全意地为客户着想）。携程还力行“三个一”的服务宣言：一应俱全、一丝不苟、一诺千金。依托强大的技术能力，携程建立了先进的服务系统，超过1 800位专业人员一天24小时不间断地为客户提供无微不至的服务。携程还以国际先进的“六西格玛”标准控制服务流程，“像制造业一样生产服务”。“六西格码”是帮助企业集中于开发及提供近乎完美产品和服务的一个高度规范化的过程。“六西格码”的中心思想是，如果你能“测量”一个过程有多少个缺陷，你便能系统地分析出怎样消除它们和尽可能地接近“零缺陷”。“六西格码”通常在制造业得到广泛应用，携程则是将其有效运用到服务领域的成功典范。通过实施“六西格玛”，携程各项服务的准确率已达99.99%。携程能为客户打造全方位的、专业的旅行方案，同时提供丰富多彩的积分兑换。2012年，携程旅行网携手全球酒店预订网站缤客（Booking.com），宣布正式推出海外酒店预订新平台，为中国出境旅行者提供全球172个国家和地区的超过20万家海外酒店预订服务，成为国内可预订海外酒店数量最多的在线旅行服务平台。其机票预订网络已覆盖国际、国内绝大多数航线，送票网络覆盖国内74个主要城市，携程度假线路已经超过1 000条，覆盖海内外200余个度假地，占据了国内在线旅游市场一半以上的份额。世界顶级品牌沟通服务集团WPP旗下权威调研公司Millward Brown Optimor发布2013年度《BrandZ最具价值中国品牌50强》榜单，携程继2012年度入选BrandZ Top50后，再次成功入选。2019年10月

28 日，携程宣布更名，从 Ctrip 正式更名为 Trip.com Group（携程集团）。

本章学习目标

1. 掌握 EDI 的含义、EDI 与互联网的结合方式；
2. 掌握基于内部网的电子商务的类型；
3. 掌握移动电子商务的应用；
4. 了解电子政务的含义及其基本模式；
5. 熟悉电子商务在其他行业的应用。

学习导航

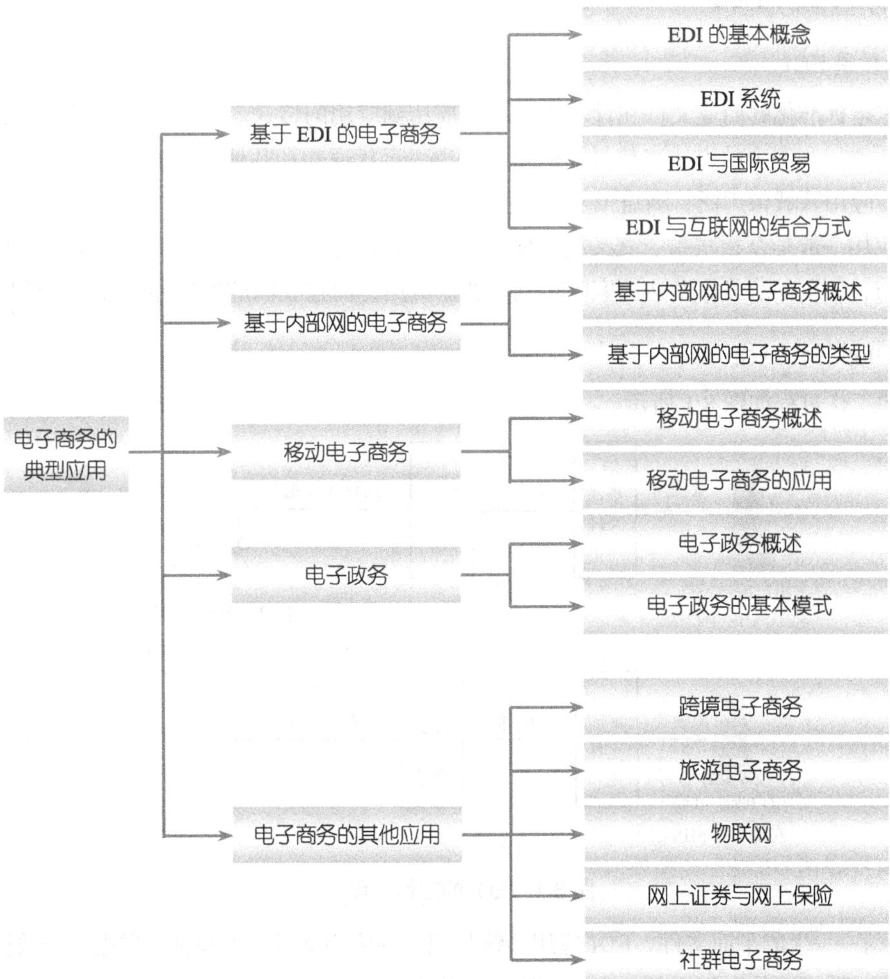

职业指导

《2019年度中国电子商务人才状况调查报告》显示：新媒体、内容创作、社群方向的人才需求已经成为电子商务企业的第一需求。同时，主播（助理）、网红、达人方向人才需求增长迅速，专业数据分析与应用人才的需求量越来越大。

8.1 基于EDI的电子商务

EDI是20世纪80年代发展起来的一种新颖的电子化贸易工具，是计算机、通信和现代化管理相结合的产物。

8.1.1 EDI的基本概念

1. 什么是EDI

EDI是指标准化的商业文件在计算机之间从应用到应用的传送。许多企业选择EDI作为一种快速、低费用和安全的方式来传送订购单、发票、运货通知和其他常用的商业文件。

EDI的应用领域很广泛，涵盖工业、商业、外贸、金融、医疗保险、运输、政府机关等，这些领域的应用一般是互相联系、交叉的，理想的状况是各行各业均通过互通的EDI网络联系在一起。目前，EDI在欧美等发达国家已得到了普遍应用，而在我国的发展还处在起步阶段。

2. EDI的工作过程

EDI的工作过程如图8.1所示。

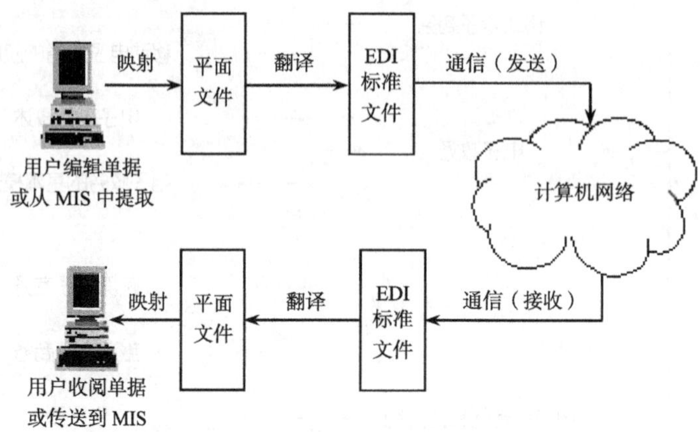

图8.1 EDI的工作过程

① 映射——生成平面文件。EDI应用系统将用户的应用文件（如单证、票据）或数据库中的数据组成一种标准的中间文件。这一过程称为映射（Mapping）。

平面文件是用户通过应用系统直接编辑、修改和操作的单证和票据文件，可直接阅读、显示和打印输出。

② 翻译——生成 EDI 标准格式文件。翻译是指将平面文件通过翻译软件生成 EDI 标准格式文件。

EDI 标准格式文件就是 EDI 电子单证，或称电子票据。它是 EDI 用户之间进行贸易和业务往来的依据。EDI 标准格式文件是一种只有计算机才能阅读的 ASCII（美国标准信息代码）文件。它是按照 EDI 标准的要求，将单证文件（平面文件）中的目录项加上特定的分割符、控制符和其他信息，生成的一种包括控制符、代码和单证信息在内的 ASCII 文件。

③ 通信。这一步由计算机通信软件完成。用户通过通信网络接入 EDI 信箱系统，将 EDI 电子单证投递到对方的信箱中。

EDI 信箱系统则自动完成投递和转接，并按照通信协议的要求为电子单证加上信封、信头、信尾、投送地址、安全要求及其他辅助信息。

④ 接收。接收过程是发送过程的逆过程。首先需要接收用户通过通信网络接入 EDI 信箱系统，打开自己的信箱，将来函接收到自己的计算机中，经格式校验、翻译、映射还原成应用文件。最后对应用文件进行编辑、处理和回复。

在实际操作过程中，EDI 系统为用户提供了 EDI 应用软件包，包括应用系统、映射、翻译、格式校验和通信连接等全部功能。用户可将其处理过程看作一个“黑匣子”，而完全不必关心里面具体的过程。

相关链接　EDI 标准

EDI 标准是国际上制定的一种关于在电子函件中书写商务报文的规范和国际标准。制定这个标准的主要目的是消除各国语言、商务规定，以及表达与理解上的歧义性，为国际贸易商务操作中的各类单证数据交换搭起一座电子通信的桥梁。

目前国际上流行的 EDI 标准是由联合国欧洲经济委员会（UN/ECE）制定、颁布的《行政、商业和运输用电子数据交换规则》(UN/EDIFACT)。

构成 EDI 标准的要素有 3 个：数据元素、数据段、标准报文结构。数据元素可分为基本数据元素和复合数据元素。基本数据元素是基本信息单元，用于表示某种有特定含义的信息，相当于自然语言中的字。复合数据元素是由一组基本数据元素组成的，相当于自然语言中的词。数据段是标准报文中的一个信息行，由逻辑相关的数据元素构成。这些数据元素在数据段中有相应的固定形式、定义和顺序。标准报文是 EDI 的主体，由平面文件翻译转换而来。报文的内容由数据段（Segment）构成，一个数据段又由若干个数据元素（Element）构成。一份报文可分成 3 个部分：首部、详情部分和摘要部分。报文以 UNH（报文头）数据开始，以 UNT（报文尾）数据段结束。一份公司格式的商业单据必须转换成一份 EDI 标准报文才能进行信息交换。

3. EDI 系统的分类

按照 EDI 的功能，EDI 系统可分为如下 4 类。

① 订货信息系统。该系统又称贸易数据互换系统（Trade Data Interchange，TDI）。它用电子数据文件传输订单、发货票和各类通知。

② 电子金融汇兑系统（Electronic Funds Transfer，EFT）。它用于银行和其他组织之间的电子费用汇兑。

③ 交互式应答系统（Interactive Query Response，IQR）。它可作为机票预订系统应用在旅行社或航空公司。

④ 图形资料自动传输的EDI。带有图形资料自动传输的EDI，最常见的是计算机辅助设计（CAD）图形的自动传输。

8.1.2 EDI系统

1. 三层结构模型

企业之间通过EDI系统传递单证，进行贸易往来。EDI系统从系统功能的角度可分成3个层次：EDI 交换层、EDI代理服务层、EDI应用层，如图8.2所示。

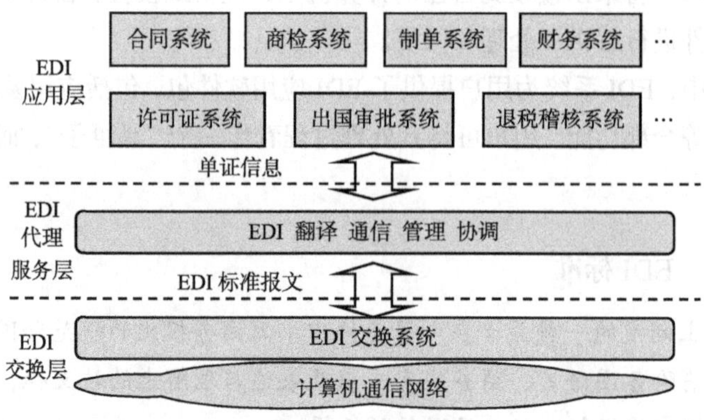

图8.2 EDI系统

2. 各层的功能

1）EDI应用层

EDI应用层由各个面向不同应用的系统组成，以满足应用需求为目标。它与EDI代理服务层通过文件或信息方式交流单证信息，面向最终的具体应用业务。

2）EDI代理服务层

EDI代理服务层的主要功能是翻译、通信、管理、协调，即将EDI应用层提供的单证信息翻译成标准的EDI单证并发送到EDI交换系统，或者从EDI交换系统中接收EDI单证，并将其翻译成单证信息然后分发给EDI应用层中的系统，协调各系统EDI单证的传递；集中管理发送或接收的EDI单证，用于日后查证。

3）EDI交换层

EDI交换层包含计算机通信网络和EDI交换系统两部分。计算机通信网络是EDI单证传输的公共平台，通信网络可以是共用电话网（PSTN）、数字数据网（DDN）、分组交换网X.25、互联网等。EDI交换系统的主要功能是收发EDI报文，并通过存储转发的方式传输各EDI应用系统的EDI报文。EDI交换系统常用的收发EDI报文的方式是电子信箱。

第一层、第二层构成 EDI 应用系统，第三层也称 EDI 传输系统。EDI 应用系统从技术上讲就是将公司单证转换成 EDI 标准报文的计算机信息系统。

第二层及 EDI 交换系统构成 EDI 中心。EDI 中心由政府或大型企业投资建设。

3．EDI 中心的功能

① 邮箱管理：如信件的收发管理、信件的分送管理等功能。

② 回执响应功能：返回信件被收件人收取，或未在规定时间内取走等回应通知。

③ 分类取件：由使用者选择，可依照信件的种类及送件人的 ID 等分类方式取件。

④ 断点重发功能：用户可以重复操作。

⑤ 编制管理报表：如送件人清单、收件清单及回执清单等；客户的基本信息管理及客户关系管理。

⑥ 检查信件的正确性：如检查 EDI 交换、格式的正确性等。

⑦ EDI 的翻译功能：如不同标准的转换等。

⑧ 安全控制能力：如对多重密码的修改，使用者存取记录，防止多次不正确的系统登录及跟踪核查对系统安全造成的威胁。

⑨ 灾害恢复功能：在灾害发生时，自动保存现行系统数据，启动备份系统，使系统的损失降到最低。

⑩ 可支持中文传输功能：可支持包括 S010646 通用多八位编码字符集的信息传输。

8.1.3　EDI 与国际贸易

EDI 对国际贸易的影响是革命性的，它深化了国际分工，扩大了国际贸易，使国际市场格局发生了变化。与互联网结合后，EDI 给发展中国家和小企业创造了机遇。EDI 应用于国际贸易是必然的发展趋势。

1．深化国际分工

由于 EDI 可以在极大程度上缩短生产和消费之间的距离，因此 EDI 通过国际贸易深刻地影响了国际生产领域，从而深化了国际分工。

EDI 在推动电子协作的同时，促进了弹性企业的产生和发展。弹性企业是指根据客户的要求利用高新技术降低企业的转置成本，随时从企业内部或外部调用信息、人员、财务组成新的企业，进行设计、加工生产。弹性企业的生产方向和组织形式可以随时发生变化，经营十分灵活。

2．统一国际市场

EDI 打破了传统市场必须以一定的地域存在为前提条件的习惯，开辟了一个新的市场空间（虚拟市场），全球以信息网络为纽带连成一个统一的大市场。虚拟市场的形成，超越了地理界线，使商品与服务等有关信息能在全球范围内充分、准确地流动，从而在很大程度上减少了市场信息不对称引起的信息扭曲及利益受损。

3．改造国际贸易经营主体

EDI 的应用促使一批向全球市场提供产品或服务的虚拟企业出现。目前，某些企业在各自的专业领域拥有卓越的技术，在此基础上利用 EDI 技术构成一个网络，更高效地向市场提供产品或服务，导致国际贸易主体发生变化。不过，从实质上看，这类主体不是一个具有命令系统的经济组织，只是因为承担了一定的信息功能而显得具有某种实体特性。

4．改变国际贸易成本结构

应用 EDI 可以挖掘订单附加的信息潜力，简化数据处理程序，缩短国际贸易的文件处理周期，降低企业的库存水平，并且消除信息传递过程中的人工干预，从而降低成本。与此同时，EDI 的应用使传统贸易成本之外出现了技术、安全、法律等新的成本，不过两相比较，总体成本还是大大下降了。

8.1.4 EDI 与互联网的结合方式

EDI 的价值在于企业之间实现了自动数据交换，这也是实现 B2B 电子商务的关键。EDI 的实施不仅要克服各企业计算平台的异构，还要克服企业之间的事务集合和商业规则的异构。互联网技术的发展，尤其是 XML 的出现，为传统 EDI 重新注入了活力。

基于互联网的 EDI 主要有 3 种基本形式：基于 E-mail 的互联网 EDI、基于 Web 的互联网 EDI、基于 FTP 的互联网 EDI。

1．基于 E-mail 的互联网 EDI

使用 E-mail 进行 EDI 是互联网上最早的 EDI 应用，解决了传统 EDI 使用专用 VAN 网络价格昂贵的问题，并且具有使用简单的特点。使用 E-mail 进行 EDI 时，用户只需将生成的标准 EDI 格式的报文加密处理后通过 E-mail 发给提供基于 E-mail 的互联网 EDI 服务的 EDI 服务商，基于 E-mail 的互联网 EDI 服务提供商接收到用户发送的报文后，将它转发到接收方的 E-mail 信箱。而接收方从自己的 E-mail 信箱中获得报文，经解密、翻译、转换成应用文件，并根据用户需求与用户数据库相连接。

基于 E-mail 的互联网 EDI 不太适应交互式实时报文传输的需求，同时 SMTP 缺少保密性、不可抵赖性和确认交付，而且 E-mail 在互联网上传送明文，所以 E-mail 很容易伪造，并且发送者可以否认自己是 E-mail 的作者；而 SMTP 不能保证正确交付了 E-mail，无法知道是否丢失。虽然电文加密、电子加密和应用级的确认已部分解决了这些问题，但还是约束了其应用的发展。

2．基于 Web 的互联网 EDI

在这种方式中，当用户需要发送报文时，利用浏览器直接浏览基于 Web 的互联网 EDI 服务提供商的 Web 页面，在 Web 页面填写表格后提交；基于 Web 的互联网 EDI 服务提供商的服务器收到用户提交的内容后，对提交的内容进行检查。若用户提交的内容符合 EDI 报文的规定，则将提交的内容转换为标准 EDI 格式的文本，作为电子邮件发送给指定的接收方，同时给提交方反馈正常提交的信息；若用户提交的内容不符合 EDI 报文的规定，则指出不合规定的地方并让提交方修改。

接收时，用户使用浏览器进入基于 Web 的互联网 EDI 服务提供商的 Web 页面，输入用户标识和密码，基于 Web 的互联网 EDI 服务提供商的服务器对用户身份进行检查。若通过检查，则从该用户的电子邮箱中取出所有报文，经翻译后以 Web 页面的形式返回给用户，并记录用户的使用情况。

基于 Web 的互联网 EDI 适用于缺乏专业人员的中小型企业，是拓展 EDI 应用的一种有效手段，使中小型企业能参与 EDI 的应用，并且具有价格低廉的特点。但基于 Web 的互联网 EDI 系统很难与企业内部系统整合，且不能提供交互式 EDI 的功能。

3. 基于 FTP 的互联网 EDI

使用 FTP 进行 EDI 与使用 E-mail 进行 EDI 的过程相似，只是报文传输采用 FTP 方式进行，即发送报文时采用 FTP 上传文件，接收时利用 FTP 下载报文，而报文的生成、翻译和解释在客户端进行。这种方式能实现 EDI 系统与企业内部系统的结合，与基于 E-mail 的互联网 EDI 相同，它也较适合报文交换，不适合交互式报文交换。

8.2 基于内部网的电子商务

内部网即内联网，企业为了在 Web 时代具有竞争力，必须利用互联网的相关技术和协议，建立主要用于企业内部管理和通信的应用网络。从技术上讲，内部网和互联网没有太大的差别，只是访问内部网需要授权。由于同样是基于客户机/服务器模型的网络，内部网对文件、文档和图表等内部请求的处理过程与互联网是一样的。

8.2.1 基于内部网的电子商务概述

基于内部网的电子商务是指，企业内部之间，通过企业内部网的方式处理与交换商贸信息。内部网是一种有效的商务工具，通过防火墙，企业将自己的内部网与互联网隔离，它可以用来自动处理商务操作及工作流，增强对重要系统和关键数据的存取，共享经验，共同解决客户问题，并保持组织间的联系。通过基于内部网的电子商务，企业增加了处理商务活动的敏捷性，对市场状况能更快地做出反应，并能更好地为客户提供服务。

应用实例　供应商如何给沃尔玛供货

从前，沃尔玛的短袜采购员每天两次通过一个 EDI 系统发送电子文件，告诉供应商所需短袜的数量和样式。供应商利用挂着调制解调器的计算机接收数据，一天要用 6 小时。如果传输中断，则整个传输过程必须重新进行，这需要耗费更长时间。于是沃尔玛决定弃用这个数据包传输技术，因为该技术只能通过速度大受限制的调制解调器和昂贵的长途电话线来传输。如果选用第三方供应商提供的所谓增值网络，则成本同样高昂。2002 年 8 月，沃尔玛选择 IBM 为供应商，建立基于 Web 的更加经济快捷、安全可靠的 EDI 系统。沃尔玛开始要求其供应商必须通过互联网发送和接收数据。IBM 协助沃尔玛建立了一个基于互联网的信息系统，使沃尔玛数千家国内外供应商能够更快速、经济、安全、可靠地交换采购订单、发票和预先发货通知等重要数据。目前，沃尔玛和供应商之间超过98%的电子数据采用基于互联网通信方式的AS2软件传送。

8.2.2 基于内部网的电子商务的类型

基于内部网的电子商务常用的类型如下所示。

1. 企业和员工间的电子商务

企业员工使用内部网，可以以电子化方式预订和申请所需的补给及原材料。许多企业都有商店，向其员工出售企业的产品，而且通常是折价销售。员工通过内部网发出订单，商店负责包装好物品并送到员工手中，货款则从员工工资中扣除。企业内部网在提供内部信息共享方面有着巨大的优势，使企业员工能更加迅速、安全地获取信息，且成本合理。

应用实例 安利公司企业内部的商业情报和知识管理门户——Artemis

生产450多种家用、营养和健身产品的安利公司，为适应研发部门新产品开发需要，建立了一个企业内部的商业情报和知识管理门户——Artemis。在安利公司中，研发部门进行产品设计时需要迅速了解产品的各种信息，如产品细节、配方、设计标准、产品计划、成本和销售趋势等。过去完成这项工作很困难，因为有时这些数据分散在15～20个不同的系统中，供应链和财务系统又分属不同的部门。当科研人员需要产品信息或财务数据时，必须查询各个部门的报告，这会耗费很多时间。

Artemis将原有各部门信息系统中的信息提取出来形成结构化的产品信息，然后根据用户的要求生成各种动态报表。这样，研发部的人员就可以快速找到所需信息，查询信息的时间也由以前的几天缩短到几分钟甚至几秒钟，加快了产品研发者的各项假设分析的速度。Artemis的投资额为25万美元以内，该系统使每名员工每周节约1小时，在不到6个月的时间里就可以收回该系统的成本。

2. 企业部门间的电子商务

大型企业常常包括多个独立的部门，它们彼此之间相互“购买”或者“出售”原材料、产品和服务。这种交易可以很方便地通过企业内部网进行，每个独立的部门可以视为一个买家或卖家。

大型企业往往独立或部分拥有一个代理商网络。在这种情况下，就需要建立一个专门的网络来支持交流、合作和交易的实施。开展基于内部网电子商务的企业，主要有汽车经销商、设备制造商和其他大部分大型制造商。

应用实例 东芝美国公司的企业部门间的电子商务

东芝美国公司（Toshiba America）使用外部网/内部网技术建立了一个基于Web的订单输入

系统。代理商可以在下午 5 点之前下达第二天的装运订单，还可以检查应收账户的余额、价格安排，以及阅读有关条款等。一旦订单发出，系统将检查各零件的存货情况。如果有货，订单会发往仓库，订单一旦到达仓库网站，就会在系统上显示出来。几小时内零件就会被包装、检查并送往快递公司。在这套订单输入系统的支持下，客户服务更加方便快捷，客户设备维修流程大为简化。

3. 企业员工间的电子商务

许多大型企业在内部网上都有分类广告，企业员工可以通过它相互购买和出售产品与服务。这种服务在大学里尤为流行，如大学内部网上的各种求助信息、销售信息。在某些情况下，多家大学会把内部网相连以扩大这种服务。另外，员工可以通过电子商务技术进行更好的合作和沟通，相互传递和交流不适宜对外公开的信息。

8.3 移动电子商务

移动电子商务（Mobile E-commerce）是指，利用手机、掌上电脑、笔记本电脑等移动终端设备与无线上网技术结合所构成的一个电子商务体系，可为用户完成相应的商务产品或服务的购买、消费行为的社会经济活动。移动电子商务最大的特色就是应用了联通网络的各种移动终端设备，而采用的网络联通技术以无线技术为特色，如 GSM、GPRS、无线局域网（WLAN）技术，以及 4G 无线广域网技术等。同时，移动电子商务中商务所涵盖的也不仅是有形产品，还包括各种各样的无线服务，如全方位的个人信息管理、股市信息、网络银行服务、网络娱乐与教育服务等。

从技术角度来看，移动电子商务可以看作电子商务的一个新的分支；但从应用角度来看，移动电子商务是对传统电子商务的整合与发展，它将传统电子商务和已经发展起来的但分散的电子商务整合起来，并将各种业务流程从有线网络进一步向无线网络延伸。

8.3.1 移动电子商务概述

1. 移动电子商务的特点

与传统的电子商务相比，移动电子商务不仅提供了一个全新的购物环境，还提供了一种全新的营销和信息发布渠道，具有明显的特色和优势，主要表现在以下 3 个方面。

① 移动电子商务真正消除了距离和地域的限制，摆脱了有线网络对工作地点的约束，能够真正做到随时随地开展电子商务活动。

② 移动电子商务比互联网上的电子商务更具安全性。手机所用的 SIM 卡可以唯一确定一个用户的身份，因而更容易实现安全认证。

③ 移动电子商务可以为用户提供方便的个性化服务，成为企业管理和营销的强有力辅助工具。移动电子商务的灵活、简单、方便的特点，使它能完全根据客户的个性化需求和喜好进行定制，且设备的选择及提供服务与信息的方式完全由用户自己控制。通过移动电子商务，用户

可随时随地获取所需的服务、应用、信息和娱乐。

2. 移动电子商务技术

在前面我们提到过几种常见的移动电子商务技术，下面对它们进行简单介绍。

1）无线应用协议

无线应用协议（Wireless Application Protocol，WAP）是开展移动商务的核心技术之一。通过 WAP，移动设备可以随时随地、方便快捷地接入互联网，真正实现不受时间和地域约束的移动商务。WAP 是一种通信协议，它的提出和发展是基于在移动中接入互联网的需要。WAP 提供了一套开放、统一的技术平台，用户使用移动设备很容易访问和获取用统一的内容格式表示的互联网或企业内部网的信息和各种服务。它定义了一套软、硬件的接口，可以使人们像使用计算机一样使用移动设备收发电子邮件及浏览互联网。同时，WAP 提供了一种应用开发和运行环境，能够支持当前最流行的嵌入式操作系统。WAP 可以支持目前使用的绝大多数无线设备，包括移动电话、双向无线电通信设备等。在传输网络上，WAP 可以支持目前的各种移动网络，如 GSM、CDMA 等，也可以支持未来的第三代移动通信系统。

目前，许多企业已经推出了多种 WAP 产品，包括 WAP 网关、应用开发工具和 WAP 手机，向用户提供网上信息、机票订购、流动银行、游戏、购物等服务。WAP 最主要的局限在于应用产品所依赖的无线通信线路带宽。

2）通用分组无线业务

在传统的 GSM（Global System for Mobile Communications）网中，用户除通话外进行数据通信的传输速率只能用于传送文本和静态图像，但无法满足传送活动视像的需求。通用分组无线业务（General Packet Radio Service，GPRS）突破了 GSM 网只能提供电路交换的思维定式，将分组交换模式引入 GSM 网中。它通过仅增加相应的功能实体和对现有的基站系统进行部分改造来实现分组交换，从而提高资源的利用率。GPRS 能快速建立连接，适用于频繁传送的小数据量业务或非频繁传送的大数据量业务。另外，由于 GPRS 是基于分组交换的，用户可以保持永远在线。

3）全球定位系统

移动商务的主要应用领域之一就是基于位置的业务。目前主要有两种移动定位方式：一种是全球定位系统（Global Position System，GPS）；另一种是网络定位。通过 GPS 定位是指把 GPS 组合到移动设备内提供定位业务，但跟踪装置的天线和发送设备价格昂贵且耗电量大、移动设备机的重量会增加，同时移动设备与 GPS 的无线连接会受到地理位置、周边环境乃至天气的影响，这些因素均使得通过移动设备与 GPS 连接方式的应用受到了一定影响。因此，业界又提出了通过网络来实现定位的方式。网络解决方案有到达角度（AOA）定位、到达时间（TOA）定位、到达时间差（TDOA）定位和多路径鉴别标志定位等。

相关链接　北斗卫星定位系统

北斗卫星导航系统致力于向全球用户提供高质量的定位、导航和授时服务，包括开放服务和授权服务两种方式。开放服务是向全球免费提供定位、测速和授时服务。授权服务是为有高精度、高可靠卫星导航需求的用户，提供定位、测速、授时和通信服务及系统完好性信息。除导航精度不逊于欧美外，北斗卫星导航系统解决了何人、何时、何地的问题，这就是北斗的特色服务。

4）移动通信系统

移动通信系统是一种无线电通信系统，主要有蜂窝系统、集群系统、AdHoc 网络系统、卫星通信系统、分组无线网、无绳电话系统、无线电传呼系统等。移动通信系统从 20 世纪 80 年代诞生以来，到 2020 年大体经过了 5 代的发展历程。4G 是第四代移动通信及其技术的简称，是集 3G 与 WLAN 于一体并能够传输高质量视频图像，且图像传输质量与高清晰度电视不相上下的技术产品。4G 系统的下载速度比拨号上网快 2 000 倍，能够满足几乎所有用户对于无线服务的要求。5G 是最新一代蜂窝移动通信技术，是 4G、3G 和 2G 系统的延伸。5G 的性能目标是高数据速率、减少延迟、节省能源、降低成本、提高系统容量和大规模设备连接。移动通信系统将移动设备变为集语音、图像、数据传输等诸多应用于一体的未来通信终端。这将进一步促进移动商务的全方位实现和广泛开展。

5）移动 IP 技术

移动 IP 技术通过在网络层改变 IP 协议，从而实现移动设备在互联网中的无缝漫游。移动 IP 技术使得节点在从一条链路切换到另一条链路上时无须改变它的 IP 地址，也不必中断正在进行的通信。移动 IP 技术在一定程度上能够很好地支持移动电子商务的应用。

6）“蓝牙”技术

“蓝牙”（Bluetooth）是由爱立信、IBM、诺基亚、英特尔和东芝共同推出的一项短程无线连接标准，旨在取代有线连接，实现数字设备间的无线互联，以便确保大多数常见的计算机和通信设备之间可方便地进行通信。“蓝牙”技术作为一种低成本、低功率、小范围的无线通信技术，可以使移动电话、个人电脑、个人数字助理（PDA）、便携式电脑、打印机及其他移动设备在短距离内无须线缆即可进行通信。

7）基于 Wi-Fi 和 WiMAX 的无线宽带技术

Wi-Fi 的核心是 WLAN。只要将一个便宜的 Wi-Fi 基站与 DSL[①]或光缆调制解调器等高速互联网接入设备相连，并将该基站放置在距用户两三百英尺（1 英尺≈0.305 米）的范围内，这一范围内的所有用户都能通过带有廉价的 Wi-Fi 装置的个人电脑或 PDA 等移动设备共享这一低价、高速的互联网接入，而无须分别支付专用 DSL 或光缆调制解调器较高的服务费用。

① DSL：DSL（数字用户线路）是以电话线为传输介质的传输技术组合，包括 ADSL（Asymmetric Digital Subscriber Line，非对称数字用户线）、RADSL、HDSL 和 VDSL 等。DSL 技术在传递公用电话网络的用户环路上支持对称和非对称传输模式，解决了经常发生在网络服务供应商和最终用户间的“最后一公里”的传输瓶颈问题。由于 DSL 接入方案无须对电话线路进行改造，可以充分利用已经被大量铺设的电话用户环路，大大降低了额外的开销。因此，利用铜缆电话线提供更高速率的互联网接入，更受用户的欢迎，得到了各个方面的重视，在一些国家和地区得到大量应用。

8.3.2 移动电子商务的应用

1．移动银行

移动银行简单地说就是以手机、PDA 等移动设备作为银行业务平台中的客户端来完成某些银行业务。移动银行通过移动网络将客户的移动设备连接至银行，客户可以利用移动设备上的接口直接完成各种金融理财业务。移动银行的主要功能包括账务查询、自助缴费、银行转账等。另外，移动银行可以通过短消息平台向客户提供股市行情、外汇牌价等金融信息。

2．移动办公

移动办公又称无线办公，即无论何时何地，用户都可以利用手机、PDA、笔记本电脑等移动设备通过多种方式与企业的办公系统进行连接，从而将企业内部局域网扩大成一个安全的广域网，实现移动办公。

移动办公的主要实现方式有以下 3 种。

① 通过短信实现公文、邮件提醒服务。当企业办公系统内的个人公文、电子邮件到达时，会通过短信直接将标题信息或内容提要发送到个人移动终端上，进行及时的提醒。

② 通过 WAP 服务浏览详细公文、邮件内容。企业员工可以使用移动终端通过 WAP 方式访问企业办公系统，进行公文、邮件等详细信息的浏览。

③ 通过 WLAN 实现在企业内部的移动办公。员工可以在全企业范围内随时随地使用移动设备访问企业网络，浏览公文与邮件。

3．股票交易

移动电子商务具有即时性，因此非常适用于股票等交易应用。移动设备可用于接收实时财务新闻和信息，也可用于确认订单并安全地在线管理股票等交易。

4．订票

通过互联网预订机票、车票或入场券已经发展成一项主要业务，其规模还在继续扩大。互联网有助于核查票证的有无，以及提供购票和确认服务。移动电子商务使用户能在票价优惠或航班取消时立即得到通知，也可支付票费或在旅行途中临时更改航班或车次。借助移动设备，用户可以浏览电影剪辑、阅读评论，然后订购邻近电影院的电影票等。

5．购物

借助移动电子商务，用户能够通过其移动设备进行网上购物。“即兴购物”是一大增长点，如订购鲜花、礼物、食品或快餐等。传统购物也可通过移动电子商务得到改进。例如，用户可以使用“无线电子钱包”等具有安全支付功能的移动设备，在商店里或自动售货机上进行购物。

6．娱乐

移动电子商务将带来一系列娱乐服务。例如，用户不仅可以从他们的移动设备上收听音乐，还可以订购、下载特定的曲目，并且可以在网上与朋友们玩交互式游戏，还可以进行游戏付费，并进行快速、安全的游戏等。

7. 无线医疗

医疗产业的显著特点是每秒对病人都非常关键，因此这一行业十分适合移动电子商务的开展。在紧急情况下，救护车可以作为进行治疗的场所。而借助无线技术，救护车可以在移动的情况下同医疗中心和病人家属建立快速、动态、实时的数据交换，这对每秒都很宝贵的紧急情况来说至关重要。在无线医疗的商业模式中，病人、医生、保险公司都可以获益，他们也会愿意为这项服务付费。这种服务是指在时间紧迫的情形下，向专业医疗人员提供关键的医疗信息。医疗市场的空间非常巨大，并且提供这种服务的企业能为社会创造价值，因此这项服务会逐步扩展到全国乃至世界，我们相信在这整个流程中，存在着巨大的商机。

相关链接　一码通行的健康码

健康码的作用是通过健康码的颜色，可以快速识别一个人是否途径疫情比较严重的地区，是否直接或间接接触过感染患者。然后通过大数据分析，可直接锁定并找到可能被感染的人群。健康码是指借鉴浙江等地方推行健康码模式，助力分类有序复工复产的经验，在国务院办公厅电子政务办的指导下，支付宝基于中国一体化政务服务平台研发的中国统一的疫情防控健康码系统。2020 年 2 月 11 日，浙江省杭州市率先推出健康码模式，实施市民和拟进入杭州人员的绿码、红码、黄码三色动态管理，并与钉钉企业复工申请平台打通。领取绿码的人员凭码通行，领取红码和黄码的人员需按规定隔离并健康打卡，满足条件后将转为绿码。大量返岗复工人员在支付宝内申领健康码，上线首日访问量即达到 1 000 万次。健康码以真实数据为基础，由个人通过自行网上申报，经后台审核后，即可生成属于个人的二维码。该二维码作为个人在本地区出入通行的一个电子凭证，实现一次申报、全市通用。“小小健康码，作用不一般。”对个人而言，一方面，线上操作就能获得，既自主便利又可减少去现场填表申领可能带来的面对面接触风险；另一方面，现代信息码取代纸质证明，使用十分方便。对企业而言，通过健康码可以准确掌握员工的健康状况，便于及时做出工作安排，也利于实施对应防控措施，减少复工、复产带来的防疫风险。

8.4 电子政务

8.4.1 电子政务概述

以互联网为核心的信息技术在推动电子商务飞速发展的同时，对人类社会信息资源的最大拥有者——政府，提出了极为严峻的挑战，也给政府管理工作和管理模式及方法的改进带来了前所未有的机遇。互联网和 EDI 技术为电子政务奠定了物质与技术基础。从全球来看，推进政府部门办公自动化、网络化、电子化，并实现信息共享是大势所趋。从我国来看，我国迫切需要转变政府职能，通过政务信息化使政府更好地适应经济和社会发展的现实需要，提升政府的竞争力和回应力。

1. 电子政务的含义

“电子政务”是由英文“E-government”翻译而来的，它的字面意思应为“电子政府”，只不过为了与“电子商务”的概念相对应，国内的媒体基本上都用了“电子政务”这一名称。“E-government”的概念最早是由美国前总统克林顿提出的。他之所以提出这一概念，一方面是为了适应新经济的发展，政府必须改变其职能和运作方式；另一方面，他希望通过实施电子政务，减少“橡皮图章”，加速政府对国民需要的回应，让国民能更快捷、更方便地了解政府，并能以电子化形式实现国民或企事业单位向政府申请贷款、竞标合同、交税等职能，使政府更富效率、运作成本更低。美国的电子政务建设为世界其他各国政府提供了可借鉴的经验。

我们所理解的“电子政务”概念，是指利用以网络技术为核心的信息技术对传统政务活动进行持续不断的创新和优化，以实现高效率、高质量、低成本的政府管理和服务职能。电子政务要求政府部门运用网络和现代通信技术，打破行政机关的组织界限，构建出一个电子化的虚拟机关，使人们可以从不同的渠道取用政府的信息及服务，而不是采用传统的要经过层层关卡和全面审核的作业方式。

政府机关之间及政府与社会各界之间经由各种电子化渠道相互沟通，并依据人们的需求、人们可以使用的形式、人们要求的时间及地点，向公众提供各种不同的服务。电子政务与传统的政府管理中的计算机技术应用有很大的区别，电子政务使得传统政务活动中难以做到的信息实时共享和双向交互成为可能，使政务活动的效率显著提高、成本有效降低。

电子政务按照涉及的范围不同，分为 3 个组成部分：一是政府部门内部的电子化和网络化办公；二是政府部门之间通过计算机网络进行的信息共享和实时通信；三是政府部门通过网络与民众之间进行的双向信息交流。

2. 我国电子政务的体系结构

1）总体结构

① 我国电子政务的平面结构。从总体上看，我国电子政务网络由机要网、机关内部办公网（内网）、公共管理与服务网（外网）构成，如图 8.3 所示。政务外网与互联网之间逻辑隔离。政务外网是政府的业务专网，主要开展政府部门面向社会的专业性服务业务和不需在内网上运行的业务。安全保密要求决定了电子政务内网和外网建设、运行维护外包、托管要有所不同。电子政务外网系统的建设、运行维护和管理，可以由国家机关提出要求，企业按照有关政策法规、标准和程序承包，还可以采取政府制定标准和提出要求，由企业出资建设、运行维护和管理并行使所有权，而国家机关付租费并行使使用权的模式。电子政务内网是国家机关的办公内网，网络上有大量涉密或内部信息（越是上级国家机关，重要涉密信息越多），网络安全保密要求很高。因此，电子政务内网系统（硬件和软件）要由政府出资建设，网络系统集成建设、运行维护可以外包，但是不能托管。由于电子政务内网的特殊性，要求对承包商的选择更加严格，特别是在运行维护方面，要制定严格的程序和规定，并在管理人员的监控下进行。

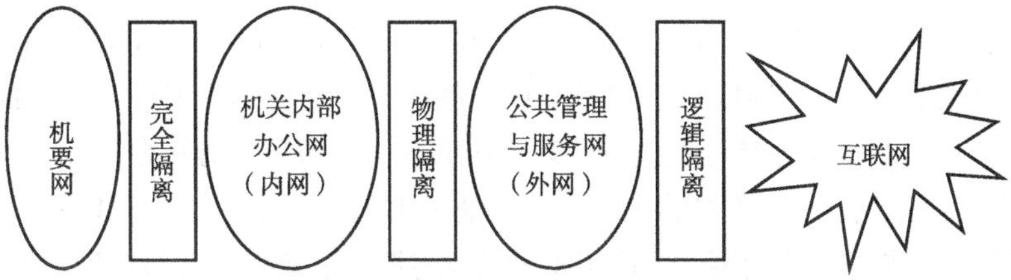

图 8.3 我国电子政务的平面结构

② 我国电子政务的垂直结构。我国电子政务的垂直结构如图 8.4 所示。最低层是国家网络基础设施，它是电子政务最低层的硬件设施，主要是由中国电信、中国移动、中国联通、中国网通等七大运营商构建的骨干网络。第二层是基于 PKI/PMI 的统一授权授信安全支撑平台，包括由国家授权组建的公钥基础设施（PKI）和授权管理基础设施（PMI）。第三层是基于 Web Service XML 的多样化电子政务业务的应用支撑平台及应用中间件。第四层才是各种电子政务业务的应用系统。

各种电子政务业务的应用系统
基于 Web Service XML 的多样化电子政务业务的应用支撑平台及应用中间件
基于 PKI/PMI 的统一授权授信安全支撑平台
国家网络基础设施

图 8.4 我国电子政务的垂直结构

③ 我国电子政务的层次结构。从政务层次和政务部门看，我国电子政务纵向可分为 4 个层面：国家级、省级、市级和县级。在纵向上，各级政府部门按业务层次序列构成系统，侧重于同一业务中各级政府部门和业务系统之间的业务处理关系。而在同一层面上各政府机关和业务系统之间的行政管理和协作又构成横向的电子政务系统。

2）网络结构

"三网一库"的网络体系为各级政府形成统一的信息基础设施格局奠定了基础，促进了政府信息化发展。"三网"指机关内部办公网、办公业务资源网、公共管理与服务网，"一库"指信息资源库，如图 8.5 所示。

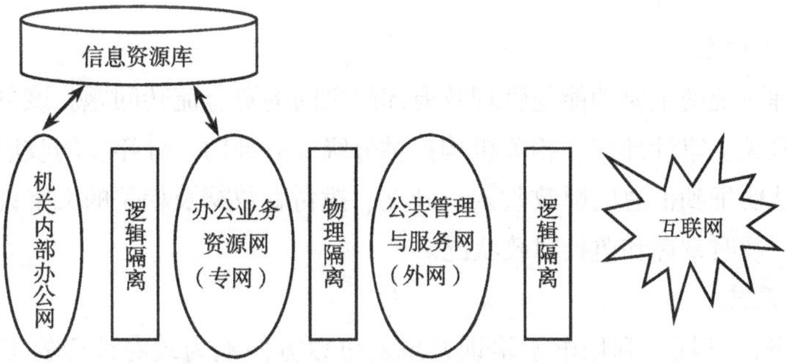

图 8.5 我国"三网一库"的体系结构

① 机关内部办公网。机关内部办公网主要是政府各部门的局域网，主要运行政府部门内部的业务管理系统及核心数据应用系统。这些系统包括办公自动化辅助工具，公文的拟稿、核稿、会稿、签发系统，以及政府各类专项业务管理系统和统一的数据资源平台。

② 办公业务资源网。专网连接着上下级相关业务部门，承载政府系统共享的政务信息资源库，连接着各部门、各地方的内网，形成了覆盖从国务院到各部门、各级政府的政务资源网络，为政务运作提供重要的信息服务和业务协同支撑环境。

③ 公共管理与服务网。公共管理与服务网通过应用支撑平台与公共互联网对接，主要用于政务信息发布和向社会提供一般性的电子政务服务。在网络安全管理方面，外网通过应用网关实现 Web 服务系统与公共通信平台之间的逻辑隔离，以便确保内部业务系统的运行安全性。专网与外网间采用物理隔离，以确保政务办公系统和政务涉密信息的安全。内网与专网之间则采用逻辑隔离。

④ 信息资源库。电子政务信息资源库包括业务数据和管理信息，由政务各部门共建共享。

8.4.2 电子政务的基本模式

1. G2G 电子政务

G2G 电子政务即政府（Government）与政府（Government）之间进行的电子政务，包括上下级政府、不同地区政府、政府不同职能部门之间的电子政务活动，具体可分为以下几项。

1）电子办公系统

政府部门内部利用网络及办公自动化系统（OA 系统），实现办公的网络化和自动化。政府部门的工作人员的许多事务性工作均通过电子办公系统来完成，政府内部充分实现资源共享。例如，工作人员通过网络进行文件复制和传输，使用办公设施和设备下载政府部门经常使用的各种表格，可以极大地节约时间和费用，提高工作效率，提高政府部门的业务水平。

2）电子法规政策系统

政府政务活动的重要内容之一就是制定、颁布和实施各项法规、政策。电子政务的开展，使政府的各项法律、法规、规章、行政命令和政策规范等的传递均通过电子方式、网络方式来实现。这种方式具有突出的速度优势，能使政府的各项法规、政策在尽可能短的时间内发布出去，有利于法规、政策的宣传、推广。

3）电子财政管理系统

电子财政管理系统的主要功能是管理政府部门之间的资金流转问题。该系统通过网络方式向各级国家权力机关、审计部门和相关机构提供分级、分部门、分年度的政府预算及其执行情况的报告，包括从明细到汇总的财政收入、开支、拨付款数据及相关的文字说明和图表等，便于有关领导和部门及时掌握和监控财政状况。

4）电子培训系统

随着电子政务的开展，利用电子培训系统就可以方便地为政府部门的工作人员提供各种综合性和专业性的网络培训、网络教育课程，员工可以通过网络随时随地注册参加培训课程及考试。

5）电子司法档案系统

电子司法档案系统使政府司法机关之间共享司法信息，包括公安机关的刑事犯罪纪录、审判机关的审判案例、检察机关的检察案例等。通过信息共享能够提高司法部门的工作效率，提高司法人员运用网络的意识，体验“无纸化”办公带来的低成本、高速度、高效率的优点，进而使工作人员养成网络化办公的习惯，有利于工作人员自身综合能力的提高。

2. G2B 电子政务

G2B 电子政务即政府与企业间进行的电子政务，包括政府通过电子网络系统进行电子采购与招标、精简管理业务流程、快捷地为企业提供各种信息服务等。

1）政府网上采购与招标投标系统

政府采购通常占到 GDP（国内生产总值）的 10%～15%。通过网络公布政府的采购信息和招标方案，对提高政府的采购效率、采购透明度，缩短招标投标时间，使政府采购成为阳光作业，减少或避免徇私舞弊和暗箱操作，节约政府采购支出，树立政府公平、公开、公正的良好形象，以及促进国民经济的发展都有着重要的作用。另外，政府网上采购与招标投标系统的应用，还为企业（特别是中小型企业）参与政府采购提供了必要的帮助，使中小型企业和大型企业拥有同样的竞争机会，促进了中小型企业的发展。

2）信息咨询服务系统

政府部门拥有大量的企业需求的综合信息。政府部门可以建立信息咨询服务系统，将各种信息资源放在政府的网站上，为企业提供综合性的信息咨询服务，方便企业咨询。例如，法律/法规/规章/政策数据、政府经济白皮书、国际贸易统计资料、伪劣产品和企业名单、待转让的科技成果资料等，均可以放在政府网站上为企业所用。

3）电子税务系统

税收是国家财政收入的主要来源，降低征税成本、杜绝税源流失、方便企业纳税一直是政府税务工作的主要目标之一。电子政务的开展、电子税务系统的应用，可以使企业通过网络在自己的办公室就能顺利完成税务登记、税务申报、税款划拨等业务，还可以进行税收公报查询、了解国家税收政策等相关事宜。

4）电子工商行政管理系统

工商行政管理部门的主要职责是依法组织监督市场交易行为，组织监督流通领域的商品质量，组织查处假冒伪劣等违法行为，保护经营者、消费者的合法权益等，其中证件和执照的管理是其主要工作内容之一。电子工商行政管理系统的建立，能使企业通过网络申请、办理各种证件和执照，借助于网络的高速高效，可以大大缩短办证周期，提高办证效率，减轻企业的经济和人力负担。企业营业执照的申请、受理、审核、发放、年检、登记项目变更、核销，以及统计证、土地和房产证、建筑许可证、环境评估报告等其他相关证件的申请、审批、变更等事项均可通过网络来办理。

3. G2C 电子政务

G2C 电子政务即政府与公民之间进行的电子政务，是指政府通过电子网络系统为公民提供的各种服务。

1）电子民主管理服务

电子民主管理服务是电子政务的重要应用之一。通过电子民主管理，使公民方便、容易、低廉地接入政府法律、法规数据库。公民可以通过网络参与相关法律、法规、政策的制定，对政府有关部门及其工作发表自己的意见和建议，可以直接通过E-mail、QQ或其他电子方式与有关部门的领导及工作人员联系。政府通过在线评论和意见反馈等了解公民对政府工作的意见，增加政府执法过程的透明度。对于各种选举工作，通过电子民主管理系统，政府可以把候选人的相关资料公布于网上，方便选举人查阅、比较，促进公民对候选人的了解，同时选举人还可以在网上直接投票，这样既提高了选举工作的效率，又保证了选举工作的公平、公正和透明。

2）电子身份认证服务

公民个人身份的网络化、电子化已成为必然趋势。电子身份认证简单说就是以一张智能卡记录公民个人的相关信息：自然状况信息，如姓名、性别、出生时间、血型、指纹等；社会信息，如工作状况、个人信用、纳税情况、个人经历、养老保险等。电子身份认证系统的建立，可以使公民的身份随时随地得到认证，既方便有关部门管理，又不影响人员的合理流动，还能杜绝“假身份”等违法现象，弥补了传统户籍制度的缺陷。另外，电子身份认证服务还允许公民个人通过电子报税系统申报个人所得税、财产税等个人税务。

3）电子医疗服务

公民通过政府网站提供的广泛的医疗保健信息获取相关医疗服务，政府网站提供医疗保险政策信息、医药信息、职业医生信息等。通过电子医疗服务，公民可查询自己的医疗保险个人账户余额、当地公共医疗账户的资金情况；查询国家新审批药品的成分、功效、试验数据、使用方法及其他详细数据，提高自我保健意识；查询当地医院的级别和职业医生资格情况，选择合适的医生和医院。

4）电子社会保险网络服务

政府通过电子网络建立起覆盖本地区乃至全国的社会保险网络系统，使公民能够通过网络及时、全面地了解自己的养老、失业、工伤等社会保险账户的明细情况。

5）电子教育、培训、就业服务

电子教育、培训服务是指政府建立全国性的教育平台，购买教育资源，并资助学校和图书馆等部门接入政府教育资源网，参加教育培训。培训重点是加强公众对信息技术的应用能力，以提高其对信息技术的应用水平。电子就业服务是政府通过电子手段包括电话、互联网或其他媒体向公民提供工作机会和就业培训，以促进就业。例如，政府开设网上人才市场或劳务市场，提供相关的工作职位缺口数据库和求职数据库信息；通过政府网站，用人单位可发布用人信息，求职者可浏览相关信息、可通过网络递交个人相关资料，甚至办理受聘手续。政府还为求职者提供网上就业培训、就业形势分析等服务，以指明求职者的就业方向。

8.5 电子商务的其他应用

8.5.1 跨境电子商务

1. 跨境电子商务概述

跨境电子商务是建立在传统电子商务基础之上的一种电子商务形态，其与传统电子商务的区别在于划定了交易主体必须处于不同国家。根据前瞻产业研究院《2013—2020 年中国电子商务行业发展趋势与投资决策分析报告》给出的定义，跨境电子商务是指分属于不同关境的交易主体，通过电子商务平台达成交易、进行支付结算，并通过跨境物流送达商品、完成交易的一种国际商业活动。

跨境电子商务涵盖的内容很多，它来源于传统跨境贸易环节的电子化，是基于电子商务平台交易的发展。从传统跨境贸易的属性上来说，跨境电子商务的参与者必须充分顾及跨境贸易中涉及的进出口流程、贸易和监管政策；从电子商务的属性来说，跨境电子商务需要依托互联网技术下的电子商务平台，利用线上交易改变线下的贸易环节。总体而言，对于跨境电子商务目前并没有一个权威的定义。广义上，跨境电子商务就是生产商和贸易对象通过互联网完成传统对外贸易商品交易中的所有环节，最终实现外贸产品进出口的新型贸易方式；狭义上，跨境电子商务是分属于不同国家、关境的交易主体在电子商务平台上达成交易及其后续活动。目前，许多网络零售平台认为，只要是通过互联网，突破传统外贸销售模式所受到的制约，将产品直接销售给全球商家或消费者的活动就是跨境电子商务。作为一种全新的贸易活动方式，跨境电子商务通过网络和跨境物流，直接联络网络终端，不仅具有成本低、门槛低、环节轻、周期短等特点，还呈现出跨境贸易直接化、多边化、高频度、小批量、数字化的新特征。

跨境电子商务的构成大体分为 3 个部分，分别是跨境电子商务应用、跨境电子商务服务和跨境电子商务环境。跨境电子商务应用指的是双方交易主体之间的商务沟通和交易，主要可以分为 B2B 业务和商品零售业务（B2C、C2C 等）两种。跨境电子商务服务是跨境电子商务必不可少的组成部分。由于跨境电子商务的特殊性，面临频繁的通关、结汇、退税程序，缺乏专业对接服务的中小型企业将面临较高的成本，如果缺乏必要的外贸综合服务、跨境支付和物流服务，跨境电子商务的发展也会面临巨大障碍。跨境电子商务环境是跨境电子商务与境内电子商务的重要差异点。跨境是指交易双方跨越海关关境，电子商务平台的买家和卖家分属于被关境隔离的国家和地区。由于需要进行通关，跨境电子商务往往涉及海关、商检、税务和外汇管理等多个部门，面临较为烦琐的监管，跨境电子商务的产业链也比较长，往往面临不同的法律、制度和文化环境。

2. 跨境电子商务的分类及典型模式

1）跨境电子商务企业的分类

按市场方向划分，跨境电子商务企业可分为进口跨境电子商务企业和出口跨境电子商务企业。出口跨境电子商务企业包括中国制造网、全球速卖通、敦煌网等；进口跨境电子商务企业包括洋码头、跨境通等。

按商业模式划分，跨境电子商务企业可分为B2B、B2C和C2C 3种类型。B2B跨境电子商务企业包括敦煌网、中国制造网、阿里巴巴等；B2C跨境电子商务企业包括亚马逊、京东国际、全球速卖通等；C2C电子商务企业包括洋码头、eBay等。

按运营模式划分，可分为平台型和自营模式。平台型跨境电子商务企业包括全球速卖通、敦煌网等；自营+平台型跨境电子商务企业包括大龙网、兰亭集势等；自营模式的跨境电子商务企业包括Deal Extreme、米兰网等（涉足采购和配送等）。

按平台服务类型划分，跨境电子商务企业可分为信息服务平台和在线交易平台。信息服务平台主要为境内外会员商户提供网络营销平台，传递供应商或采购商等商家的商品或服务信息，促使双方完成交易，包括阿里巴巴国际站、环球资源网、中国制造网等；在线交易平台不仅提供企业、产品、服务等多方面的信息展示服务，而且可以通过平台线上完成搜索、咨询、对比、下单、支付、物流、评价等全购物链环节。在线交易平台模式正在逐渐成为跨境电子商务的主流模式，如敦煌网、全球速卖通、米兰网、大龙网等。

2）跨境电子商务的典型模式

① 跨境电子商务 B2B 外贸平台——敦煌网。敦煌网是第三方跨境电子商务 B2B 交易平台，主要提供在线交易平台及相关的外贸服务。敦煌网采取佣金制，免注册费，致力于帮助我国中小型企业通过跨境电子商务平台走向全球市场，开辟一条全新的国际贸易通道，让在线交易变得更加简单、更加安全、更加高效。敦煌网的特点可以概括为“用淘宝的方式卖阿里巴巴B2B上的货物”。服务对象定位精准：敦煌网服务对象定位为全国供应商，由最初的中小商户开始扩展到规模化的外贸企业、工厂和品牌商家。平台逐渐扩充，除提供对传统外贸企业的服务外，还与义乌共同打造“全球网货中心”平台。一体化服务：敦煌网针对商家入驻开店、平台运营、营销推广、资金结算等方面提供一系列服务，还为卖家提供提高产品曝光率的营销工具，包括定价广告、竞价广告、展示计划等，并针对商家提供培训、店铺装修及优化、账号托管等服务，以及提供互联网金融、物流集约化品牌、国内仓和海外仓的仓储、通关、退税、质检等服务。DH pay对接全球30多种支付方式； DH link支持EMS、UPS、DHL等20多种物流方式；同金融机构合作，DH Credit提供信贷服务。

② 跨境电子商务 O2O 平台——大龙网。大龙网是跨境 O2O 模式的先行者和领导者，是中国大型跨境出口电子商务 O2O 平台之一。大龙网对内通过招商平台 18985 和跨境 O2O 网贸会对接国内供应商，对外通过大龙网建立并联合全球零售网络，以跨境 O2O 展会和体验店形式把我国产品销往海外零售圈，为其提供一个带服务、带后端、私人定制的平台。这样既解决了我国供应商对国际市场销售的“最后一公里”难题，也解决了海外零售批发商从我国进货的服务和信用担保问题。大龙网提出了跨境电子商务的“两国双园”模式，即在国内产业带聚集地建立龙工场跨境电子商务产业园，以招商、精品展示、跨境双创中心等方式实现其在产业带城市的落地；在海外开创跨境B2B智能大卖场和跨境B2B品牌贸易中心，以共享经济模式聚合目标市场中有实力的合作伙伴，为中国跨境出口电子商务企业打造覆盖整个目标市场的分销网络。

③ 开启“地球村”模式的天猫国际。天猫国际是跨境进口零售电子商务中平台 B2C 模式

的代表。它除了具备平台类电子商务大量 SKU[①]特点，在选品数据化、配合国家监管方面也独具特色。数据选品、定向招商：首先利用阿里系的大数据优势，选择中国消费者有需求、有一定认知，并可能购买过的品牌和商品，进一步挖掘天猫、淘宝上成交趋势、搜索量上涨，但没有进入中国的品牌、商品。天猫国际针对这类有大量代购需求的、高频搜索的、出境游的热门品牌和商品定向招商。三单合一：配合政府监管。政府需要电子商务企业的三单信息，使监管部门协同，对商家资质、品牌资质、商品资质进行监管，通过掌握跨境交易信息，避免漏税。天猫国际利用阿里系信息化平台确定优势，率先对接三单到海关。三单信息即阿里交易平台的订单交易信息、提供跨境支付解决方案的支付宝上的支付信息、包括国际物流在内的所有物流接入系统的物流信息。

④ C2C 买手直播互动的洋码头。洋码头平台是以 C2C 模式为主，M2C 模式为辅的跨境进口电子商务平台。码头上的卖家可以分为两类：一类是个人买手，模式是 C2C；另一类是商户，模式是 M2C。洋码头上销售的商品多为个性化的非标品，能够满足用户的多元化需求。它通过买手制和限时特卖，首创海外卖场扫货场景式购物模式，并围绕直播、粉丝等社交功能，增强用户黏性及体验。洋码头在管理上首先强调用户需求，集中非标品，满足兴趣化、不确定的需求；满足多样化需求，即 C2C 平台海量 SKU，打造逛街式购物，能买到没有见过的商品；其次做好质量把控关，认证商家信用资质、长住地址、水电费账单等，货源地、物流信息需在海外，海外团队对买手进行定期回访、培训，对长时间不发货、联系不上的卖家进行淘汰；最后是不断完善用户体验，自建物流，控制物流速度和成本，海外直邮平均 3 天送达，保税区平均 2.5 天送达，并要求所有卖家提供退换货服务，出现质量问题时，由平台受理。在运营模式上，洋码头首先通过直播培养信任，平时直播 8 小时，黑色星期五期间 24 小时不间断直播，用户随时随地可以看到卖家在海外扫货；其次是粉丝增加黏性，卖家能够自发、自然地吸引兴趣爱好相同的粉丝，可以同粉丝实时交流采购情况及其他信息；最后是晒单推广商品，粉丝对商品进行晒单和推荐等社交行为，比单纯的产品介绍更能达到推广的效果。

8.5.2　旅游电子商务

旅游业的生产和消费特点决定了其最能够体现电子商务的优越性，是最适合开展电子商务的产业之一。

1. 旅游电子商务的定义与内涵

旅游电子商务是指，通过现代网络信息技术手段实现旅游商务活动各环节的电子化，包括通过网络发布、交流旅游基本信息和旅游商务信息及以电子手段进行旅游宣传促销、开展旅游

① SKU：SKU 定义为保存库存控制的最小可用单位，如纺织品中一个 SKU 通常表示规格、颜色、款式。STOCK KEEP UNIT（简称 SKU），这是客户拿到商品放到仓库后给商品编号、归类的一种方法。针对电子商务而言，SKU 是指一款商品，每款都有一个 SKU，便于电子商务品牌识别商品；或者 SKU 是指一款商品多色，则是有多个 SKU，如一件衣服有红色、白色、蓝色，则 SKU 编码也不相同，如相同则会出现混淆，发错货。

售前售后服务，以及进行电子旅游交易、实现旅游企业内部流程的电子化等。

根据上述定义，旅游电子商务可分为3个层次，如下所述。

① 面向市场，以市场活动为中心，包括促成旅游交易实现的各种商业行为（网上发布旅游信息、网上公关促销、旅游市场调研）和实现旅游交易的电子贸易活动（网上旅游企业洽谈、售前咨询、网上旅游交易、网上支付、售后服务等）。

② 利用网络重组和整合旅游企业内部的经营管理活动，实现旅游企业内部电子商务，包括旅游企业建设内联网，以及利用饭店客户管理系统、旅行社业务管理系统、客户关系管理系统和财务管理系统等实现旅游企业内部管理信息化。

③ 旅游活动能基于互联网开展还需要环境的支持，包括旅游电子商务的通行规范和旅游行业管理机构对旅游电子商务活动的引导、协调和管理，以及旅游电子商务的支付与安全环境等。

2．旅游电子商务的功能

一个完善的旅游电子商务系统主要具备以下几个方面的功能。

1）信息查询服务

旅游电子商务平台能提供旅游服务机构相关信息（如饭店、旅行社及民航航班等信息）、旅游景点信息、旅游线路信息，以及旅游常识的信息查询。

2）在线预订服务

旅游电子商务平台能提供酒店客房、民航班机机票、旅行社旅游线路等实时、动态的在线预订业务。

3）客户服务

旅游电子商务平台能提供可实施在线旅游产品预订的客户端应用程序。利用这种程序，客户（指通过系统进行预订的个人及机关团体）可以与代理人（指上述酒店、民航、旅行社等相关旅游服务机构）进行实时的网上业务洽谈，管理自己的预订记录。

4）代理人服务

旅游电子商务平台能给酒店、民航、旅行社等相关旅游服务机构提供多种旅游产品代理端应用程序。利用该程序，代理人可以与客户进行实时的网上业务洽谈、管理其旅游产品的预订记录、查阅其账目。

5）网上促销

旅游电子商务的广泛应用为各类旅游企业开设了一条新的市场营销渠道。旅行社、饭店、旅游景点等可以借助网络开展各种网上宣传活动，同时可以在网络平台上利用知名度较高的网站（如雅虎、搜狐、AOL等）发布企业网址，设法让更多的人知道本企业网址。

3．旅游电子商务的体系结构

旅游电子商务体系是在网络信息系统的基础上，由旅游机构（旅游目的地营销机构和旅游企业）、专业旅游网站运营商、使用互联网的旅游者或潜在旅游者、旅游信息化组织、电子商务服务商，以及提供物流和支付服务的机构共同组成的信息化旅游市场运作系统，并受到一些外部环境的影响，如旅游产业环境、技术环境、社会环境和法律法规环境等。经总结，旅游电子商务的体系结构如图 8.6 所示。

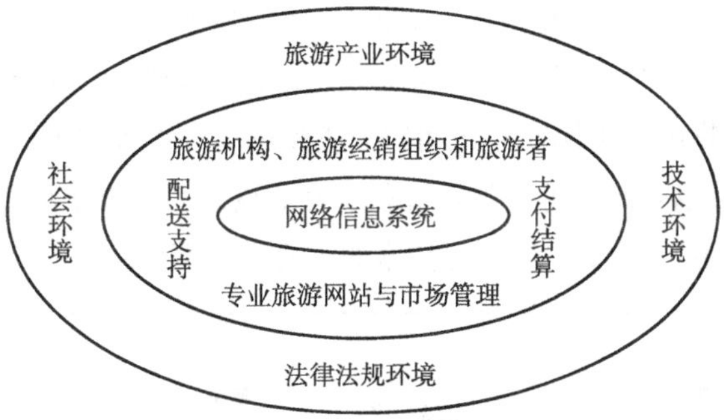

图 8.6　旅游电子商务的体系结构

1）旅游机构的电子商务系统

在比较完备的情况下，旅游机构（旅游目的地营销机构和旅游企业等）的电子商务系统由网络系统、基于企业内部网的管理信息系统和电子商务站点组成。

网络系统是沟通机构内外信息传输的媒介，管理信息系统是信息加工、处理、存储的工具，电子商务站点是旅游机构展现信息和拓展网上市场的窗口。

目前，旅游机构实施电子商务的程度不统一。一些旅游机构只建设了电子商务网站，而未实现外部电子商务和内部管理系统的衔接，有些旅游机构的网站只是静态的旅游信息网站，而无法实现预订和交易。

2）专业旅游网或旅游电子商务平台

专业旅游网站包括一些综合性门户网站的旅游频道，不直接经营旅游业务，一般提供面向旅游者的旅游信息服务和交流社区，以及面向旅游企业的广告宣传、信息发布、交流平台或销售中介服务，不同的网站在功能上各有侧重。部分专业旅游网站内含有功能完善的旅游电子商务平台。

旅游电子商务平台的特点是规模大、知名度高、访问量大、有巨大的用户群。由于专业旅游电子商务平台的功能复杂，建设和运营的技术含量高，它通常由专业 IT 公司建设。在我国，携程旅游网、中国假日旅游网等电子商务平台的交易量已有一定规模。

3）业内电子分销系统

计算机预订系统（CRS）和全球分销系统（GDS）是旅游业内广泛使用的电子分销系统，是连接旅游供应商和旅游中间者的国际电子分销网络，加入这种网络的旅游企业必须得到专门许可。

8.5.3 物联网

1. 物联网的概念和特征

物联网（Internet of Things，IOT）的概念是在 1999 年提出的，也称 Web of Things。物联网被视为互联网的应用扩展。应用创新是物联网发展的核心，以用户体验为核心的创新是物联网发展的灵魂。2005 年，在突尼斯举行的信息社会世界峰会上，国际电信联盟（ITU）发布了《ITU

互联网报告2005：物联网》，正式提出了“物联网”的概念。

概括地讲，“物联网就是物物相连的互联网”。通过装置在各类物体上的射频识别、控制器、传感器、二维码等，经过接口与无线网络相连，从而给物体赋予“智能”，可实现人与物体的沟通和对话，也可以实现物体与物体互相之间的沟通和对话，这种将物体连接起来的网络称为“物联网”，如图8.7所示。物联网被称为继计算机、互联网之后世界信息产业发展的第三次浪潮，被视为互联网的应用拓展，是新一代信息技术的重要组成部分。

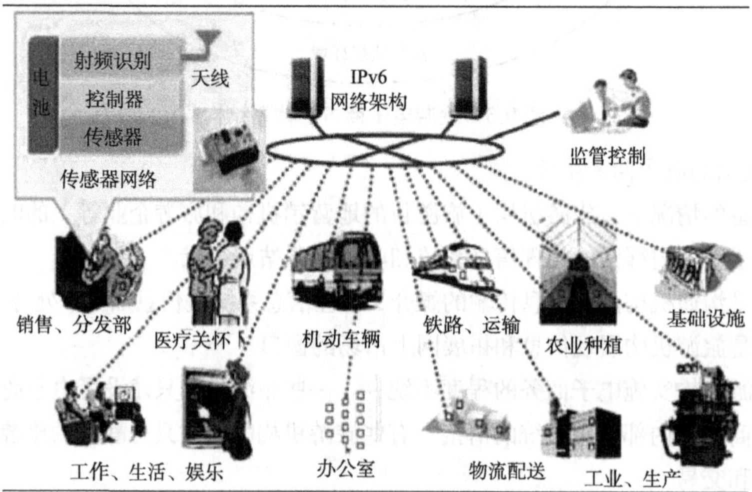

图8.7 物联网示意图

与传统的互联网相比，物联网具有以下几个鲜明的特征。

① 物联网是各种感知技术的广泛应用。物联网上部署了多种类型的传感器，每个传感器都是一个信息源，不同类型的传感器所捕获的信息内容和信息格式不同。传感器获得的数据具有实时性，按一定的频率周期性地采集环境信息，不断更新数据。

② 物联网是一种建立在互联网基础上的泛在网络。物联网技术的重要基础和核心仍旧是互联网，通过各种有线网络和无线网络与互联网融合，将物体的信息实时、准确地传递出去。物联网上的传感器定时采集的信息需要通过网络传输，由于其数量极其庞大，形成了海量信息，在传输过程中，为了保障数据的正确性和及时性，必须适应各种异构网络和协议。

③ 物联网能够对物体实施智能控制。物联网不仅提供了传感器的连接，还具有智能处理的能力，能将传感器和智能处理相结合，利用云计算、模式识别等各种智能技术扩充其应用领域。另外，物联网从传感器获得的海量信息中分析、加工和处理出有意义的数据，以适应不同用户的不同需求，从而发现新的应用领域和应用模式。

2．物联网的分类

物联网可以分为4类，如下所述。

① 私有物联网，一般面向单一机构内部提供服务，可能由机构或其委托的第三方实施和维护，主要存在于机构内部网，也可存在于机构外部。

② 公有物联网，基于互联网向公众或大型用户群体提供服务，一般由机构（少数情况下由其委托的第三方）运维。

③ 社区物联网，向一个关联的“社区”或机构群体（如一个城市政府下属的各委办局，包括公安局、交通局、环保局、城管局等）提供服务。可能由两个或两个以上的机构协同运维，主要存在于内网和专网中。

④ 混合物联网，是上述两种或两种以上的物联网的组合，但后台有统一运维实体。

3．物联网的应用模式

物联网根据其实质用途可以分为 3 种基本应用模式。

① 对象的智能标签。通过 NFC、二维码、RFID 等技术标识特定的对象，用于区分对象个体。例如，在生活中我们使用的各种智能卡、条码标签的基本用途就是用来获得对象的识别信息。此外，通过智能标签还可以获得对象物品所包含的扩展信息，如智能卡上的金额余额、二维码中所包含的网址和名称等。

② 环境监控和对象跟踪。利用多种类型的传感器和分布广泛的传感器网络，可以获取某个对象的实时状态和监控特定对象的行为。例如，使用分布在市区的各个噪声探头监测噪声污染，通过二氧化碳传感器监控大气中二氧化碳的浓度，通过 GPS 标签跟踪车辆位置，通过交通路口的摄像头捕捉实时交通流量等。

③ 对象的智能控制。物联网基于云计算平台和智能网络，可以依据传感器网络用获取的数据进行决策，对对象的行为进行控制和反馈。例如，根据光线的强弱调整路灯的亮度，根据车辆的流量自动调整红绿灯间隔等。

4．物联网的应用领域

① 智能家居。智能家居产品融合了自动化控制系统、计算机网络系统和网络通信技术，将各种家庭设备（如音视频设备、照明系统、窗帘控制系统、空调控制系统、安防系统、数字影院系统、网络家电等）通过智能家庭网络联网实现自动化，实现对家庭设备的远程操控。

② 智能医疗。智能医疗系统借助简易实用的家庭医疗传感设备，对家中病人或老人的生理指标进行自测，并将生成的生理指标数据传送给护理人或有关医疗单位。

③ 智能城市。智能城市产品包括对城市的数字化管理和对城市安全的统一监控。

④ 智能环保。智能环保产品通过对地表水水质的自动监测，可以实现水质的实时、连续监测和远程监控，及时掌握主要流域重点断面水体的水质状况，预警、预报重大或流域性水质污染事故，解决跨行政区域的水污染事故纠纷，监督总量控制制度的落实情况。

⑤ 智能交通。智能交通系统包括公交行业无线视频监控平台、智能公交站台、电子票务、车管专家和公交手机一卡通 5 种业务。

⑥ 智能司法。智能司法是一个集监控、管理、定位、矫正于一身的管理系统，能够帮助各地、各级司法机构降低刑罚成本，提高刑罚效率。

⑦ 智能农业。智能农业产品通过实时采集温室内温度、湿度信号，以及光照、土壤温度、二氧化碳浓度、叶面湿度、露点温度等环境参数，自动开启或者关闭指定设备。

⑧ 智能物流。智能物流打造了集信息展现、电子商务、物流配载、仓储管理、金融质押、园区安保、海关保税等功能于一体的物流园区综合信息服务平台。

⑨ 智能校园。智能校园是指通过物联网技术构建智能的教学环境、学生学习生活系统，以及后勤管理系统，把感应器嵌入和装备到食堂、教室、图书馆、供水系统、实验室等，并且被普遍连接，形成“物联网”，然后将“物联网”与现有的互联网整合起来，实现教学、生活与校园资源和系统的整合。

⑩ M2M 平台。M2M 是机器对机器（Machine-To-Machine）通信的简称。目前，M2M 的重点在于机器对机器的无线通信，存在以下 3 种方式：机器对机器、机器对移动电话（如用户远程监视）、移动电话对机器（如用户远程控制）。中国电信 M2M 平台是物联网应用的基础支撑设施平台。

相关链接　物联网市场规模将快速增长

全球物联网行业规模迅速扩大，2014—2020 年年复合增长率高达 20.7%。受技术和产业成熟度的驱动，目前物联网具有“边缘的智能化、连接的泛在化、服务的平台化、数据的衍生”4 个新特征，使得物联网整体解决方案在各个应用领域的渗透率不断提高。同时，传感器成本降低、传输技术升级、物联网全产业链的技术成熟度提升，推动物联网应用领域产品不断涌现、传感器连接数大幅度增加。目前，我国物联网发展应用也开始进入实质性推进阶段。根据 GSMA（全球移动通信系统协会）数据显示，2010 年以来，全球物联网设备数量呈高速增长态势，2010 年物联网设备数量为 20 亿个，2018 年上升到 91 亿个。未来，“万物物联”将成全球重要发展方向。据预测，2025 年全球物联网设备数量将达 251 亿个。

8.5.4　网上证券与网上保险

1. 网上证券

1）网上证券的概念

网上证券交易是电子商务的一种代表形式。从投资者的角度来讲，网上证券通常是指投资者利用网络资源获取国内外各交易所的及时报价、搜索国内外各类相关的经济金融信息、分析市场行情，并通过网络进行委托下单，实现实时交易；从证券公司的角度来讲，网上证券通常是指证券公司利用网络资源进行证券交易活动及其他相关活动，包括提供证券实时行情、各类经济金融信息、市场信息、投资咨询、网上证券发行、网上开户、网上委托、网上交易、网上交割、证券知识介绍、证券专门工具下载等。

相关链接　主要的证券类网站

① 证券信息和咨询类网站：和讯网、东方财富网、证券之星、新兰德、中国证券网、中国国债网、中国基金网等。

② 证券交易型网站：华夏证券、招商证券、大鹏证券、海通证券、国泰君安、国通证券、国信证券、长城证券等。

③ 证券监督、管理机构网站：上海证券交易所网站、深圳证券交易所网站和中国证监会网站。

2）网上证券交易主体

在网上证券交易过程中，参与的主体分别为证券公司（券商）、证券投资者和网络服务提供商。证券公司是专门从事有价证券买卖的法人企业。根据中国证券监督管理委员会（简称中国证监会）《网上证券委托暂行管理办法》第二十四条的规定，获得中国证监会颁发的《经营证券业务许可证》的证券公司，可向中国证监会申请开展网上委托业务。未经中国证监会批准，任何机构不得开展网上委托业务。由此可见，目前在我国，只有证券公司可以开展网上证券委托业务。证券投资者是指那些与证券公司签订网上证券委托协议并在证券公司等合法营业场所依法开户的投资者，包括个人投资者和机构投资者。网络服务提供商是指那些为网络交易提供互联网接入及其他增值服务的企业。

3）网上证券的优势

① 打破时间、地域限制。网上证券交易以无所不在的互联网为载体，通过高速、高效的信息流动，从根本上打破了时间、地域的限制，使得投资者能在任何时间、任何地点，只要能够上网并办理了网上委托交易的相关手续，就可以聚集在无形、虚拟的交易市场中，接收行情、委托下单，轻松地实现交易。网上证券为那些有投资欲望却无暇或不便前往证券营业部进行交易的人提供了便利。

② 为投资者提供丰富的信息。网上证券交易通过互联网进行，克服了传统市场上信息不充分的缺点。证券公司的网站及中立的金融证券资讯网站，都提供了有关证券的丰富的、各种层次的信息，包括股票即时行情、个股行情分析、股市分析研究报告、行业研究报告、上市公司财务报表、热点透视、专家分析预测、证券新闻、证券知识等。网上证券能使投资者在第一时间获得自己所需要的与投资和证券有关的各种信息，及时对市场走势、行情信息做出判断，有利于投资者做出投资决策。

③ 主动获取信息，咨询服务极为便利。网上证券交易的信息服务注重主动性、动态性，使咨询服务变得极为便利。投资者登录提供证券信息服务的网站，可以主动、及时、有效地接收大量动态信息，筛选相关投资咨询信息；可以在网上向专家咨询，与专家交流；可以与其他投资者畅谈体会、交流心得；可以在论坛上发表感悟、提出问题等。这是其他证券交易方式（如证券大厅交易或称柜台委托、电话交易或称电话委托）无法实现的。网上证券交易使投资者对信息的获取，从单向被动式获取向双向主动交互式获取转化。这种信息获取方式大大提高了证券市场信息的流通速度，使投资者能够时刻把握证券投资市场的动态，使投资者能够全面获取证券投资信息。

④ 在线交易，方便快捷。网上证券交易能充分体现互联网的高速便捷功能。一般在网上委托下单，从委托信息到到达证券营业部，用时不超过8秒。而其他委托方式则耗时较长：柜台委托，1～2分钟；电话委托，约25秒。在所有证券交易委托方式中，网上交易方式较方便、快捷。

⑤ 降低经营风险。网上证券交易通过网上交易系统进行，最大限度地减少了人工干预。由于网上交易渗透到证券活动的方方面面，如信息传递、交易、清算、交割等，从而极大地减少

了中间环节，使由人为主观因素造成的失误降到最低限度。从这个角度来讲，网上证券交易能降低券商的经营风险。

⑥ 降低经营成本。对券商而言，网上证券交易的大规模开展，可以大幅度降低营业部的设备投入和日常的运营费用。网上交易是通过无形市场进行的，是在虚拟营业部完成的，从而可以大幅度降低营业部的投资、成本及人工费用。在支持同等客户的条件下，网上证券交易的投资是传统营业部投资的 1/2 或 1/4，网上证券交易平均月运营费用是传统营业部平均月运营费用的 1/4 或 1/5。

⑦ 提供安全交易手段。证券业务即金融业务，因此证券公司要有完整的安全策略，其网络解决方案必须是端到端的具备良好安全性的解决方案。网上证券交易对证券公司的网络提出了更高的要求，如何使网络速度快、系统稳定及安全性高等已成为证券行业必须解决的问题。目前的网络安全技术已能达到这一要求。现在网上证券交易通常采用对称加密与非对称加密相结合的双重数据加密技术，按照国际标准加密协议、数字签名技术等进行身份认证。网上证券交易为投资者提供了安全的交易手段。

4）网上交易模式

交易模式是指客户与公司之间业务往来的方式。目前，我国网上证券交易主要有两种模式。

① 营业部模式。这是以营业部为登记注册门户，以网络为交易平台的交易模式。在该模式下，投资者首先在证券公司开展网上交易的各个营业部注册登记，成为该证券公司的一个客户，然后直接在网上交易平台上下单交易。网上交易仍然通过开户的营业部进行，记入该营业部的交易量指标中。

这种模式实际上是网上交易的初级阶段，其最大的缺陷是以营业部为主营销渠道，网上交易规模受营业部数量及分布的影响，无法拓展没有营业部地区的网上交易业务。此外，尽管证券公司的客户服务渠道大大拓宽，但还是以营业部为依托，无法大规模减少营业部数量、降低经营成本。

② 银证通模式。银证通模式是指证券公司同商业银行合作，以客户的银行存折账号作为保证金账号，客户就近到银行办理登记注册及资金的划转和结算业务，由银行代证券公司审查客户开户资料的合法性和有效性。在这种模式下，交易所传出交易数据；证券公司通过网上交易平台为投资者提供业务咨询、委托交易、清算交割等专业的证券服务；银行负责根据证券公司的指令进行资金调拨。合作各方分工明确，在共同的利益基础上共同完成证券交易活动。

5）网上证券的交易流程

从目前我国几大网络经纪商所提供的网上交易平台来看，网上证券的交易流程对投资者来讲比较方便。网上委托的方式不同，其交易流程也有所不同。网上委托一般分为两种方式：一种是利用 Internet Explorer；另一种是利用券商提供的专用网上股票交易系统。这两种方式的交易流程有所不同。利用 Internet Explorer 这种方式，投资者只要访问相关证券公司的网站，输入正确的用户名、密码等相关验证信息后，选择“在线交易”选项或单击“下单”按钮，就可以进入“网上委托交易”页面进行网上交易。而利用券商提供的专用网上股票交易系统（客户端软件）进行网络证券交易，则稍复杂一些。

利用券商提供的专用网上股票交易系统（客户端软件）进行网络证券交易，大致可分以下 8 个步骤。

① 开户，即开立股东账户。开户是进行证券交易的第一步工作。目前办理开户手续具体有 3 种方式：网上预约开户、电话预约开户、到营业厅直接开户。这 3 种方式都很方便。但不论采用哪种方式，券商都要求客户提供真实的相关资料。

② 申请办理数字证书。使用网上委托系统，为保证安全，一般须办理网上委托的 CA 数字证书。投资者在保证所提供的身份证及各种信息真实、准确的基础上，可到证券营业部受理点申请办理 CA 数字证书。根据上级 CA 中心的规定，一般要收取一定的成本费用（大约 10 元）。另外，CA 数字证书一般在申请的 T+1 日（第二天）后方可正式使用，一年内有效；超过一年，则需重新申请办理。

③ 连通网络。保证网络畅通，客户能顺利登录到券商的网站。

④ 下载交易软件和 CA 数字证书。任何软件都对安装环境有一定的要求，客户端计算机必须满足交易软件的安装环境要求，否则软件的安装及正常运行都会受阻。申请、办理好 CA 数字证书，用户即可得到券商提供的密钥信封。CA 数字证书可由用户登录到相应的电子商务安全证书管理中心网站自行下载或由券商代为下载，两种方式均可。

⑤ 安装软件。软件下载成功后，双击软件即可自动安装。

⑥ 进入交易系统。启动该软件，然后登录，正确输入相关信息，如资金账号、用户名、密码、CA 数字证书密码等，验证成功后，方可进入交易系统。

⑦ 进行网上委托交易。在完成以上 6 步操作之后，即可进入交易操作系统主界面，实现网上证券交易。图 8.8 所示为股票行情信息页面。

目前，一些券商的“网上营业厅”业务项目很丰富。以上海证券网上营业厅为例，其业务内容包括在线委托、高速行情、开放式基金、国债兑付等。在这里，用户可以买入股票、卖出股票、批量买入、批量卖出、查询委托、查询成交、查询股票持仓情况、查询资金情况、修改密码、撤单等。对用户来讲，根据提示，所有操作都很方便进行。例如，卖出股票，单击“卖出”按钮，输入股票代码、股东账号、委托价格和委托数量后，单击“确认”按钮即可。如果委托成功，则系统会显示出完整的委托信息。再次确认后，系统将显示该笔委托的合同号。客户可利用查询系统来跟踪该笔委托的执行结果。股票交易账户功能如图 8.8 所示。

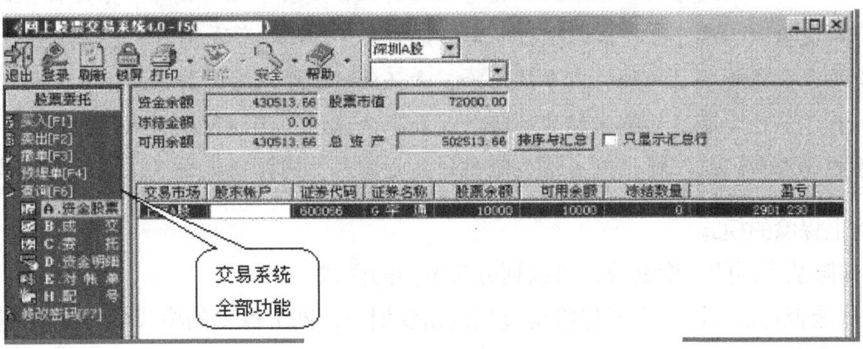

图 8.8　股票交易账户功能

⑧ 退出系统。交易结束，即可退出系统。

传统的证券信息服务偏重于行情提供，在基础信息方面信息量不大。交易者往往需要通过报纸或电视补充接收更多的信息，以支持基础的行情分析。而证券交易网站拥有海量的证券信息，投资者可以在网上主动、及时、有效地获取和筛选相关信息。而且网上证券交易行情实时更新，远远快于其他传统的信息接收设备。客户可以通过网站了解到与证券交易有关的宏观和微观经济报道及分析、证券金融信息、板块个股行情等最新或历史资料。

2. 网上保险

目前，在我国的金融业中，保险业是发展较快的行业之一，同时也是竞争较为激烈的行业之一。网络的出现、电子商务的发展，为保险业的发展带来了新的契机。网上保险以其快捷、方便、高效率、低成本等优势，越来越受到各保险公司的重视。

1）网上保险概念

网上保险也称网络保险或保险电子商务，是指保险企业，即保险公司或保险中介机构以信息技术为基础，以互联网为主要渠道来进行保险经营管理活动的经济行为，是电子商务环境下的保险创新。简单地讲，网上保险就是通过网络进行各种保险业务活动，将整个保险业务流程实现网上运作，包括保险信息咨询、险种查询、投保、核保、保费查询缴纳、理赔等。

网上保险包含两个层次的含义：一是指保险业务网络化，即保险企业通过网络为客户提供保险产品和各种服务，开展保险电子商务活动；二是指保险企业内部管理网络化，即保险企业利用互联网技术进行内部的管理活动，包括利用网络对员工和代理人进行培训，利用网络与其他保险企业、保险监管机构、公司股东、代理人、工商管理机构等进行信息交流及其他相关活动。

因此，网上保险可以理解为保险企业利用网络来开展一切活动的经营方式，包括在保险企业、政府及其他参与方之间利用电子工具、通过网络来共享结构化和非结构化的信息，并完成商务活动、管理活动和消费活动。

小提示

哪些险种适合在网上营销

从险种的角度分析，适合网上销售的险种应该是那些核保简单、手续简便的险种，如个人健康险、意外险、家财险、车险、货运险、小额财产险和部分责任险等。在美国，保险电子商务所销售的险种以车辆保险、责任保险、个人定期保险为主。

对于不适合通过网络来销售的险种，如年金保险、工程险、大额财产险等，网络能够为投保人和经纪人提供有关这些险种的大量信息，间接地促进了这些险种的销售。

2）网上保险的模式

网上保险从不同的角度划分，可以划分为不同的模式。

（1）从能否真正在网上完成保险全过程的角度划分，网上保险的模式分为网上保险服务模式和网上保险实现模式两种。

① 网上保险服务模式。这种类型的网上保险主要提供各种保险信息服务，即保险产品介绍、咨询服务等，很少或不开展实际的网上投保业务。目前，国内外都有这种类型的保险网站。国外的如美国林肯再保险公司，它提供林肯再保险公司的最新产品与服务、专家的专业文章等，但用户并不能在此进行网上投保，也不能进行在线交易。我国由于网上保险起步较晚，有些保险网站也属于这种类型，如中华保险网、圈中人保险网等。圈中人保险网是我国成立较早的保险专业网站之一，创建于2000年3月。该网站立足于提供保险专业资讯，设有34个专业板块，包括保险时讯、保险人才、保险条款、保险费率等。

② 网上保险实现模式。这种类型的网上保险也提供各种保险信息服务，即保险产品介绍、咨询服务等，但更注重实际的网上保险业务开展，即在网上就可实现保险全过程。目前国内的平安保险、泰康在线、中保人财和太平洋保险等均建立了自己的电子商务平台。在这一领域中走在前列的当属泰康在线和平安保险，它们都利用自身的经验和优势大力发展网上营销活动。

（2）从保险网站的性质角度划分，网上保险的模式分为保险专卖店模式和保险市场模式两种。

① 保险专卖店模式。这种模式类似于现实生活中的专卖店，一般是现实中的保险公司借助于互联网开展保险业务的延伸和拓展。网站侧重介绍本公司的产品、服务，以及宣传公司、推广公司。网站一般拥有明确的业务内容和客户资源，有母公司强有力的支持。如泰康在线、中国平安等，都是国内比较有代表性的保险专卖店模式网站。这种模式为保险公司整合内外资源，实现跨越式发展创造了良好条件。但在这种模式中，网站只侧重介绍本公司的产品和服务，可能造成消费者在选择保险时，无法与其他保险公司的产品直接进行横向对比。

② 保险市场模式。这种模式也称保险超市模式或第三方保险平台模式，是提供新型保险中介的电子商务平台。如易保网等，都致力于为保险买卖双方及保险相关机构和行业提供一个中立、客观的网上交流、交易的公用平台；介绍若干保险公司及它们的产品、服务；帮助客户轻松了解、比较、购买保险；帮助保险公司和保险代理人通过网络渠道开发客户资源，提高工作效率，提升服务质量；帮助保险相关服务机构和行业降低服务成本，提高服务质量。因此，这类网站一般是集交易、社区、门户于一体的保险电子商务网站。该类网站具有选择面广、成本低、方便、直观的特点，能够弥补保险专卖店模式网站的不足。

3）网上保险服务内容

保险电子商务的服务内容大致可以分为两类：一类是网上理财，包括证券、融资、期货、资产管理、信托等金融服务。例如，平安保险推出的国内首家一站式金融综合理财服务，包括保险、证券、信托投资、企业养老金、期货交易，可提供网上买卖股票、养老金账户查询等服务。另一类是网上保险业务，包括险种介绍和保单查询服务，以及保险公司形象和产品的宣传等服务，提供网上直销保单服务和半自动化的网上保险服务。通过保险网站，客户的咨询、投保、续期保险费的缴纳及各种保险金的领取等都可以通过网络来实现，客户足不出户就可以得到全方位的保险服务。

4）网上保险业务流程

（1）网上投保业务流程。我们以网上购买平安保险公司的“旅行意外伤害险”为例，说明网上投保业务流程。

① 选择保险期限和保险金额。进入“意外保险”页面（见图 8.9），单击“立即报价”按钮后显示保费，确认后，单击“申请购买”按钮进入下一页面。

图 8.9 平安保险公司网上业务

② 填写投保信息。投保信息包括投保人信息、被保险人信息、保单生效日期和保障联系人信息。在认真阅读投保声明并确认后，单击“确定了，提交”按钮。（在确定提交前，还可以单击“投保单预览”按钮通览填写的投保信息。）

③ 投保成功提示。看到投保成功提示页面，说明已成功提交投保申请。保险公司将通过电子邮件将投保信息发送至投保人的邮箱。单击“立即支付”按钮进入支付页面。

④ 网上支付。在支付页面，选择网上支付银行，进入相应银行网站，进入支付流程。目前，平安保险网上支付业务支持二十多家银行的多种银行卡支付。

⑤ 网上投保记录查询。在投保成功后，通过“网上投保记录查询”功能查询投保订单及支付情况，输入投保人的姓名、证件号码、邮箱，单击“确定”按钮后，即可查找到保单的支付情况和投保信息。

（2）保险公司核保业务流程。当投保人完成了保单的填写和递交后，网上业务便转入了保险公司后台核保业务流程，如图 8.10 所示。后台业务的关键是实现在线核保，由于大量传统保险产品还不能达到在线核保的要求，所以核保环节一般分为在线核保和离线延时核保。离线延时核保是对超出在线核保权限的投保单的离线核保。根据系统设置，核保人在核定各保险事项的同时可以对保险期限、保险费率、免除责任等内容进行调整，并提出相应意见。

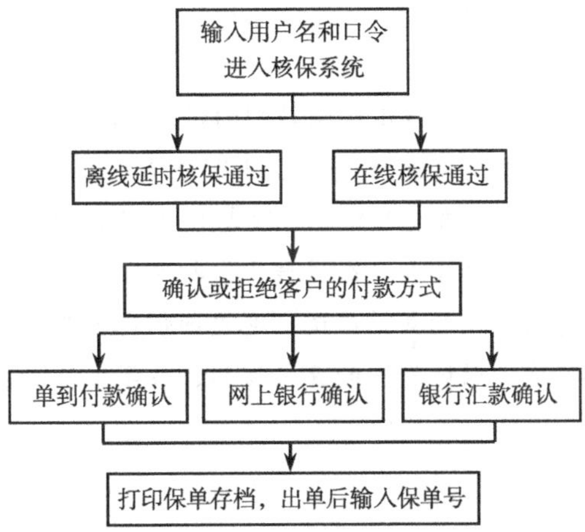

图 8.10　网上投保核保业务流程

8.5.5 社群电子商务

1. 社群电子商务的含义

社群电子商务是一套客户管理体系，通过客户的社群化充分激活企业的沉淀客户。它抛弃了传统的客户管理方式，将每一个单独的客户通过社交网络工具进行社群化改造，利用社会化媒体工具充分调动社群成员的活跃度和传播力。社群电子商务模型不仅适用于传统电子商务，还适用于移动电子商务，也适用于仅通过社交工具进行销售的微商。

随着互联网的发展，消费理念也在变化，由过去的注重产品功能性发展到用户渴望参与到产品中来，也就是有参与度才能提高用户兴趣。社群营销就是基于相同或相似的兴趣爱好，通过某种载体聚集人气，通过产品或服务满足群体需求而产生的商业形态。社群营销的载体不局限于微信等各种线上平台，也包括线下的平台和社区。例如，Facebook、YouTube、Twiter、Plurk 等社群媒体平台发展迅速，它们不只是聊天、玩乐、打发时间的工具。事实上，社群媒体在很大程度上影响了商业与消费者行为。

社群电子商务不是传统电子商务或者移动电子商务的颠覆模式，而是两者的一个深化延伸。它是一种商业意识形态，是社群经济线上的表现形式。在社群商业模式下，用户因为被好的内容吸引，聚集成社群，而社群发展壮大促成更多交易，从而完成商业变现。其中，内容是媒体属性，用作流量入口；社群是关系属性，用来流量沉淀；商业是交易属性，实现流量价值。移动互联网时代的商业以社群电子商务为发展趋势。

相关链接　移动社群电子商务，一场商业模式的变革

今年以来，“拼购”“社区团购”“社群团购”等无接触配送成为人们消费的重要方式。社群团购已被视为与传统商超、生鲜电子商务争食的“黑马”，能降低获客成本，提高商品复购率，节约配送成本，还能借助熟人关系在线上、线下获客，弥补传统电子商务的不足。根据浙江发布的《社交电子商务白皮书》显示，到 2020 年，中国社交电子商务的用户数和市场规模将从今年的4.22亿人和20 605.8亿元，增加至7.73亿人和30 000亿元。在这样庞大的市场规模下，社群电子商务的发展前景蕴藏着巨大的潜力。近年来，包括海尔、联想、苏宁、格力、TCL等这些曾经在市场上辉煌的企业，都不得不面临转型的话题。而发力社群、打造超级IP成为品牌最好的嫁接，如格力通过线上打造超级IP身份，线下分享内容，使格力品牌与社群粉丝之间的联系得到加强，也成为引领消费的最大入口。这种线上+线下的移动社群电子商务服务模式，在解决传统企业、电子商务、微商转型和升级过程中，打通了产品、品牌与市场的最后一公里通路，在市场趋于饱和之下寻找到新的营销渠道，也更加强化了企业品牌传播与社群粉丝之间的联系，最终呈现一种有利于企业长远发展的互惠互利、共享生态圈，移动社群电子商务已然成为传统商业模式的颠覆者。

3．社群的分类

做社群的运营，最核心的是3个问题：拉新、活跃、变现。社群的本质是连接，它连接人与信息、人与人、人与商品，通过建立成员之间的信任来降低广告成本、搜索成本和交换成本。例如，黑马会社群的定位是“创业者帮助创业者，创业者学习创业者，创业者成就创业者”，这是连接人与人。再如，产品型社群酣客公社汇聚了众多中年企业家群体中的白酒爱好者，这是连接人与商品。做公司要有公司的定位，做产品也要有产品的定位，社群也不例外。如果社群定位不明确，那么其后续的规划和运营也一定是不明确的，甚至是无序的。社群可划分为如下6类。

① 产品类的社群。其代表者有小米、锤子的粉丝群等，社群里的粉丝基本上都是产品粉丝和忠实用户，大家关注的是这个产品和品牌。

② 兴趣爱好类社群。其代表者为十点读书等，社群用户追求的是一种身份认同、一种优越感。

③ 知识类社群。其代表者为秋叶PPT，社群用户关注的是自身的成长，因此看重的是社群能否持续输出“干货”。

④ 资源类社群。其代表者是正和岛、长青会等，社群里聚集了行业精英，用户主要是为了拓展资源，希望能达成合作。

⑤ 项目协作类社群。其代表者是人人都是运营等，它是基于直接的物质利益和人际关系建立的。

⑥ 混合类社群。其包含上述各类社群，以职业、行业等划分的社群均属于此类，它以业务扩展（Business Development，BD）为导向，这也是大家关注的重点。

4．社群电子商务营销案例

贝店是如何通过社群电子商务逆袭的？

数据调研机构QuestMobile发布报告显示，到2020年我国社群电子商务商户规模达2 400万户，市场规模将突破万亿元，一方面是流量的枯竭，另一方面则是社群电子商务的逆势增长。贝店是贝贝集团体系下围绕社群电子商务的独立业务。2017年“11.11”当天，上线不到4个月的贝店就获得了超100万个的订单量，创造了社群电子商务的一个奇迹。2018年3月，贝店更是实现了月活超 133%的增长，被业内称为“社群版天猫”。这是贝店基于森林式社群电子商务模型取得的成果。贝店诞生的背后，是个体经济的崛起。贝贝集团从 2014 年开始发展母婴电子商务，2017 年提出了母婴生态，基于母婴电子商务又发展出了育儿宝、早教宝等业务，2018 年又基于母婴生态提出了家庭消费的概念。贝贝集团的社群发展都是以以上业务发展模式的变化为基础的。当贝贝集团发现妈妈群体拥有自我价值变现的需求，且个体经济开始崛起时，贝店便顺势诞生了。

想要利用社群做好电子商务，就得先了解社群的基本特征。贝店总经理顾荣认为，社群拥有 3 个特征。第一，社群的组成方式有两种，要么是兴趣，要么是共性。第二，每个社群都有独立的自生长性。当一个社群慢慢扩大，其本身对资源的诉求会慢慢多元化，也会带来更加细化的社群变化。第三，社群是由人组成的，这可以让社群卷入更多的资源。人的特点在于能够自己带来资源，每个人都能拿出自己的资源。而社群也并非一成不变，它的另一个特点就是，随着时间的变化和人员的流动，社群属性也将不断变化，呈现出不同的特点。社群经历了以微店为核心的散状模型的阶段，其能力是在整个社群变化当中，使企业和个人能够在微信体系建立自己独有的社群，但其本质还是一个中心化的社群，只能服务自己已有的这部分群体。

而随着移动互联网的发展，另一种基于社群原生的形态逐渐出现，社群电子商务进入了社群 2.0 时代，贝店的森林式社群电子商务模式也由此诞生。森林式社群是相对于草原型社群来说的，在草原型社群中每个人都是平等的，都是一样的，在这个业态当中存在的价值都是相似的，但这种模式最大的问题是忽略了人与人之间的差异性。而贝店的森林式社群电子商务模式是有的人能够建立自己的社群和 IP，这种社群电子商务模式可以给社群成员看到上升通道的、有活力的社群生态。“社群是具有放大作用的”，在个体经济崛起的时代，一个好的产品或品牌能够通过社群放大到移动互联网的任何角落，同样，一个坏的口碑或品牌，也会被社群的放大功能所毁灭。因此，利用社群做好电子商务的核心包括两点：第一是信任感，这是以贝店为代表的社群电子商务与传统零售体系最大的差别。第二就是供应链的创新，通过供应链的创新放大，实现流量的创新，降低获客成本和留客成本，同时保障好客户的消费体验和服务体验。贝店是在社群之中，构筑了消费场景，既帮妈妈群体实现了个体变现的需求，又满足了个人品牌的发展需要，同时利用贝店的供应链体系解决了社群的后顾之忧。

自测题

单项选择题

1．第三方保险平台模式指的是（　　）。

A．保险专卖店模式　　B．保险服务模式

C．保险实现模式　　D．保险市场模式

2．基于内部网的电子商务，即（　　）之间，通过企业内部网的方式处理与交换商贸信息。

A．企业外部之间　　B．企业与消费者之间

C．企业内部之间　　D．企业与政府之间

3．敦煌网的跨境电子商务经营模式是（ ）。

A．B2B　B．B2C　C．C2C　D．O2O

4．银证通模式是（ ）合作为客户的证券交易活动服务的模式。

A．证券公司与保险公司　B．证券公司同商业银行

C．保险公司与商业银行　D．商业银行和证券银行

5．EDI系统结构模型共有（ ）层。

A．1　B．2　C．3　D．4

多项选择题

1．基于互联网的EDI基本形式主要有（ ）。

A．基于E-mail的互联网EDI　B．基于Web的互联网EDI

C．基于FTP的互联网EDI　D．基于内部网进行的互联网EDI

2．电子政务的主要模式有（ ）。

A．G2G　B．G2C　C．G2W　D．G2B

3．网上证券交易的主要模式有（ ）。

A．营业部模式　B．线下交易模式

C．线上交易模式　D．银证通模式

4．按照EDI的功能，EDI可分为（ ）。

A．订货信息系统　B．电子金融汇兑系统

C．交互式应答系统　D．图形资料自动传输的EDI

5．物联网的类别主要有（ ）。

A．私有物联网　B．公有物联网

C．社区物联网　D．混合物联网

判断题

1．移动电子商务比互联网上的电子商务更具安全性。（ ）

2．社群电子商务模型不仅适用于传统电子商务，也适用于移动电子商务，甚至它也适用于仅通过社交工具进行销售的微商。（ ）

3．一个完善的旅游电子商务系统可以提供酒店客房、民航班机机票在线预订服务，但不能进行网上业务洽谈。（ ）

4．在我国电子政务“三网一库”的网络体系中，一库是指信息资源库。（ ）

5．目前移动电子商务主要有两种定位方式，一种是GPS定位，另一种是4G定位。（ ）

简答题

1．什么是EDI？EDI与互联网的结合方式有几种？

2．内部网的企业内部商务常用的类型有哪些？

3．实现移动商务的主要技术有哪几个？

4．什么是电子政务？电子政务的模式有哪些？

5．结合实例说明旅游电子商务的主要特征。

6．社群的分类有哪些？

讨论题

1．讨论中国移动商务发展中存在的障碍。

2．当前网络保险业的不足之处有哪些？

3．试列举本章没有提及的行业电子商务的应用。

上网实习

1．登录携程网，通过携程网根据自己的兴趣制订一份旅行计划。

2．登录黑龙江省人事考试网，查阅有关计算机考试的信息。

3．上网搜索 1~2 个国内外成功或者失败的企业实施电子商务的案例，整理其实施过程的相关内容，并做出自己的分析，写出分析报告，字数要求 600 字以上。

小组任务

将 6 个学生分成一组，每组学生有虚拟的 10 万元闲散资金，投资股市，运用国泰君安模拟证券投资系统，进行模拟证券投资练习。每个小组进行以下几种操作，操作完成后集中讨论总结。

（1）访问国泰君安模拟证券投资系统，并注册为该系统的用户。

（2）登录，进入国泰君安模拟证券投资系统，仔细分析实时行情，到论坛中浏览一些自己需要的信息（如交易规则等）。

（3）决定购买两只股票和两只基金，分别为 1 000 股，然后查询自己的委托、成交情况。

（4）根据股票行情涨落，进行买卖操作。

小组模拟完成操作后，写一份总结报告，包括以下几方面内容。

（1）模拟证券投资系统的操作、掌握情况。

（2）模拟操作的盈亏情况。

（3）电子商务在行业中的应用的利弊分析，以在证券行业中的应用为例。

报告完成后，由组长进行陈述，教师根据报告和学生陈述点评。

参考文献

[1] 商玮，童红斌.电子商务基础[M]. 北京：电子工业出版社，2018.

[2] 陈头喜. 电子商务实用教程[M]. 北京：北京邮电大学出版社，2012.

[3] 谢金生，孙仁祥. 电子商务实用教程[M]. 北京：机械工业出版社，2012.

[4] 居上游. 电子商务——创新模式案例分析[M]. 北京：电子工业出版社，2017.

[5] 于巧娥. 电子商务基础与实务[M]. 3 版. 北京：中国人民大学出版社，2019.

[6] 万守付，罗慧. 电子商务基础[M]. 5 版. 北京：人民邮电出版社，2019.

[7] 方玲玉. 电子商务基础与应用——“学·用·做”一体化教程[M]. 4 版. 北京：电子工业出版社，2019.

[8] 胡振威. 电子商务基础与实务[M]. 大连：东北财经大学出版社，2018.

[9] 孙瑜，于广天. 电子商务基础[M]. 北京：中国轻工业出版社，2019.

[10] 黄源. 电子商务基础与实训教程[M]. 北京：清华大学出版社，2020.

[20] 中华人民共和国电子商务法解读：http://www.qingdao.gov.cn/n172/n24624151/n24627655/n24635848/n31280798/181213142907268117.html